선교와 문화 인류학

(주)죠이북스는 그리스도를 대신한 사신으로
문서를 통한 지상 명령 성취와 하나님 나라 확장을 위해 노력합니다.

Used by permission ⓒ 1996, 2018 JOY BOOKS Co., Ltd.
33, Wangsan-ro 19ba-gil, Dongdaemun-gu, Seoul, Korea 02576
Copyright ⓒ 1985 by Paul G. Hiebert
Originally published in English under the title:
Anthropological Insights for Missionaries by Paul G. Hiebert
Published by Baker Academic

(주)죠이북스에서는 이 책 번역 과정에서,
저자의 허가 아래 한국 독자를 염두에 두고 상황화하여
의미가 효과적으로 전달되도록 했습니다.

선교와 문화 인류학

Paul G. Hiebert

Anthropological Insights for Missionaries

폴 히버트

죠이북스

차례

한국어판 서문 · 6
서문 · 8

1부 | 복음과 인간의 문화

1장 선교와 인류학 · 15
2장 복음과 문화 · 37

2부 | 문화 차이와 선교사

3장 문화 차이와 신임 선교사 · 83
4장 성육신적 선교사 · 125
5장 서구 선교사들의 문화적 전제 · 153

3부 | 문화 차이와 메시지

6장 문화 차이와 메시지 · 195
7장 비판적 상황화 · 236
8장 자신학화 · 267

4부 | 문화 차이와 이중 문화 공동체

9장 이중 문화의 가교 · 319
10장 선교사의 역할 · 356
11장 미완성 과업 · 397

주 · 416
참고 도서 · 426

한국어판 서문

세계의 선교 상황은 급속히 변화하고 있다. 19세기만 해도 서구의 그리스도인이 전체 그리스도인의 91퍼센트를 차지했다. 하지만 20세기에는 아직 개신교 역사가 오래되지 않은 아시아, 아프리카, 라틴 아메리카의 교회에 전체 그리스도인의 60퍼센트가 있는 것을 볼 수 있다. 20세기 초에는 선교사 대부분이 서구 지역에서 나왔다. 20세기 후반에는 선교사의 반 정도가 오래되지는 않았으나 활동성 있는 2/3세계 교회에서 나왔다. 하나님은 잃어버린 세상으로 나아갈 새로운 선교 군대를 일으키신다. 그리고 한국의 선교 운동이 그 중심에 속한다는 것은 분명하다.

선교사들이 섬기고 있는 세상도 변화하고 있다. 20세기 초에는 세계 인구가 16억이었으나, 20세기 말에는 58억이 되었다. 20세기가 시작할 때에는 인구가 100만 명 이상인 도시 20여 곳에 총 2억 3천만 명이 살고 있었다. 2025년쯤이면 약 50억으로 추산되는 인구가 650여 곳의 거대 도시에서 살게 될 것이다. 19세기에는 힌두교, 이슬람교, 불교가 별다른 활동을 보이지 않았다. 그러나 20세기에는 이 종교 집단들이 기독교에 대항하여 적극적으로 호전적인 부흥 운동을 벌였다.

그렇다면, 특히 한국처럼 개신교 역사가 오래지 않은 국가의 교회에서 파송받은 선교사들이 그런 세계에서 어떻게 사역할 수 있겠는가?

첫째, 한국인 선교사들은 지난 세대 선교사들의 실수에서 배울 수 있다. 하나님은 이 세상에 교회를 세워 나가는 데 지난 세대 선교사들을 강력하게 사용하셨다. 그러나 그들 역시 그 시대에 영향을 받은 사람이다. 그들은 흔히 "서구인"이라는 우월감을 지닌 채 식민 통치자들과 함께 들어갔다. 많은 선교사가 자신이 섬길 사람들과 문화를 연구하지 않았다. 그렇기 때문에 그들이 전한 복음은 종종 "외국의 것"으로만 받아들여졌다. 오늘날에는 선교 사역을 하려면 현지인을 이해하고 그들의 언어로 말하며, 되도록 선교사가 자신을 그들과 동등하게 여기고, 그들이 이해할 수 있는 방법으로 복음을 전달해야 한다는 사실을 민감하게 인식하고 있다. 이 책은 과거의 선교 경험에서 배우고, 타문화에서 효과적으로 사역할 수 있도록 돕는 몇 가지 방법을 소개한다. 한국인 선교사도 타민족을 섬기러 가면, 과거 선교사들이 문화 차이 때문에 겪던 많은 문제를 똑같이 직면할 것이다. 선교사는 문화 차이라는 장벽을 넘어 어둠에 있는 사람들에게 그리스도의 빛을 가져다줄 성경적인 방법들을 찾아야 한다.

둘째, 한국인 선교사는 먼저 선교가 하나님의 역사라는 것을 알아야 한다. 그분이 우리를 부르시고 보내시는 것이다. 우리가 선교할 때, 그분은 우리와 동행하신다. 그분의 영을 통해 사람들을 믿음과 성숙으로 인도하신다. 하나님은 우리의 사역 가운데 매 순간 함께하신다. 더구나 자기 아들을 사람으로 보내셔서 사람들과 함께 살며 섬기게 하셨다. 그렇기 때문에 하나님은 현지인들을 섬기고 그들처럼 되라고 우리를 부르시는 것이다. 사회 과학에서 얻을 수 있는 통찰은 우리가 선교하는 데 도움을 줄 수 있다. 그러나 궁극적으로 선교 사역은 하나님과, 우리가 섬기는 사람들을 향한 깊은 사랑에 뿌리내리고 있어야 한다.

1996년 6월 7일 트리니티에서
폴 히버트

서문

　오늘날 세계의 교회들은 세계 곳곳에 있는 사람들에게 구원의 복음을 전하며 그들을 섬기겠다는 새로운 비전을 세우고 있다. 이것은 서구에서 다시금 선교에 높은 관심을 보일 뿐 아니라 이른바 아시아, 아프리카, 라틴 아메리카와 같은 2/3세계의 교회에서도 해외 선교가 급속하게 성장했기 때문인 것으로 보인다.

　이러한 새로운 분위기에 영향을 받아 선교 사역은 선교지 현지인들과 그들의 문화에 훨씬 민감해야 한다는 인식이 생겨났다. 현대 선교 운동은 서구의 식민주의와 기술 문명이 확산되면서 시작되었고, 흔히 서구 선교사는 복음을 서구 문명과 동일한 것으로 여겨 왔다. 곳곳에 있는 선교사들은 저마다 현지인들과 가까이 지내면서 그들의 방식을 배웠다. 그리고 헌신적으로 그들을 섬겨 사랑을 보여 주었다. 선교사들은 몇 년 안에 죽을 줄 알면서도 선교지로 나아갔고, 살아남은 사람들은 자신의 삶을 온전히 선교에 바쳤다. 그러나 복음을 서구의 힘이나 기술 문명과 같다고 여겨 외국의 것으로 인식한 현지인들은 복음을 받아들이려고 하지 않았다.

　오늘날, 초기 선교사들이 세운 신생 교회들은 우리에게 인간의 문화와 그 차이를 좀 더 알아야 한다고 강하게 요구한다. 그들은 하나님이 어느 한 부족의 하나님이 아니라 온 세상의 하나님임을, 복음이 모든 사람을 위한 것임을, 교회가 인간을 전쟁으로 몰아넣은 국수주의와 민족성, 계급의 벽을 깨뜨리는 한 몸임을 상기시킨다. 동시에 사회 과학, 특히 인류학 분야에서도 사람들을 그들의 문화 속에서 이해해야 한다는 생각이 퍼져 갔다. 이런 상황들에 비추어 오늘날 선교사는 성경을 확고하게 이해할 뿐 아니라 자신이 섬기는 사람들을 잘 알아야 한다는 인식이 확산되기 시작하였다.

이 책은 신임 선교사가 타문화에 들어갈 때 그 문화와 사람들을 이해하는 몇 가지 기본적인 방법을 제시한다. 이 책으로 하나님의 부르심, 성경 연구나 직업 훈련을 대신할 수는 없다. 모든 선교사는 하나님이 선교 사역으로 부르시는 것을 경험해야 한다. 그리고 하나님과 그분의 영광을 향한 사랑, 사람들의 행복과 구원을 향한 사랑에 뿌리를 두어야 한다. 선교사를 계속 전진하게 만드는 원동력이 바로 이것이다. 불행하게도 우리 시대는 지식은 많은데, 실제로 삶을 바쳐 헌신하는 사람은 부족하다.

그렇다고 해서 이 책으로 설교, 교육, 의료, 지역 개발, 그밖에 어떤 일이 되었든 선교사가 섬기는 사역과, 성경에서 말하는 견고한 훈련을 대신할 수도 없다. 그보다는 신임 선교사들에게 타문화와의 관계와 의사소통과 같은 전문 지식이 필요한 제3의 영역을 소개하고자 한다.

여러 면에서 이 책은 자서전적이다. 인도에서 메노나이트 형제 선교회(Mennonite Brethren Board of Missions and Services)와 함께한 사역과, 사역을 하며 저지른 우리의 많은 실수에 대해 오래 생각한 끝에 저술한 책이기 때문이다. 불행하게도 우리는 과거를 되살릴 수도, 실수를 돌이킬 수도 없다. 그러나 그런 과거와 실수에서 배울 수 있고, 뒤따라오는 사람들에게 우리가 이해한 것을 전해 줄 수 있다. 또한 이 책은 우리가 인도 교회들에서 배운 교훈을 담고 있다. 흔히 오래된 교회들은 시간이 흐르면서 복음의 신선함을 잃어버리지만, 신생 교회에는 그것이 살아 있다.

여러 사람의 도움으로 이 책을 만들 수 있었다. 먼저 이 작업을 끝낼 수 있도록 안식년을 허락해 준 풀러 신학교 이사들에게 특별한 감사를 드린다. 또한 내 생각을 북돋워 주고 비평해 준 세계 선교 학교(School of World Mission)에 있는 동료들과 출판사 직원들, 특히 서툰 원고를 수정해서 읽기 쉽게 만들어 준 베티 드 브리스에게 감사를 표하고 싶다. 무엇보다도 이 작업의 초안을 잡는 동안 아주 오랜 시간을 인내하며 나를 도와 준 아내에게 감사를 전한다.

Anthropological
Insights
for
Missionaries

1

복음과 인간의 문화

1장
선교와 인류학

성탄절 연극이 끝났다. 아니, 끝났다고 생각했다. 하얀 옷을 입은 천사가 마리아와 요셉에게 그리스도의 탄생을 알렸다. 우리는 인도 남부에 있었기 때문에 천사들은 얼굴이 갈색이었고 텔루구(Telugu)어로 메시지를 전하였다. 목자들은 반쯤 취한 듯 무대 위에서 비틀거렸고, 몸집이 작은 아이들은 양처럼 네 발로 기어 다녔다. 내가 예상한 장면과는 달랐지만 문화 차이를 고려하면 이해할 수 있었다. 술을 마시지 않으며 경건하다고 알려진 팔레스타인 목자들과 달리 인도 목자들은 술을 마시고 춤추는 것을 좋아한다고 알려져 있다. 그러나 천사들을 보고는 정신이 번쩍 들어 땅에 엎드리는 목자들을 보니 메시지가 바뀌지는 않은 것 같았다.

곧이어 박사들과 헤롯이 당당하게 무대 위에 나타났다. 목자들과 박사들, 천사들이 마리아와 요셉과 함께 말구유를 둘러쌀 때 우리는 웅성대기 시작했다. 그렇게 연극이 잘 끝나는 듯했다. 그런데 난데없이 산타클로스가 뛰어 들어오는 것이 아닌가! 그러더니 흥겹게 노래를 부르며 춤을 추면서 아기 예수와 다른 사람들에게 선물을 나누어 주기 시작하였다. 그가 연극의 주인공이 되어 버린 것이다. 나는 몹시 놀란 채 그 자리에 앉아 있었다.

뭐가 잘못된 걸까? 나는 신자들에게 있을 수 있는 경우를 생각해 보았다. 그리고 먼저 힌두교와 기독교의 생각이 뒤섞인 혼합주의를 생각해 보았다. 선임 선교사들은 교회에서 연극을 허용하면 힌두교 신앙이 흘러들어 오기 쉽다고 우리에게 경고했다. 그러나 이것은 그런 경우가 아니었다. 산타클로스는 그리스도의 탄생 이야기와 함께 서구인들이 들여온 서구 문화이기 때문이다. 그렇다면 이게 도대체 어떻게 된 일일까?

성경 메시지와 문화 상황, 무엇이 중요한가

선교 사역을 준비하면서 선교사는 성경과 선교적 메시지를 전하는 훈련을 받는다. 외국으로 나갈 때, 그 지역 언어만 배우면 설교도 할 수 있고 그 지역 사람들도 설교 내용을 이해할 수 있으리라고 생각한다. 그러나 실제로 해보면 다른 문화권에서 효과적으로 복음을 전하는 일이 생각보다 훨씬 어렵다는 사실에 충격을 받는다. 그렇다면 어떻게 이 문제를 해결해야 하는가?

선교사 자신과 선교사가 섬기려는 현지인은 많이 다르다. 심지어 성경의 역사적, 문화적 배경과 현대의 삶도 그 차이가 엄청나다. 이처럼 문화와 역사적 상황이 다른 곳에서 어떻게 차이를 극복하고 복음을 효과적으로 전할 수 있는가?

분명 우리는 성경이 기록될 당시의 역사적, 문화적 배경에 비추어 복음을 이해해야 한다. 그러지 않고는 메시지를 전할 수 없다. 또한 자신과 자신이 섬기는 사람들을 다양한 역사적, 문화적 맥락 속에서 명확하게 이해해야 한다. 그러지 않는다면, 선교사는 의미 없고 부적절한 메시지를 선포하는 위험에 빠질 것이다.

그러나 선교사는 종종 이러한 목적 중 하나만 해결하는 것에 만족한다(그림1). 복음주의 선교사는 성경 지식을 강조하지만 자신이 섬기는 사람들과 그들의 문화는 거의 연구하지 않는다. 그래서 선교사가 전하는 메시

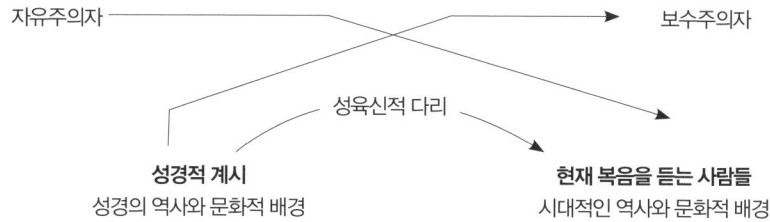

[그림1] 역사적, 문화적 차이를 잇는 다리

지는 종종 "외래적"인 것으로 오해받는다. 한편 자유주의 계통 교회는 현대 인간 사회는 강조하지만, 성경적 진리를 기반으로 하는 견고한 신학적 기초는 그다지 중요하게 여기지 않는다. 이들은 복음을 잃어버릴 위험이 있다.

우리는 양쪽 접근 방법이 모두 필요하다. 성경 메시지뿐 아니라 현재의 상황도 알아야 한다. 그래야만 이 세상과, 세계 곳곳에 있는 사람들에게 성경 메시지를 적절하게 연결해 줄 다리를 놓을 수 있다.

인류학이 선교에 어떤 도움을 주는가

우리는 성경 메시지를 어떻게 알 수 있는가? 우선 성경과 신학, 교회사를 배워야 한다. 또한 설교, 교육, 의료, 지역 개발, 방송, 문서 등 어떤 사역을 하든 선교사는 사역 기술을 개발해야 한다.

그렇다면 오늘날 이 세상에 대해서는 어떻게 배울 수 있는가? 인류학, 사회학, 역사학, 그밖에 다른 사회 과학에 도움을 받을 수 있다. 우리는 그러한 학문들을 사용하여 현재 상황에 대한 정보를 얻고, 선교지의 문화 상황을 살펴볼 수 있다. 그 학문들은 여러 방면에서 우리를 도울 수 있다.

첫째, 인류학은 타문화의 상황을 이해할 수 있도록 돕는다. 예를 들면, 앞서 이야기한 성탄절 연극을 분석할 수 있다. 최근 연구 결과에 따르면, 사람은 자신의 생각을 더 넓은 분야나 영역으로 조직하는 경향이 있다. 성탄절 같은 경우, 북미인은 성탄과 관련하여 아주 다양한 생각을 가지고 있는데 그 개념들이 서로 다른 두 영역으로 나뉘어 결국 두 가지 성탄절을 만들어 내는 것이다. 하나는 신성한 영역으로 예수, 마리아, 요셉, 천사, 박사, 목자 등이다. 다른 하나는 세속적인 영역으로 산타클로스, 사슴, 성탄 장식, 양말, 선물 등이다. 북미인은 이 두 영역을 혼합하지 않는다. 천사나 박사들이 그려진 그림에서는 코가 빨간 루돌프 사슴을 찾아볼 수 없다. 산타도 예수와 같은 무대에 서지 못한다. 선교사들은 인도인에게 "성탄"의 기본 개념을 소개해 주었지만 그 두 성탄의 차이를 전달하는 데는 실패했다. 그래서 인도인들이 말구유와 산타클로스를 구분하지 못한 것이다.

둘째, 인류학은 성경 번역과 같은 특정 선교 사역에 필요한 통찰을 제공한다. 초기 인류학자들도 선교사들처럼 문자 형태나 문법 사전, 가르쳐 주는 사람 없이 새로운 언어를 배워야 했다. 그들은 그 지역 사람들을 통해 빠르고 정확하게 언어를 배워 한 문화에서 다른 문화로 메시지를 번역하는 기술을 개발하였다. 선교사들이 새로운 언어를 배울 때나 그 언어로 성경을 번역할 때, 이 방법은 매우 유용했다. 인류학자들 역시 문화 간 소통의 문제를 검토해 보았다. 거기서 얻은 통찰을 통해 선교사들은 의미 왜곡이나 손실을 최소화하면서 다른 사회로 메시지를 전할 수 있었다.

셋째, 인류학은 그리스도인이 되었을 때 일어나는 사회 변화를 포함한 회심 과정을 이해할 수 있도록 선교사들을 도와준다. 인간은 사회 환경의 역동성에 영향받는 사회적 존재로, 이러한 심리 기제를 잘 아는 것은 어떻게 선교할지를 이해하는 데 중요하다.

넷째, 인류학은 복음이 그것을 듣는 자들에게 적실하게 전해지도록 도와준다. 앞서 말했듯이, 성경이 근거하고 있는 사회 상황과 현대 문화는 격차가 크다. 그 격차에 다리를 놓으려면, 성경의 역사적, 문화적 상황 속에 있는 하나님의 계시와, 현재의 환경 속에 살고 있는 현대인을 이해하는 일이 필요하다. 그리고 후자는 사회 과학을 통해 어느 정도 알 수 있다.

끝으로, 인류학은 다양한 문화 속에서 살아가는 사람들과 관계 맺고 그들을 이해할 수 있도록 도와준다. 복음은 사람들을 유대인과 이방인, 노예와 주인, 남성과 여성, 제1세계와 2/3세계, 동양인과 서양인, "우리"와 "그들"로 구분하는 장벽을 깨뜨린다. 이것은 그리스도인을 하나님 나라 시민으로 부르는 요청이다. 즉, 다양한 나라와 문화에 속한 사람들이 자신의 민족적 특징을 파괴하지 않고 다른 이들과 함께 교제할 수 있게 해주는 것이다.

이 책에서 우리는 선교 사역에 적용할 수 있는 여러 인류학적 통찰을 살펴볼 것이다. 아마 이 책은 성경을 잘 알고 있고 지식적인 면에서 신학적 기초가 잘 세워진 사람들이 읽을 것이다. 그렇기 때문에 그러한 기본적인 부분은 다루지 않을 것이다. 오히려 역사적, 문화적 상황이 서로 다른 사람들을 연구하는 데 인류학이 어떻게 기여하는지 살펴보고, 이러한 통찰이 선교 사역에는 어떻게 적용될 수 있을지 검토할 것이다. 실제로 복음주의 선교사들은 이런 부분에 매우 약하기 때문이다.

일단 우리는 이 책이 전제하는 몇 가지 가정을 간략하게 살펴봐야 한다. 모든 연구는 이미 정해진 특정 사실을 기초로 하며, 그것이 무엇인지 아는 것은 중요하다. 먼저 우리는 이 책이 전제하는 신학적 가정과 인류학적 가정들을 찾아보고, 그 둘이 우리의 사고를 어떻게 형성하는지 볼 것이다. 그리고 선교 사역을 더 폭넓게 이해하기 위해 성경적 통찰과 인류학적 통찰을 통합해 보려고 한다. 이러한 작업이 이루어지지 않으면, 우리의 시야는 흐려질 것이다.

신학적 가정

선교 사역과 관련하여 이 책에서 강조하는 신학적 가정은 무엇인가? 이 질문은 매우 중요하다. 신학에서 인류학적 모델들을 분리할 수는 없기 때문이다. 둘을 분리하는 것은 인간의 본성에서 영적이고 영원한 것과 만들어지고 일시적인 것을 분리한다는 뜻이다. 인간의 역사는 우주적 사건이라는 큰 틀 안에서 이해되어야 한다. 즉, 인간의 인류학적 모델들은 신학적 틀에 들어맞아야 한다. 성경의 계시는 인류를 사회적, 역사적으로 이해할 수 있게 해주는 궁극적인 기초를 제공하기 때문이다.

하나님의 선교

선교 신학은 인간이 아니라 하나님에서 시작해야 한다. 즉, 창조, 타락, 피조 세계에 대한 하나님의 구원이라는 우주적인 역사에서 시작해야 한다. 그 안에는 인간에게 자신을 보이신 하나님의 계시, 역사 속으로 임하신 예수 그리스도의 성육신, 그분의 죽음과 부활을 통해 성취된 구원, 모든 피조물을 다스리는 그리스도의 궁극적인 주권이 포함된다. 무엇보다 인간의 역사는 하나님의 구원이 필요한 죄인들을 구속하시려는 하나님의 선교 이야기며, 선교사로 오신 예수의 이야기고, 듣는 자들의 마음속에 역사하시는 성령의 이야기다.

하나님이 모든 시대를 통해 이 세상 가운데 역사하신다는 맥락 안에서 우리는 선교사의 임무를 이해해야 한다. 궁극적으로 선교는 하나님의 선교이며, 우리는 그 선교의 작은 한 부분일 따름이다. 하나님의 인도하심과 능력을 먼저 구하지 않는다면, 우리가 세운 계획과 전략은 전혀 쓸모없거나 오히려 파괴적인 것이 될 수 있다.

성경의 권위

성경은 하나님이 인간에게 자신을 계시하신, 아주 권위 있는 기록이다. 그것은 하나님의 말씀이다. 우리는 하나님의 구원 메시지를 듣기 위해서뿐 아니라 하나님이 자신의 목적을 완성하기 위해 인간 역사를 통해 어떻게 일하시는지 보기 위해 말씀으로 돌아가야 한다. 성경은 모든 진리와 의(義), 신학과 도덕을 측정하는 기준이다.

성경은 하나님의 말씀이기 때문에, 잃어버린 세상에 그 메시지를 전해야 한다. 선교사의 중요한 임무는 사람들에게 말씀을 전해서 이해하고 반응하게 하는 것이다. 선교사는 설교, 교육, 구제, 의료, 지역 개발 등 여러 가지 일에 종사할 수 있다. 그러나 이런 것들이 하나님 말씀에 근거하지 않거나 복음을 드러내지 않는다면, 진정한 기독교 선교가 아니다. 선교 사역의 중심은 말씀을 선포하고 삶에서 그 말씀을 드러내어 복음을 증거하는 것이어야 한다.

하나님은 늘 특정한 역사적, 문화적 상황에서 인간에게 계시하셨다. 따라서 성경을 이해하려면 말씀이 주어진 시대와 배경을 함께 생각해야 한다. 약 2,000년 전, 그리스도께서도 유대 문화에 속한 한 사람으로 오셨다.

그리스도 중심

성경은 예수 그리스도에 비추어 이해되어야 한다. 그분은 모든 계시의 중심이시다. 구약은 그분으로 완성되고, 신약은 그분을 증거한다. 예수는 하나님의 아들로, 하나님의 완전한 현현(顯現)이다. 또한 그분은 사람의 아들로, 인간에게 하나님 계시를 전하는 완전한 전달자다. 그러므로 그리스도는 선교사의 본이시며, 그분의 성육신은 선교의 모델이다. 우리는 이 세상을 구원할 수 없지만, 사람들이 이해할 수 있는 방식으로 구원의 복음을 전해 주기 위해서는 그리스도께서 그랬듯 그들처럼 될 수 있어야 한다.

선교사의 메시지 역시 그리스도가 중심이어야 한다. 즉 그리스도의 죽음과 부활을 통한 하나님의 구원이라는 복음을 전하고, 그리스도의 제자로 부르는 것이다. 그것은 인간의 죄성을 깊이 인식하는 데서 시작하여 결국 예배로 끝이 난다. 그 예배에서는 하늘에 있는 것과 땅에 있는 것 모두가 그분 앞에 무릎을 꿇고 예수가 주님임을 시인할 것이다.

성령의 사역

선교는 하나님의 백성의 삶과, 복음을 듣는 자들 가운데 여전히 역사하시는 성령과 분리해서 이해할 수 없다. 성령은 우리 마음을 준비시키셔서, 구원 메시지를 듣고 반응을 보일 수 있게 하신다. 그리고 주님을 바라보며 영적으로 성숙해지도록 우리 안에서 역사하신다. 우리는 바로 그 성령의 능력을 통해 잃어버린 자들, 심령이 상한 자들, 억눌린 자들, 굶주리고 헐벗은 자들을 위해 사역할 수 있는 것이다.

하나님 나라

그리스도가 전하신 메시지의 핵심은 하나님 나라였다. 하나님은 지금도 세상을 구원하기 위해 피조 세계와 역사 속에서 일하신다. 분명 구원의 중심은 그리스도이시지만, 구원 사역은 그리스도를 넘어 사람들의 삶 가운데 일하시는 성령의 역사와, 모든 나라의 사건들과 모든 자연 현상을 통해 일하시는 하나님의 역사로 확장된다. 하나님의 선교 영역은 하늘에 있는 나라뿐 아니라 이 땅에 있는 하나님 나라도 포함되는 것이다. 즉, 인간의 영원한 운명에 관한 것이면서 평화, 정의, 자유, 건강, 구제, 정의 등 이 땅에서 누리는 행복에 관한 것이기도 하다.

교회

하나님 나라 중심에는 이 땅을 살아가는 하나님의 백성인 교회가 있다. 그들을 통해 하나님은 하나님 나라 복음을 전파하며, 그 나라에 들어오는 자들을 강건케 하신다. 선교를 하려면, 신실한 공동체이자 결합체인 교회에 굳건한 신학이 있어야 한다. 교회가 선교 사역을 잘 이해하여 분별할 줄 알아야 하기 때문이다. 따라서 선교는 개인의 책임이 아니라 교회 전체가 해야 하는 과업이다.

만인 제사장주의

교회는 여러 지체로 구성된 살아 있는 몸으로, 각 지체는 자신이 받은 은사를 전체의 몸을 위해 사용한다. 성도마다 은사는 다를지 몰라도, 그들은 모두 하나님께 가까이 나아갈 수 있는 권리와, 교회 상황에 따라 하나님의 메시지를 분별해야 하는 책임이 있다. 믿는 자는 모두 제사장인 것이다!

이 메시지는 매우 급진적이며, 이 메시지를 선교에 적용하는 것은 엄청난 일이다. 다른 나라에 있는 회심자들도 우리처럼 성경을 읽고 해석할 권리를 가지고 있다는 뜻이기 때문이다. 그것을 부인하는 것은 그 회심자들의 삶 가운데 일하시는 성령의 지속적인 사역을 부인하는 것이다. 선교사의 임무는 회심자에게 성경을 가져다주고 하나님의 메시지를 분별하도록 돕는 것이다. 선교사는 그들에게 말씀에 순종하며 사는 하나님의 백성이 어떤 모습인지 보여 주는 본이 되어야 한다. 우리는 실수를 통해 배워 나갔다. 우리 자신에게 그러한 특권을 허락했듯이, 그들에게도 그 권리를 허용해야 한다.

그러나 만인 제사장주의는 성경(하나님이 우리에게 자신을 드러내 보이신 계시)과 여러 신학(다양한 문화적, 역사적 상황에서 하나님이 보이신 계시에 대한 인간의 이해)을 구별한다. 그렇기 때문에 우리는 하나의 성경을 말하면서도 칼뱅 신학, 루터 신학, 재세례파 신학, 그밖에 다른 신학을 이야기할 수 있다. 8장에서 살펴보겠지만 성경과, 그 성경을 신학적으로 해석한 것이 다르다고 해서 신학이 상대화되는 것은 아니다. 기독교 신학은 한 발은 성경적 계시에, 다른 한 발은 메시지를 듣는 사람들이 처한 역사적, 문화적 상황에 디디고 있다.

우리는 모두 성경을 읽고 해석할 권리가 있다. 그렇기 때문에 선교사의 첫째 임무는 성경적 진리에 충실한 것이다. 이 임무는 특정 문화와 역사의 맥락 안에서 성경 메시지를 이해하며 신중하게 석의하는 것으로 시작할 수 있다. 둘째 임무는 자신이 처한 특정 문화와 역사의 상황에서 성경 메시지가 어떤 의미를 지니는지 알아내고, 어떻게 반응해야 하는지 결정하는 것이다. 이것이 바로 해석학이다. 성경 메시지는 모든 문화를 초월하지만, 그 메시지를 이해하는 사람들은 저마다 고유한 유산과 시간의 틀 안에서 살아가고 있다.

인류학적 가정

이 책에 깔려 있는 몇 가지 인류학적 가정을 명확히 설명하고자 한다. 20세기 전반부에는 문화 진화(cultural evolution) 이론들이 인류학을 주도하였다. 중세 기독교 신학처럼 이 이론은 역사적인 측면에서 인간 경험의 의미를 찾으려고 했다. 그러나 문화 진화 이론들은 유신론적이기보다는 전적으로 자연주의적인 용어로 역사를 설명하였다. "문화"란 세상 곳곳에서 다양한 발전 단계에 있는 인간만의 창조물이라고 여겼다. 사회는 단순한 조직에서 복잡한 조직으로, 비이성적인 사고에서 이성적인 사고로, 주술에서 종교, 그리고 최종적으로는 과학으로 진화해 간다고 생각했다.

1차 세계 대전 이후, 사람들은 이러한 문화 진화 이론에 의문을 제기했다. 세계 대전이 일어나면서 인류 진보에 대한 낙관론이 흔들렸기 때문이다. 또한 연구에 따르면, 다른 방식으로 살아가는, 이른바 원시 사회들도 결코 비논리적이지 않으며, 오늘날 여러 사회처럼 이성적이고 복잡하다는 사실이 드러난 것이다.

문화 "진화"를 거부하는 것이 통시적(通時的)이거나 역사적으로 설명하는 패러다임을 버려야 한다는 의미는 아니다. 성경 자체는 기승전결로 "구성된" 드라마처럼 우주적 역사라는 측면에서 인류를 설명하고 있다. 성경은 인간의 역사가 목적도 방향도 없으며, 따라서 아무 의미도 없는 우연한 사건의 연속이라는 사상을 거부한다. 더 나아가, 역사를 조종하는 힘은 우연이 아니라 하나님의 목적과 인간의 반응임을 말해 준다. 우리는 인간과 하나님의 계시를 역사라는 맥락 속에서 이해해야 한다.

1930년대에는 문화 진화 이론들이 주로 다른 이론으로 대체되었다. 그중 하나가 인간 사회의 다양성에 초점을 맞추어 그 사회들을 독립적이고 통합된 체계라고 본 구조 기능 이론이다. 구조 기능 이론은 사회를 살아 있는 유기체처럼 생각했다. 많은 문화 특성을 지니고 있으며, 그 모든 특성이 사회 전체가 존속하는 데 공헌한다고 여긴 것이다.

이러한 이론들은 사회 구조와 사회 변화의 역동성을 이해하는 데 많은 도움을 주었다. 여기서는 이 통찰에 대해 설명하려고 한다. 그러나 극단적으로 이런 이론들은 결정론적인 것이 되어 버리고, 생각하고 행동하는 인간의 역할을 간과했다. 그리고 인간의 사고를 사회 조직 측면에서 설명하였다. 그렇게 해서 모든 종교와 궁극적으로 과학계를 포함한 모든 신앙 체계를 상대화한 것이다. 결국 이 상대주의는 사회 결정론자 자신들의 주장을 약화시켰다. 피터 버거(Peter Berger)가 지적하듯, "최종적인 결과에 밀려 상대화시키려는 분석은 스스로 뒤로 밀려 나자빠지게 되는 것이다. 상대화하는 사람들이 상대화되고, 헐뜯던 사람들이 헐뜯긴다. 그야말로 상대화라는 말 자체가 어느 정도는 폐기된 것이다."[1] 사회 결정론에서 멀어지는 것은 몇몇 인류학자의 우려와 달리 모든 사고를 마비시키지 않았다. 오히려 진리와 의미에 의문을 던지는 새로운 융통성과 자유를 가져왔다.

문화 진화 이론들을 거부한 이후에 등장한 또 다른 사조(思潮)가 문화 인류학이다. 문화 인류학은 관념과 상징의 체계에 초점을 맞춘다. "문화"는 단순히 인간의 사고와 행위의 총집합체를 뜻하는 것이 아니다. 특정한 생각과 행동 이면에 들어 있는 신념 체계와, 그 생각과 행동으로 표현되는 상징을 모두 의미한다. 문화란, 그 구성원의 기본 욕구를 충족하기 위해 함께 작용하는 모든 분야를 통합된 전체로 이해하는 것이다.

이러한 문화 개념은 미리 결정된 반응에 대한 신념과 행위를 전혀 축소하지 않으면서, 인간이 이성적으로 사고하며 가능성 있고 의미 있는 선택을 하게 해주었다. 문화는 사람들이 서로 어떻게 소통하며 살기 좋은 사회를 세워 나가는지 이해하도록 도와주었다. 또한 문화 차이와 문화 간 소통의 특성, 사회 변화 방식을 이해하도록 돕는다. 이런 이해들은 선교 과업을 수행하는 데 매우 귀하다.

최근 인류학자들은 분명한 문화적 믿음의 기저를 이루는 기본 전제들에 초점을 맞추어 왔다. 문화마다 나름의 세계관이나, 사물을 보는 기본 방법이 있는 듯하다. 그렇다면, 문화들이 서로 온전하게 소통하는 것은 문화가 다른 사람들의 세계관을 이해할 때만 가능할 것이다. 이것은 또한 사람들이 자신의 세계관으로 복음을 이해할 것이라는 의미이기도 하다. 따라서 선교사가 현지인들에게 되도록 왜곡 없이 복음을 전하려면, 그 문화의 분명한 상징뿐 아니라 문화 이면에 깔린 함축된 신념도 이해해야 한다.

끝으로, 인류학자들은 인간 삶의 특정 양상들을 다루는 특별한 이론들을 발전시켜 왔다. 그 이론들 가운데 선교에 유용하게 활용할 수 있는 것들이 있다. 그중 하나가 인간의 언어 구조를 연구하고, 언어 학습과 성경 번역에 중요한 통찰을 제공해 준 언어학이다. 그리고 인간의 개성과, 문화들 사이의 관계성과 변화를 연구하는 심리 인류학이 있다.

이 책은 선교 사역에 가장 관련이 깊은 인류학적 이론을 폭넓게 설명할 것이다. 또한 기독교적 관점에서 그 이론들을 비평하고, 선교 사역을 신학적으로 이해한 내용과 그 이론들을 통합해 볼 것이다.

신학적 가정과 인류학적 가정의 통합

인간에 대한 신학의 관점과 인류학의 관점을 어떻게 통합할 수 있는가? 우리는 의식적인 수준에서 이 작업을 해야 한다. 전기, 자동차, 컴퓨터, 현대 의약 등 일상생활에서 다양한 형태로 과학을 이용하고 있는 한, 과학적 가정들은 우리의 신학에도 영향을 끼친다. 사회 과학에 대해서도 마찬가지다. 또한 이러한 영향을 검토하지 않는다면, 복음에 대한 이해가 왜곡될 수 있다.

통합하려는 시도는 사실상 총체적이야 한다. 단순히 몇 가지 과학적 사고들을 골라서 기독교적 사고와 합하려고 해서는 안 된다. 과학적 통찰을 이용하고 싶다면, "과학 자체가 성경의 진리와 어떻게 연관되는가"라는 질문을 직시해야 한다.

특히 이 책에서는 인류에 관한 과학적 이론들을 살펴보고, 인류의 특성에 대한 성경의 가르침과 그 이론들을 비교할 것이다. 선교사가 사람들을 바라보는 관점이 선교 사역을 수행하는 데 결정적인 역할을 하기 때문이다. 과학적 통찰이 성경의 이해와 잘 맞아서 그 통찰을 사용해야 할지라도, 우리는 하나님이 성경을 통해 계시하신 것과 피조 세계를 통해 보여 주신 것을 통합하려고 해야 한다.

총체주의(wholism)라는 말은 오늘날 많은 의미를 지닌다. 예를 들면, "전 세계" 사람들(whole earth)이나 "통합" 의학(whole medicine)이라는 말에도 사용된다. 이 책에서는 이 용어를 인간 존재의 전 영역을 다루어 인류를 폭넓고 통합되게 이해하는 인류학적 의미로 사용할 것이다.

인류의 다양성과 동질성

선교사들이 온 인류에 보이는 관심은 인류학자들과 비슷하다. 사람들이 대부분 그러지 않는 것은 주로 자기 민족이나 사회, 자신이 속한 분야에만 관심을 보이기 때문이다. 자신에게 영향을 끼치는 경우가 아니라면, 세계의 다른 지역에 대해서는 무시해 버린다. 신문은 대부분 지역 소식으로 꽉 차 있으며 세계 다른 지역은 거의 다루지 않는다. 대학도 유럽이나 북미의 역사나 문학에 관한 학과는 많이 개설하지만, 인도, 가나, 인도네시아 같은 나라를 공부하는 학과는 거의 없다.

여기서 "온 인류"는 몇 가지 의미를 가지고 있다. 이 말은 중국, 오스트레일리아, 사우디아라비아, 잠비아 등과 같은 나라를 포함하여 세계 모든 지역에 있는 사람들을 포함한다는 뜻이다. 또한 부자나 권세 있는 자와 마찬가지로 가난한 자와 약한 자까지 모든 계층의 사람들을 포함한다는 것이다. 더 나아가, 현재를 살고 있는 사람들뿐 아니라 과거에 살았던 사람과 미래에 살게 될 사람들까지 모든 역사 속의 사람들을 포함하는 것이다. 이러한 큰 그림을 봐야 "인간"이 무엇인지 이해할 수 있을 것이다.

서로 다른 환경에서 사는 사람들을 연구하면서 선교사와 인류학자는 그 사람들 사이에 존재하는 많은 차이를 인식할 수 있다. 사람들은 생물학적으로, 심리적으로 다르다. 그들이 조직한 사회나 만들어 낸 문화도 다르다. 앞으로 살펴보겠지만, 이러한 차이는 심도 있는 철학적, 신학적 의문을 불러일으킨다.

그러나 인류학자처럼 선교사도 모든 인류가 공통으로 가지고 있는 보편성에 관심이 있다. 인간은 모두 생리 작용을 한다. 자식을 낳고, 음식을 소화하며, 질병으로 고통 받는 등 동일한 생물학적 과정에 따른 자극에 반응한다. 기쁨과 아픔을 경험하며, 많은 부분에서 동일한 심리 충동을 느낀다. 인간은 사회를 조직하고 문화를 만들어 낸다. 이러한 인류의 보편성이 없다면, 한 문화에 속한 사람들이 다른 문화를 이해하거나 그 문화의 사람들과 소통하기란 불가능하다. 사실상, 우리와 다른 사람들이 공통으로 지닌 인간성을 인식하는 것은 신뢰와 사랑의 관계를 세우는 첫 단계다. 그 신뢰와 사랑은 "그들"과 "우리"를 분리하는 깊은 차이를 이어 준다.

그리스도인에게는 이것 말고도 또 다른 보편성이 추가된다. 바로 모든 사람은 죄를 지었으며 하나님의 영광에 이르지 못한다는 것이다. 그리고 예수 그리스도의 죽음과 부활을 통해 모든 사람이 구원받을 수 있다는 것이다. 부자나 가난한 자나, 한국 사람이나 중국 사람이나, 어느 누구에게든 다른 길은 없다. 따라서 그리스도인은 모든 사람이 복음을 듣고 반응할 수 있는 기회에 관심을 갖는다.

교회 또한 새로운 인류를 창조하여 인종과 문화의 차이를 넘어 믿는 자들이 한 몸으로 부름 받은 공동체다. 언어는 다를지 몰라도 복음은 하나다. 예배 형태는 다를 수 있어도 하나님은 오직 한 분이다. 문화 상황이 다를 수 있지만 교회는 오직 하나만 있을 뿐이다.

인간성의 총체적 모델

우리는 모든 인간에게 관심을 갖고 있지만, 그들을 포괄적인 방법으로 바라봐야 한다. 우리는 흔히 사람들에게 단편적으로 접근한다. 사람을 운동 법칙에 좌우되는 육체적인 존재로 본다면, 어떤 사람이 자동차 사고를 당했을 때 먼저 육체에 무슨 일이 일어났는지 분석할 것이다. 그러나 다른 방식으로 사람들을 바라볼 수 있다. 예를 들어 인간을 생물학적 피조물로 본다면, 인간의 몸이 어떻게 음식을 소화시키고, 배설하며, 아이를 낳고, 스트레스에 반응하는지 연구할 것이다. 또한 인간을 의식적이거나 무의식적인 행동, 감정, 관념의 산물인 심리적 존재로 볼 수도 있고, 사회와 신념의 체계를 만들어 가는 사회 문화적 존재로 볼 수도 있으며, 구원이 필요한 죄인으로 볼 수도 있다.

이러한 모델들 하나하나는 인간이란 무엇인지를 이해하도록 도와준다. 그렇다면 이 모든 것을 어떻게 통합할 것인가? 어떻게 하면 인간을 부분으로 쪼개는 단편적인 관점을 피할 수 있는가? 인간이 단순히 팔과 다리, 또는 육체, 또는 본능적 욕구, 또는 영적인 존재만이 아닌 총체적인 존재라는 것을 잃지 않을 수 있는가?

환원주의 가장 단순하고 일반적인 대답은 환원주의(reductionism)다. 삶의 다양한 차원을 인식하고 있지만, 그 모든 것을 한 가지 설명 유형으로 축소해 버리는 것이다. 예를 들면, 생물학적 환원주의는 사람들이 서로 잘 지내는 것이 어렵다거나 영적인 침체에 빠진 것을 발견하면, 호르몬 불균형과 유전적 성향과 같이 생물학적 측면에서 그 원인을 설명한다. 반면 심리학적 환원주의는 의식적이거나 무의식적인 충동과 인간 반응 유형이라는 측면에서 설명한다.

선교와 관련하여 환원주의는 인간의 필요에 지나치게 단순하게 접근한다는 위험이 있다. 선교사는 사람들을 육체적이나 영적인 필요의 측면에서만 보는 경향이 있다. 그러나 그리스도는 사람들의 모든 필요를 돌보셨다. 분명 사람의 영원한 구원이 선교의 최우선순위지만, 선교사는 총체적인 복음을 전해야 한다. 성경에서 말하는 구원이란 우리 삶의 모든 차원과 관련되어 있기 때문이다.

특히 문명사회에서 살고 있는 우리는 기계론적 환원주의(mechanistic reductionism)를 경계해야 한다. 우리는 인과관계라는 측면에서 생각하는 경향이 있기 때문에 올바른 방법이나 해답을 갖고 있기만 하면 모든 문제를 해결하고 목적을 성취할 수 있다고 믿는다. 이러한 접근법으로 자연의 많은 영역을 다스릴 수 있었다. 그러나 한편으로는 올바른 공식을 사용하기만 한다면 다른 사람들을 우리가 조종할 수 있는 대상으로 보게 만들었다. 실제로 그런 생각이 오용되면 사회 과학조차도 단순히 새로운 "공식"(formulars)으로만 보게 된다. 복음은 우리에게 사람들을 "인간 존재"

로 보라고 말한다. 따라서 프로그램이 아니라 관계를 세워 나갈 때 효과적으로 선교할 수 있다.

또한 기계적인 접근법은 자신의 목적에 맞춰 하나님을 통제하려고 한다. 자신이 구상해 놓은 일에 맞춰 하나님을 자기 요구대로 움직이게 하려는 것이다. 그러나 성경은 늘 우리에게 주술적인 형태에서 벗어나 예배하고 순종하라고 말한다. 선교 과업은 무엇보다 하나님의 역사다. 우리는 그분의 인도를 따라야 한다. 물론 계획을 세우고 전략을 짜는 일이 필요 없다는 말은 아니다. 이것은 하나님이 때로 우리가 이해할 수 없는 방법으로 그분이 정하신 때에 행동하신다는 것을 인식하고 그분께 순종하는 자세로 선교해야 한다는 뜻이다.

층위적 접근 총체주의로 향하는 둘째 방법은 클리퍼드 기어츠(Clifford Geertz)가 말한 "층위적 접근"(stratigraphic approaches)에서 볼 수 있다. 여기서는 인류에 관한 서로 다른 이론들을 통합해 보려는 신중한 시도 대신 그 이론들을 하나하나 쌓아 간다. 신학적이든 과학적이든, 각 모델은 인간 삶의 몇몇 측면을 독립적으로 설명한다. 그 결과, 다양한 방법으로 인류를 분석하여 이해한 단편들을 모아 놓은 형국이 된다. 그러나 그것을 함께 놓고 보아도, 인간이 무엇인지에 대한 총체적인 견해를 주지는 못한다(그림2).

예를 들면, 선교사는 굶주린 사람들을 위해 현대 농업을 소개하거나, 아픈 사람들을 위해 병원을 짓거나, 문맹자들을 위해 학교를 세울 수 있다. 그러나 그러면서도 이러한 요소들이 서로 아주 밀접하게 관련되어 있다는 사실은 종종 간과한다. 즉 지식이 질병을 막고 농작물을 재배하도록 도와줄 수 있지만, 그러한 지식을 갖추기 위해서는 충분한 식량과 건강이 필요하다는 사실 말이다. 또한 기아와 질병과 무지를 인간의 죄의 뿌리와 연결지어 생각하지 못한다. 그리고 그 죄의 뿌리들이 얼마나 더 많은 죄

[그림2] 인간에 관한 층위적 접근

신학적 모델
인류학적 모델
사회학적 모델
심리학적 모델
생물학적 모델
육체적 모델

악을 낳을 수 있는지도 알지 못한다.

이 부분에서 다시 선교사들은 주의해야 한다. 대부분, 특히 서구 선교사들은 종교와 과학, 초자연적인 것과 자연적인 것을 분명하게 구분하는 사회에서 자랐기 때문이다. 이러한 구분은 성경적인 것이 아니라 헬라적인 것이다. 이것은 자율적인 자연 법칙의 측면에서 물질적인 질서를 설명하고, 하나님의 역사는 기적적인 것으로 격하시키는 층위적 접근으로 우리를 안내한다. 이런 접근은 육체와 영혼을 분리하고 복음 전도와 사회 참여를 분명하게 구분한다. 복음주의 선교사들 역시 자신이 이런 영역들 가운데 어느 한 영역에서 사역하고 있다고 여긴다. 의사, 교사, 농부는 흔히 자신이 육체적인 필요를 다룬다 생각하고, 설교자는 종종 영혼 구원에만 관심을 기울인다.

그러나 상하고 고통 받고 잃어버린 바 된 사람들이 상처 받은 곳에서 만나는 부류는 의사, 교사, 농부들이다. 따라서 상처 받은 이들은 그런 사람들에게 먼저 귀를 기울인다. 그런 때에는 오히려 설교자의 메시지가 그들과 관련이 없는 것처럼 보인다. 결과적으로 그들은 신학과 분리된 세속적인 과학을 받아들이고 기독교를 배척하게 된다. 존 스토트가 지적했듯이 우리는 인간을 "영적-육체"(soul-bodies)로 보아야 한다. 이것이나 저것 둘 중 하나가 아니라, 서로 관계를 맺고 있다는 것이다.

신학과 과학을 층위적으로 접근하면 우리 삶을 신학적인 비판에서 벗어나게 해서 삶의 많은 부분을 세속화한다. 결국 이러한 접근법은 신학도 약화시킨다. 선호하든 그러지 않든 과학의 유익을 이용하는 한, 우리는 종종 아무 비판 없이 과학적인 관점에서 현실을 받아들인다. 따라서 신학적 확신을 지키고 싶다면 인간에 대한 신학적 이해와 과학적 이해의 관계를 의식적으로 다루어야 한다.

총체주의를 향하여 환원주의나 층위적 접근으로는 인간을 총체적으로 이해할 수 없다. 우리는 신학과 과학이 인간에 관해 가르쳐 주는 것을 배워야 한다. 그리고 우리의 지식은 늘 불완전하고 미완성이라는 것을 인식하면서, 인간을 전인적 존재(whole beings)로서 포괄적으로 이해하는 데 신학과 과학에서 얻은 통찰을 잘 짜 넣어야 한다.

총체적 접근은 우리가 인간을 이해하는 데 다양한 연구들이 공헌할 수 있음을 인정한다. 인류학은 사회 과학을 통해 각 지식 분야에서 얻은 다양한 통찰이 서로 어떻게 관련되어 있는지를 보여 준다(그림3). 예를 들면, 인간의 외형적 특징은 그들이 만들어 내는 문화에 영향을 준다. 모든 사람의 키가 3미터거나 성(性)이 오직 하나라면, 인간의 문화와 사회는 지

[그림3] 인간을 통합적으로 연구하는 접근법²

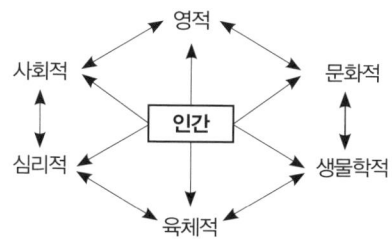

금과 달라졌을 것이다.

한편, 문화는 인간의 외형적 특징을 형성한다. 인간은 자신의 취향에 맞게 몸을 변형시키는 데 매우 창의적이다. 장신구를 걸기 위해 귀와 입술, 뺨과 이에 구멍을 낸다. 모양을 변형시키기 위해 머리와 발을 단단하게 감싸기도 하고, 지각 능력을 높이려고 안경과 보청기를 끼기도 한다. 피부에 색을 칠하거나 문신을 하고, 몸에 칼자국을 내기도 하며, 수천 가지 방식으로 머리 모양을 만들기도 한다. 문화는 사람들이 미와 건강에 대해 가지고 있는 생각에도 영향을 준다. 서양에서는 마른 체형이 매력적이라고 생각해서 여성들이 날씬해지려고 식단을 조절한다. 반면 남태평양에 있는 나라인 통가에서는 뚱뚱해야 아름답다고 여기기 때문에 여성들이 마음껏 먹는다.

사람들의 생물학적 체계가 심리적으로 어떤 영향을 끼치는지, 심리적 체계는 몸에 어떤 영향을 주는지, 이 두 체계가 서로 어떻게 영향을 끼치며 문화에서 어떤 영향을 받는지 등을 결정하기 위해서도 모델 간 상호작용을 연구해야 한다.

인류학이 인간을 과학적인 관점에서 통합적인 관점으로 바라보기 시작하면서, 그리스도인은 더 많은 질문을 해야만 한다. 인류에 대한 과학적 모델은 인간을 신학적으로 이해하는 것과 어떻게 관련되는가? 안타깝게도 19세기에는 과학자들과 신학자들이 종종 대립 관계를 보여 왔다. 이러한 관계는 환원주의자들이 지식에 접근하는 방식에서 어느 정도 영향을 받은 것이다. 과학과 신학 모두 전체적이고 포괄적인 현실관을 요구했기 때문에 서로를 무시해 왔다. 우리가 이해하는 것보다 현실이 훨씬 복잡하다는 사실을 점차 인식하면서 우리는 이제야 다양한 관점에서 현실을 바라보게 되었다. 한 건물의 청사진을 여러 장으로 서로 보완하듯, 서로 다른 지식 체계는 현실의 다양한 양상을 보여 준다. 과학은 다양한 현실 구조에서 경험에 근거하여 얻은 통찰을 우리에게 제공한다. 신학은 건물과 건축자, 그와 관련하여 역사적으로 중요한 사건들에 대한 전체적인 그림을 제시한다.

상보성(相補性)은 과학과 신학이 늘 서로 일치한다는 뜻이 아니다. 일치하지 않는 부분이 생길 때, 우리는 성경과 피조 세계에 비추어 과학과 신학을 다시 살펴봐야 한다. 이 둘 모두의 근원은 하나님이다. 따라서 서로의 관점을 제대로 이해할 때 불필요한 충돌이 일어나지 않을 것이다.

선교사의 임무

> 하늘과 땅의 모든 권세를 내게 주셨으니 그러므로 너희는 가서 모든 민족을 제자로 삼아 아버지와 아들과 성령의 이름으로 세례를 베풀고 내가 너희에게 분부한 모든 것을 가르쳐 지키게 하라 볼지어다 내가 세상 끝날까지 너희와 항상 함께 있으리라(마 28:18-20).

> 아버지께서 나를 보내신 것같이 나도 너희를 보내노라(요 20:21).

이 말씀으로 예수는 세상 끝날까지 그분의 증인이 되라고 명령하셨다. 교회는 한때 주로 중동 지역과 서구에, 잠시 인도 남서부와 중국에 작은 규모로 자리 잡았었다. 오늘날에는 세계 어디서나 교회를 볼 수 있고, 아프리카, 아시아, 라틴 아메리카, 남태평양 제도에서 많은 개척 교회가 급속하게 성장하고 있다. 더구나 이른바 2/3세계에 있는 교회에서 선교에 관심이 증가하고 있다. 한국인 선교사가 로스앤젤레스에서, 인도인 선교사가 유럽에서 선교하고, 아프리카 한 지역 출신 선교사가 그 대륙의 다른 지역에서 선교한다. 실제로 오늘날에는 이러한 신생 교회들의 선교사들이 가장 빠르게 성장하고 있다.

그러므로 이제는 선교사를 서구인으로만 생각해서는 안 된다. 이 책에서 "선교사"라는 할 때는 인도에서 사역하는 아프리카 사람이든, 스페인에서 사역하는 라틴 아메리카 사람이든, "타문화권에서 복음을 전하는 사람" 모두를 뜻한다. 책에 나오는 예화나 사례가 서구인들에게 기울어져 있는 것처럼 보이는 것은 이 책의 주독자가 서구인이기 때문이다. 그러나 앞서 살펴본 원칙들은 2/3세계 출신 선교사에게도 동등하게 적용된다. 독자들은 이 책에 제시된 서구적 사례들을 각자 자신의 지역적 사례로 대체하여 생각해야 한다.

2장

복음과 문화

선교사가 직면하는 어려움은 다양하다. 그중에서도 가장 큰 어려움은 인류의 문화와 복음의 관계를 다루는 일이다. 물론 그러한 문제들이 새로운 것은 아니다. 사도행전을 보면, 이방인이 교회에 몇 천 명씩 들어오면서 심각한 문제가 발생했다. 그 이방인들은 유대교로 개종하고 할례와 같은 유대 풍습과 돼지고기 금기와 같은 유대인의 금기 사항을 받아들여야 하는가? 그렇지 않다면, 교회는 구약 성경의 어느 가르침은 따라야 하고, 유대인의 어느 문화는 폐기할 수 있는가?

첫 교회 공의회(사도행전 15장 참조)는 초대 교회에서 파송한 선교사가 제시한 문제에 답하기 위해 소집되었다. 오늘날에도 선교 사역이 활발한 곳에서는 같은 문제가 나타나고 있다. 회심자가 없다면 사역을 계속하기 쉽다. 그러면 새로운 회심자를 돌보는 일 없이, 설교하고 가르치고 홍보하고 소책자를 나누어 줄 수 있다. 그러나 다른 문화에 속한 사람들이 그리스도인이 되었을 때는 수많은 결정을 내려야 한다. 그들은 여러 명의 아내를 계속 데리고 살 수 있는가? 조상에게 음식을 바쳐도 되는가? 자신의 오랜 종교 관습을 어떻게 해야 하는가? 그들에게 우리의 의식들을 가르쳐야 하는가? 그 의식들은 주로 서구적이지 않은가? 선교사인 우리가 그들처럼 살아야 하는가? 양심에 거리낌 없이 그들의 노래나 춤에 참여할 수 있는가? 그것들은 비기독교적 의미를 담고 있지 않은가?

이러한 문제들은 대부분 복음과 문화의 관계에서 발생한다. 한편으로 복음은 어느 문화에도 속하지 않는다. 복음은 하나님이 모든 사람에게 하나님 자신과 자신의 행위를 계시하신 것이다. 다른 한편으로 복음은 늘 인간의 문화 유형 안에서 표현되고 이해되어야 한다. 인간의 사고방식이나 언어와 분리해서는 복음을 전할 수 없다. 더구나 하나님은 사람들에게 자신을 알리기 위한 최우선 수단으로 인간을 사용하기로 하셨다. 우리에게 자신을 계시하실 때에도 하나님은 그렇게 하셨다. 즉 스스로 인간이 되셔서 인간의 역사와 특정 문화를 살아가신 것이다.

우리는 문화와 복음의 관계를 분석하기 전에 인간의 문화 양식이 무엇을 아우르는지 좀 더 자세히 살펴봐야 한다.

문화의 개념

"문화"는 평범한 단어다. "그 사람은 문화인이야"라고 말하는 것은 그가 바흐, 베토벤, 브람스의 노래를 듣고, 연회장에서 그 많은 포크와 스푼을 사용할 줄 안다는 뜻이다. 또는 "그 친구는 전혀 문화인이 못 돼"라는 말은 그가 "문명화된" 행동방식을 갖고 있지 못하다는 의미이기도 하다. 이런 식으로 사용할 때, 우리는 "문화"라는 말을 부자나 교육받은 사람, 힘 있는 사람과 같이 한 사회의 엘리트층이 지니는 예절과 동일시하는 것이다. 내면적으로는 보통 사람들, 특히 가난한 자들과 소외된 자들(동시에 두서너 가지 문화에 속하지만 어느 문화와도 완전히 일치되지 못하는 자들)이 엘리트 집단에 필적할 만한 "문화"를 갖고 있지 못하다는 것을 전제한다.

인류학자들은 "문화"라는 단어를 좀 더 다른 전문적인 의미에서 사용한다. 그렇기 때문에 이 단어를 어떻게 정의해야 하는지를 두고 그들 간에 상당한 논쟁이 있었다. 우리는 이 책의 목적에 맞게 단순한 정의에서 시작하고, 그 개념을 이해해 가면서 점차 정의를 변형해 가려고 한다. 여기서는 문화를 "관념과 감정과 가치가 거의 통합된 체계 및 이와 관련하여 한 집단의 사람들이 생각하고 느끼고 행동하는 것을 조직하고 규정하여 공유한 행위와 산물"이라고 정의할 것이다.

문화의 차원들

이 정의 안에 담긴 의미를 풀어 보자. 먼저 문화는 "관념과 감정과 가치"와 관련된다는 것에 주목하라. 이것은 문화의 기본적인 세 가지 차원이다(그림4).

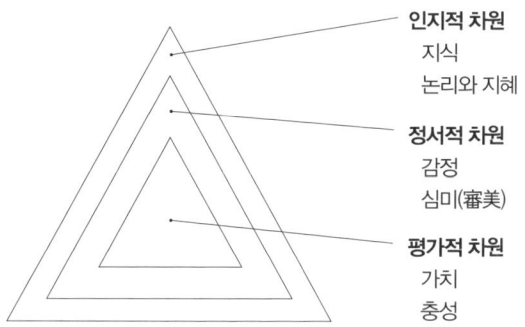

[그림4] 문화의 세 가지 차원

인지적 차원
지식
논리와 지혜

정서적 차원
감정
심미(審美)

평가적 차원
가치
충성

인지적 차원 이 차원은 한 집단이나 사회 구성원들이 공유한 지식과 관련된다. 공유된 지식이 없다면 소통과 공동체 생활은 불가능하다.

지식은 문화의 개념적인 내용을 제공한다. 사람들의 경험을 범주별로 정리하고, 더 큰 지식 체계 안에 이 범주들을 조직한다. 예를 들어 무지개를 일곱 가지 색(빨, 주, 노, 초, 파, 남, 보)으로 나누는 곳이 있는가 하면, 미국처럼 여섯 가지 색(빨, 주, 노, 초 파, 보)으로 나누는 곳이 있다. 인도 남부에 있는 텔루구족은 무지개를 여러 가지 색으로 보는 동시에 두 가지 기본 색깔로 구분한다. 하나는 "에라스"(*erras*) 또는 뜨거운 색(빨강부터 주황까지)이고, 다른 하나는 "파트사스"(*patsas*) 또는 차가운 색(옅은 노랑부터 보라까지)이다.

또한 지식은 무엇이 존재하고 무엇이 존재하지 않는지를 말해 준다. 예를 들면, 서구인은 대부분 직접 보지 못했지만 원자, 전자, 중력을 믿는다. 한편, 인도 남부 사람들은 락샤사(*rakshasa*, 악마)라는 공포의 존재를 믿는다. 락샤사는 큰 머리에 왕방울만 한 눈, 뾰족한 이, 길고 거친 머리털을 가진 영(靈)들로, 나무와 바위 지대에 살면서 방심한 여행객들에게 한밤중에 달려든다고 한다. 모든 인도인이 락샤사를 믿는 것은 아니지만, 그 존재를 생각하지 않는 사람은 없다. 락샤사가 그들 문화 안의 한 범주로 존재하기 때문이다. 어쩌면 이 시대의 무신론자들도 "하나님"이라는 개념을 동일한 방식으로 받아들일지 모른다.

문화적 지식은 우리가 실재를 분류하기 위해 사용하는 범주 이상의 것이다. 그 지식은 현실과 자연 만물, 그리고 그것들이 어떻게 작용하는지에 대한 가설과 믿음을 포함한다. 문화는 어떻게 배를 만들고 띄우는지, 어떻게 농사를 짓는지, 어떻게 음식을 만드는지, 어떻게 행정 조직을 운영하는지, 조상과 영과 신들을 어떻게 이해하는지를 우리에게 가르쳐 준다.

문화는 사고하는 데 중요한 기본 요소를 제공한다. 따라서 우리가 문화의 통제에서 빠져 나오기란 거의 불가능하다. 언어조차도 사고와 관련된 문화적 방식을 반영하고 강화한다. 더구나 이러한 영향의 많은 부분은 함축적이어서 잘 인식하지 못한다. 색깔 있는 안경처럼, 문화는 우리가 의식하지 못하는 사이에 세상을 어떻게 인식하는지에 영향을 준다. 렌즈가 더러워지거나 다른 안경을 껴야만, 지금의 안경이 세상을 보는 방식을 형성하는 능력이 있음을 인식한다.

문화적 지식은 여러 방식으로 저장되어 있다. 사람들은 인쇄물로 정보를 저장해 놓는다. 그리고 정보를 다시 보기 위해 신문이나 책, 광고지 등을 뒤적인다. 우리가 기록된 것에 얼마나 의존하고 있는지는 거의 알아차리지 못한다. 정보를 저장하는 다른 방법은 거의 사용하지 않기 때문에 기록을 빼앗아 버리면 지식적 기아 상태가 된다. 우리는 대부분 성경 몇 구절과 몇몇 찬송가의 1절 정도밖에 암송하지 못한다.

지식을 저장하는 데 인쇄가 좋은 수단이긴 하지만 유일한 수단은 아니다. 우리는 흔히 읽을 줄 모르는 사람을 "문맹"이라며 쉽게 무시한다. 그러나 사실 문맹 사회에도 엄청난 양의 지식이 있다. 단지 다른 방식으로 저장될 뿐이다. 그들은 이야기, 시, 노래, 속담, 수수께끼처럼 쉽게 기억할 수 있는 여러 구전(口傳) 형태로 지식을 저장한다. 또한 눈으로 볼 수 있는 연극과 춤, 예식을 사용하기도 한다.

말로 전하는 사회와 문자로 전하는 사회의 차이, 그리고 그 두 사회의 저장 방식과 정보 전수 방식의 차이는 선교사에게 아주 중요한 것을 가르쳐 준다. 일반적으로 선교사들은 글을 읽고 쓸 줄 아는 사람들이다. 그렇기 때문에 흔히 구전 사회와 그 사회의 소통 방식을 잘 이해하지 못한다. 그래서 선교사들이 선교지에 교회를 개척하는 가장 효과적인 방법은 사람들에게 읽고 쓰는 법을 가르치는 것이라고 결론 내리는 것이다.

물론 장기적인 관점에서, 특히 수준 높은 교회 지도자를 훈련하려면 문자를 가르치고 교육하는 것이 매우 중요하다. 그러나 구전 사회에서 교회를 개척하는 데 그것은 유일한 방법도, 심지어 가장 효과적인 방법도 결코 아니다. 어떤 사람이 그리스도인이 되기 위해서나 믿음을 성장시키기 위해서 반드시 읽는 법을 배워야 하는 것은 아니다. 예를 들면, P. Y. 루크(Luke)와 J. B. 카르멘(Carmen)은 인도 남부에 있는 그리스도인들이 이른바 "서정 신학"(lyric theology)이라는 노래들 속에 신앙을 간직하고 있는 것을 발견하였다.[3] 그들은 흔히 열 절에서 열다섯 절 정도 되는 노래를 외워 교회와 집에서 부른다. 또한 광장에서 공연되는 연극을 이용하기도 한다. 힌두교 마을 사람들은 설교를 들으면 곧 피곤해하며 떠나지만, 연극을 보기 위해서라면 늦은 밤까지도 머문다. 이런 문화에 살고 있는 그리스도인들은 복음을 전하기 위해 음유 시인의 공연, 춤, 속담 등 다양한 구전 방법을 사용하는 것이 효과적이다.

정서적 차원 문화는 태도, 미적 감각, 음식이나 옷의 취향, 호불호, 기쁨과 슬픔 등 사람들이 지니는 감정과도 관련된다. 매운 음식을 좋아하는 문화가 있고, 달고 자극적이지 않은 음식을 좋아하는 문화도 있다. 어떤 사회의 사람들은 도전적이거나 공격적이어서 감정을 제대로 표출하는 법을 배운다. 또 어떤 사회의 사람들은 자기 조절과 침착함을 배우기도 한다. 어떤 종교는 명상과 신비적 요소, 내적 평화와 평강을 얻기 위해 마약을 권유한다. 또 어떤 종교는 열광적인 노래와 춤, 자기 학대를 통한 황홀경을 강조한다. 간단히 말해, 문화는 인간 삶의 정서적인 면을 어떻게 다루느냐에 따라 엄청나게 달라지는 것이다.

삶은 많은 영역에서 문화의 정서적 차원을 반영한다. 옷, 음식, 집, 가구, 자동차, 그밖에 모든 문화 산물을 통해 미적 감각이나 취향의 기준이 드러난다. 모든 것이 오직 기능 위주인 문화를 생각해 보자. 그러면 모든 옷의 디자인이 단조로울 것이고, 모든 주택의 형태가 같을 것이다.

또한 정서는 인간관계를 형성할 때 예의와 교제의 개념에서 중요한 역할을 한다. 우리는 표정이나 목소리, 몸짓으로 사랑, 미움, 꾸중 등 수백 가지 태도를 전할 수 있다.

감정은 미술, 문학, 음악, 춤, 연극과 같은 "표현 문화"를 통해 특별한 배출구를 발견한다. 이런 것들은 실용적인 목적이 아니라, 즐거움과 정서 표출을 위해 만들어진 것이다. 이것은 록 콘서트나 오페라에 참석해 보면 분명하게 경험할 수 있다.

평가적 차원 각 문화는 인간관계에서 도덕적이냐 비도덕적이냐를 판단하여 가치를 지닌다. 어떤 직업은 귀하고 어떤 직업은 천하며, 음식을 먹는 방식도 어떤 것은 적절하고 또 어떤 것은 그렇지 않다는 등의 평가를 내리는 것이다.

가치 판단은 세 가지 형태로 나뉜다. 첫째, 각 문화는 사실과 거짓을 결정하는 인지적 신념을 평가한다. 예를 들면, 중세 유럽 사람들은 공기 중에 있는 유독 물질이 말라리아를 일으킨다고 믿었다. 오늘날에는 그것이 포자충에 속하는 기생충 때문이라는 것을 알고 있다. 어떤 문화에서는 마을 주변에 사는 귀신들이 말라리아를 일으킨다고 믿는다. 이러한 경우들에서 보듯이 문화는 사람들이 무언가를 진실이라고 받아들이는 데 결정적 역할을 한다.

각 문화 체계는 삶의 정서 표현들을 판단하기도 한다. 즉, 아름다운 것과 추한 것, 사랑할 것과 미워할 것을 가르친다. 어떤 문화는 날카롭고 찢어지는 목소리로 노래 부르는 것을 좋아하고, 또 어떤 문화에서는 깊고 감미로운 음색으로 노래 부르는 것을 좋아한다. 한 문화 안에서도 상황과 하부 문화에 따라 호불호가 다양하게 나타난다. 예복과 정장은 야구 경기장에 어울리지 않고, 가요는 장례식에 걸맞지 않다.

끝으로 각 문화는 가치를 판단하고 옳고 그름을 결정한다. 예를 들면, 북미 문화에서는 사람의 감정을 상하게 하는 것보다 거짓말하는 것이 더 나쁘다. 그러나 어떤 문화에서는 진실을 조금 왜곡하더라도 다른 사람을 격려하는 것을 중요하게 여긴다.

문화마다 나름의 도덕률과, 문화적으로 규정하는 죄가 있다. 어떤 행동은 정당하고 어떤 행동은 부당하다고 판단하는 것이다. 전통적인 인도 사회에서 여자가 남편 앞에서 음식을 먹는 것은 죄다. 마을 속담에 따르면, 그럴 경우 여자는 다음 생애에 뱀으로 태어난다. 중국에서는 정기적으로 조상에게 음식을 드려 공경한다. 그러지 않으면 죄가 된다.

또한 문화는 저마다 최고의 가치와 우선해야 할 충성, 문화적으로 규정된 목표가 있다. 어떤 문화에서는 경제적 성공을 최고 목표로 삼도록 강요하고, 또 어떤 문화에서는 명예와 명성, 정치권력, 조상의 뜻이나 신의 축복을 최우선에 두게 한다.

이 세 가지 차원, 즉 관념, 감정, 가치는 인간 문화의 본성을 이해하는 데 중요하다. 이 책에서는 그것들을 자주 언급할 것이다.

세 가지 차원에 비춰 본 복음 복음은 이 세 가지 차원과 관련된다. 따라서 선교사는 사역을 하면서 이 차원들을 염두에 두어야 한다. 인지적 단계에서 복음은 지식과 진리, 즉 하나님을 아는 것과 성경적이고 신학적인 정보를 이해하고 수용하는 것과 관련된다. 이 단계에서 우리는 진리와 정통성의 문제에 관심을 기울인다.

복음은 감정도 포함한다. 우리는 하나님의 임재에 경외와 신비를 느끼고, 죄를 수치스러워하며, 구원을 기뻐하고, 하나님의 백성과 교제하며 위안을 얻는다.

궁극적으로 복음은 가치와 충성과 관련된다. 예수는 하나님 나라의 복음을 전하셨다. 그분은 의로 그 나라를 통치하신다. 그분의 법은 세상의 법과 대조되며, 그분의 완전하심은 우리의 문화적인 죄들을 판단하신다. 또한 예수는 자기를 따르라고 우리를 부르신다. 그리스도인이 된다는 것은 그분께 끝까지 충성을 바치는 것이다. 그밖에 다른 것은 우상 숭배다.

세 가지 문화 차원은 모두 회심에도 필수다. 우리는 예수께서 하나님의 아들이심을 알아야 하지만 아는 것만으로는 부족하다. 사탄도 그리스도의 신성을 인지한다. 우리에게는 그분께 충성하고 그분을 사랑하는 감정도 필요하다. 그러나 감정 역시 충분하지 않다. 지식과 감정 둘 다 삶의 주인이신 예수를 예배하고 그분께 순종하며 따르도록 우리를 이끌어야 한다.

그리스도인의 삶에서도 이 세 가지가 모두 드러나야 한다. 우리에게는 진리를 알게 하는 건전한 신학과, 경외와 흥분의 감정이 모두 필요하다. 이러한 지식과 감정은 우리를 제자 된 삶으로 이끌고, 사랑, 희락, 화평과 같은 성령의 열매를 맺게 할 것이다. 모순되게도 서구에서는 이러한 제자도와 성령의 열매를 "감정적인 것"으로 축소시켰다. 그러나 성경을 보면 그것들은 가치 있는 헌신이다. 그렇기 때문에 바울은 우리에게 사랑하고 기뻐하며 평강을 누리라고 권면할 수 있었다. 기독교는 하나님과 다른 사람들을 위해 우리 자신을 드리라고 명한다. 이해와 감정은 흔히 그 뒤에 따라온다.

선교사나 교회 지도자는 복음의 인지적인 면을 강조하는 경향이 있다. 선교사는 성경 지식과 신학에 관심을 보인다. 어찌되었든 이것은 훈련받아야 할 영역이긴 하다. 따라서 설교와 가르침처럼 선교사가 사용하는 방법들은 정보와 이성을 강조하게 된다.

그러나 우리는 종종 일상생활에서 사람들이 드러내는 태도와 감정이 얼마나 중요한지 제대로 이해하지 못한다. 인간은 지식보다는 흥분과 전율, 애정이나 평안을 얻는 데 훨씬 많은 시간과 소유를 쓰고 있다. 사람들은 고통과 두려움과 슬픔을 피하기 위해서라면 거의 모든 일을 한다.

의사를 결정하는 데도 감정은 중요한 역할을 한다. 옷을 고르고, 요리하고, 자동차를 살 때 우리는 이성만큼 감정에도 영향을 받는다. 그렇다면 감정적으로도 복음의 지식을 제시해야 한다. 그래야 사람들이 믿고 따라올 것이기 때문이다. 이성적으로 설득되었기 때문이 아니라 두려움에서 해방되었거나 용서를 체험하고 구원의 기쁨을 맛보았기 때문에 많은 사람이 복음에 반응한다는 것을 인지하고 진리를 가르쳐야 한다. 그러고 나서 사람들이 반응하도록 설득해야 한다.

교회에 있는 젊은 그리스도인들이 성숙하려면 좋은 설교와 가르침이 필요하다. 또한 음악, 미술, 문학, 연극, 춤, 예식, 축제 등을 통해 자신을 표현할 수 있는 방법을 제공해 주어야 한다. 종종 개신교는 아프리카와 아시아 사람들에게 그다지 매력적이지 않았다. 그들이 이미 신봉하는 종교와 비교할 때 기쁘지 않고 재미도 없으며 칙칙해 보였기 때문이다.

그러나 선교의 궁극적인 목적은 제자화다. 선교사가 복음을 선포하는 것은 단순히 복음의 내용을 알리거나 사람들을 기분 좋게 해주려는 것이 아니다. 예수 그리스도의 제자가 되도록 부르는 것이다.

문화를 보여 주는 것들

문화를 정의한 내용을 보면 "행위와 산물"이 나온다. 이것은 우리가 보고 듣거나 그밖에 다른 감각을 통해 경험할 수 있는 문화를 보여 주는 것들이다.

행위 사람들은 주로 문화에 따라 어떻게 행동할지를 배운다. 예를 들어 북미에서는 악수하는 법, 포크로 먹는 법, 길 오른편에서 운전하는 법, 더 좋은 성적이나 더 많은 돈을 벌기 위해 경쟁하는 법을 배운다. 반면 일본에서는 인사하는 법, 젓가락으로 먹는 법, 문 앞에서 신을 벗는 법, 바닥에 앉는 법, 학교나 직장에서 서로 돕는 법을 가르친다.

그러나 모든 행위가 문화에 의해서 좌우되는 것은 아니다. 격식을 차리는 상황에서는 행위가 분명하게 규정된다. 예를 들면, 연회장에서는 옷차림이나 행실, 말투가 조심스러워진다. 그러나 일상생활에서는 격식을 덜 차리며, 허용되는 범위에서 행위를 선택한다. 이때 우리는 상황(교실에서 수영복을 입을 수 없듯이)과 자신의 개성을 반영한다. 또한 우리 삶에서 경제적, 정치적, 사회적, 종교적 환경에 영향을 받아서 결정한 사항들을 반영하여 선택한다.

어떤 면에서는 문화가 사회 구성원의 생활을 제한하는 규율이 된다. 시합에서 많은 선수가 그러듯 우리도 조금씩 "규율을 어기며" 그 규율에서 벗어나려고 시도한다. 걸리면 벌을 받는다. 그러나 걸리지 않으면 이득을 보거나 성취감을 얻는다.

모든 문화에는 험담, 배척, 폭력과 같이 규율을 강화하는 나름의 방법이 있지만, 모든 위반자가 벌을 받는 것은 아니다. 특히 어떤 사회는 중요한 위치에 있거나 권력이 있는 사람들의 위반은 눈감아 준다. 또는 사람들 대부분이 위반하면, 제재를 가하지 못한다. 이러한 경우에는 문화적 규약이 사라지고, 결국 그 문화도 변하게 된다.

같은 문화에 속한 사람들도 특정 규칙에 늘 동의하는 것은 아니다. 아마추어 야구 경기를 하는 아이들처럼, 사람들은 규칙을 두고 곧잘 논쟁을 벌인다. 결국에는 자신이 내세운 규칙을 인정받은 사람이 지도자가 되며, 자신에게 유리하게 경기를 운영한다.

산물 문화는 집, 바구니, 카누, 가면, 카트, 자동차, 컴퓨터 등과 같은 물질도 포함한다. 사람들은 자연 속에서 살면서 자신의 목적을 위해 자연에 적응하거나 무언가를 만들어 사용한다. 비와 추위를 막아 주는 오두막, 강을 건너기 위한 배, 땅을 경작하기 위한 괭이를 만든다. 몸을 따뜻하게 하려고 옷을 만들며, 사냥이나 전쟁을 위해 무기를 만든다. 나무를 자르고, 길을 만들며, 댐을 건설하고, 산에 터널을 낸다. 결국에는 사람들의 행동이 환경 자체를 바꾸고, 다시 사람들은 문화를 바꾸도록 강요당한다.

단순한 부족 사회에 속한 사람들은 거의 자연에 의해 형성된 환경에서 살아간다. 그들의 문화는 사냥을 위해 어떻게 무기를 만들고, 어떻게 안식처를 지으며, 그들을 보호할 옷을 어떻게 만드는지를 가르친다. 그러나 대부분 그들은 자연에 적응해야 한다. 반면, 복잡한 산업 사회에서는 문화가 환경을 만들 수 있다. 전기는 밤과 낮의 경계를 흐리게 만들고, 자동차, 비행기, 라디오, 전화는 지역 간 거리의 장애를 없애 주며, 가구와 냉방기는 인공적으로 온도를 조절하고, 사진 기록은 역사의 순간들을 정지시킨다.

물질문화는 인간이 환경에 보이는 반응보다 많은 것을 만들어 낸다. 사람은 자신에게 유용한 것을 많이 만들어 창조 능력을 표현한다. 그러나 단순한 유목 문화에서는 그런 일이 별로 없다. 현대 사회는 수많은 다양한 물건 때문에 정신을 못 차릴 정도다. 예를 들면, 보잉 747기 한 대에는 450만 개가 넘는 부품이 들어 있고, 일반 철물점에서는 15,000개가 넘는 여러 다양한 상품을 판매하고 있다.

인간의 행위와 물질은 쉽게 관찰할 수 있다. 따라서 행위와 물질은 문화를 연구하는 데 중요한 출발점이 된다. 사람들이 만든 물건을 보면서 누가 만들었고, 어떻게 사용하며, 그 물건에 어떤 가치를 부여하고, 어떻게 처리하는지 살펴보는 것으로 선교 과업을 시작할 수 있다. 또한 사람들이 제각기 다른 상황에서, 다른 사람들과 어떻게 행동하는지를 살필 수 있다. 사실 선교사가 새로운 문화권에 막 들어가서 행위와 산물을 주의해서 살펴보지 않는다면, 그것들은 금세 흔한 것이 되어 주목받지 못할 것이다.

상징체계

문화의 정의에서 생각해 보아야 할 셋째 부분은 "관련하여"라는 단어다. 인간의 행위와 산물은 문화의 독립된 부분이 아니다. 그것들은 사람들이 지닌 관념과 감정과 가치와 밀접하게 연관되어 있다. 어떤 행위나 문화 산물에 특정한 의미나 감정, 가치가 부여된 것을 "상징"이라고 부른다(그림5). 예를 들면, 북미에서 다른 사람에게 혀를 내미는 것은 놀리거나 조롱하는 뜻을 담고 있다. 그러나 티베트에서는 인사이자 친근감의 표시다.[4]

어떤 의미에서 문화는 여러 상징체계로 이루어져 있다. 예를 들어 말하

[그림5] 상징은 형식에 의미와 감정과 가치를 연결시킨다

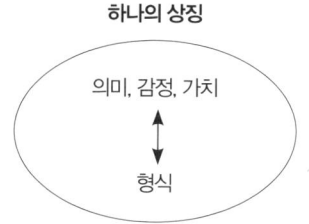

기, 쓰기, 신호등, 돈, 우표, 사이렌이나 종소리와 같은 소리, 향수 냄새 등은 서구 문화를 이루는 여러 상징체계 가운데 아주 작은 단면일 뿐이다. 의상 역시 "보호"와 "보온"이라는 가치 말고도 감정과 의미가 담겨 있다. 보통 예복이나 정장은 격식 있는 자리임을 말해 주며, 청바지는 격식을 차리지 않아도 되는 자리임을 알려 준다. 경비원이나 비행기 승무원의 복장은 마치 군인의 계급장이 지위를 말해 주듯 그들의 직업을 나타낸다.

형태와 의미 형태와 의미(또는 감정이나 가치)를 잇는 상징은 복잡하고 다양하다. 때로는 순전히 자의적이기도 하다. 세 개의 원을 상표로 사용하는 회사가 있을 수 있고, 우람한 북극곰을 마스코트로 삼은 대학도 있을 수 있다.

그러나 문화적 상징은 대부분 그들의 역사적, 문화적 상황 안에서 이해되어야 한다. 예를 들면, 그리스 사람들에게 "폴리스"(*polys*)라는 단어는 "가득하다" 또는 "많다"라는 의미와 관련된다. 몇 세기에 걸쳐 그리스어에서 다른 언어들이 기원하고 영향을 받았기 때문에 기본적인 의미는 보존되었다. 오늘날 영어 사용자들은 "폴리크로마틱"(polychromatic[다색의]), "폴리가미"(polygamy[일부다처제]), "폴리히드론"(polyhedron[다면체]) 같은 단어들을 사용한다. 이 단어들은 부분적으로 역사적 상징의 산물이다.

이처럼 한 번 만들어진 상징은 문화 체제의 일부가 된다. 이 상징들은 독자적으로 있는 경우가 거의 없다. 우리가 내리는 정의뿐 아니라 같은 상황에 있는 다른 상징과의 관계에 의해서도 의미를 갖는다. 예를 들어 "붉다"라는 단어를 생각할 때, 우리는 이미 알고 있는 다른 색깔과의 관계 속에서 그 단어의 의미를 생각한다. 그럴 때 "붉다"라는 단어는 "주황이 아니고 노랑도 아니며 보라도 아닌" 것을 의미한다. 따라서 상징은 긍정적인 의미와 부정적인 의미를 모두 포함한다.

많은 상징이 다양한 상황에서 사용된다. 그렇기 때문에 조금씩 다르지만 서로 연관된, 수많은 의미를 갖게 된다. 예를 들어 집에 대해 "그 집은 빨간 색이야(색깔)"라고 말할 수 있고, 사람을 두고 "그는 빨갱이야(정치적 이데올로기)"라고 하기도 하며, 친구들에게 "그 사람 얼굴이 빨개졌어(당황의 표시)"라고 말하고, 신호등을 보고 "빨간불이야(정지 명령)"라고 한다. 이처럼 뜻이 다양한 상징들은 여러 분야의 생각을 함께 연결하여 문화를 통합하도록 도와준다.

끝으로, 상징이 문화의 일부가 되기 위해서는 인간 공동체에서 공유되어야 한다. 우리는 자신과 소통할 때 저마다 개인적인 상징을 사용한다. 예를 들면, 해야 할 일을 기억하기 위해 암호 체계를 고안해 내는 식이다. 그러나 한 집단의 사람들이 특정한 형태에 같은 의미를 공유할 때에만 상징은 문화가 된다.

이처럼 문화적 상징의 공유된 특성이 인간의 소통을 가능하게 해준다. 우리는 다른 사람의 머릿속으로 내 생각을 바로 전달할 수 없다. 다른 사람들이 이해하고 있는 상징에 맞춰 먼저 내 생각을 부호화해야 한다. 상징의 일반적인 상황을 함께 공유하고 있기 때문에, 이러한 상징(행위나 말, 산물)의 형태만 받아들여도 우리가 전하려는 의미를 추론할 수 있다(그림6).

문화적 상징은 공유되고 계속 반복된다. 그렇기 때문에 사람들은 이 사람에서 저 사람으로, 한 세대에서 다음 세대로 자신들의 지식과 감정을

[그림6] 상징은 의미를 형태로 바꾸어 소통이 가능하게 한다

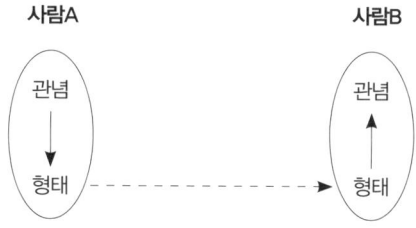

전달할 수 있다. 이것은 문화의 안정과 변화 모두를 설명한다. 우리는 이전 세대가 발전시킨 문화의 수혜자다. 비록 우리가 그 문화에서 시작할지라도 점차 변해갈 것이며, 그 변형된 형태대로 문화를 다음 세대에 전수하게 된다. 한 세대에서 다른 세대로 이행되는 것은 문화의 축적되는 특성도 말해 준다. 새로운 정보가 추가되고 새로운 산물이 만들어지는 것이다. 따라서 문화는 그 특성상 사회적이며 역사적이라는 사실을 기억하는 것이 중요하다.

형태와 의미의 결합 어떤 상징은 형태와 의미를 구분할 수 없을 만큼 이 둘이 매우 밀접하게 연관되어 있다. 이런 현상은 종종 역사적 상징에서 나타난다. 무슬림에게 메카는 무함마드가 태어난 곳이기 때문에 종교적 의미가 강하다. 비슷하게 그리스도인들에게 십자가는 그리스도가 십자가에 못 박혀 죽었다는 이유만으로 그리스도의 죽음을 상징한다. 죽음을 말할 때 다른 상징을 사용할 수도 있지만, 역사의 사실을 바꿀 수는 없다.

의식적 상징에서도 형태와 의미는 동일시된다. 예를 들면, 어떤 문화에서는 예배자들이 신을 기억하기 위해 우상을 사용한다. 또 어떤 문화에서는 신이 그 우상에 깃들여 있다고 믿는다. 반면 어떤 문화의 예배자들은 우상이 곧 그들의 신이라며 둘을 동일시한다.

서구 그리스도인들은 대부분 그들이 행하는 의식에서 형태와 의미를 구분한다. 성만찬은 예수께서 제자들과 함께 나눈 마지막 식사를 기억하게 하며, 빵과 포도주는 그리스도의 몸과 피를 상징적으로 나타낸다. 그들은 "예배하러 교회 간다"고 말한다. 다시 말해, 교회에 가는 행위가 예배하는 행위 자체를 말하지는 않는다. 예배는 그들이 교회 안에서 갖는 하나의 내적 감정이다. 그런데 어떤 그리스도인들은 그런 식으로 구분하지 않는다. 그들에게 성찬식은 그리스도와 함께 먹는 것이며, 빵과 포도주는 그의 몸과 피로 간주된다. 그들은 "교회에 가는 것이 예배하는 것이다"라고 말한다. 교회에 가는 외적 행동과, 교회에 가도록 이끄는 내적 사고와 감정을 서로 분리하지 않는 것이다.

전통적인 농경 문화는 형태와 의미를 동일시하는 반면, 서구 사람들은 그 둘을 분리하려는 경향이 있다. 따라서 서구에서는 의식이 큰 의미가 없지만, 다른 지역에 사는 사람들의 삶에서는 아주 중요하다. 선교사는 자신이 섬기는 사람들의 삶에서 의식이 갖는 의미를 잘못 이해하지 않도록 이런 점을 잘 알아 두어야 한다.

5장과 6장에서 살펴보겠지만, 성경과 그 메시지를 새로운 언어로 번역할 때뿐 아니라 교회를 개척하여 새로운 문화 상황 안에 상징과 의식을 상황화할 때에도 선교사는 문화적 상징의 특성을 잘 이해해야만 한다.

특정 양식과 체계

문화란 사람들이 사용하는 잡다한 상징들을 닥치는 대로 모아 놓은 것이 아니다. 문화를 정의할 때 밝혔듯이, 상징은 특정한 방식으로 사용된다. 예를 들면, 북미인은 대부분 음식을 먹을 때 포크를 사용한다. 특정한 용법이나 상황과 특수한 상징이 결합되는 것을 문화적 특성이라고 부른다. 이 문화적 특성은 때로 문화적 복합성이라고 하는 더 큰 양식으로 서로 연결된 집단들이다. 저녁식사를 할 때도 미국 사람들은 스푼, 나이프, 접시, 컵, 의자, 식탁, 식탁보, 포크를 사용한다. 경우에 따라서는 은 그릇도 사용한다. 이와 대조적으로 인도 사람들은 바닥에 앉아 놋쇠나 알루미늄, 나뭇잎 접시에 음식을 담아 손가락으로 먹는다.

그러나 모든 행위가 특정 양식을 형성하는 것은 아니다. 교사가 책을 떨어뜨린다거나 학생이 얼음 위에서 미끄러지는 등 이런 것은 대부분 우연이지 문화에 의해 정해진 양식이 아니다. 또한 어떤 양식은 개인적일 뿐, 사회적 의미나 중요성을 갖지 못한다. 어떤 사람은 신맛 나는 음식을 좋아하고 갈색 옷만 입을 수 있다. 반면, 문화적 특성과 복합성은 그 사회의 구성원들에게 의미가 있는 양식들이다.

어떤 특성은 한 개인에게만 제한되어 실행된다. 예를 들어 왕은 왕관을 쓰거나 왕좌에 앉을 수 있는 유일한 사람이다. 그러나 이런 관습조차도 그 궁정 안에 있는 사람들만 이해한다. 한편으로 어떤 문화적 특성은 그 사회 안에 있는 특정 집단에 의해 실천된다. 야구 선수, 비서, 대학생, 그리고 선교사도 나름의 문화적 행위 양식을 가지고 있다. 그래서 그에 따라 행동한다. 마지막으로 또 어떤 문화적 특성들은 그 사회 대부분 또는 모두가 실천한다. 예를 들면, 미국에서는 누구나 공공장소에서 옷을 입게 되어 있으며, 그러지 않을 경우 몇 가지 상황을 제외하고는 벌을 받는다.

문화는 새로운 특성이 추가되고 옛 것은 사라지기도 하면서 계속 변화한다. 그렇기 때문에 특정 행위가 양식을 형성하는지 아닌지를 구별하기가 늘 쉬운 것은 아니다. 우연이든 만들어진 행동이든, 다른 사람들이 따라하면서 문화 안에 포함될 수 있다. 그 사례는 인도에 있는 미국인 선교사가 자기 아이들에게 성탄을 축하하는 방식에서 찾아볼 수 있다. 그 선교사는 산타클로스처럼 옷을 입고 선물을 가지고 자전거를 타고 집으로 오고 있었다. 그런데 불행하게도 그만 오는 길에 공사 중인 개천을 건너다가 진흙에 미끄러졌다. 그후 해마다 그때만 되면 그 선교사의 아이들이 그가 개천에 빠지는 모습을 보려고 기다렸다. 그리고 그 선교사는 한 번도 아이들을 실망시킨 적이 없었다!

문화적 특성과 복합성은 신념 체계를 중심으로 구성된다. 예를 들면 현대 의료 체계에는 질병과 치료의 특성, 전문가인 치료사의 특성, 건강 관리를 체계화하는 방식 등에 관하여 다양한 신념이 있다. 이러한 신념들은 의사와 간호사, 환자들에게 그들의 행위와 그들이 세우는 병원에 대한 청사진을 제공한다. 한편으로는 문화적으로 규정된 방식에 따라 행동하여 나름의 신념 체계를 강화한다.

우리가 사는 복잡한 사회에서는 단일 문화를 이야기하기가 어렵다. 도로 오른쪽에서 운전하는 것처럼 모든 사람이 받아들이는 신념과 실천이 있다. 그러나 다른 점 또한 중요하다. 그런 사회에서는 "문화적 틀"을 이야기하는 것이 유용하다. 문화적 틀이란, 자신만의 신념, 행위 규칙, 물질적 산물, 상징, 구조, 환경 등과 같은 자신만의 하위문화를 지닌 사회적 상황을 말한다. 예를 들면, 은행은 그들만의 정보, 느낌, 가치, 그에 상응하는 상징, 재산, 행동 양식이 있는 하위문화다. 이와 비슷하게 슈퍼마켓, 병원, 교회도 문화적 틀이라고 할 수 있다. 사람들이 생각하고 관련 짓는 방식, 그들이 사용하는 산물과 가치, 목적은 서로 매우 다양하다.

단순한 부족 사회에서는 문화적 틀의 종류가 많지 않고, 그들 간의 차이도 매우 적다. 오스트레일리아 사막 지대의 아룬타족은 남자들끼리 사냥을 나가 비밀 의식을 치르는데, 여자는 이 의식에 참여할 수 없다. 대신 여자들도 그들끼리만 함께하는 활동이 있다. 그러나 아룬타족의 남자와 여자는 많은 시간을 오두막에서 함께 지내며 같은 문화적 틀 안에서 교류한다.

반면 현대 사회는 문화적 틀이 많으며, 그들 간의 차이도 크다. 종교적, 사회적, 정치적, 교육적, 경제적, 미적, 오락적 제도는 자체 하위문화를 형성한다. 사실 초등학교, 고등학교, 대학교, 신학교 간에, 그리고 정도는 심하지 않겠지만 같은 대학이나 같은 신학교 안에서도 심각한 문화 차이가 드러난다.

도시 사회에 속한 사람들은 다양한 제도 안에서 역할을 담당하고 있지만, 그중 한두 가지 정도에서만 중요한 동질감을 발견한다. 한 개인이 어느 슈퍼마켓이나 특정 은행의 고정 고객이 될 수 있으며, 경우에 따라 오페라 공연이나 프로 야구 게임에 참석할 수도 있다. 그러나 그 사람이 가장 깊이 전념하는 것은 교사나 사업가, 의사와 같은 직업이거나, 어머니나 아버지로서 집에서 해야 할 역할이거나, 집사나 성가대 지휘자, 평신도로서 교회에서 하는 직분이거나, 볼링 팀이나 요트 클럽에 관련된 일일 수 있다. 개인이 시간을 투자하고 공동체 의식을 추구하는 곳이 바로 그곳인 것이다.

현대 사회에서 문화적 틀이 다양해지는 것은 그들의 제도가 더 복잡해지고 많아지기 때문이다. 단순한 사회에서는 젊은이를 가르치고 농사를 지으며 병자를 돌보고 종교 의식을 행하는 것과 같은 생활의 많은 기능을 가족이나 동네 어른이 담당했다. 복잡한 사회에서는 이러한 임무를 학교, 기업식 농업, 병원, 교회에서 감당한다. 그러나 이러한 다양성도 그 사회에서 늘어가는 사회 계급을 반영한다. 컨트리클럽과 빈민가의 술집이 다르고, 호화로운 사무실과 탄광의 모습이 다르듯, 부유한 사람들의 문화적 틀과 가난한 사람들의 문화적 틀은 엄청나게 다르다.

현대 사회가 놀랄 만큼 다양한 하위문화로 이루어지긴 했지만, 그것은 소통망과 교통망에 의해, 무역과 일반 정부와의 결속에 의해, 그리고 사회 관계망에 의해 결합된 거대 체계들이다.

문화 통합

문화는 경제적, 사회적, 정치적 조직에 의해서뿐 아니라, (더 깊은 수준에서는) 사람들이 공유하는 근본 신념과 가치에 의해 결합되어 있다. 문화에 관한 많은 지식은 명확하다. 달리 말하면, 그 지식에 대해 우리에게 말

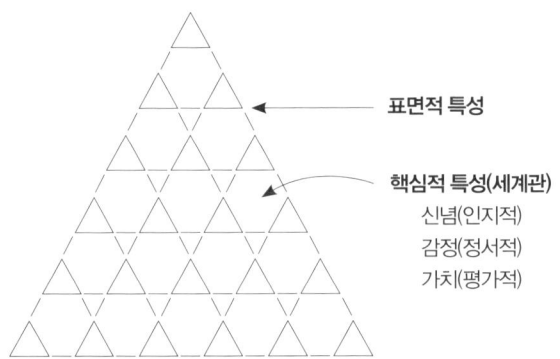

[그림7] 문화의 모델[5]

← 표면적 특성

← 핵심적 특성(세계관)
　신념(인지적)
　감정(정서적)
　가치(평가적)

해 줄 수 있는 문화 구성원이 있다는 것이다. 그러나 그러한 지식 이면에는 대체로 사물에 내포된 본질에 관한 기본 전제가 있다. 건물의 토대처럼 대부분 보이지 않지만 그것이 문화를 견지하고 있다. 이 토대가 흔들리면 전체 문화의 안정성이 위협받는다. 그렇기 때문에 이러한 전제에 도전하는 사람들은 미치광이나 이단자, 범죄자로 간주된다(그림7 참조).

　우리는 앉거나 잠자는 행동을 조사하여 문화 통합에 대해 보여 줄 수 있다. 북미 사람들은 대부분 바닥에 앉는 것을 꺼린다. 경기장에서도 앉을 만한 작은 계단을 찾는다. 늦게 와서 빈자리를 찾지 못한 사람은 벽에 기대어 서 있기도 한다. 집에서도 소파, 안락의자, 흔들의자, 식탁 의자, 높고 둥근 의자처럼 여러 방과 상황에 알맞은 특별한 의자들을 구입하는 데 많은 돈을 쓴다. 북미 사람들은 바닥에서 자는 것도 피한다. 여행을 하면 개인 침실에서 침대 없이 밤을 지내게 될까 봐 염려한다. 그래서 여행 예약에 덧붙여 호텔 예약도 확실히 해둔다. 흥미로운 것은 식당 같은 것은 예약하지 않는다는 것이다. 음식은 어디서나 해결할 수 있다고 생각하며, 경우에 따라서는 음식 없이도 지낼 수 있다. 공항에서 밤을 지새울 때는 카펫 바닥에 몸을 뻗고 누워 자지 않고 의자에서 웅크리고 잠을 잔다. 편안한 것보다는 품위를 지키는 것을 우선하기 때문이다.

요컨대 미국에서는 어디서나 네모난 단을 볼 수 있다. 사람들은 그 위에 앉고, 자고, 집을 짓고, 물건을 놓아두고, 아기를 보호하려고 그 주위에 난간을 만들기도 한다. 왜 이런 강박 관념에 사로잡혀 있는 것일까? 전통적인 한국인이나 일본인은 바닥에 편안하게 앉는다. 편안한 밤을 보내기 위해 인도인에게 필요한 것은 오직 더러워지지 않게 해줄 담요 한 장과 누울 만한 평평한 공간이다. 공항 휴게소, 기차 복도, 걸어 다니는 길, 공원 등 그들에게는 온 세상이 평평한 곳으로 가득 차 있다.

그러면 왜 북미 사람들은 의자에 앉고 침대에서 자기를 고집하는가? 대부분은 그 문제를 두고 많이 생각해 보지 않았을 것이다. 그랬다면, 그들은 그것이 앉거나 자는 데 가장 "자연스럽고" 편안한 방법이라고 주장했을 것이다. 그러나 그렇지 않다. 오히려 그들의 행위는 바닥에 대한 기본 생각과 연관되어 있다. 즉, 바닥은 "더럽다"는 것이다. 그리고 더러운 것은 나쁜 것이기 때문에 그들은 되도록 바닥에 접촉하는 것을 피하려 한다.

이러한 전제는 우리 행위의 다른 유형을 이해하는 데 도움을 준다. 아이가 바닥에 떨어뜨린 과자를 도로 집어 입에 넣으면 아이 엄마는 화를 낸다. 바닥에 닿는 순간, 바닥이 얼마나 깨끗한지와 상관없이 이미 더러워졌다고 보는 것이다. 또한 사람들은 신을 신은 채 집에 들어온다. 바닥은 이미 더럽기 때문이다.

바닥은 깨끗하다고 전제하는 문화도 만들어질 수 있을까? 그런 문화에서는 바닥에 방석을 깔고 앉고, 잠을 자며, 문 앞에 신발을 놓아둘 것이다. 아이들은 바닥에서 놀게 할 것이다. 실제로 전통적인 한국이나 일본의 문화는 이런 형태다.

"거의" 문화와 문화적 틀은 결코 완전히 통합될 수 없다. 따라서 우리는 "거의"나 "⋯⋯하는 편이다"라는 제한적인 용어를 사용한다. 인간은 호기심을 가진 피조물로, 개인의 필요를 채우기 위해서뿐 아니라 이해하기 위해서 주변의 다른 세상을 탐험한다. 인간은 자연, 날씨, 질병, 농작물, 고기잡이, 출생, 인간의 기원, 태양이 하늘 위를 가로지르는 이유 등에 관한 이론들을 개발한다. 또한 사람들은 이러한 이론들 사이에서 어느 정도 일관성도 찾는 것 같다. 근본적인 세계관 안에서 부분적으로 발견할 수 있는 조화 말이다. 그러나 인간과 그의 신념은 결코 완전하게 일관되지 않는다. 인간의 행위에서 나타나는 것과 마찬가지로 그 이론들 사이에도 간극과 내적 모순이 존재한다.

특히 복잡한 사회에서 문화 통합이 불완전한 또 다른 측면이 있다. 같은 사회에 있다 할지라도 집단과 개인마다 서로 다른 이론을 지지할 수 있기 때문이다. 예를 들어 부유한 자의 관점은 가난한 자와 다르고, 서로 다른 민족끼리도 사물을 보는 눈이 다르다. 종교와 의학을 살펴봐도 일반인의 민간 신앙과 전문가의 이론은 다르다. 전문가들 사이에서도 의견이 다를 수 있다. 그 예로 불가지론 과학자와 기독교 신학자는 같은 사건을 놓고 서로 다르게 설명하는 것을 들 수 있다.

A. F. C. 월리스(Wallace)는 복잡한 현대 사회에서는 개인 간의 신념이 서로 매우 다르기 때문에 우리는 문화적인 세계관보다는 개인의 세계관을 이야기해야 한다고 지적한다.[6] 이런 사회에 있는 사람들은 흔히 자신이 생각하는 것이 옳다는 집단 확신이 없을 때 신념의 위기를 겪는다. 모두가 동의하지 않으면 자신의 확신에 의문을 품기 시작하는 것이다.

세계관은 우리로 하여금 문화적으로 안정되고 변화를 거부하는 것을 이해하도록 도와준다. 부족 사회와 농경 사회에서는 일반적으로 근본적인 신념과 전제를 공유하며, 그 신념과 전제는 그 집단에 의해 끊임없이 강화된다. 또한 자녀에게 그들의 세계관을 가르쳐 영속성을 확인한다. 사회 전체가 같은 신념으로 묶여 있기 때문에 그러한 상황에서는 종종 변화가 거부된다. 새로운 사상을 받아들이는 개인은 배척당한다. 처음 기독교로 개종한 사람들도 흔히 자신이 속한 집단에 거부당했다.

한편으로 내적 모순은 흔히 세계관에 변화를 일으킨다. 그 모순이 심각하지 않으면, 사람들은 자신의 신념을 변경하거나 행위를 수정한다. 한 부족민이 자신이 지닌 부적이 더 이상 위험에서 자신을 보호해 주지 못한다고 여기면, 그것을 버리고 새로운 것을 찾을 것이다. 자동차 기름을 아끼려는 현대 여성은 작은 차를 사거나 버스를 탄다. 비슷하게 중세 과학자들은 태양이 지구 주위를 돌고 있다고 믿었고, 자신들의 실험적 발견에 맞추어 천동설을 끊임없이 조정해 나갔다.

모든 문화가 때로는 급작스럽게, 때로는 좀 더 천천히 계속 변화한다는 사실 때문에 통합은 제한된다. 새로운 특성이 더해지고, 때가 되면 문화의 다른 영역에서도 그 영향을 감지한다. 반면 어떤 특성은 사라지기도 한다. 이러한 모든 변화가 새로운 문화 통합을 요구한다. 일관되지 않고 대립되는 이론들과 관습의 변화는 문화의 내적 조화를 흔들어 놓지만 최소한의 문화 통합이 존재하는 한, 조직적인 사회생활은 가능하다.

세계관 사람들은 저마다 세계를 다르게 인식한다. 현실에 대한 전제가 서로 다르기 때문이다. 예를 들면, 서구인은 대부분 그들 외부에 있는 현실 세계가 무생물로 이루어졌다고 가정한다. 그러나 남아시아나 동남아시아 사람들은 그런 외부 세계가 실제로 존재하지 않는다고 믿는다. 그것은 마음의 환상일 뿐이다. 또 세계 곳곳에 있는 부족민들은 이 지구를 그들이 관계 맺어야 하는 살아 있는 유기체로 본다.

요약하면, 한 문화의 신념과 행위 이면에 놓인, 현실에 관한 기본 전제를 때로 세계관이라고 부른다(그림8). 이 전제들은 당연한 것으로 받아들여지기 때문에 일반적으로 검토 대상이 되지 않으며, 따라서 대부분 내포되어 있다. 이 전제들은 가장 깊은 감정들에 의해 강화되는데, 그것에 도전하는 사람은 누구든 극심한 공격을 받게 된다. 사람들은 이 세상이 실제로 우리가 보고 있는 그대로라고 믿는다. 그러나 그들이 보는 세상이

[그림8] 세계관의 모델

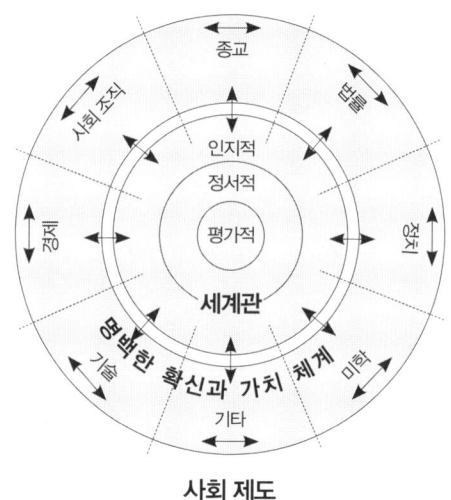

자신의 세계관에 의해 만들어졌다고 인식하는 사람은 많지 않다.

문화의 세 가지 차원에는 각기 강조하는 기본 전제가 있다. 존재론적 가정은 사람들이 현실을 설명할 때 사용하는 기본적인 인지 구조를 문화에 제공한다. 이러한 구조들은 어떤 것이 "현실"인지를 정의한다. 서구에서는 현실에 원자나 바이러스, 중력이 포함되어 있다고 본다. 인도 남부에서는 락샤사나 압사라(apsara), 부탐(bhutam) 등 다른 영적 존재가 같이 있다고 생각한다. 중앙아프리카에서는 죽은 뒤에도 계속 사람들 사이에 살고 있는 조상을 현실에 포함한다.

존재론적 또는 인지적 전제들은 시간, 공간, 다른 세상에 대한 개념도 제공한다. 예를 들면, 서구 사람들은 시간이 직선적이고 균일하다고 생각한다. 시간은 처음부터 끝까지 직선으로 달리며, 연, 일, 분, 초, 심지어 10억 분의 1초로 균일하게 간격을 나눌 수 있다. 반면 어떤 문화에서는 시간이 순환한다고 본다. 여름과 겨울, 낮과 밤, 탄생과 죽음 그리고 다시 탄생, 성장과 부패처럼 결코 끝나지 않고 반복된다고 보는 것이다.

또 어떤 문화에서는 시간을 시계추처럼 생각한다. 시간은 앞으로 갔다 뒤로 갔다 하면서 다른 속도로 움직이고, 때로는 멈추기도 한다. 각자의 경험에 비추어 보면 실제로 그런 때가 있는 것 같다. 좋은 영화는 너무 빨리 지나가고, 지루한 강의는 오랫동안 이어지는 것 같다. 때때로 하나님을 깊이 경배할 때는 시간이 멈추는 것 같기도 하다.

인지적 전제는 다른 여러 기능을 수행한다. 사람들이 사고하는 데 사용하는 정신적 범주를 형성하며, 그들이 신뢰하는 권위의 종류와 사용하는 논리 유형을 결정하는 데 필수 역할을 한다. 이러한 전제들을 합치는 것은 삶과 현실에 질서와 의미를 부여한다.

정서적 전제는 문화에서 발견되는 아름다움과 양식, 미적 특질을 강조한다. 음악, 미술, 의상, 음식, 건축 등에서 사람들이 갖는 취향뿐 아니라 서로와 생활 일반에 관하여 느끼는 방식에도 영향을 끼친다. 예를 들면, 상좌부 불교(Theravada Buddhism, 미얀마, 태국, 캄보디아 등에서 주로 번성한 불교의 보수적인 한 종파_ 옮긴이)에 영향을 받은 문화권에서는 삶을 고통으로 간주한다. 인간은 즐거운 순간에도 고통을 만들어 낸다. 언젠가는 그 즐거움이 끝날 것을 알기 때문이다. 그러므로 이 세상에서는 더 좋은 삶을 위한 노력이 별로 소용이 없다. 그와 달리 2차 세계 대전 후 미국인들은 대부분 낙관적이었다. 열심히 일하고 계획을 잘 세우면 남은 생애 동안 행복하고 편안한 삶을 누릴 수 있다고 믿었다.

평가적 전제는 참과 거짓, 호불호, 옳고 그름을 결정하는 기준을 포함하여 사람들이 판단할 때 사용하는 근거를 제공한다. 예를 들면, 북미에서 의미하는 정직은 상대방의 감정이 상할지라도 있는 그대로를 말해 주는 것이다. 반면 상대방이 듣고 싶어 하는 것을 말해 주는 것을 정직이라고 여기는 나라도 있다. 진실을 아는 것보다 격려해 주는 것이 더 중요하기 때문이다.

또한 평가적 전제는 문화의 우선권을 결정하며, 그렇게 해서 사람들이

원하는 것과 그에 대한 충성을 형성한다. 19세기에는 북미인들이 과학 기술과 물질적인 상품의 가치를 매우 높이 평가했고, 상업이 중심 활동을 이루었다. 따라서 주로 부에 따라 지위가 결정되었으며, 문화 역시 경제 관련 주제에 집중되었다. 현대 도시를 올려다보면 은행과 보험 회사 빌딩들로 가득하다. 반면 인도 시골에서는 종교적 순결을 가장 높이 평가하며, 제사장 계급 사람들이 최고의 명예를 누린다. 그들 문화는 종교 주제를 중심으로 형성되고, 사원이 마을의 중심이다. 또한 왕, 제후, 군주, 기사가 있는 중세 마을에서는 권력, 정복, 정치에 초점이 맞춰져 있었으며, 성과 요새가 주요 구조물이었다.

문화마다 도덕 기준이 다르다는 사실은 문화 간에 많은 오해를 불러 일으킨다. 북미 그리스도인에게 성적 부도덕은 아주 악한 죄다. 따라서 북미인 선교사들은 적절한 성적 행동을 강조한다. 그러나 남아시아로 파송된 선교사들은 그 지역에서는 화를 참지 못하는 것을 악한 죄로 여긴다는 사실을 알지 못한다. 따라서 그들이 인도인 하인이나 학생, 목사에게 화를 내거나 짜증을 부리면 어떤 결과가 생길지 잘 인지하지 못한다.

도덕 체계가 문화마다 다르다는 사실은 선교 사역에서 까다로운 질문들을 낳는다. 선교사는 현지인들의 기존 윤리관을 어떻게 다루어야 하는가? 죄에 대한 성경적 개념을 어떻게 소개해야 하는가? 실제로 성경은 죄를 어떻게 보며, 선교사는 다른 사람들에게 자신의 문화를 어느 정도까지 강요할 위험에 처해 있는가?

게다가 선교사가 현지인의 규범대로 살지 못할 때는 어떤 일이 일어나는가? 예를 들어 불임을 악한 사람에게 임하는 신의 저주라고 여기는 사회에서는 첫째 부인이 아이를 낳지 못하면 둘째 아내를 얻어야 한다. 이런 사회에서 선교사 부부에게 자녀가 없다면 어떻게 해야 하는가? 둘째 아내를 취하는 것은 죄에 대한 그들의 믿음을 저버리는 것이지만, 한편 자녀가 없는 것은 그들의 사역에 대한 신뢰를 떨어뜨린다.

이 모든 것을 함께 생각해 보면, 인지적, 정서적, 평가적 전제는 민감하게 대처하고 편안하게 느끼게 하며 그들이 옳다는 것을 안심시켜서 세상을 보는 방법을 제공한다. 이러한 세계관은 명확한 신념과 가치 체계와, 일상생활을 살며 경험하는 사회 제도를 형성하는 데 기초를 마련해 준다.

세계관의 기능 그러므로 문화에 깔려 있는 전제들은 세상을 바라보는 데 어느 정도 일관된 방식을 제공한다. 세계관에는 중요한 기능이 많다.

첫째, 세계관은 설명 체계를 세워 주는 인지적 토대를 제공하며, 이러한 체계에 대한 신념에 합리적인 타당성을 제공한다. 다시 말해 우리가 우리의 세계관을 인정한다면 우리의 신념과 설명을 쉽게 이해할 수 있다. 우리가 받아들인 전제 자체는 거의 검토하지 않는다. 클리퍼드 기어츠가 지적했듯이, 세계관은 우리가 지각한 현실을 구조화하여 현실에 대한 모델이나 지도를 제공한다.[7]

둘째, 세계관은 정서적 안정감을 부여한다. 가뭄, 질병, 죽음과 같이 변덕스럽고 통제할 수 없는 힘과 위기가 가득한 세상을 직면하며, 불확실한 미래에 대한 근심으로 괴로울 때, 사람들은 정서적 위안과 안정을 얻기 위해 가장 깊숙이 자리 잡고 있는 문화적 신념에 의지한다. 그러므로 출생, 성년식, 결혼, 장례, 수확 축제 등과 같이 삶과 자연의 질서를 인식하고 새롭게 하는 여러 의식에서 세계관을 가장 분명하게 볼 수 있는 것은 놀라운 일이 아니다.

우리가 마주하는 강력한 감정이 하나 있다면, 바로 죽음의 공포다. 또 다른 것으로는 아무 의미 없는 테러 행위가 있다. 우리가 죽음에 어떤 목적이 있다고 믿는다면 순교자처럼 죽음을 직면할 수 있지만, 그 의미들은 설득력이 있어야 한다. 우리의 세계관은 근본적인 신념이 쉽게 무너지지 않도록 정서를 강화하여 보강해 준다.

셋째, 세계관은 우리의 경험을 평가하고 행동 방침을 정하는, 가장 깊숙한 문화 규범을 정당화한다. 의와 죄에 대한 관념과, 그것을 어떻게 다루어야 하는지에 대한 생각을 제공한다. 따라서 세계관은 우리의 행위를 인도해 줄 지도와 같은 역할을 한다. 예를 들면, 한 도시의 지도는 거리 이름을 알려 줄 뿐 아니라 호텔에서 소문난 식당까지 가는 길을 선택할 수 있게 한다. 이처럼 세계관은 현실을 보는 지도를 제공하며, 삶을 인도하는 지도 역할도 한다. 세계관은 예견적인 기능과 규범적인 기능을 모두 담당한다.

　넷째, 세계관은 문화를 통합한다. 전체 계획 안에 우리의 관념, 감정, 가치를 하나로 조직하는 것이다. 그렇게 해서 어느 정도 통일된 현실관을 제공하며, 그것은 깊은 감정과 신념으로 강화된다.

　끝으로, 찰스 크래프트(Charles Kraft)가 지적한 것처럼 세계관은 문화 변화를 조정한다.[8] 우리는 사회 안팎에서 나오는 새로운 산물과 새로운 생각, 행위들을 계속 만난다. 이러한 것은 우리의 인지적 질서를 약화시키는 전제들을 소개한다. 우리의 세계관은 우리 문화에 적합한 것은 선택하고 그렇지 못한 것은 배척하도록 우리를 돕는다. 또한 우리가 수용한 것들을 재해석하여 전체 문화 유형에 들어맞게 하도록 도와준다. 예를 들면, 남미의 어느 마을 사람들은 물을 끓여 마시는데, 병균을 죽이기 위해서가 아니라 악령을 쫓기 위해서다. 이처럼 세계관은 옛 방식을 보존하려는 경향이 있으며, 오랜 세월 지속되어 온 문화에 안정감을 준다. 그러나 바꿔 생각하면, 변화를 거부하는 것이다.

　그러나 세계관은 완전히 통합될 수 없기 때문에 그 자체는 계속 변화하며, 그러한 변화에는 늘 내적 갈등이 존재한다. 더구나 새로운 생각을 받아들일 때, 그것은 우리의 근본 전제에 도전이 될 수 있다. 우리 모두 문화적 모순을 감수하고 있긴 하지만 내적 갈등이 지나치게 커지면 그 긴장을 해소할 방법을 찾게 된다. 보통 우리는 몇몇 전제를 바꾸거나 그냥 둔다. 그 결과, 우리 자신이 알아차리지 못하는 사이에 세계관이 점차 변형된다.

그러나 때로는 옛 세계관이 우리의 기본 요구를 더 이상 채워 주지 못하기도 한다. 색다르고 더 적절한 것이 제공된다면, 우리는 새로운 것을 택하고 옛 것을 배격할지 모른다. 예를 들면, 무슬림과 힌두교도는 그들의 종교보다 기독교가 여러 의문에 더 나은 해답을 제공해 준다고 판단할 수 있다. 이러한 세계관 전환은 우리가 회심이라고 부르는 것의 핵심에 자리한다.

선교에 끼치는 영향 문화적 특성과 복잡성, 체계들을 단일 문화 안에 통합하는 것은 선교사가 심각하게 고려해 볼 만하다. 첫째, 나중에 더 살펴보겠지만, 문화가 통합될수록 더 안정되고, 변화를 거부하게 된다. 둘째, 문화의 한 부분에 변화를 도입하면, 종종 다른 부분에서 예측하지 못한 부작용이 나타난다.

어느 강의에서 제이콥 로웬(Jacob Loewen)은 변화를 도입하면서 의도하지 못한 결과를 얻은 사례를 소개했다. 아프리카의 어느 지역 사람들은 늘 마을을 깨끗하게 쓸고 닦았다. 그러나 그들이 그리스도인이 되자, 마을은 곧 쓰레기로 지저분해졌다. 조사해 보니, 그동안 그들은 숲속에 사는 귀신들이 마을로 내려와 낡은 누더기, 돌멩이, 부서진 주전자, 그밖에 다른 잡동사니들에 숨는다고 생각하고 두려워했다. 그래서 귀신들이 자기 마을로 들어와 해를 끼치지 못하도록 마을을 깨끗하게 치웠던 것이다. 그러나 그리스도인이 되면서 더 이상 귀신들을 두려워하지 않게 되자 지저분한 것을 치워야 할 이유도 없어진 것이다.

일부다처제도 잘 들어맞는 사례다. 세계 많은 지역에서 남자들이 종종 젊은 나이에 죽는다. 그러면 남겨진 과부와 아이들을 돌보기 위해 사람들은 그 여성을 죽은 남편의 가까운 친척이나 형제와 결혼시킨다. 그 남성이 결혼을 했든 하지 않았든 상관없다. 그런데 교회에서 일부다처제를 금

한다면, 사람들은 더 이상 전통적인 해결 방법을 사용하지 못한다. 따라서 교회는 과부와 고아들을 위해 다른 방안을 강구해야 한다. 선교사들은 자신이 도입한 변화가 종종 그들 삶의 다른 영역에 큰 영향을 끼칠 결과를 초래한다는 것을 인식하고, 의도하지 않은 부작용에도 민감해야 한다.

문화 학습

"문화"를 정의할 때 우리는 그것을 학습된 신념이나 행위로 제한한다. 그렇게 해서 문화를 생물학적으로 본능적인 반응과 구분한다. 예를 들면 우연히 뜨거운 난로를 만졌을 때, 사람들은 손을 떼며 "앗 뜨거", "젠장", 또는 이와 비슷한 말을 한다. 전자의 반응은 본능적인 것이고, 후자는 학습된 것이다.

문화가 학습되는 것이라면, 또한 가르쳐야 하는 것이기도 하다. 모든 사람은 언어나 문화, 또는 바깥세상에서 홀로 살아남을 능력을 전혀 갖추지 않은 채 무기력하게 태어난다. 그러나 놀랍게도 짧은 기간 안에 그 사람이 캐나다인으로, 네덜란드인으로, 중국인으로, 한국인으로, 다른 수많은 사회 중 하나의 일원으로 만들어질 수 있다. 사회 과학이 발견한 중요한 사실은 인간성이 형성될 때, 그리고 한 세대에서 다음 세대로 문화가 전수될 때 어린아이 시기가 결정적으로 중요하다는 것이다. 우스갯소리로 말하자면, 각 세대는 계속 아래에서 침입해 오는 미개한 무리를 문명화시켜야 한다.

사회마다 어린아이들에게 문화를 가르치는 방법이 있다. 그러나 모두 강압적인 방법과 사랑으로 이끄는 방법을 섞어서 사용한다. 강압적 수단은 대체로 명확하게 알 수 있다. 부모는 자녀의 나쁜 행동을 훈계하고, 사회는 성인이 문화 규범을 심각하게 어기면 처벌한다. 강압적 수단 가운데는 험담, 욕설, 무시, 보상 지연처럼 분명하지 않은 것도 있다. 그러나 이런 것들도 사회 규칙을 강화하는 데는 똑같이 효과적이다.

사회는 사람들에게 그 사회 안에 있는 다양한 역할에 적절한 본보기나 문화적 영웅, 이상적 인물들을 제시하고 선행을 보상하면서 사람들을 선도한다. 아이는 실례를 통해 좋은 선생님이나 설교가, 트럭 운전수가 되는 것이 어떤 의미인지를 배운다. 또한 한 아내나 한 남편으로서, 어머니나 아버지로서 어떻게 행동해야 하는지를 배운다.

공유성

마지막으로 문화는 "한 집단의 사람들이 공유하는" 것이다. 그것은 사회의 산물, 신념, 상징으로 요약된다.

인간은 사회적 동물로, 생존과 의미 있는 삶을 위해 서로 의존한다. 유아기와 노년기에는 다른 사람에게 보살핌을 받아야 한다. 여러 친구와 어울리며 그 안에서 가장 큰 즐거움과 성취를 발견하기 때문에 사회적 격리는 가장 고통스러운 벌이다.

모든 인간관계에는 사람들 사이에 공유되는 이해가 상당히 필요하다. 그들은 말이든 아니든 간에 공통의 언어, 서로를 향한 공유된 기대, 소통이 일어나기 위한 합의된 신념이 필요하다. 다르게 말하자면, 공통된 문화를 어느 정도 공유해야 하는 것이다. 공통된 것이 많을수록, 서로 밀접하게 관련될 가능성도 커진다.

우리는 "사회"가 무엇을 의미하는지, 그것이 "문화"와 어떻게 관련되는지를 명확히 해야 한다. 사회란 다양한 상황에서 일정한 방식으로 서로 관계를 맺고 있는 사람들의 집단이다. 이러한 관계에 깔려 있는 기본 질서를 사회 조직 또는 사회 구조라고 부른다. 사회 구조는 실제로 사람들이 서로 관계를 맺는 방법이다. 이것은 서로의 관계에 대한 그들의 신념을 포함하는 문화와 관련이 있지만, 다른 문화와도 관련된다.

사람들이 항상 문화가 가르치는 대로 행동하지는 않는다. 예를 들면, 그리스도인은 대부분 주일이면 교회에 가야 한다고 믿지만 그냥 집에 있고 싶어서 핑계를 찾는 사람들을 많이 볼 수 있다. 아주 흥미롭게도 그들이 문화 규칙을 어기고 싶어 할 때 그들의 문화는 그 방법을 알려 준다. 아프다든지 출장을 가야 한다고 목사에게 말하면 그만인 것이다. 목회자의 설교가 듣기 싫다든지 교회의 어떤 사람과 같이 지낼 수 없다고 말하지는 않는다.

사회 거부의 극단적 행위인 자살도 문화에 따라 형성된다. 서구 문화에 속한 남성들은 총이나 자동차로 죽으려 하고, 여성들은 약을 먹을 것이다. 반면 인도 여성들은 우물에 몸을 던지는 것을, 남성들은 목을 매다는 것을 선택한다.

한 사회와 문화의 관계는 변증법적이다. 사람들은 삶을 살아가기 위해 구조를 발전시킨다. 그 다음에는 자신의 삶을 형성해 줄 문화의 일부로서 그 구조를 자녀에게 가르친다. 또한 그 사회에 받아들여진다면 사람들이 서로 관계 맺는 방식에 영향을 끼칠 만한 새로운 관념과 산물을 창조해 낸다. 예를 들면, 자동차의 기동성이 더욱 좋아지면서 사람들은 교외로 나가 풍요로운 삶을 누릴 수 있게 되었다.

사회와 문화의 경계는 부족 사회에서 분명하게 정의된다. 부족 사회에서 사람들의 집단은 구별된 문화를 공유한다. 같은 지역에서는 같은 언어를 공유하면서 "문화"와 "사회"가 밀접하게 관련된다. 그러나 복잡한 농경 사회와 도시 지역에서는 사회와 문화의 경계가 혼합되어 있어서 그 관계가 더 복잡하다. 예를 들면, 로스앤젤레스에 살고 있는 사람들이 정부나 정당, 은행이나 시장과 같은 다양한 사회 구조에 참여하고 있더라도, 그 도시에는 다른 많은 하부 구조가 있다. 한편, 한국인 이민자들처럼 같은 문화를 공유하는 사람들은 한국인 집단의 활동뿐 아니라 학교나 공장 등 다른 문화권의 사람들로 형성된 이웃 활동에도 참여한다.

이런 상황에서 무엇이 문화나 사회를 구성하는가? 여기서 우리는 문화적 틀의 개념으로 다시 돌아가야 한다. 예를 들어 각 사회 제도는 저마다 공동체와 사회 구조, 하부 구조가 있는 문화적 틀이다. 학교에서 구성원들은 교사와 학생, 행정가와 직원처럼 각자의 역할을 통해 서로 관계를 맺는다. 그들은 이러한 관계들이 어떻게 이루어져야 하는지에 대한 신념과 감정을 공유한다. 또한 도서관에 저장된 것 같은 많은 양의 공통 지식과 그들의 감정을 표현하는 공통 방법, 그리고 공통된 가치와 규칙을 공유한다.

한편, 은행에서는 또 다른 집단의 사람들이 고객이나 창구 직원, 사무실 관리자, 은행장과 같은 역할을 활용하여 다른 방식으로 서로 관계를 맺는다. 그들에게도 공통된 특정 지식과 감정, 규범이 있다. 병원 역시 그곳만의 집단과 지역 문화를 지닌 또 다른 문화적 틀을 보여 준다.

차를 운전할 때 "기어를 바꾸며" 가듯이 복잡한 사회에 속해 있는 개인은 하나의 틀에서 다른 틀로, 한 집단에서 다른 집단으로, 한 문화에서 다른 문화로 움직여 간다. 그 틀에 의존하면서 다른 옷을 입기도 하고, 말하는 방식을 바꾸기도 하며, 다른 태도를 취하기도 하고, 다른 것들을 이야기하기도 한다. 외부인에게는 그들이 다양한 상황에서 종종 다른 사람으로 보일 수도 있다.

문화적 틀은 지역 문화 안에서 서로 연관되어 있다. 한 도시 안에 있는 학교, 은행, 병원, 교회가 동일한 사람들을 다른 많은 곳에 구성되게 할 뿐 아니라 법률 제도, 경제 무역, 소통망에 의해 서로 관련을 맺게 한다.

지역 문화는 더 큰 지역 문화와 국가 문화 속으로 통합된다. 예를 들면, 미국의 국민과 제도는 공통된 문화적 역사, 자유와 민주주의라는 신념을 공유하며, 같은 화폐와 같은 우표를 사용하고, 그밖에 다른 문화적 유대감을 갖는다. 이런 면에서 우리는 가장 아래에 있는 문화적 틀에서 시작하여 가장 위에 있는 국가적 또는 국제적 문화에서 끝나기까지, 문화적 통합의 다양한 수준을 이야기할 수 있다.

복음과 문화

서로 다른 집단의 사람들이 생각하고 느끼고 행동하는 방식을 문화라고 한다면, 복음은 어느 문화에 들어맞는가? 그 자체가 특정 문화의 일부 아닌가? 그렇다고 한다면, 그리스도인이 되기 위해서 어떤 문화를 받아들여야 하는가? 유럽이나 북미의 문화가 아닌 것은 분명하다. 이들은 역사적으로 복음을 늦게 받아들였고, 본질적으로 기독교 문화가 아니기 때문이다. 그 답은 그리스도 시대의 유대 문화다. 그러나 여기에는 사도행전에 나오는 이방인 회심자가 제기한 문제가 있다. "그리스도인이 되려면 유대인이 되어야 하는가?"

초대 교회는 이 문제로 갈등을 겪었다. 그리고 그들이 내린 대답은 유대인이 되지 않아도 된다는 것이었다. 아브라함에서 그리스도까지 복음이 유대 문화의 맥락에서 주어졌고 그 맥락에서 이해되어야 하지만, 복음은 그 문화 안에 주어진 하나님의 메시지였다. 그 문화적 틀에 제한시킬 수 없다.

그러나 그때부터 논쟁이 계속되었다. 각 기독교 공동체는 자기 문화와 복음을 같은 것으로 여기고 싶어 했다. 이것으로 인해 교회들은 단지 문화 차이에 기초하여 분열되었다.

그 결과는 선교에 엄청난 영향을 끼쳤다. 기독교와 서구 문화를 같은 것으로 여기게 되면서 서구에서는 문화적 우월성을 강화하는 데 복음을 이용하였다. 또한 그리스도인이 되려면 서구 문화로 전향해야 한다고 요구하여 다른 문화가 보기에 복음을 이질적인 외국 것으로 만들어 버렸다.

그러면 복음은 무엇이며, 인간 문화와 어떻게 연관될 수 있는가? 이 책에서 말하는 복음이란 하나님이 행위를 통해, 중요하게는 성육신을 통해 역사 속에 자신을 드러내신 하나님의 계시를 뜻한다. 이 계시를 가장 명확하게 기록한 것이 성경이다. 성경에 나타난 하나님의 계시와 인간 문화의 관계는 복잡하지만, 그리스도의 성육신과 비교하면 쉽게 이해할 수 있다. 그리스도께서 완전한 하나님이면서 신성을 잃지 않은 완전한 인간이셨듯이, 복음은 하나님의 계시이면서 그 거룩한 특성을 잃지 않고 인간 문화라는 수단에 의하여 전해지는 것이다.

이제 우리가 검토할 세 가지 원칙이 복음과 인간 문화의 역동적 긴장을 이해하도록 도와줄 것이다.

복음과 문화의 대립

첫째, 복음은 모든 인간 문화와 구분되어야 한다. 복음은 인간의 이론이 아니라 신성한 계시다. 어느 한 문화에 속한 것이 아니기 때문에 모든 문화 안에서 적절히 표현될 수 있다.

복음과 인간 문화를 구별하지 못한 것은 현대 기독교 선교에서 매우 큰 약점이었다. 선교사들 역시 자신의 문화 배경과 복음을 동일하게 여겼다. 이로 인해 선교사들은 대부분의 원주민 관습을 비난하고 회심자들에게 자기 관습을 주입시켰다. 결과적으로 복음은 대체로 외국 것으로, 특히 서구의 것으로 보였다. 사람들이 복음을 거부한 것은 그리스도의 주 되심을 거부해서가 아니었다. 흔히 그들에게 회심은 그들의 문화유산과 사회 유대를 부인하는 것으로 간주되었기 때문이다.

복음과 문화를 동일시할 때 둘째 위험은 서구 제국주의를 정당화한다는 것이다. 미국이 막 세워졌을 때, 미국의 그리스도인들은 하나님이 특별한 방법으로 미국을 축복하셨고, 자신들은 하나님의 선택된 백성이라고 믿었다. 경건주의와 애국심이 혼합된 것이다. 정당과 정부는 자신들의 목적을 위하여 그리스도인의 감정과 상징을 이용하였다. 종교가 정치적이고 문화적인 관습을 정당화하는 데 사용될 때, "시민 종교"(civil religion)가 되어 버린다.

초기 미국 사람들은 하나님이 미국의 편이며 모든 나라와 구분하여 더 낫게 만드셨다고 믿었다. 그들에게 미국과 하나님의 목적은 같았다. 세계를 기독교화하는 방법으로 식민주의와 군사 행동이 정당화되었다. 세계 여러 곳에서 기독교가 군국주의 또는 제국주의와 동일시되는 것도 놀랄 일은 아니다.

복음과 문화를 동일시할 때 셋째 위험은 죄와 관련하여 상대화하는 의식이 점점 퍼진다는 것이다. 모든 문화는 나름대로 죄를 정의한다. 문화가 변하면서 죄에 대한 생각도 바뀐다. 예를 들면, 서구에서는 여성이 바지를 입는 것을 죄악으로 여기던 때가 있었으나 오늘날은 그렇지 않다. 예전에는 젊은 커플이 결혼하지 않고 같이 살면 공적으로 비난받았으나, 이제는 더 이상 논쟁거리조차 되지 않는 지역도 있다.

죄에 대한 문화적 정의는 변하기 때문에 죄가 상대적이며, 절대 규범은 없다고 말하는 사람들이 있다. 그들은 젊은 사람들이 함께 영화를 관람하는 것을 금했던 교회가 지금은 영화관을 청소년 모임 장소로 쓰고 있다고 지적한다. 그렇다면 일반적으로 비난받고 있는 혼전 성관계가 결코 받아들여지지 않는다고 누가 장담할 수 있겠는가? 죄에 대한 문화적 정의가 변할 때 문화의 정의와 성경적 규범을 구분하지 못한다면 우리는 성경적으로 정의된 기준의 절대성을 확언하지 못한다.

그리스도인인 우리는 하나님이 모든 인간과 문화를 심판할 의의 기준을 주셨다고 확신한다. 좋은 소식은 죄 용서가 있다는 것이다.

문화 속 복음

둘째, 인간 문화와 구분되는 것일지라도 복음은 반드시 문화 형태 안에서 표현되어야 한다. 인간은 자신의 언어와 상징, 의식과 분리하여 복음을 받아들일 수 없다. 사람들이 복음을 듣고 믿을 때, 그 복음은 문화 형태 안에서 구현되어야 한다.

인지적 차원에서 사람들은 복음의 진리를 이해해야 한다. 정서적 차원에서 하나님을 향한 경외와 신비를 경험하고, 평가적 차원에서 그들이 믿음으로 반응하도록 도전해야 한다. 우리는 이 과정이 문화 속에서 복음을 번역해 가는 것이라고 여긴다. 그래야 사람들이 "토착화"(indigenization)나 "상황화"(contextualization)로 복음을 이해하고 반응할 수 있다.

성경 전체는 하나님이 인간을 만나 주시고 그들의 문화적 맥락 안에서 대화하신다는 것을 생생하게 보여 주는 증거다. 하나님은 바람이 불 때 에덴동산에서 아담과 하와와 함께 거니셨고, 변해 가는 히브리 문화 속에서 아브라함, 모세, 다윗, 그리고 다른 이스라엘 백성과도 말씀하셨다. 하나님은 말씀이 되셔서 유대 사회의 한 사람으로 시공간을 사셨다. 이와 비슷하게 초대 교회도 사람들이 이해할 수 있는 방식으로 사도의 메시지를 전해 주었다. 오순절에 전한 베드로의 설교와 아덴의 아레오바고에서 전한 바울의 연설은 그들이 청중에 맞춰 어떤 식으로 메시지를 구성했는지 보여 준다. 마찬가지로 복음서와 서신서도 다른 문화에서 다른 방법으로 사람들에게 말하고 있다. 선교에서 복음을 진정성 있게 전달하려면 성경적 소통 방식을 따라야 하며, 그 문화 속에 있는 사람들이 복음을 이해할 수 있게 해줄 방법을 찾아야 한다.

모든 문화는 충분히 복음을 전하는 수단으로 사용될 수 있다. 그렇지 않다면, 그리스도인이 되기 위해 사람들은 문화를 바꾸어야 할 것이다. 이것은 복음이 어느 한 문화에서만 완전히 이해된다는 뜻이 아니다. 누구나 충분히 자신의 문화적 맥락 안에서 구원받을 수 있고 믿음을 성장시키는 법을 배울 수 있다는 뜻이다.

모든 문화는 복음의 핵심을 표현할 수 있다. 그뿐 아니라 때로 다른 문화에서는 잘 보이지 않거나 감춰져 있던 복음의 핵심적인 부분이 드러나기도 한다. 다른 문화를 지닌 교회들은 다양한 하나님의 지혜를 이해하도록 서로 도울 수 있다. 그렇게 해서 하나님의 계시가 지닌 다양한 측면과, 특정 문화에만 연계된 신학이 쉽게 간과할 수 있는 진리를 이해하는 통로가 된다.

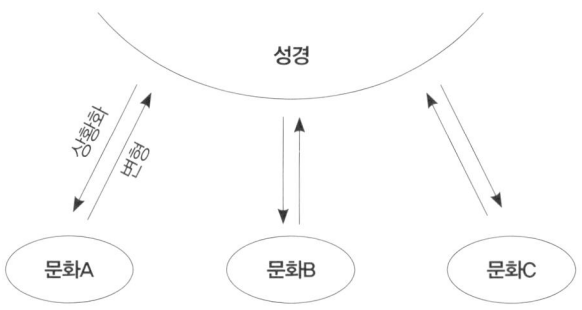

[그림9] 복음은 상황화되고 예언적이어야 한다

문화에 대한 복음

셋째, 복음은 모든 문화에 변화를 요구한다. 그리스도의 생애가 우리의 죄성을 정죄한 것처럼 하나님 나라는 모든 문화를 심판하는 자리에 있게 된다(그림9).

인간의 문화에 속한 모든 것이 비난받아야 하는 것은 아니다. 인간은 하나님의 형상을 따라 창조되었고, 사람들은 문화를 창조하였다. 따라서 문화 안에는 긍정적인 것도 있고, 그리스도인들이 사용할 수 있는 것도 있다. 모든 문화는 삶을 의미 있고 가능성 있게 만드는 질서의 기준을 제공한다.

그러나 인간의 죄성 때문에 문화에도 죄악 된 구조와 관습이 있다. 즉 노예 제도, 인종 차별, 억압, 착취, 전쟁 같은 것이다. 복음은 개인의 죄를 심판하듯 이러한 것들을 단죄한다.

진정한 토착화 신학은 문화 안에 형성되고 있는 긍정적 가치를 단언할 뿐 아니라 사악하고 비인간적인 악의 힘을 나타내는 양상에는 도전해야 한다. 케네스 스캇 라토레트(Kenneth Scott Latourette)는 다음과 같이 지적했다. "기독교가 속수무책으로 그 본성을 잃지 않는다면 어떤 문화에서든 결코 편안해지지 않는다는 사실에 주목하라. 기독교는 본질에 진실할 때 긴

장이 생기게 마련이다."⁹

　복음은 하나님이 우리에게 의도하신 인간의 삶을 보여 주고 그 규범에 따라 우리의 삶과 문화를 판단하는 예언적 기능을 담당한다. 복음이 이러한 예언자적 목소리를 잃어버리면, 메시지를 왜곡시키는 신념과 가치에 결합될 위험이 있다. 찰스 태버(Charles Taber)는 말했다.

> 서구 신학이 저지른 가장 큰 실패는 분명하다. 복음을 약화시키며, 비성경적인 가치와 원칙을 무비판적으로 깊이 받아들이는 경향이 많았다는 것이다. 심지어 인간의 역사에서 가장 악랄한 악에 대해 양심의 가책을 느끼면서도 옳다고 옹호하기도 했다.¹⁰

　이 상황은 자신의 문화 안에 복음을 무비판적으로 상황화하려는 신생 교회 안에서도 똑같이 일어날 수 있다. 니멀 민쯔(Nirmal Minz)는 다음과 같이 경고한다.

> 토착 교회가 살아 나가는 데 매우 이상한 종류의 장애가 하나 있다. 국가 문화유산의 부흥과 신이교도주의의 다양한 형태가 교회 안으로 몰래 들어와 교회 생활과 사역을 지배하는 것이다. 인도네시아의 바탁 교회는 [한동안] 이 유혹에 거의 압도되었고, 민족주의와 신이교도주의의 굴레 밑에 살고 있었다. …… 이러한 토착 교회들은 예수 그리스도의 영과 그 가르침을 배반하는 것이다.¹¹

　모든 그리스도인과 교회는 무엇이 복음이고 무엇이 문화인지, 그리고 그 둘의 관계는 어떠한지를 두고 계속 씨름해야 한다. 그러지 않는다면 복음의 진리를 잃어버릴 위험에 빠질 것이다.

연습 문제_ 복음과 문화

이 연습은 여러 교단의 그리스도인들이 중요하다고 느끼는 여러 문제에 대해 자신만의 신학적 일관성을 검토하도록 도와주기 위한 것이다. 타문화권에 있는 그리스도인이라면 모든 문화에서 교회의 기본이 되는 요소와 그렇지 않은 요소의 차이를 배워야 할 것이다.

1부

다음 정의에 따라 각 항목을 두 범주로 구분하라.

필수적인 것 필수적인 항목(또는 명령, 시행, 관습)이란 모든 시대의 교회에 필수적인 것을 말한다[목록 앞에 "필"이라고 적으라].

타협적인 것 타협적인 항목(또는 명령, 시행, 관습)이란 장소나 시대에 따라 교회가 수용할 수도 있고 그러지 않을 수도 있는 것을 말한다[목록 앞에 "타"라고 적으라].

_____ 1. 거룩한 입맞춤으로 서로 인사한다.

_____ 2. 그리스도인 사이의 문제는 법정으로 가져가지 않는다.

_____ 3. 이방인의 제사에 사용된 고기는 먹어서는 안 된다.

_____ 4. 여성은 회중 가운데서 기도할 때나 말할 때 수건을 써야 한다.

_____ 5. 성찬식에서 세족식도 거행한다.

_____ 6. 성직자를 임명할 때 손을 얹는다.

_____ 7. 악기 없이 찬양한다.

_____ 8. 피를 먹어서는 안 된다.

_____ 9. 간음해서는 안 된다.

_____ 10. 성찬을 함께 나눈다.

_____ 11. 성찬식에 진짜 포도주와 무교병만 사용한다.

_____ 12. 성찬식에 포도 주스만 사용한다.

_____ 13. 치료를 위해 기름을 바른다.

_____ 14. 여자는 남자를 가르칠 수 없다.

_____ 15. 여자는 머리를 땋고 금과 보석으로 치장하지 못한다.

_____ 16. 남자는 긴 머리를 하지 못한다.

_____ 17. 절대로 포도주를 마셔서는 안 된다.

_____ 18. 노예를 잘 대우해 준다면 노예 제도를 허용할 수 있다.

_____ 19. 독신으로 살아야 한다.

_____ 20. 방언의 은사를 구한다.

_____ 21. 신유의 은사를 구한다.

_____ 22. 기도할 때는 손을 든다.

_____ 23. 일하지 않은 자는 먹을 수 없다.

_____ 24. 날마다 개인 "경건 시간"을 갖는다.

_____ 25. 기도가 끝날 때는 "아멘"이라고 말한다.

_____ 26. 모든 회중에는 장로와 집사를 세운다.

_____ 27. 지도자들을 선출한다.

_____ 28. 서로에게 죄를 고백한다.

_____ 29. 하나님께만 은밀하게 죄를 고백한다.

_____ 30. 수입이나 생산물, 수확물 중 적어도 십 분의 일은 하나님께 바친다.

_____ 31. 예배를 드릴 수 있는 건물을 세운다.

_____ 32. 세례를 통해 공개적으로 그리스도를 고백한다.

_____ 33. 물에 잠기는 방식으로 세례를 받는다.

_____ 34. 성인이 되어 세례를 받는다.

_____ 35. 아이, 유아도 세례를 받는다.

_____ 36. 일부다처제를 허용하지 않는다.

_____ 37. 어떤 경우라도 배우자와 이혼할 수 없다.

_____ 38. 간음을 제외하고는 배우자와 이혼할 수 없다.

2부

"필수적인 것"과 "타협적인 것"을 구분하면서 생각해 보라. 그것을 결정하는 데 어떤 원칙이 작용하고 있는가? 자신이 사용한 방법을 간단하고 명료하게 적어 보라. 솔직하게 자신의 대답을 완성해 보고, 어떻게 결정을 내리게 되었는지 정확하게 기록해 보라. 그 원칙은 모든 결정을 설명할 수 있어야 한다.

3부

다시 한 번 자신의 결정들을 살펴보고 다음 질문에 대답해 보라.

"필수적인" 항목을 모두 실행하지 않는 집단과는 연합할 수 없을 만큼 그 항목이 매우 중요한가?

다른 항목보다 좀 더 "필수적"인 항목이 있는가?

성경에서 전혀 다루지 않는 항목이 있는가?[12]

Anthropological
Insights
for
Missionaries

2

문화 차이와 선교사

3장
문화 차이와 신임 선교사

　신임 선교사들은 대부분 선교지에 처음 도착하면 여행의 흥분에 빠지고 이국적 풍경을 보며 설렌다. 낯선 음식을 맛보기도 하고, 인력거를 타 보기도 하고, 길거리 시장에서 수놓은 담요를 사 보기도 한다. 약간 망설이면서 이교 사원에도 들어가 보고, 낯선 신들에게 제물을 드리는 사람들을 구경하기도 한다. 그리고 모든 일이 이렇게 낭만적일 것이라고 기대한다.
　그러다가 점차 현실감을 찾기 시작한다. 이제 이곳은 자신이 살아가야 할 새로운 고향임을 인식한다. 자녀들이 이곳에서 현지인들과 함께 자랄 것이다. 그리고 복음의 좋은 소식을 효과적으로 전하기 위해 먼저 이들의 난해한 언어와 낯선 풍습을 익혀 이들처럼 되어야 한다. 그러자 설레고 흥분되던 일들이 갑자기 이상하고 위협적인 일들로 변해 버린다. 그리고 의문이 생기기 시작한다. '이 문화를 정말 나의 문화로 받아들일 수 있을까?' '정말 이 사람들과 같아지고 이들 가운데 교회를 세울 수 있을까?' '그런 일은 일단 제쳐두고라도 살아남을 수는 있을까?' 이러한 변화가 생길 때 신임 선교사들은 핵심적인 문제에 직면한다. 바로 문화 차이에서 오는 문제다.

문화 차이

사람들은 매우 다양한 문화를 창조해 왔다. 다른 음식을 먹고 다른 양식의 집을 지으며 다른 언어를 말하고 다른 방식으로 서로 인사한다. 야프족 여성들은 풀을 엮어 발목까지 내려오는 치마를 입는다. 딩카족 남성들은 재를 몸에 바르고 다닌다. 무슬림 여성들은 공공장소에서 부르카(burka, 무슬림 여성들이 입는 의복으로, 온몸을 천으로 휘감는 옷이다)로 몸을 가린다. 남태평양 남양 제도의 어떤 섬 주민들은 입마개만 하고 다닌다. 케냐의 마사이족은 화살촉을 빨대로 만들어 소에서 피를 뽑아내는데, 이 피를 맛있는 음료로 생각해서 신선한 우유에 섞어 마신다. 대부분 지역의 중국인들은 유제품을 싫어하지만 돼지고기는 좋아한다. 무슬림과 정통파 유대인은 돼지고기를 혐오해서 먹지 않지만 우유는 즐겨 마신다. 아프리카의 어떤 부족은 버터를 만드는데, 식용이 아니라 몸에 바르는 장식용으로만 사용한다.[13]

겉으로 드러나지는 않지만, 사람들 사이에 관계를 형성하는 방법과 세계를 바라보는 관점에서는 차이가 더 엄청나다. 보통 농부들은 자신의 가족을 위해 농사를 짓는다. 그러나 트로브리안드 섬의 남자들은 자신의 여자 형제와, 그 여자 형제의 자녀를 위해 농사를 짓는다. 대신 남자들과 그들의 자녀는 그들 부인의 남자 형제에게 식량을 공급받는다. 수단의 실루크족은 전갈과 악어를 자신의 친척으로 여기며, 미국 서남부의 인디언들은 수호신을 만나기 위해 일종의 환각제인 페요테 선인장을 먹는다. 늙은 에스키모들은 겨울철에 식량이 부족해지면 식량을 축내지 않으려고 집을 떠나 얼어 죽기도 한다. 모든 사람이 같은 세상을 보지만 각기 다른 문화적 안경을 끼고 세상을 인식한다. 그리고 종종 그들의 문화가 어떠한지, 그들이 보는 것들을 그 문화가 어떤 색으로 칠했는지는 깨닫지 못한다(그림10).

[그림10] 문화에 따라 세상을 다르게 본다[14]

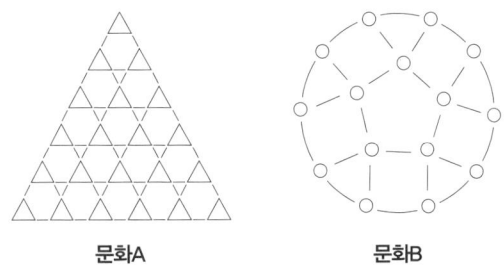

문화A   문화B

에드워드 홀(Edward Hall)의 연구는 문화마다 시간을 얼마나 다르게 인식하는지 보여 준다.[15] 모든 사람이 시간 속에서 살고 있기 때문에 누구나 같은 관점으로 시간을 인식한다고 추측하기 쉽지만, 홀은 그렇지 않다고 지적한다. 예를 들면, 미국인은 시간 엄수를 매우 중요하게 여긴다. 그들에게 "정시"란 약속 시간 전후 5분간을 의미하며 그 시간 안에 도착해야 시간을 지켰다고 간주한다. 약속 시간보다 15분 늦게 도착한 사람은 사과해야 하지만, 굳이 해명할 필요는 없다. 그러나 30분 넘게 늦는 것은 "무례"한 일이며, 반드시 상대방이 받아들일 만한 이유를 대야 한다(그림11).

[그림11] 시간 사용은 문화마다 다르다[16]

홀에 따르면, 전통적인 이집트 문화에서 정한 시간에 나타나야 하는 사람은 하인뿐이다. 그것이 순종을 나타내기 때문이다. 반면 지위가 대등한 사람끼리는 자주성을 보여 주기 위해 "적절한" 시각에 도착하는데, 여기서 적절한 시각이란 한 시간 정도 늦은 때를 뜻한다. 이 적절한 시각보다 30분 넘게 늦은 사람만 사과한다.

미국인끼리 또는 이집트인끼리 만날 경우에는 혼란스러울 일이 없다. 서로를 이해하기 때문이다. 그러나 이집트인 목사와 미국인 선교사가 만날 경우, 혼동이 발생한다. 미국인은 정한 시간에 도착하고, 이집트인은 나름대로 "제시간"을 지켜 한 시간 정도 후에 나타날 것이기 때문이다. 미국인은 화를 내면서 이집트인은 시간 개념이 없다며 불평하는데, 이집트인이 보기에 이것은 부당하다. 이집트인은 오히려 정한 시간에 나온 미국인 선교사의 행동이 복종하는 것처럼 보여 당혹스러울 것이기 때문이다.

문화 차이는 때로 재미있는 상황을 만들기도 한다. 유진 니다(Eugene Nida)는 범선이 남태평양을 한 바퀴씩 순회하면서 1년에 한 번씩 우편물을 전해 주던 시절, 마셜 제도에서 사역하던 초기 선교사들의 일화를 소개한다.[17] 어느 해에는 배가 예정일보다 하루 일찍 도착했다. 마침 선교사들이 근처 다른 섬에 가 있던 터라 선장은 우편물을 섬 주민들에게 맡기고 떠났다. 우편이 무엇인지도 모르는 마셜 제도 원주민들은 선교사들이 그토록 고대하고 자주 말하던 물건이 마침내 자신들 손에 들어왔다는 것을 알았다. 외국인들의 이상한 방식을 알지 못한 원주민들은 이 우편물이라는 것을 어째서 그토록 고대하는지 알고 싶었다. 그들은 이것이 틀림없이 맛있는 음식이라고 결론지었고, 그 편지들로 요리를 했다. 그러나 그들 입에 맞지 않았다. 그리고 섬으로 돌아온 선교사들은 1년 치 우편물이 죽으로 변해 있는 것을 보게 되었다.

또한 문화 차이는 곤란한 상황을 만들기도 한다. 예를 들면 멕시코 중부에서 사역하던 두 명의 여성 선교사는 남자들과 관계를 맺는 데 신중하게 행동했다. 다만 아무렇지 않게 아침 식사 때마다 건강을 위해 라임 주스를 마셨다. 그러자 원주민들은 이 젊은 선교사들이 틀림없이 애인이 생겼다고 믿었다. 이 지방 사람들은 라임 주스를 낙태용으로 사용하고 있었기 때문이다.[18]

3, 4, 5장에서는 문화 차이가 선교사들에게 끼치는 영향을 살펴볼 것이다. 6장에서 8장까지는 문화 차이가 메시지에 끼치는 영향을, 9장에서 11장까지는 선교사와 현지인이 동역하는 이중 문화권(bicultural community)에 끼치는 영향을 살펴보려고 한다. 문화 차이는 선교사에게 어떤 영향을 끼치는가? 먼저 신임 선교사들이 경험하는 몇 가지 어려움을 살펴볼 것이다. 그리고 4장에서는 선교사가 타문화 사역에서 부딪히는 지속적인 문제들을 상세히 검토해 볼 것이다.

문화 충격

새로운 문화에 들어설 때는 기대에 가득 차서 그다지 겁내지도 않는다. 선교사 임명장을 받을 즈음에는 개인 만족도 수준이 매우 높다(그림12). 꿈이 실현되었기 때문이다. 지난 수년 동안 계획하고 훈련받아온 일이 실현된 것이다.

교회에서 드린 파송 예배는 더 만족스럽다. 지금까지 회중석에 앉아 있었는데 그날만큼은 주인공이 된 것이다. 심지어 목사님도 조연이 되어 버린다. 공항에서 나눈 작별에서는 이별에 대한 슬픔과 새로운 모험에 대한 전율이 달콤하게 혼합된 흥분을 경험한다.

외국의 낯선 도시에 착륙할 때까지도 만족도는 여전히 높다. 비행으로 지쳐 있지만 새로운 풍경과 낯선 풍습들을 보며 흥분한다. 정말로 선교지에 도착한 것이다. 꿈같은 일이다!

식당에 들러 점심을 주문한다. 그런데 막상 눈앞에 놓인 접시를 보니

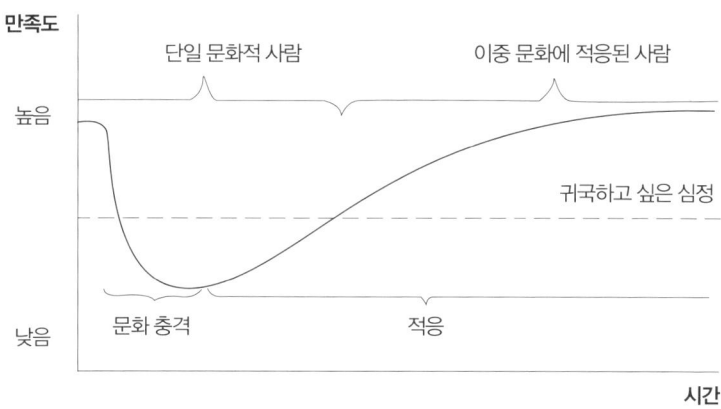

[그림12] 문화 충격[19]

겨우 절반 정도만 음식처럼 보인다. 나머지 절반은 벌레나 개미 같은, 도저히 먹을 수 없어 보이는 것들이다. 배가 고파서 시장에 들러 오렌지를 사려고 한다. 그러나 가게 주인은 우리가 뭘 달라는 건지 전혀 이해하지 못한다. 순간 모든 사람이 우리 말을 하지 못한다는 것을 깨닫는다. 몹시 배가 고픈 나머지 어린아이처럼 입과 배를 가리키고는 오렌지를 가리킨다. 그제야 상인은 이해하고 과일을 주지만 또 다른 문제가 발생한다. '어떻게 값을 치러야 하지?' 가게 주인의 말은 알아들을 수 없고, 익숙하지 않은 동전들도 도대체 얼마짜리인지 알 수가 없다. 어쩔 수 없이 돈을 다 꺼내 가게 주인에게 원하는 만큼 가져가게 한다. 아마 틀림없이 바가지를 썼을 것이다. 게다가 옆에서 보고 있던 동네 꼬마들이 우리를 놀리기 시작한다. 부유하고 교육도 잘 받은 것 같은 사람들이 세 살배기 아이만큼도 말을 잘 하지 못한다는 것이 그들에게는 우스워 보였을 것이다. 내심 화가 나서 그들에게 우리가 얼마나 교육을 많이 받았는지 말해 주고 싶지만 방법이 없다. 우리가 받은 교육은 이곳에서 아무 쓸모가 없다.

다음 날은 버스를 타고 도시를 가로질러 가려고 한다. 왼쪽에 큰 갈색 집이 있고 오른쪽에 작은 녹색 집이 있는 버스 정거장에서 8킬로미터를 더 가서 내리라는 설명을 듣는다. 자신 있게 출발한 후 몇 정거장을 지나 왼쪽에 큰 갈색 집, 오른쪽에 작은 녹색 집이 있는 것을 발견한다. 조금만 더 가면 되겠다고 생각하고 있는데, 그 뒤로 모든 정거장이 같은 모습임을 알게 된다. 갑자기 길을 잃어버릴까 봐 겁이 났지만 되돌아갈 수도 없다. 평생 버스를 타고 이 낯선 도시 주변을 헤맬 것만 같다.

얼마 후 몸이 아파서 동네 의사를 찾아간다. 현지 의사는 모두 주술사가 아닐까 싶어 지레 겁을 먹는다. '정말 나를 치료해 줄 수 있을까?'

염려가 더해 갈수록 단지 살아남는 것 말고는 해낸 것이 아무것도 없음을 발견한다. 모든 것이 이상하고 모든 사람이 똑같아 보인다. 도움을 청할 친구도 없다. 그러나 실패를 인정하고 집으로 돌아갈 수는 없다. 관광객처럼 호텔로 돌아가 친숙한 환경에서 쉴 수도 없다. 기대했던 우리의 꿈은 어떻게 된 것인가?

문화 충격의 원인

새로운 문화에 들어갈 때 이처럼 심리적으로 불안해지는 원인은 무엇인가? 쉽게 추측하는 것처럼 가난하고 불결한 환경 때문은 아니다. 질병의 두려움 때문도 아니다. 물론 문화 충격을 받은 사람들은 흔히 청결과 건강에 대한 선입견이 있기는 하다. 문화 충격이란 어릴 때부터 배워 온 모든 문화적 틀과 지침이 더 이상 적용되지 않을 때 경험하는 방향 감각 상실을 말한다. 삶을 규정 짓던 모든 기준이 허물어질 때 우리는 혼동, 두려움, 분노를 경험한다. 무엇이 잘못인지 알지 못하고, 그 가운데서 무엇을 해야 할지는 더더욱 알지 못한다.

문화 충격은 외국에 나간 서구 사람들에게만 영향을 끼치는 것이 아니다. 새로운 문화에 깊숙이 들어가는 사람은 누구나 경험하는 것이다. 한국인이 인도네시아로 이주할 때도, 아프리카인이 미국으로 이주할 때도 이러한 문화 충격을 경험한다. 어떤 사람은 심각한 수준까지 이르고, 어떤 사람은 가볍게 넘어간다. 충격의 심각성은 문화 간 차이 정도, 개인의 성품, 새로운 상황에 적응하는 방법 등에 따라 달라진다.

문화 충격의 증상과 원인은 무엇이며, 어떻게 진행되는가? (마이런 로스[Myron Loss]가 문화 충격을 훌륭하게 요약했는데, 이 책은 로스의 견해를 많이 참조하였다.[20])

언어 충격

새로운 문화에서 경험하게 되는 첫 번째 충격은 소통 불능이다. 어릴 때부터 우리는 계속 말하고 몸짓을 하고 글을 써왔기 때문에 언제부터인가 소통 과정 자체를 인식하지 못할 정도가 되어 있다. 이런 소통은 거의 저절로 되는 것이다.

그런데 이방인으로 새로운 세계에 들어가면서 갑자기 다른 사람들과 관계를 맺는 주요 수단을 잃어버린다. 아주 단순한 말을 하려고 해도 어린아이처럼 애써야 하고 계속 실수를 저지른다. 윌리엄 스몰리(William Smalley)는 이것을 다음과 같이 설명한다.

> 몇 주 동안 공부를 한 뒤에도 선교사는 감자 한 바구니 값이 얼마인지 말고는 이야기하지 못한다. 자신이 받은 교육이나 지식, 고향에서 자신에게 지위와 안정을 안겨 주던 상징들을 늘어놓을 능력은 없는 것이다. 지적이고 교육받은 사람들을 만나도 어린아이나 백치 수준의 대답밖에 하지 못한다. 그 이상으로 대답할 능력이 없기 때문이다.
> 언어 학습자는 사람들이 뒤에서 웃고 있는 듯한 불안을 느낀다(실제로 그들은 웃고 있다). 언어를 배우다 보면 지치고 지루하며 낙담이 된다. 어떤 것도 논리적이거나 자연스럽게 되지 않는 것 같다. 논리란 말하고 생각하는 익숙한 방식과 같기 때문이다. 논리는 자신의 언어와 학문적 전통에 근거한다.

언어 공부를 시작한 많은 해외 선교사가 학습을 거부하다가 결국 집어치우고 만다. 거부하는 양상은 점점 공부를 안 하거나 점점 모국어로 일하려는 것으로 나타난다. 때로는 실제로 몸에 질병이 생겨 학습을 못하기도 한다.[21]

어떤 사람들은 그냥 자신에게 새로운 언어를 배울 능력이 없다고 생각한다. 또 어떤 사람들은 스스로 이해하지 못하거나 잘하지 못하는 것을 훈련하기를 지독히 싫어한다. 그러나 실수를 저지르지 않거나 익숙해질 때까지 연습하지 않고는 언어를 배울 수 없다. 언어 충격은 사람들을 악순환에 빠뜨릴 수 있다. 언어를 배우지 못하면 사람들과 어울릴 수 없고, 어울리지 못하면 더 배울 수 없기 때문이다. 함정에 빠지면 탈출구를 찾는다. 스몰리는 이어서 이렇게 말한다.

[그들은] 통역이라는 목발에 의존하고, 그들이 말하고 싶은 것을 모국어에서 현지어로 번역할 방법을 필사적으로 찾아낸다. 그리고 그것으로 자신의 언어 지식을 대체하고는 그 지역 언어를 알고 있다고 자기 자신을 속인다. 영어 문장(때로는 설교 전체)에 상응하는 것을 만들어 내는 법을 배웠기 때문이다. 이런 과정을 거치면서 그들은 그동안 쌓아 온 언어 지식 대부분을 놓쳐 버린다. 모국어로 접근하려는 고집이 한 몫을 한 것이다. 이들이 놓쳐 버린 부분들은 주변에서 일어나는 일들의 상당 부분을 놓쳐 버릴 때 늘 존재하는 염려의 근원이다.

어떤 사람들은 현지어를 전혀 배우지 않고 평생 통역자를 통해 사역하기도 한다. 때로는 40년 넘게 이런 식으로 지낸다.

일상생활의 변화

문화 충격으로 부딪히게 되는 또 다른 어려움은 일상생활의 변화다.

본국 문화에서는 장보기, 요리, 은행 업무, 세탁, 우편물 처리, 치과 치료, 성탄 장식 구입, 일을 떠나 여가를 즐기는 것 등을 효율적으로 수행했다. 그러나 새로운 환경에서는 아주 단순한 일도 정신적 부담이 크고, 굉장히 많은 시간을 소모하게 된다. 어떤 나라에서는 음식을 준비할 때 본국보다 시간이 두세 배 더 걸리기도 한다. 장작불을 지펴야 하고, 요리하려고 사온 닭은 여전히 살아서 주변을 뛰어다니기 때문이다. 엘리자베스 엘리엇(Elisabeth Elliot)은 이런 기록을 남겼다.

> 안전을 위해 간과하지 말아야 할 간단한 일들이 있다. 약간만 시간을 들이면 된다. 예를 들면 상추를 씻는 일처럼 말이다. "날 채소를 피하라"는 것은 여행객에게 좋은 조언이지만, 특정 지역에서 살아가야 할 경우(열대 지역에서 단순히 살아남는 것이 아니라 살아가는 것이 목표인 경우)에는 때로 날 채소를 원할 수 있다. 책에서는 상추를 포함한 모든 채소를 끓는 물에 몇 초 동안 담구라고 한다. 이 과정은 보통 아메바를 죽이기 위한 것이지만 사실 샐러드에 대한 사람들의 기대도 죽이게 된다.[22]

새로운 문화에서 지내는 첫 해는 종종 단순히 생존하기 위한 몸부림으로 보내기도 한다. 모든 시간을 요리, 세탁, 장보기, 집수리 등으로 보내는 것처럼 보인다. 이곳에 온 목적은 사역인데 그 일에는 시간을 내지 못한다. 시간이 지날수록 좌절은 더 커진다. 성경 번역이나 설교, 교육, 상담 등의 사역은 거의 할 수 없다. 어떻게 해야 할지 속수무책이다.

관계 변화

인간의 삶이라는 것은 친척, 친구, 직장 동료, 상사, 은행 직원, 점원, 심지어 낯선 사람과 맺은 관계를 중심으로 이루어진다. 이런 관계를 통해 사회에서 자신의 정체성과 자아상을 얻는다. 자신이 인식하는 자아와 다른 사람이 나에 대해 지닌 이미지가 상충할 때는 다른 사람이 생각하고 있는 것을 변화시키려고 필사적으로 노력한다. 그러지 못하면 자신이 생각하는 자아상을 바꿀 수밖에 없다. 다른 사람에게 지속적으로 인정받거나 지지받지 못하면서 자신의 신조나 자존감을 유지할 수 있는 사람은 거의 없다. 심지어 아무도 관심을 보여 주지 않는 것보다는 구설수에라도 오르는 편이 낫다.

상황을 제대로 이해할 수 있는 본국 문화에서도 관계를 유지하기란 쉽지 않다. 그러므로 다른 문화에서는 더욱 제대로 대처하기 어려워 보인다. 배우자와 자녀들도 새로운 언어와 문화에 적응하느라 나름의 문제를 겪으며, 내 문제로 도움을 구하는 바로 그때 그들은 내게 특별한 관심을 요구한다. 결국 그들은 내 신경을 건드리게 되고(동시에 나도 그들의 신경을 건드린다) 외부로부터 우리 관계를 도와줄 것이 전혀 없는 상황에서 긴장감이 감돌게 된다. 주변에 다른 선교사가 있더라도 거의 도움이 되지 못한다. 그들은 몹시 바쁘고 나름대로 잘 적응하고 있는 듯해서 우리의 연약함을 드러내기가 두렵기 때문이다. 어찌되었든 우리 신분도 이제 "선교사" 아닌가? 새로운 문화에 쉽게 적응하지 못하는 것은 바로 우리 잘못이라는 생각이 든다. 그래서 그러한 고민을 나누길 꺼려하고 점점 고립되는 것이다.

현지인과 관계 맺는 일은 더 긴장된다. 이제 현지어를 겨우 말하는 수준인 만큼 관계에서 풍기는 미묘한 차이를 이해하지 못한다. 그들의 유머는 내게 와 닿지 않고, 내가 던진 유머는 그들을 불쾌하게 만든다. 일상적인 사회 활동에서 그들의 말을 경청하려다 보면 내 에너지가 소진되어 버린다. 처음에는 색다른 경험에 흥분되던 예배 출석조차 무미건조해지고, 영적 성장에도 거의 도움이 되지 못한다. 자신이 느끼는 회의감을 나눌만한 사람도 없어서 외로움에 시달린다.

이 모든 것에 더하여, 사회적으로 중요한 성인이라는 정체성을 상실하는 일을 경험한다. 본국에서는 직위, 학위, 다양한 집단의 회원 자격 등을 통해 자신이 누구인지 알 수 있었고, 중요한 존재로 인정받았다. 그러나 새로운 환경에서는 이 모든 옛 정체성이 사라진다. 인정받는 사람이 되기 위해서는 모든 것을 처음부터 다시 시작해야 한다. 리처드 맥엘로이(Richard McElroy)는 이렇게 말한다.

> 언어를 공부하기 시작한 첫 주 동안, 신임 선교사는 "역할 변화의 충격"을 경험한다. 본국에 있을 때 그는 성공적이고 안정적인 지도자였다. 그런데 갑자기 고등학교 졸업자에게 배우는 학생이 된 것이다. 스페인어 발음을 고치도록 거듭 지적받는다. 이때 선교사가 자신의 역할 변화를 제대로 받아들이지 못하면 불안, 비애, 위협을 느끼게 된다. 이런 경험은 어떤 학생들에게는 최악의 결과를 초래하기도 하는데, 고집, 무례, 위축, 극도의 비판적 태도 등을 갖게 한다.[23]

다른 충격은 집안일을 할 하인을 두는 것이다. 이 하인들은 빨랫물을 데우거나 닭을 잡고 털을 뽑는 일, 그리고 본국에서 가전제품이나 이미 조리된 식품으로 해결되던 다른 일들을 한다. 우리는 곧 하인이 없으면 사역할 시간이 없다는 것을 깨닫는다. 그리고 집안일을 하는 하인들에게 일거리를 주지 않으면 비난을 받는다는 것도 알게 된다. 그러면 하인들과 어떻게 관계를 맺어야 하는가? 만인 평등을 부르짖는 그리스도인인 선교사는 하인들을 손님처럼 식탁에 초대한다. 그러나 이런 초대는 하인의 지위에 대한 현지의 이해와 맞지 않기 때문에 하인들은 불편해한다. 반면 선교사는 가정의 사생활을 중요하게 여기므로 하인의 존재는 선교사에게 사생활 침해로 여겨진다.

현지 생활에 참여하는 것도 고통스러울 수 있다. 지역 수공예를 시도해 보거나 그들의 이상한 스포츠에 참여하려고 할 때, 곧 자신이 느리고 서투르며 어린아이 수준임을 알게 된다. 그리고 의심스러운 활동에는 모두 위험한 종교적 의미가 있는 것처럼 보는 경향이 생긴다.

이해력 상실

참된 인간이 되는 것은 문화를 배우고 상황을 이해하는 것이다. 자신의 삶에 대해 자신이 기대하는 것과 남들이 기대하는 것을 알아 가는 것이다. 본국에서는 도로 오른쪽에서 운전해야 한다는 것, 설탕 값을 깎아 달라고 흥정해서는 안 된다는 것, 매표소에서 줄을 서서 기다려야 한다는 것 등을 알고 있다. 인도인은 루피(인도의 화폐 단위)의 가치와 사리(인도 여성이 입는 민속 의상)를 살 때 흥정하는 법을 알고 있다. 우리 주변에서 일어나는 일을 이해하고 삶에서 의미를 찾기 위해서는 그런 지식들이 필요하다.

이전의 지식 대부분은 새로운 문화에서 쓸모없어지거나 때로는 오해를 불러일으키기도 한다. 어떤 지역에서는 손가락으로 무엇을 가리키면 사람들이 불쾌하게 생각한다. 더럽다는 표시이기 때문이다. 우리는 도와주겠다고 제안했는데 상대방이 사양하면 다시 묻지 않는다. 그러나 나중에서야 첫 제안을 거절하는 것을 예의라고 여기는 사회가 많으며, 늘 다시 한 번 제안하기를 기다린다는 것을 알게 된다. 그런 일을 겪으면 종종 당황하고 혼란스럽다. 윌리엄 스몰리가 소개한 다른 예를 살펴보자.

> 프랑스어를 공부하기 위해 파리에 처음 갔을 때, 나를 포함한 많은 미국인들은 언제 어디서 악수를 해야 할지 애매했다. 우리 관점에서 볼 때 프랑스인들은 매우 불필요하게 아무 때나 악수하는 것처럼 보였기 때문이다. 그렇게 자주 악수를 하는 것은 우스꽝스러워 보였다. 프랑스인의 악수와 관련해서 미국인 사이에서는 프랑스 어린이들이 매일 저녁 잠자리에 들기 전에 어떻게 부모와 악수하는지에 대한 이야기도 떠돌았다. 이처럼 중요하지 않은 사

소한 악수 습관 차이도 거북함을 불러일으키기에 충분했다. 그리고 다른 수 많은 불확실한 일들과 합쳐져 많은 사람에게 문화 충격을 주었다.[24]

자신이 알고 있던 지식이 전혀 도움이 되지 않을 때 누구나 좌절한다. 삶을 통제하지 못할 것처럼 보이기 때문이다. 결국 이것은 혼란함에서 생기는 의미 상실로, 문화 충격에서도 가장 위험한 결과를 초래할 수 있다. 이때 우리는 현실 감각을 상실하는 것처럼 보인다.

정서와 평가의 혼동

문화 충격에는 인지적인 면도 있지만, 정서와 평가의 방향 상실도 포함된다. 정서적 차원에서는 상실감과 혼동을 모두 경험하게 된다. 음악은 화음이 안 맞는 것 같고, 음식에서는 이상한 냄새가 나고, 오락은 유치해 보인다. 아는 음악을 듣고 싶고, 익숙한 음식을 먹고 싶고, 텔레비전에서 저녁 뉴스를 보며 "본국"에서 누리던 오락을 즐기고 싶은 갈망이 생긴다. 새로운 언어의 의미를 이해하고도 오랜 시간이 지났지만 유머나 빈정대는 말, 비웃는 말, 시, 이중적 의미를 내포하는 세밀한 감정적 뉘앙스는 아직도 알아차리기가 힘들다.

또한 타문화 상황에서 발생하는 좌절감에 부딪힌다. 외국에 왔다는 초기 흥분이 지나고 나면 향수병에 시달리고, 익숙하지 않은 관습에 거부감이 생기기 시작한다. 자신이 기대한 것만큼 살아가지 못하기 때문에 죄책감을 느끼기도 한다. 곁에서 조언해 주는 사람도 없고 새로운 문화에 적응하는 것은 더디기 때문에 속이 상한다.

가치의 차원에서는 장소를 가리지 않는 옷차림, 가난한 자에 대한 무관심, 우리가 보기에 명백한 도둑질, 부정직, 뇌물 등 도덕성이 결여된 것처럼 보이는 일들 때문에 격분한다. 더욱이 현지인들이 선교사의 행동을 부도덕하다고 간주한다는 사실을 알고 나면 더 충격을 받는다. 예를 들면 뉴기니 섬의 현지인들은 선교사를 인색하다고 비난한다. 선교사들이 음식을 나누어 주지 않고 옷이나 담요, 총 등과 같은 소유물을 주변 사람들과 공유하지 않기 때문이다. 뉴기니 사람들은 모든 물건을 공유하는 데 익숙하다. 선교사가 식량이 떨어진다면 현지인들은 자신의 음식을 나누어 줄 것이다.

또 한 예로 인도인들은 여선교사의 복장을 부도덕하다고 생각한다. 인도 사회에서는 여성의 몸에서 성적으로 가장 자극하는 부분이 종아리라고 여긴다. 그러므로 점잖은 여성이라면 발목까지 내려오는 사리를 입는데, 여선교사들은 무릎 높이의 치마를 입기 때문이다.

문화 충격의 증상

새로운 문화에서 지낸 첫날은 매력적인 새 풍경과 충격적인 경험이 뒤섞여 있다. 인도에 간 선교사는 방 벽에 붙어 있는 도마뱀을 보고 기겁할 것이고(이 도마뱀은 모기를 잡아먹는다), 풀밭의 뱀을 보고는 해마다 (7억 명의 인구 중) 2만 명이 넘는 인도인이 뱀에 물려 죽는다는 사실을 기억하며 겁먹을 것이다. 마찬가지로 미국에 간 인도인은 고속도로에서 질주하는 차들을 보며 해마다 (2억 3천만 명의 인구 중) 4만 명의 미국인이 교통사고로 죽는다는 사실을 기억하며 겁을 낼 것이다.

그들에게는 좋지 않은 일이지만 사실 이러한 초기의 충격은 심각한 것이 아니다. 문화 충격이 지닌 진짜 문제는 우리 스스로 정상적으로 기능하고 있다고 생각하는 가운데 의식하지 못한 상태에서 오는 심리적 왜곡이다. 이것은 우리의 현실 인식을 일그러뜨리고, 몸을 황폐하게 만든다. 이러한 타문화에서 겪는 질병의 증상으로는 어떤 것들이 있을까?

스트레스 유발

우리는 스트레스와 함께 살아간다. 사실 스트레스 없이는 삶에서 누리거나 성취할 수 있는 것이 거의 없다. 그러나 지나친 스트레스는 파괴적일 수 있다. 그렇다면 지나친 수준이란 어느 정도인가? 스트레스를 정확하게 측정하기는 어렵지만, 토머스 홈즈(Thomas Holmes)와 M. 마수수(Masusu)가 생활의 다양한 경험에서 생기는 스트레스를 측정할 수 있는 대략적인 측정표를 만들었다.[25] 이 측정표는 스트레스가 없는 "0점"부터 시작해서 배우자가 죽은 경우를 최고 지수인 "100점"으로 설정했다(표1).

[표1] 생활 변화로 생기는 스트레스[26]

	사건 종류	변화로 인한 스트레스
1	배우자의 죽음	100
2	이혼	73
3	가족의 죽음	63
4	부상이나 질병	53
5	결혼	50
6	가족의 건강에 생긴 변화	44
7	임신	40
8	새 가족이 생김	39
9	재정 상태 변화	38
10	직업을 바꿈	36
11	직장에서 다른 일을 맡음	29
12	생활 환경 변화	25
13	근무 시간과 환경의 변화	20
14	거주지 이동	20
15	여가 생활의 변화	19
16	교회 활동의 변화	19
17	사회 활동의 변화	18
18	함께 사는 가족 수의 변화	15
19	식습관의 변화	15

스트레스는 축적되며, 스트레스를 야기한 사건이 지나가고 난 후에도 오랫동안 지속된다. 현재 경험하고 있는 스트레스를 측정하기 위해서는 지난해 동안 쌓여 온 스트레스 지수를 합산해야 한다. 홈즈와 마수수에 따르면 스트레스 지수가 150점이 안 되는 사람 가운데 차후 2년 안에 큰 병에 걸리는 경우는 3분의 1 정도다. 그러나 150점 넘게 스트레스가 축적된 사람들의 절반 정도와 300점이 넘는 사람의 5분의 4 정도는 차후 2년 안에 심각한 건강 문제가 발생할 것이라고 한다.

이 측정표에 따르면 대부분의 선교사들, 특히 첫 임기를 보내고 있는 선교사들은 상당히 무기력한 상태다. 임기 첫해에 신임 선교사들은 보통 재정 상황, 직종, 지리적 위치, 휴식 방법, 교회 생활, 사회 활동, 식생활 습관 등에서 두드러진 변화를 경험한다. 이들이 젊다면 갓 결혼했거나 막 아이를 낳았을지도 모른다. 여기에 더해 다른 문화로 이동하면서 극심한 스트레스를 경험하는데, 이런 스트레스는 홈즈나 마수수가 측정해 보려는 엄두도 내지 못할 정도다. 예를 들어 제임스 스프래들리(James Spradley)와 마크 필립스(Mark Phillips)의 측정에 따르면 일상생활에서 새로운 언어를 배우는 것 하나만으로도 신임 선교사의 생활에 스트레스 지수가 50점 넘게 추가된다.[27] 그러므로 첫 임기 선교사들의 스트레스 지수가 400점이 넘는 것은 그리 놀라운 일이 아니다.

신체 질병

극심한 스트레스가 낳는 한 가지 공통된 결과는 신체 질병이다. 지속적인 스트레스로 인한 질병으로는 만성 두통, 위궤양, 요통, 고혈압, 심근 경색, 만성 피로 등이 있다. 스트레스는 또한 집중력을 떨어뜨려서 쉽게 사고를 당할 수 있다. 세실 오스본(Cecil Osborne)은 이렇게 말한다.

> (정서적) 스트레스는 화학적 불균형을 초래하는데, 이 결과 분비선이나 다른

기관의 기능이 떨어진다. 그러면 몸은 평상시와 달리 병균에 대한 저항력이 약해진다. 정신적 고통이나 죄책감, 슬픔 등은 무의식적인 과정을 통해 몸에 전해지므로 정신적 고통보다 신체적 질병을 일으키기가 쉽다. 한 가지 예를 들면, 몸에 병이 들었을 때는 사랑의 한 형태인 동정을 받지만 정신적 고통이나 우울증으로 힘들어하는 사람은 "태도를 고치라"든지 "정신 차리라"는 소리를 듣는다.[28]

외국에서 얻은 질병은 염려를 더할 뿐이다. 특히 이전과 같은 진료를 받을 수 없는 곳에서는 더욱 그렇다. 낯선 환경에서는 건강과 청결에 집착하기 쉽고, 모든 증상을 더 과장한다. 사실 그런 두려움은 전혀 근거가 없는 것이다. 종종 낯선 질병과 위험을 직면하며, 생명이 위협받기도 한다.

심리적, 영적 우울증

스트레스가 낳는 가장 심각한 결과는 보통 우울증과 실패감이다. 인식하지 못한다면, 새로운 문화에서 살면서 겪는 문제들을 해결하지 못한다. 혼란스러운 상황, 새로운 생활 양식을 배워야 한다는 긴장 등에 계속 부딪치면서 어쩔 줄 모른다. 여가 생활을 즐길 시간도 없다. 무엇보다 해야 할 일이 이렇게 많은데 선교사가 여유 있게 쉰다는 게 합당한가라는 의문이 생긴다. 선교사를 지원해 주던 제도들은 사라졌다. 우리가 속한 선교사 공동체는 우리의 나약함을 고백할 엄두가 나지 않을 정도로 의지가 강한 낯선 사람들로 구성되어 있다. 그곳에는 우리가 실패했을 때 돌봐 줄 사람도 전혀 없다.

더욱이 비현실적인 기대감이 우리를 짓누른다. 일반인들이 생각하는 선교사란, 큰 희생을 감수하는 담대한 선구자, 결코 죄 짓지 않는 성인, 뛰어난 설교자, 의사, 모든 장애를 극복하는 사역자 등 간단히 말해서 창의적이고 용감하며 세심하고 늘 승리하는 사람이다. 젊을 때는 우리도 저

대양을 넘어가면 그런 선교사가 될 수 있으리라고 믿었다.

그러므로 우리가 여전히 평범한 사람임을 깨닫고 나서 심각한 우울증에 시달리는 것은 놀라운 일이 아니다. 해외로 나간다고 해서 연약함이나 죄성을 변화시키지는 못하며, 새로운 능력을 얻지도 못한다. 리바이 카이델(Levi Keidel)의 고백은 선교사들의 경험을 잘 보여 준다.

> 나는 그리스도를 닮지 않은 내 모습들을 제대로 볼 수 있었다. 나쁜 기질, 불가피한 환경에 짜증 내는 것, 율법적 동기에 나를 얽매는 것, 내 일을 방해하는 사람들을 향해 악의를 품는 것 등이다.
>
> 이러한 것들에 더해 극도의 피곤이 반복된다. 처음 콩고로 떠날 때 목사님이 해주신 조언이 기억난다. "첫 임기 동안 다 이루려 하지 않아도 됩니다." 그러나 선교지에서 나는 채 2년을 채우지 못하고 병원으로 실려 갔다. …… 내 마음은 공허로 가득 찼다. 요구되는 일들이라는 게걸스런 식욕에 모든 것을 빼앗긴, 빈 그릇 같았다.[29]

안타까운 사실은 실패했다는 생각이 들수록 자존감을 유지하기 위해 더 많은 일을 한다는 것이다. 그러나 이것은 문제를 더 악화시킬 뿐이다. 실패의 두려움 자체가 에너지를 다 소모시키기 때문이다. 패배하면 내가 잘못한 것이고 하나님의 사역에 적합하지 않다고 결론짓는다.

때로는 자신의 연약함을 숨기는 가면을 쓰기도 한다. 그러면 한동안은 다른 사람은 물론이고 때로 자기 자신까지도 속일 수 있다. 그러나 결국에는 그것이 쓸모없는 자아상임을 알게 된다. 드와이트 칼슨(Dwight Carlson)은 다음과 같이 말한다.

> 해결하지 못한 다른 갈등과 마찬가지로 가면을 쓰는 것은 많은 에너지를 소모하며, 두려움 말고도 초조, 염려, 피곤, 변명, 비난, 그리고 때로 새빨간 거

짓말, 기만 등 많은 문제를 야기한다.

가면 벗기를 거절하면 내적 갈등과 피로를 야기할 뿐 아니라 자신의 성장과 타인의 성장을 모두 가로막는다. 사람들은 다른 사람과 관계를 맺고, 다른 사람들이 인생의 문제를 해결해 가는 방법을 보면서 성장한다. 기독교 지도자들은 다른 사람이 가면 벗길 기대하기 전에 먼저 자신의 가면을 기꺼이 벗어야 한다. 그리스도인들이 먼저 자신의 숨겨 온 약점을 기꺼이 드러낼 때에만 다른 사람들도 안심하고 그들 자신과 그들의 필요를 드러낼 수 있다.[30]

문화 충격의 과정

문화 충격을 겪을 때 우리가 평범한 사람이라는 것과 때가 되면 새로운 문화에 적응하는 고통이 끝날 것을 알면 위로가 된다. 이에 더해서 문화 충격이 어떻게 진행되는지 안다면 충격을 극복하는 데 도움이 될 뿐 아니라 앞으로 할 사역을 위해 자신을 준비시키는 긍정적 경험으로 그 충격을 변화시킬 수 있다. 처음 한두 해는 새로운 문화에 적응하는 중요한 시기다. 이 기간에 어떻게 적응하느냐가 나머지 기간의 사역을 결정한다.

칼레르보 오베르그(Kalervo Oberg)는 새로운 문화 환경에서 살아가는 법을 배우는 일반적 단계들을 보여 준다.[31]

관광객 단계

새로운 문화에 보이는 첫 반응은 "매력"이다. 다른 선교사들과 함께 호텔이나 이전 환경과 크게 다르지 않은 집에 머무르며, 우리의 언어를 할 줄 알면서 우리를 외국인으로 환대해 주는 현지인들과 어울린다. 낮에는 새로운 풍경과 소리를 즐기며 시간을 보내고, 밤에는 외부의 낯선 문화에서 조금 떨어져 쉼을 누린다. 그 지역의 관광 명소를 가보거나 우리를 환영하는 주요 인사들을 만나기도 한다. 그리고 우리는 그 지역 문화에 호감을 보이며 감탄하는 말로 응답한다.

이런 달콤한 기간은 환경에 따라 수주에서 수개월까지 지속된다. 일반 관광객이라면 이 상태가 끝나기 전에 고향으로 돌아가 낯선 관습에 대해 이야기를 늘어놓는다. 그러나 이곳에 정착하기 위해 온 선교사에게 이 기간은 새로운 문화의 구성원이 되기 위한 힘겨운 여정의 시작을 의미한다.

각성 단계

외부 방문객에서 문화적 내부인으로 바뀔 때, 관광객 단계는 끝이 난다. 이 무렵에는 집을 정하고, 자기 자신을 책임지며, 지역 사회에 공헌하기 시작한다. 그리고 이 시기에 좌절과 염려가 생겨난다. 언어 문제, 장보기의 어려움, 심각한 교통난, 세탁 문제 등이 뒤엉킨다. 마시는 물과 식품, 이부자리 등 위생에 예민해지고, 바가지를 쓰거나 도둑이 들까 봐 걱정한다. 외로움도 느낀다. 따뜻하게 우리를 환영해 주던 사람들은 모두 자기 자리로 돌아가서 이제는 우리 문제에 무관심한 것처럼 보인다.

그 결과, 각성이 일어난다. 이제 낯선 문화는 흥분되는 일이 아니다. 더는 이해할 수 없고 익숙해지지 않을 것만 같다. 생활의 안전이 위협받기 때문에 보통 적대적인 반응을 일으킨다. 그 문화의 잘못된 면들을 발견하게 되고, 자신의 문화에 비추어 열등한 것으로 여기게 된다. 사람들을 비판하고, 그들의 결점을 그들이 게으르고 열등하다는 증거로 보며, 상대 문화를 부정적으로 풍자하는 것이 입에 밴다. 그 문화에 거리를 두고 몇몇 외국인 친구를 피난처 삼거나, 고향 문화를 그대로 따르려고 하면서 자기 집에만 머문다.

이 단계는 문화 충격에서 위기에 해당한다. 어떻게 대응하느냐에 따라 이곳에 정착할 수 있을지 없을지, 궁극적으로는 새로운 문화에 어떻게 적응할지가 결정된다. 신임 선교사들은 대부분 이 기간에 "귀국하고 싶은 심정"을 나타내는 선 아래로 떨어진다(88쪽 그림12 참조). 본국에서 오는 우편물을 학수고대하고, "귀국"하면 할 일에 대해 말하기도 한다. 사임 편지를 쓰기도 하지만 보내지는 않는다. 만약 돌아간다면 친구들이나 교회에서 뭐라고 하겠는가?

그러나 이 단계를 거치는 동안 거의 의식하지 못하는 사이에 다른 과정이 진행된다. 새로운 문화에서 살아가는 법을 습득하는 것이다. 새로운 언어로 물건 사는 법이나 지역 화폐 사용법 등을 배울 수 있다는 것을 깨닫는다. 현지인 친구를 사귀면서 점점 나아진다. 선임 선교사나 현지인 지도자들이 격려해 주는 말 한마디에 사임 편지를 찢어 버리고, 언어 학습과 새로운 문화 적응이라는 긴 과업을 시작한다. 이 단계로 전환하지 못하는 사람은 신경 쇠약에 시달리기 전에 떠나야 할 것이다.

회복 단계

유머가 살아나면 흔히 회복 단계에 들어섰다는 표시다. 난처한 처지를 웃음으로 대처하고, 현지인에 대해서도 비난 대신 농담을 던진다. 자신보다 상황이 좋지 않아 보이는 다른 선교사에게 동정심을 느낀다. 여전히 우월감을 가지고 있기는 하지만 새로운 문화 양식을 배워가기 시작한다.

이 단계에서 현지인이나 그 문화와 관계를 맺는 방법은 매우 중요하다. 이때 형성된 적응 형태가 주로 이후에 그대로 고정되기 때문이다. 현지인을 용납하고 인정하는 긍정적 태도를 발전시키면 그들의 문화를 습득하고 그들 중 한 사람이 되어 가는 기초를 형성하게 된다. 그러나 반대로 부정적이고 냉담한 채 남아 있으면 아마 계속 이방인으로 남아 현지인과 결코 동일화하지 못할 것이다. 선교사는 복음의 모형이기 때문에 이런 경우에는 복음도 현지인들에게 거리감 있는 낯선 것으로 보이게 된다.

첫해, 사실 첫 달은 현지 문화와 평생의 관계를 규정하는 결정적인 시기일 뿐 아니라 선교사 자신이 문화에 가장 잘 적응할 시기이기도 하다. 무엇을 해야 하는지에 대한 선입견이 거의 없고, 이곳까지 오도록 동기를 부여한 이상주의가 강한 때이기 때문이다. 아직 안락한 일상생활로 정착하지 않았기 때문에 주변 어려움에 민감하며, 이 단계에서는 기꺼이 사람들과 동일시되려 하고 현지 문화를 자신의 것으로 만들려고 노력한다. 이런 의미에서 문화 충격은 참고 견뎌야만 하는 경험만은 아니다. 브루스터 부부(the Brewsters)가 지적하듯이 문화 충격 시기는 실제로 선교사가 겪는 경험들 중 가장 중요하고 건설적인 기간이다.[32] 이 부부의 용어를 사용하자면, 선교사가 이런저런 방법으로 새로운 문화에 "접목"되는 시기이기 때문이다.

적응 단계

문화 충격의 마지막 단계는 새로운 문화가 편하게 느껴지는 때다. 이제는 아무 염려 없이 새로운 환경에서 효율적으로 기능하는 법을 충분히 배웠다. 현지 음식과 의복, 풍습 등을 받아들일 뿐 아니라 실제로 즐기기 시작한다. 현지인들과 우정을 맺어 가고 사역에도 적극적으로 임한다. 현지 문화에 대해 생각해 보면, 이제는 그 나라와 사람들을 떠나면 그리워하게 되리라고 생각할 것이다.

다양한 방법으로 새로운 문화에 적응할 수 있다. 예를 들면 현지 문화에 거리를 두고 선교사 구역을 형성하여 그곳에서 신나게 사역할 수 있다. 또는 모든 과거를 버리고 "현지인"이 되려고 노력할 수도 있다. 셋째는 자신을 그 문화와 동일시하여 자신의 문화와 통합한 형태로 사역하는 것이다. (각 선택과, 그 선택이 사역에 끼치는 영향은 다음 장에서 살펴보겠다.)

> **선교사는 균형을 잃은 사람인가?**_ 노튼 스터레트(T. Norton Sterrett)
>
> 선교사는 균형을 잃은 사람인가? 물론 그렇다. 바로 내가 그런 사람이다. 그렇다는 것을 스스로 인정해야 한다.

애초에는 선교사도 평범한 사람이었다. 다른 사람들처럼 옷을 입고, 테니스를 치고, 음악을 즐겨 듣는다.

그러나 선교지로 떠나기 전부터 그는 "다른" 사람이 된다. 어떤 사람에게는 존경을 받고 또 어떤 사람에게는 동정을 받기도 하면서. 그는 비전 때문에 부모와 출세와 고향을 떠나는 사람으로 알려진다. 그래서 그는 마치 선지자처럼 보인다.

고향에 돌아오면 그는 훨씬 다른 사람이 되어 있다. 그에게는 어떤 일들, 심지어 대단한 일조차도 전혀 중요하게 보이지 않는다. 프로 야구 결승전이나 데이비스 컵 테니스 경기 등에 거의 관심을 보이지 않는다. 다른 사람들이 보는 것처럼 보지 않는 것이다. 일생에 한 번 있을까 말까 한 기회(유명 인사와의 면담)조차도 그를 흥분시키지 못한다. 그러한 모습을 보면 그에게 그동안 어디에 있었는지 묻고 싶게 만든다.

그동안 그는 어디에 있었는가?

악의 세력과 공개적이고 치열한 갈등을 겪는 곳, 유행과 싸울 일이 없는 곳(옷차림 같은 것은 전혀 관심사가 아니다. 그런 것에 신경 쓸 틈이 없으니까), 선교사에게 도움을 받지 못한 채 사람들이 죽어 가는 곳(그러나 대부분의 사람은 선교사가 그런 도움을 줄 수 있다는 것조차 모르는 곳), 그늘에서도 기온이 섭씨 50도 가까이 되는 곳, 그리고 선교사는 그 그늘에 있을 짬도 나지 않는 그런 곳에 있었다.

단순히 공간뿐 아니라 시간조차도 그를 스쳐 지나가 버린 듯하다. 텔레비전에 나오는 인기 가수에 대해 말해도 알아듣지 못한 채 멍한 표정을 짓고, 흥행에 크게 성공한 영화를 화제로 삼아도 그것이 뭐냐고 물어본다. 사람들은 이 사람이 도대체 얼마나 오랫동안 떠나 있었는지 궁금해한다.

도대체 얼마나 오랫동안 떠나 있었는가? 지구상에 있는 3,000만 명의 사람들이 복음을 한 번도 들어 보지 못해서 그리스도를 모른 채 영원히 죽어 갈 만큼 오랫동안 떠나 있었다. 그리고 그중 얼마는 그의 눈앞에서 죽어 갔다.

엉성하게 만든 배가 뒤집어지면서, 콜레라가 만연하면서, 힌두교도와 무슬림 간에 폭동이 일어나면서 사람들이 그가 보는 앞에서 죽어 갔다.

얼마나 오랫동안 그곳에 가 있었는가? 아메바성 이질에 두 번이나 걸릴 만큼, 거듭되는 말라리아에 지친 아내를 간호해야 할 만큼, 어머니가 병들었다는 소식을 듣기도 전에 어머니의 죽음을 전해 들을 만큼 오래 있었다.

얼마나 오랫동안이란 말인가? 소외된 사람들이 그리스도께 돌아오는 것을 볼 만큼, 자신이 가르치는 성경 공부에서 그들이 생수를 마시는 것을 볼 만큼, 그들이 비그리스도인 친척들에게 박해받을 때 함께 싸우고 고통 받을 만큼, 든든한 몇몇 신자가 그들 스스로 예배를 인도할 수 있을 정도로 성장한 것을 볼 만큼, 그 지역 사회에 전도할 수 있는 토착 교회를 이들이 세우는 것을 볼 만큼 오래 있었다.

그렇다. 그는 아주 오랫동안 떠나 있었다.

그래서 그는 다르다. 그러나 그런 것들은 이제 불필요해 보인다. 적어도 본국에 돌아온 뒤로는 옷차림이나 본국 정세, 오락, 사회생활에 관심을 기울여야 한다.

물론 그럴 수 있다.

그러나 지금도 새 옷 한 벌 값이면 복음서 3,000권을 살 수 있고, 본국 누군가가 직장에서 하루를 보내는 동안 5,000명의 인도인이나 중국인이 그리스도 없이 영원한 죽음을 당한다는 사실을 잊을 수 없다.

그러므로 선교사가 당신의 교회나 그리스도인 모임에 오면 아마도 당신과 다를 것이라는 사실을 명심하라. 이따금씩 그가 말을 더듬는 것은 수년 동안 거의 외국어로만 말해 왔기 때문이다. 외국어로는 유창하게 말할 수 있을 것이다. 그가 웅변가답지 못한 것은 오랫동안 강단에서 모국어로 말할 기회가 없었기 때문임을 기억하라. 인도 장터에서는 유창하게 말할 것이다.

그가 당신이 기대하는 만큼 민첩하지 못하다든지, 청소년 전도자와 대학 교수보다 접근하기 어려워 보인다면, 그는 당신이 고등학교에 들어가기 전부터 근본적으로 다른 사회 제도 아래서 살아왔다는 사실을 기억하라. 아마 그래서 평범한 대화에 익숙하지 않을 것이다.

선교사는 확실히 균형을 잃은 사람이다.

그러나 그것은 누구의 기준인가? 당신의 기준인가, 아니면 하나님의 기준인가?[33]

역 문화 충격

해외에서 오랫동안 체류한 후 "본국"에 돌아오면, 역 문화 충격을 경험한다는 말이 조금 이상하게 들릴 것이다. 어쨌든 익숙한 문화로 돌아온 것이지 않은가? 그러나 선교사의 생각보다 본국 문화는 더 많이 변화했고, 선교사 자신도 변했다. 조사에 따르면 새로운 문화에 잘 적응한 사람일수록 원래 문화에 재적응하는 데 큰 어려움을 겪는다.[34]

여러 면에서 본국 문화에 재적응하는 것은 새로운 사회로 들어가는 것과 같다. 처음에는 돌아온 것이 흥분된다. 사랑하는 사람, 친척, 친구, 동료들 곁으로 돌아왔다. 선교사는 사람들에게 많은 관심과 자랑, 흥미로운 대상이 되고, 사람들은 그의 신기한 체험을 귀담아 듣는다. 외국에서 그리워하던 본국 음식을 먹으러 외출하기도 한다. 간단히 말해 멈췄던 생활을 되찾을 거라 기대한다.

초기 흥분이 가라앉고 나면, 본국의 지역 문화에 자신을 재정립하는 힘겨운 일을 시작해야 한다. 이때 짜증과 좌절을 경험한다. 이전에는 당연해 보이던 일들이 이제는 사치로 보이고, 궁핍한 세상에 둔감한 것처럼 보인다. 사람들도 매우 편협해 보인다. 사람들은 선교사의 이야기에 곧 흥미를 잃고 그들에게 더 중요한 대화로 돌아간다. 주로 최신 자동차 모델의 변화, 지방 자치제, 이웃사람에 대한 흉, 스포츠 등이다. 게다가 친구나 친척들과 관계를 유지하는 것도 어렵다는 것을 알게 된다. 그들은 선교사의 말을 듣지 않거나, 정중하게 듣기는 해도 그가 말하려는 것을 이해하지 못하는 것 같기 때문이다. 거기에다 "과테말라 사람들은 전화가 무엇인지 압니까?"와 같은 멍청한 질문만 해댄다.

이 모든 것이 전혀 기대하지 못한 일이라는 사실이 선교사를 더 크게 좌절시킨다. 그는 본국 문화에서도 이방인이다. 예기치 못한 전혀 새로운 상황에 놓인 것이다. 이전에는 중요했는데 이제는 이기적이고 사치스럽게 보이는 생활 양식에 적응하지 못하고 있는 것이다.

초기 반응은 방어적이다. 본국 지역 관습에 분노하고 비판적이 된다. 우울해지고 지역의 일에서 관심을 거둔다. 때로는 "본국"에 돌아온 것을 후회하기도 한다. 익숙했던 이전 방식의 고향은 간데없고 이 세상의 순례자일 뿐이라는 것을 깨닫기 시작한다.

조셉 셍크(Joseph Shenk)는 이 느낌을 다음과 같이 설명한다.

"진공"이라는 단어는 선교사가 본국에 돌아온 후 첫 6개월을 가장 잘 설명해 준다. 우리는 수많은 활동의 중심에 있다가 아무 일도 없는 곳으로 옮겨 온 것이다. 본국 지역 사회와 우리는 아무런 연관이 없다. 우리 입에서 사회 불의나 특정 주제에 대한 열변이 쏟아질까 봐 교회 사람들은 우리를 조심스럽게 대하고, 대화는 겉돌 뿐이다. 어딘가에 가서 우리를 내보일 일이 없는 저녁은 적막하기만 하다.

"가치 하락"이라는 말도 좋은 표현이다. 해외에 있는 동안 우리는 경제적, 기술적으로 멈춰 있었다. 어휘는 줄고, 동년배에 어울리는 의복이나 자동차, 가구, 주택 등도 없다. 본국에서는 개인의 가치가 대부분 이런 것들로 평가되므로 자신의 자아 가치를 의심하게 만드는 아픈 순간들을 경험하게 된다. 이런 상실의 놀라움 속에서도 우리는 이곳에서 매우 중요하게 여기는 온갖 과시적 요소를 얻어 내기 위해 모든 것을 저당 잡혀야 한다. 그러고 나면 이후 20여 년 동안 아주 어려운 재정 형편에 갇히게 된다.[35]

두 번째 반응으로, 문화를 변화하려고 시도한다. 귀국한 후 1년 정도 지나면 심통 사납고 화난 사람이 되어 있을 위험이 있다. 주변 사람들의 부요함을 이해할 수 없고, 기회만 되면 본국 사람들에게 선교지의 세계가 얼마나 빈곤한지를 말해 주려고 애쓴다. 그러나 사람들은 들으려 하지 않는 듯하다. 그래서 더 좌절하고, 타문화 사람들이나 다른 귀국자들을 찾아다닌다.

그러나 시간이 지나면 어떤 방법으로든 본국 문화에 재적응한다. 때로는 그 적응 형태가 자신이나 타인에게 파괴적일 수도 있다. 입이 거친 사람이 되거나, 소외되거나, 본국 사회를 떠나는 것이다.

그렇지만 일반적으로는 사회에서 자신의 위치를 다시 찾게 된다. 이웃들의 대화에 참여할 만큼 스포츠나 지방 자치에 대해서 잘 알고, 최신 음악이나 옷 스타일을 따라잡는다. 더 이상 무리에서 떨어져 외톨이가 되지 않는다. 본국 문화에서 다시 의미 있는 생활을 영위해 갈 수 있음을 발견한다. 그러나 결국 이 문화를 떠날 당시와 같은 사람이 되지는 못한다는 것을 알게 된다. 외국에서 지내는 동안 내부에 심오한 변화가 일어났기 때문이다. 그래서 본국을 떠나기 전 상태로 완전하게 되돌아갈 수는 없다.

재적응할 때에는 본국 사회를 외국 사회처럼 보고, 외국 문화에 진입하던 방식대로 진입하는 것이 도움이 된다. 흔히 사람들은 본국 사회보다 외국 사회에 더 관용적이다. "현지인"에게 배워야 하고, 현재의 자신이 누구인지 부인하지 않으면서 되도록 그들과 동일시해야 한다. 그들은 우리와 같은 경험이 없으므로 결코 자신을 완전히 이해할 수 없다는 것을 깨달아야 한다.

새로운 문화에 적응하는 방법

정도는 다르지만 사람들은 누구나 새로운 환경으로 이주할 때 혼동을 경험한다. 관광객은 낯선 관습이라는 바다 한가운데 있다가도 저녁이 되면 본국과 같은 호텔로 돌아가 충격을 최소화할 수 있다. 다음 날 있을 모험을 위해 그곳에서 편안하게 쉬고 회복한다. 그러나 선교사는 이 새로운 환경을 자신의 고향으로 만들려고 온 사람들이다.

문화 충격에서 헤어 나오지 못하는 경우는 드물다. 어쨌든 모두가 경험과 인내를 통해 새로운 환경에서 살아가는 법을 배운다. 현지 음식을 먹는 데 익숙해지고 맛을 즐기게 된다. 버스를 탈 줄 알고, 길을 잃어도 집에 돌아오는 방법을 찾아낸다. 일상적인 대화를 나누거나 시장에서 오렌지를 주문할 만큼 언어를 구사할 수 있게 된다. 현지 화폐의 가치에 대한 감이 생긴다. 친구들을 사귀고, 현지인들이 다 똑같이 생긴 것은 아님을 깨닫는다. 현지인 의사가 치료할 수 있다는 것과, 병에 걸리기만 하면 다 죽는 것은 아니라는 것도 알게 된다. 간단히 말하자면, 생존하는 법뿐 아니라 새로운 문화를 즐기며 생활하는 법을 배우게 된다. 만족도가 점점 커진다. 이곳이 "고향"처럼 되어 간다.

새로운 문화 환경에서 충격을 겪는 정도는 사람마다 크게 다르다. 부분적으로는 성격에 달려 있다. 어떤 사람은 융통성이 있어서 명확하지 않은 상황들도 잘 참아 아주 쉽게 새로운 방식에 적응한다. 반면 어떤 사람은 완고해서 자신의 삶을 많이 조정해야 할 수도 있다. 충격 정도는 원래 문화와 이주해 간 문화의 차이 정도에 따라서도 달라진다. 차이가 크면 이주해 간 지역 풍습에 적응하기 위해 더 많이 변화해야 한다.

문화 충격은 문화 차이에 대처하는 방법에 따라 달라지기도 한다. 새로운 문화에 적응하는 갈등을 최소화하고, 실제로 그 충격을 재미있고 성장을 위한 경험으로 만들 수 있는 방법을 배워야 한다. 선교사의 사역을 가장 효율적으로 만들어 줄 방법을 통해 현지인들과 동일시되어야 한다.

염려를 인정하라

문화 충격을 최소화하는 첫째 방법은 자신의 염려를 인정하는 것이다. 새로운 상황을 겁내는 것은 지극히 정상적인 반응이다. 불확실성이 내재하기 때문이다. 두려움은 인간이 보이는 중요한 반응으로, 우리가 눈앞에 놓인 구체적인 위험을 의식하게 해준다. 그러나 결국에 이 두려움은 염려로 변한다. 염려란 불안한 느낌, 모호하고 알 수 없는 위험에 대한 걱정이다. 어떤 의미에서 이것은 새로운 환경에서 부딪히는 불확실성에 대한 두려움이다. 문화 충격의 가장 파괴적인 부분은 구체적인 두려움이 아니라 염려다.

적이 누구인지도 모른다면 어떻게 염려에 대처할 수 있을까? 한 가지 방법은 구체적으로 염려를 집어내고 그 염려들을 인정하는 것이다. 우리가 하는 걱정들을 찬찬히 따져 보면, 근거 없는 것이 많다는 것을 알게 된다. 어떤 것은 생활 양식을 바꾸면 없어지고, 대부분은 새로운 문화에서 살아가는 법을 배우면 사라진다. 그러므로 염려가 정상이라는 것을 알고, 그 염려를 숨기거나 없어지기만 바라기보다는 대처하는 법을 배우는 것이 큰 도움이 된다.

새로운 문화를 배우라

새로운 문화를 배우는 것은 두렵고 괴로운 시련일 수도 있고, 반대로 신나고 새로운 경험일 수도 있다. 둘의 차이는 보통 그 상황에 대처하는 태도에 달려 있다. 미지의 것을 두려워하는 선교사는 대부분 동료 선교사나 현지 그리스도인으로 구성된 소수의 교제권 안으로 물러서는 경향이 있다. 거주하는 지역에 본국 문화의 영역을 재건하려고 애쓴다. 그 결과, 주변 세상에서 고립된 작은 그리스도인 사회를 이루게 된다. 이곳에서는 혼동을 가장 적게 겪으면서 선교 사역을 수행할 수 있지만 주변 현지인들에게 복음을 전하는 일도 가장 적다.

반대로 새로운 문화를 습득하려는 모험을 시도할 수도 있다. 처음에는 불안하지만 곧 그런 위험 부담에 보상이 따른다는 것을 깨닫는다. 새로운 문화에 대한 지식이 늘수록 미지의 것에 대한 두려움은 줄어든다. 더욱이 낯선 문화를 공부하고 새로운 사람들을 만나는 것은 신나고 성취감을 주는 경험임을 알게 된다. 많은 사람이 우리와 교제하고 싶어 하며, 우리가 그들의 방식을 배우려고 조금만 노력해도 기뻐한다는 것을 발견한다. 그들은 우리가 성실한 학생이기만 하면 기꺼이 우리에게 문화 교사가 되어 준다.

문화는 참여할 때 가장 잘 배울 수 있다. 현지에 도착하기 전에 문화에 대해 많이 공부하는 것도 도움이 되지만, 현지인의 생활에 동참하면서 얻는 유익을 대체하지는 못한다. 예를 들면 가게에 가서 일주일치 생필품을 한 번에 사기보다는 매일 가게에 가서 조금씩 사는 것이 좋다. 찻집에서 함께 어울리거나 마을 광장으로 사람들을 찾아가기도 한다. 현지인들을 집으로 초대하거나, 그들의 초대에 응하기도 한다. 사실 우리가 그들의 문화를 궁금히 여기는 만큼 그들도 우리 문화를 신기하게 여긴다. 개인적으로 사람들과 어울리는 데 시간을 보낸다면 현지 문화에 참여할 기회나 우정이 빠르게 증가하는 것을 알 수 있을 것이다.

우리의 일상이 현지인과 격리되는 방식으로 고착되기 전에 즉시 문화 안으로 들어가는 것이 중요하다. 브루스터 부부가 지적하는 대로 먼저 선교사 스스로 외국인 거주지를 형성하고 그곳에서 사역을 시작하기보다는 새로운 문화 안으로 들어가서 현지인의 관점에서 생활을 체험해 보는 것이 좋다. "맨 첫날부터 현지인들과 의미 있는 관계를 많이 맺는 것이 중요하다. 신참은 배우고자 하는 자신의 욕구와 필요를 일찌감치 알려야 한다. 사람들은 도움이 필요한 사람들을 돕는다! 그러면 스트레스가 될 만한 상황이 닥치더라도 자신이 배운 대로 현지 문화의 내부자들에게 도움과 해답, 지혜 등을 얻을 수 있다"고 브루스터 부부는 말한다.[36]

진심으로 배우려는 자세로 다른 문화에 들어가면 현지인들은 기꺼이 가르쳐 주고 싶어 한다. 자신의 문화에 자부심이 있기 때문이다. 그리고 문화를 배우면서 현지 사회의 한 구성원이 되는 관계를 형성할 수 있다.

새로운 문화를 배우는 것이 중요한 전도 수단이 된다는 사실은 매우 흥미롭다. 정식 선교사보다는 배우는 사람으로 문화에 들어갈 때, 비그리스도인들에게 전도할 기회가 더 쉽게 생긴다. 현지인들에 대해 배우고자 할 때, 그들도 선교사와 그의 신앙에 관심을 보인다. 그들의 학생이기 때문에 그들에게 위협적인 존재가 아닌 것이다.

마지막으로, 언어와 문화를 잘 배우는 것은 미래의 선교 사역에 매우 중요한 영향을 끼친다. 처음 몇 해 동안은 언어를 제대로 말할 수 있도록 많은 시간과 수고를 들여야 한다. 보통은 메시지 전하는 법을 배우는 데만 열중한 나머지 발음이나 문법을 소홀히 한다. 그러면 결국 말은 할 수 있지만 외국인 억양과 엉터리 문장으로 소통하게 된다. 이러한 오류들이 곧 무의식적인 습관이 되어 몸에 배면 바꾸기 어렵기 때문에 처음부터 시간을 들여 정확한 발음을 배워야 한다.

마찬가지로 처음 몇 해 동안은 현지 문화를 배워야 한다. 이 기간에는 문화 차이를 좀 더 잘 알 수 있다. 나중에는 이상한 관습들에 둔감해지고, 대부분의 시간을 사역으로 보낸다. 문화를 잘 알고 싶으면 즉시 공부를 시작하고, 평생 꾸준히 공부해야 한다.

신뢰를 쌓아 가라

새로운 문화를 배우고 그 방식들을 인정하는 것만으로는 충분치 않다. 그렇게 해도 현지인들에게 선교사는 여전히 수상쩍은 외부인일 수 있다. 마빈 메이어스(Marvin Mayers)가 지적한 대로 새로운 문화에 들어가는 가장 중요한 단계는 신뢰를 쌓는 것이다.[37] 현지인들은 선교사를 신뢰할 때에만 그가 하는 말을 듣는다.

신뢰란 우리가 관계에 두는 가치와 관련이 있다. 그런데 보통은 이 사실을 좀처럼 고려하지 않는다. 사업을 하거나, 무언가를 배우거나 가르치거나, 결혼을 하는 등 관계를 맺는 것은 무언가를 이루기 위해서다. 그렇기 때문에 사람들은 보통 이루기 원하는 것에 초점을 맞춘다. 다만 일이 잘못될 때에만 관계의 상태를 고려해 본다.

자신이 속한 문화 안에서는 어떤 사람과의 관계를 가늠해 주는 단서를 잘 알 수 있다. 직위나 역할(보통 목회자나 판사는 신뢰받는다), 사회 상황(슈퍼마켓에서 거스름돈을 덜 받았는지 일일이 확인하지 않는다), 사회적 지위(잘 차려입은 사람보다는 부랑자를 더 의심한다) 등이 이런 단서들이다.

그러나 낯선 문화에서는 그런 단서를 알지 못한다. 어떤 사람을 신뢰해야 하는지 판단하기 어렵다. 또 우리 자신이 믿을 만한 사람이라는 것을 다른 사람에게 확신시킬 방법도 모른다. 따라서 낯선 사람이 마을에 오면, 더군다나 외국인이라면, 상당한 의심이 생긴다. 선교 사역에서 관계 형성은 사역 자체보다 우선되어야 한다. 특히 사역 초기에는 더욱 그렇다. 메시지의 신뢰도는 그 메시지를 전하는 사람에 대한 신뢰도에 달려 있기 때문이다.

신뢰 형성은 우리가 섬길 사람들에 대한 관심과 수용에서 시작된다. 선교사는 그곳에 간 나름의 이유가 있지만 현지 사람들은 그런 이유에 전혀 관심이 없다. 그들에게는 선교사와 관계 맺고 싶은 나름의 동기가 있다. 그 동기가 충족될 때에만 계속 교제할 이유가 생기는 것이다. 관계가 형성된 후 오랜 시간이 지나면 그때는 우정과 교제 자체만으로도 관계가 지속된다.

다른 사람에 대한 관심에는 진심이 담겨 있어야 한다. 단지 자신이 기대한 목적을 이루기 위해서만 관계를 맺어 간다면, 사람들은 곧 알아채고 크게 분노한다. 그것은 교묘한 속임수이기 때문이다. 그들은 "이용당했다"고 느낀다.

참된 관심은 여러 방식으로 드러난다. 현지인이나 그들의 생활과 문화를 배우고자 하는 우리의 의욕에서 나타나기도 하고, 현지인들이 좋아하는 색의 옷을 입거나 현지 음식을 먹거나 그들의 가정을 방문하는 등의 노력에서 상징적으로 나타나기도 한다. 현지인들을 우리 가정으로 초청하고 그들의 자녀를 우리 아이들과 함께 놀게 할 때 호의가 표현되기도 한다. 또한 공식 방문, 선물 교환, 잔치, 정중한 소개 등과 같은 공식 활동에서 나타나기도 한다. 이러한 공적 방식들은 조심스럽게 검토해서, 미리 그 문화에 속한 사람에게 비공식적으로 확인받아야 한다. 이럴 때 저지르는 실수는 공적인 모욕이 되고 만회하기 어렵기 때문이다. 메이어스는 시골 마을에서 촌장이 자리를 비워 대신 부촌장을 초대한 사례를 소개했다. 그날 잔치를 주최한 사람은 부촌장을 보자 크게 모욕을 느꼈다. 그 주인은 마을에서 부촌장보다 지위가 높은 사람이었기 때문이다. 메이어스의 실수로 부촌장을 모시는 바람에 그 주인이 부촌장을 자기보다 지위가 높은 사람으로 공식 인정한 것이 되어 버리고 만 것이다.[38]

수용은 우리가 기대하는 대로가 아니라 있는 그대로 사람들을 사랑할 때 시작된다. 처음에는 쉽지 않다. 현지인들이 우리와 매우 다르기도 하고, 그들을 변화시키려는 우리의 의도가 강하기도 하기 때문이다. 안타깝게도 우리는 종종 무의식적으로 다른 사람들을 개개인으로 거부하는 모습을 보이기도 한다. 우리는 그들이 하는 말을 중간에 끊고, 그들의 견해를 비웃으며, 사실 여부를 다그치고, 업신여기는 투로 말하며, 그들의 문화를 우리 문화보다 못하게 여긴다. 또는 그들을 회피하거나, 이름을 잊어버리거나, 재정이나 다른 사역에서 신뢰하지 않기도 한다. 어떤 선교사는 현지인들에게 결코 입장권이나 기차표를 맡기지 않는다. 그들이 표를 잃어버릴지도 모르기 때문이다. 그런 식으로 그 선교사는 말로 하는 것만큼이나 큰 소리로 불신을 표현하는 것이다.

신뢰를 쌓아 가는 데는 편견 없는 열린 마음이 필요하다. 이것은 쌍방향적이다. 다른 사람이 우리를 신뢰해 주길 기대하기 전에 먼저 그들을 신뢰해야 한다. 다른 사람에게 보이기 위해 쓰고 있는 가면과 허식을 벗어 버리고, 자신의 장점뿐 아니라 약점과 두려움까지 드러내어 본 모습을 그들에게 보여야 한다. 신뢰에는 또한 일관성이 필요하다. 사람들이 무엇을 기대할지 예측할 수 있어야 하고, 사적인 말이 공적인 말과 일치해야 한다. 선교사끼리만 있다고 해서 현지인들을 험담한다면, 다른 곳에 가서 현지 문화를 칭찬해 봐야 아무 소용이 없다. 현지인들을 향한 우리의 진정한 태도는 사적인 자리에서 나타나기 때문이다.

마지막으로 신뢰는 성숙하게 익어 가야 한다. 초기에는 약하고 쉽게 깨어지기도 할 것이다. 그만큼 관계를 쌓아 가는 데 집중해야 한다. 우리는 그들의 말을 전적으로 받아들여서가 아니라 신뢰를 표하기 위해 그들에게 동의하기도 한다. 교제 초기에 의견 차이가 생긴다면, 단지 의견이 다른 것이 아니라 그 사람을 거부하는 것으로 보이기도 한다. 관계가 성숙해진 후에는 논쟁을 벌이거나 의견 차이를 보여도 괜찮다. 이것 역시 복음을 전하는 효과적인 가교 역할을 해줄 수 있다. 현지인들이 설교자를 신뢰한다면 그 메시지도 신뢰하기 때문이다. 좋은 관계의 최종 단계는 다른 사람을 완전히 신뢰하고 신임하며, 그 사람의 손에 자신을 기꺼이 내어 맡기는 것이다.

새로운 문화에서 사역을 시작할 때, 현지인들과 신뢰하는 관계를 맺는 것보다 중요한 일은 없다. 신뢰 없이는 사람들이 복음을 듣지 않을 뿐더러 그들의 생활이나 지역 사회에 우리를 받아들이지도 않는다.

스트레스를 해결하라

문화 충격을 해결하는 또 다른 방법은 되도록 스트레스를 줄여 가는 것이다. 새로운 상황으로 옮겨 가면 엄청난 긴장을 경험한다. 따라서 선교사는 자신이나 가족, 동역자들이 점점 긴장과 짜증, 경직된 상태가 늘거나, 곧 감정이 폭발할 것 같지는 않은지 알기 위해 자신의 감정을 살펴야 한다. 그러나 스트레스가 파괴적으로 커지기 전에 줄이려면 어떻게 해야 하는가?

현실에 맞는 목표를 세우라 스트레스를 줄이는 중요한 방법은 현실에 맞는 목표를 세우는 것이다. 마이런 로스가 지적했듯이 그리스도인들은 분주하게 활동하는 것을 영적이라고 생각하거나, 여가를 누리는 것을 시간 낭비라고 보는 경향이 있다.[39] 선교사 자신이 하나님의 우선적인 사역 대상임을 인정해야 한다. 우리의 몸과 영혼이 건강할 때에만 하나님이 우리를 그분의 사역에 사용하실 수 있다. 무엇을 행하느냐보다는 어떤 사람이 되어 가느냐에 따라 우리의 성숙을 측정해야 한다. 선교사도 사람임을 기억하라. 선교사는 자기 자신과 가족에게 시간을 들여야 한다. 즉 여가 생활과 운동, 오락, 독서, 개인 성장과 경건 생활 등에 시간을 쏟아야 한다. 그렇게 해서 단기간에 소진되는 것을 피하고 평생 동안 사역할 사람으로 살아야 한다.

사역 초기에 현실에 맞는 목표를 세워야 하는 둘째 이유가 있다. 외국의 상황에서는 결코 이전과 같은 업적을 이룰 수 없기 때문이다. 아주 단순한 일들, 예를 들면 식료품 살 가게를 찾는 일, 복사하는 일, 수표를 현금으로 바꾸는 일 등에도 많은 시간과 힘을 들이게 된다. 설상가상으로 선교지에 온 근본 목적을 이루기 위한 일은 거의 할 수 없으므로 더 실망한다. 단지 생존하는 데 힘과 시간을 대부분 소모하게 되고, 남은 약간의 여가도 새로운 문화를 배우는 데 모조리 쓰게 된다.

마이런 로스는 새로운 문화 환경에서의 기대치와 실제 성취 사이의 긴장 상태를 도표로 보여 준다(그림13).[40] 본국 문화에서는 잘 적응된 사람의 기대치가 성취도보다 약간 높은 정도임을 알 수 있다. 다른 문화에서는 이 둘 사이의 간격이 심각하게 커진다. 자신이 기대하는 것과 실제 행

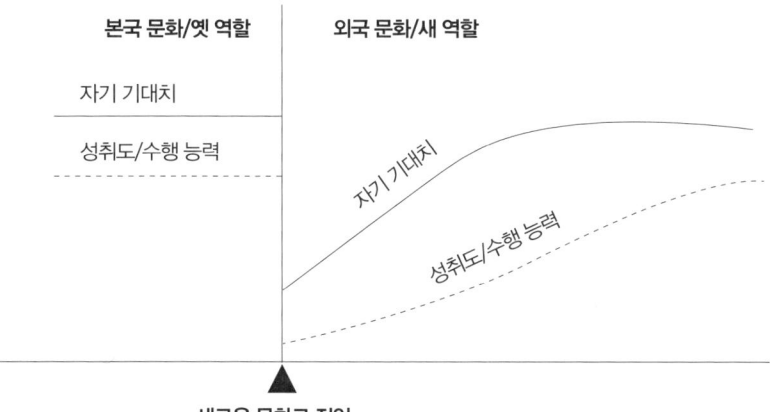

[그림13] 기대치와 성취도[41]

하는 것 사이에서 생기는 커다란 불일치로 인한 스트레스를 해결하는 유일한 방법은 목표를 현실적인 수준으로 낮추는 것이다.

너무 심각하지 말라 스트레스를 해결하는 두 번째 방법은 적절한 관점으로 자신을 보는 것이다. 자신을 모든 활동의 중심인물로 보고 현재를 가장 중요한 시점으로 보는 것은 자연스러운 반응이다. 그러나 이런 관점은 우리가 행하는 모든 일에 지나친 중요성을 부여하고, 매순간을 고조된 긴장으로 채우게 한다.

현재의 일들은 평생의 사역을 내다보는 관점으로 봐야 한다. 내일 있을 모임에 불참하는 것이 지금은 치명적으로 보이지만 4년 뒤에는 기억나지도 않을 것이다. 반대로 언어를 배우고 사람들을 방문하는 데 시간을 보내는 것이 지금 볼 때는 사역을 방해하는 것처럼 보이지만 나중에 돌아보면 초기 사역에 가장 중요한 업적이 될 수도 있다.

마찬가지로 사역도 선교사와 현지인 동역자의 사역이라는 큰 범주 안에서 봐야 한다. 사역의 모든 책임을 혼자 감당하도록 부름 받은 사람은 없다. 우리는 필요한 존재이지만, 없어서는 안 될 존재는 아니다. 이 사실을 깨달으면 자신의 중요성에 대한 착각에서 자유로워진다.

유머는 내적 안정과 자존감의 표시로, 지나친 자부심에 좋은 치료제다. 자신이 저지른 실수를 두고 다른 사람과 함께 웃을 수 있어야 한다. 실수 중 많은 부분은 선교사로 하여금 새로운 문화를 배우게 해주며, 우습고 재미있는 상황을 자아낸다. 사람들은 선교사를 비웃는 것이 아니라 그의 이상한 방식과 문화적 실수에 대해 웃는 것임을 기억하라. 그들과 함께 웃을 수 있으면 실수에 대한 두려움을 극복할 수 있다. 보통 이 두려움 때문에 선교사가 새로운 일을 시도하지 못한다. 시행착오를 겪고 웃어넘기고 다시 시도해 보면서 실수에서 배울 때, 새로운 문화를 가장 잘 익힐 수 있다.

융통성도 스트레스 치료책이다. 자기중심적이거나 불확실할 때, 우리는 곧잘 고집을 내세우고 완고하며 권위적이 된다. 그럴 때, 계획이 달라지거나 예기치 못한 일이 생기면 내적으로 심각한 스트레스를 받는다. 그러나 모든 삶을 정확하게 계획하기란 어려운 일이다. 특히 타문화에 있는 상황이거나 사람들과 관련된 소명이라면 더욱 그렇다. 그러므로 계획을 좀 느슨하게 세우고 자신의 생활 양식이나 사람을 대하는 일에 융통성을 발휘하는 것이 중요하다.

용서는 잘못된 자부심에서 생기는 긴장을 풀어 주는 세 번째 해독제다. 복음을 전하며 지도자로 섬기는 일은 사람을 쉽게 완벽주의자로 만든다. 그러한 완벽주의는 그리스도인다운 삶을 파괴할 수도 있다. 완벽주의는 자신을 용서하지 못하는 데서 시작하여 결국 다른 동료 선교사나 현지인 그리스도인, 주변의 불신자들을 용서하지 못하는 데까지 이르게 한다. 하나님의 용서와 구원 메시지는 손상되고, 깊은 수준의 자아 정체성에서 비롯된 스트레스로 자기 자신도 파괴된다. 즉 무언가가 되고 싶다면, 의로운 사람이 되어야 한다는 것이다!

그러나 복음의 핵심은 죄와 실패에 대한 용서다. 이 세상을 살아가는 한 우리는 죄와 유혹에 훼손되지 않은 성인이 될 수 없다. 예수 그리스도를 따라가는 데 늘 실패하지만 서로 돕고 사는 용서받은 죄인인 것이다. 우리는 베드로처럼 다른 사람과 자신을 용서할 줄 아는 생활 방식을 키워 가야 한다. 나의 의가 내 행위에 의한 것이 아님을 거듭 깨달아야 한다. 죄인이 용서받는 것은 하나님의 선물이다.

감사는 스트레스의 또 다른 중화제다. 낯선 상황에서는 모든 일이 잘 못되어 보이는 반면, 잘 되고 있는 많은 일들은 간과하기 쉽다. 잠시 멈추어 하루 일과를 생각해 보면 많은 기쁨의 순간을 찾을 수 있다. 새로운 동사를 익히거나, 새로운 친구를 사귀거나, 석양을 감격스럽게 쳐다본 순간들이다. 기쁨과 감사는 평화롭게 살아가게 해주는 중요한 요소다.

리듬을 늦추라 타문화 상황에서는 아무리 노력해도 스트레스가 커지게 된다. 긴장을 줄여 보려는 노력이 때로는 더 큰 긴장을 만들기도 한다. 모든 상황에 싫증이 나고 떠나 버리고 싶어진다. 이럴 때는 마음을 편안히 먹고 새로운 문화에 참여하는 것에서 잠시 물러서는 것이 좋다. 좋은 책을 읽거나, 가족과 소풍을 가거나, 며칠간 휴식하는 것이다. 때때로 본국 문화에 대한 향수가 지나치게 강렬해지면 도시에 있는 현대식 호텔 식당에 가서 식사를 하는 것도 괜찮다. 누구나 어릴 때부터 자라 온 문화에 뿌리내린 정체성을 간직하고 있으며, 그 정체성을 완전히 없앨 수는 없다. 가끔은 본국 문화에 잠시 참여해 보는 일이 새로운 사회에 다시 빠져들도록 우리를 준비시킬 수 있다.

이때 조심해야 할 것이 있다. 외국에 가면 늘 현지인들에게서 한 걸음 물러나 자신만의 작은 집단을 이루고 싶은 유혹이 생긴다. 이것이 일시적으로 스트레스를 줄여 줄 수는 있다. 그러나 장기적으로 보면 새로운 문화에 진입하는 데 장애를 일으키고, 결국 현지 문화의 틀 밖에서 살게 만들기 때문에 다시 스트레스를 일으킨다.

리듬을 잠시 늦춘다는 것은 특히 스트레스를 받을 만한 상황을 시기적절하게 조절해 준다는 의미도 있다. 즉 과감히 새로운 경험으로 뛰어 들어야 할 때가 있고, 이미 스트레스를 받고 있어서 그런 경험을 피해야 할 때도 있다. 새로운 문화를 배운다는 것은 언제나 스트레스를 받는 일이다. 그러나 성장하기 위해서는 피할 수 없는 일이다. 따라서 스트레스를 회피하기보다는 조절하는 일이 필요하다.

짐을 서로 지라 바울은 "짐을 서로 지라"고 권면한다. 이 권면은 특히 선교 사역에서 적절한 말이다. 선교사는 다른 사람들, 특히 자신의 배우자나 자녀가 느끼는 부담에 관심을 가져야 한다. 그래야 커다란 스트레스의 부산물인 자기중심적인 마음을 막을 수 있다.

그러나 이 권면에는 양면성이 있다. 다른 사람의 짐을 져 주어야 하지만, 내 짐도 나누어 그들이 내 짐을 감당해 줄 수 있게 해야 한다. 선교사에게는 고민을 털어 놓고 조언을 구할 누군가가 꼭 있어야 한다. 종종 선교사는 지도자이므로 이제 자신을 돌보아 줄 사람은 필요 없다고 느끼는 경향이 있다. 결코 그렇지 않다. 누군가에게 영적, 개인적 조언을 구할 필요가 가장 큰 사람이 바로 선교사다. 다른 모든 직업과 마찬가지로 선교사의 일에도 나름의 문제와 유혹이 있다. 안타깝게도 선교 단체에서는 흔히 선교지에 있는 선교사를 돌보아 줄 사람을 정해 주지 않는다. 그렇게 선교사들은 방치되어 스스로 그런 사람을 찾아내야 하는 것이다.

문화 충격을 넘어

선교 사역을 시작하고 처음 한두 해 동안은 문화 충격이 우리 관심사의 대부분을 차지한다. 당시에는 믿어지지 않겠지만, 문화 충격은 새로운 사회에 진입할 때 따르는 지나가는 경험일 뿐이다. 전체 사역 기간 내

내 지속될 수 있고 지속되어야 하는 문화 습득과는 다르다.

그러나 문화 충격은 중요한 경험이다. 문화 충격을 통해 그 사회에서 우리가 할 사역의 성격과 효율을 규정해 줄 관계 형태와 태도를 발전시키기 때문이다. 그러므로 새로운 문화에 진입할 때 생기는 일들을 알고, 그에 따라 적절하게 반응해 가는 것은 매우 중요하다.

알리샤 이완스카(Alicja Iwanska)는 미국 서북부 거주민들의 삶을 분석하면서 타문화 태도와 관계의 핵심을 잘 잡아냈다.[42] 그 거주민들은 세계를 광범위한 세 개의 경험 영역으로 나눈다. 첫째는 "주변 상황"이다. 여기에는 자연, 기후, 정치, 스포츠, 그리고 그들이 거의 통제할 수 없는 사건들이 속한다. 이런 주변 상황은 이들에게 많은 일상 대화 거리들을 제공해 준다. 계절, 지구촌 정세, 올림픽 등을 논한다. 후에 직장이나 교회에서 이야기할 수 있도록 휴가 중 이런 일들을 경험해야 한다.

이완스카에 따르면 둘째 영역은 "기계류"다. 여기에는 사람들이 작업이나 목표를 달성하기 위해 사용하는 도구가 포함된다. 도구는 수리할 수 있고 필요할 때까지 간직할 수도 있지만 그후에는 버리는 물건으로, 트랙터, 가축, 서적, 문구류, 의자, 침대, 의복, 주택 등이 속한다. 이것들은 사람들이 "일을 하는 데" 사용되는 물건이며, 소유물이다.

마지막은 "사람"이라는 영역이다. 관계를 맺고, 생각하며, 느끼고, 다른 사람을 자신처럼 돌보아 주는 것은 사람이다.

이완스카의 연구에서 주목할 만한 점은 그가 연구한 집단에서는 모든 사람을 "사람"의 영역으로 보지는 않는다는 것이다. 그들은 낯선 사람들, 즉 북미 원주민 같은 사람들을 "주변 상황"으로 간주한다. 동물원에 가듯 인디언 보호 구역으로 구경을 간다. 게다가 멕시코 이민자와 같은 노동자는 "기계류"로 본다. 그래서 생산성에 따라 그들의 가치를 평가하고, 더 이상 유용하지 않으면 낡은 도구처럼 버린다. 이 미국인들이 진짜 "사람"으로 간주하는 것은 친척과 친구들뿐이다.

이 연구가 의미하는 바는 신임 선교사에게 매우 중요하다. 우리는 모두 낯선 사람이나 새로운 문화를 "주변 상황"으로 간주하는 경향이 있다. 비서, 간호사, 하인처럼 우리를 위해 일해 주는 사람들을 도구로 보는 경향도 있다. 새로운 문화에 적응하기 위해 필요한 가장 중요한 변화는 사람들을 "사람"으로, 즉 우리와 같은 사람으로 인정하고 그들의 문화를 우리 문화처럼 인정하는 것이다. 그들과 우리를 모두 포함하는 테두리를 마음에 그리고, "우리"라고 말해야 한다. "우리"와 "그들"을 구분하는 장벽을 헐어야 한다. 이 교훈은 새로운 것이 아니다. 기독교 메시지의 핵심인 사랑에 이미 담겨 있는 것이다.

4장
성육신적 선교사

자, 이제 새로운 문화에 적응되었다. 문화 충격을 극복한 것이다. 사역을 시작하고 현지인 친구를 사귈 만큼 언어도 익숙해졌다. 가정을 이루고 일상도 자리 잡았다. 문화 차이를 해결해야 하는 심각한 문제들은 지나갔거나, 지나갔다고 생각한다.

그러나 사실 새로운 문화에 적응하는 것은 이제부터 시작이다. 지금은 스트레스를 가장 적게 받으면서 사역을 계속하고 일상을 살아갈 만큼 알게 된 것이다. 그러나 진짜로 그 문화를 이해하고 진입하려면 그 문화에 대해 배워야 할 것이 아직도 많다는 것을 알아가고 있다. 그리고 그 문화가 세상을 다른 방식으로 보게 한다는 사실에서 비롯된 심오한 질문들을 이해하지 못하고 있다고 어렴풋하게 느낀다. 사실은 이제야 그 문화를 배우고 동화되어 가는 어려운 과제를 시작할 준비가 된 것뿐이다. 그 과제란 다른 말로 하면 성육신적 선교사가 되어 문화 차이에서 생기는 신학적 문제들을 해결하는 것이다.

새로운 문화에 동화되다

앞서 언급했듯이 문화에는 인지, 정서, 평가라는 세 가지 차원이 있다.

그 사회에 온전히 참여하려고 할 때, 우리는 이 세 가지 차원에 해당하는 장벽을 만나게 된다. 그 장벽은 어떤 것들이며, 어떻게 극복할 수 있는가?

타문화에서 겪는 오해들

다른 문화에 완전히 진입하려고 할 때 만나는 첫 장벽은 오해다. 단어가 의미하는 것처럼 오해는 인지적 장애, 즉 새로운 문화에 대한 지식과 이해가 부족한 것과 관련되며, 이는 혼란을 불러일으킨다.

오해는 종종 재미있으면서 그다지 심각하지 않은 결과를 만들어 내기도 한다. 인도에서 왼손으로 음식을 먹으면 현지인들에게 웃음거리가 된다. 인도인은 왼손을 변을 닦는 데만 사용하기 때문이다. 일본에서 악수하려고 손을 내민다면 상대방은 정중하게 고개를 숙여 인사를 할 것이다.

어떤 경우에는 심각한 결과를 초래하기도 한다. 인도인에게 왼손으로 선물을 건네는 것은 뺨을 때리는 것보다 심한 모욕이다. 마찬가지로 카스트 계급에서 신분이 높은 사람이 식사할 때 그의 음식을 쳐다보는 것도 심각한 실수다. 한 외국인 부부가 고위 계급인 브라만의 결혼식에 초대받았다. 결혼식이 끝난 후 외국인 부부는 먼저 식사를 대접받았다. 이들이 고기를 먹기 때문이다. 고기를 먹는 사람은 종교적으로 순수한 브라만과 함께 식사할 수 없었다. 식사를 마친 외국인 부인은 여주인의 환대에 감사하려고 부엌으로 들어갔다. 그러나 그 외국인이 미처 알지 못한 사실이 있었다. 그들이 보기에 순결하지 못한 사람인 자신이 부엌에 나타나서 결국 브라만 손님들을 위해 준비한 음식이 모두 부정해졌다는 점이다. 불행히도 여주인은 브라만 손님을 위해 모든 잔치 음식을 다시 만들어야 했다!

유진 니다는 아프리카의 한 지역에 선교사들이 들어오면서 생긴 혼란에 대해 소개한다. 처음에는 현지인들이 우호적이었는데 시간이 지나면서 점차 선교사들을 피하기 시작했다. 신임 선교사들은 그 이유를 알아내려고 애썼는데, 마침내 한 노인이 알려 주었다. "당신들이 이곳에 왔을 때 우리는 당신들의 이상한 관습을 목격했습니다. 당신들이 둥근 깡통을 꺼냈는데 그 겉에 콩이 그려져 있더군요. 깡통을 열자 그 안에 콩이 있었고, 당신들은 그것을 먹었습니다. 소가 그려져 있는 깡통을 열자 그 안에 소고기가 있었고 당신들은 그것을 먹더군요. 그런데 아이가 생기자 당신들은 아이가 그려진 깡통을 열고 그 안에 든 음식물을 아이에게 먹였습니다!" 이 사람들의 결론은 논리적으로 맞지만 오해다.

어느 선교사는 선교지에 자녀의 애완동물인 고양이를 데리고 갔는데, 잘 모르고 무당만 고양이를 키우는 부족에 들어갔다. 그 부족 사람들은 무당들이 밤에 육신을 떠나 고양이에 들어가 마을 사람들의 영혼을 훔치려고 오두막 주위를 배회한다고 믿고 있었다. 영혼을 도둑질당한 사람들은 다음 날 아침 혼수상태에 빠지거나 병이 들어, 그들의 영혼을 되찾아 줄 수 있는 주술사에게 찾아가지 않으면 병이 깊어져 죽는다고 믿었다. 그래서 이 부족 사람들은 선교사 가정의 고양이를 보고 이들을 무당이라고 결론지은 것이다. 게다가 선교사가 설교를 통해 영혼을 얻으러 왔다고 말하자 문제는 더 커졌다. 그리고 선교사 부인이 강가에서 머리를 감을 때 마을 사람들이 그녀 머리에서 샴푸 거품을 보았을 때는 더 곤란해졌다. 비누를 본 적 없는 그들은 그 거품이 선교사가 훔친 영혼이 틀림없다고 생각했기 때문이다.

안타깝게도 오해는 관계 형성뿐 아니라 복음 자체에서도 생긴다. 한번은 뉴기니 섬 고지대의 갓 회심한 그리스도인들이 선교사에게 강력한 기도를 가르쳐 달라고 요구한 적이 있었다. 선교사는 기도에 대해 알고 있는 것을 이미 모두 가르쳐 주었다고 말했지만 그들은 계속 고집을 부렸다. 그들은 자신들이 만든 통에 대고 거듭 말했는데도 아무 일도 생기지 않았다는 것이다. 선교사가 그게 도대체 무슨 말이냐고 묻자 그들은 앞에 손잡이가 달린 작은 대나무 통을 가지고 왔다. "이 통에 대고 말하고 손잡이를 돌렸는데 아무 일도 생기지 않더라고요." 순간 선교사는 무엇이 잘못되었는지 깨달았다. 그들은 가끔 선교사가 사무실에서 단파 무전기를 돌리면서 설탕이나 고기, 캔 음식, 우편물 등을 요청하는 모습을 본 것이다. 그러면 다음 날 하늘에서 설탕, 고기, 캔 음식, 우편물을 실은 항공 선교 지원단 비행기가 나타났다. 단파 무전기를 알지 못한 이들은 선교사가 자신들에게는 약한 기도를 가르쳐 주고 강한 기도는 혼자만 알고 있다고 결론지었던 것이다.

오해를 극복하라 극복해야 할 두 가지 형태의 오해가 있다. 하나는 현지인과 그들의 문화에 대한 오해이고, 다른 하나는 선교사에 대한 현지인들의 오해다. 첫 번째 오해를 풀기 위해서는 선교사가 배우는 자로서 새로운 문화에 들어가야 한다. 선교 사역 기간 내내 가장 핵심적 관심사로 문화를 공부해야 한다. 그렇게 할 때에만 그들이 이해할 수 있는 방법으로 복음을 전할 수 있다.

이때 선교사는 복음을 지닌 자로, 가르치는 자로 왔다고 생각하는 유혹을 받는다. 그러나 "가르치는 자"라는 생각은 흔히 현지인과 그들의 관습, 신앙을 배울 수 있는 기회의 문을 닫아 버린다. 선교사의 우월감은 현지인들이 선교사와 그가 전하는 메시지에 접근하기 어렵게 만들기도 한다.

이상하게 들리겠지만 가르치는 자보다 배우는 자로 현지 문화에 들어갈 때 의미 있게 복음을 전할 기회가 더 많다. 사람들은 자신의 문화에 자부심을 가지고 있기 때문에 우리가 진심으로 배우고자 하면 기꺼이 그들의 방식을 가르쳐 주고, 그들의 생활 속에 우리를 받아 준다. 신뢰가 형성되면 현지인들은 우리와 우리의 신앙에 관심을 보이며, 우리는 그 사회에 참여자이자 친구로서 위협적이지 않은 방법으로 복음을 전할 수 있다.

한동안 문화를 배운 뒤 부딪히는, 일반적이면서도 해로운 한 가지 유혹은 이제 문화를 정말로 이해한다고 생각하는 것이다. 그러나 문화를 "정말로" 이해하게 되는 경우는 거의 없다. 수년간 공부할지라도 단지 내부자가 되어 그들의 세계를 이해하는 것이 얼마나 요원한지 알게 될 뿐이다. 문화의 어떤 부분들은 이해하지 못한다는 단서는 그 문화가 우리에게 무의미해 보인다는 것이다. 문화란 현지인에게 늘 의미 있다는 것을 기억해야 한다. 그 의미가 분명하지 않아 보인다면 우리가 오해하고 있다는 증거이며, 따라서 더 배워야 한다.

두 번째 오해인 선교사와 그의 관습에 대한 현지인의 오해를 극복하기 위해서는 우리의 방식을 그들에게 명백하고 열린 마음으로 설명해 주어야 한다. 일단 어느 정도 신뢰가 형성되면 많은 질문이 쏟아질 것이다. "왜 침대에서 자는가?" "정말 고기를 먹는가?" "딸이 이미 여섯 살인데 왜 아직도 결혼시키지 않는가?" "이것은 얼마를 주었고, 이것과 저것은 얼마짜리인가?" "수입이 얼마나 되는가? 그 많은 돈을 어디에 쓰는가?"

사람들은 선교사들의 이상한 관습들, 어떻게 먹는지, 어떻게 잠자리를 준비하는지, 어떻게 이를 닦고 어떻게 편지를 쓰는지 등을 보기 위해 선교사의 집에 들르기도 한다. 우리가 가지고 있는 이상한 기계들, 즉 라디오나 녹음기, 카메라, 스토브, 손전등 등을 만져 보려고 한다. 우리 자녀들의 인형은 이 손에서 저 손으로 옮겨 다니고, 때로는 아이들 자체가 주의 깊은 관찰과 토론의 대상이 되기도 한다. 그런 일을 마치고 나면 마을 우물이나 나무 밑에서 우리에 대해 이야기를 나눈다. 많은 선교사가 이러한 사생활 침해를 견디기 어려워한다. 그 선교사들은 이런 조사 과정이 신뢰를 쌓아 가는 데 얼마나 중요한지 깨닫지 못한다. 심지어 그 중요성을 알고 있는 선교사도 녹음기가 어떻게 작동하는지 스무 번쯤 설명하고 나면 인내심이 바닥나 버린다.

내부자적 관점과 외부자적 관점 다른 문화를 배우고 우리 문화를 나누면서 곧 우리는 문화를 보는 방법이 한 가지가 아니라는 사실을 알게 된다. 첫째, 우리는 모두 내부에서 자신의 문화를 보고 배운다. 한 문화 안에서 성장하면서 그 문화가 사물의 본질을 보는 유일하게 올바른 방법이라고 가정한다. 문화 인류학자들은 이러한 내부자의 견해를 "문화 내부적"(emic, 자민적, 문화 특수적) 관점이라고 부른다.

그러나 다른 문화를 접하면 곧 외부인으로서 그 문화를 보고 있음을 알게 된다. 자기 문화의 범주를 사용해서 다른 문화에 대한 지식을 검토하는 것이다. 나중에는 타문화의 사람들이 그들 자신의 문화적 가정을 통해 우리의 방식을 살펴보고 있음을 발견한다. 이것은 우리 자신의 관점으로만 타문화를 보는 것은 영원히 극복할 수 없다는 의미인가? 만약 그렇다면 과연 타문화를 이해할 수 있는가?

타문화를 이해하는 일은 가능하다. 그리고 타문화를 이해할 수 있다는 것을 우리는 계속 보고 있다. 새로운 문화로 이주할 때 사람들은 서로 배경이 다른 사람들과 다양한 상황에서 부딪치게 된다. 그들은 결코 상대방을 완벽하게 이해하지 못하지만 꽤 잘 이해하기도 한다. 처음에는 타문화를 이해하려면 자신의 문화를 버리고 타문화로 돌아서야 한다고 생각하기도 한다. 예를 들면 어떤 선교사들은 다른 문화의 구성원이 되려면 자신의 문화를 거부해야만 한다고 주장한다. 그러나 그 일은 불가능하다. 인지, 정서, 평가의 차원에서 깊이 각인된 원문화는 결코 완전히 지울 수 없기 때문이다. 그럴 수 있다고 할지라도 그것이 늘 좋은 것은 아니다. 로웬 부부(Jacob and Ann Loewen)가 지적한 대로 현지인들에 대해 우리가 내린 가치는 대부분 외부 세계에서 취득한 우리 지식에 의한 것이다.[43] 어떤 의미에서 선교사는 두 세계 사이에 살면서 한 곳에서 다른 곳으로 정보를 전달하는 문화 중개인이다. 이 말은 우리가 사역하는 문화에서 분리되어 살아야 한다는 뜻이 아니다. 그 문화에 매우 긴밀하게 동질화된 뒤에도 어떤 의미에서는 여전히 외부자임을 인정해야 한다는 뜻이다.

이런 점에서 예외가 있다면 "이민" 선교일 것이다. 대부분 선교사들은 자신의 원문화에 여전히 동화되어 있다. 그 원문화를 "본국"이라 말하고,

언젠가는 그곳에 가서 은퇴하기를 원한다. 그러나 18세기와 19세기에 스페인과 포르투갈에서 이민 간 선교사들은 새로운 지역에 정착하여 그곳 주민이 되었다. 그들의 자손은 현지인과 결혼하고, 결국에는 그 사회에 흡수되어 버렸다. 그러나 이 경우에도 이민 1세들은 본국 문화에서 벗어나지 못한다. 이민자와 그들의 후손이 한 사회에 완전히 동화되려면 여러 세대가 지나야 한다.

선교사가 새로운 문화에 동화되었다고 할지라도 어떤 의미에서 복음은 늘 외부에서 온 것이다. 이것은 특정 문화 맥락 안에서 현대 수신자들에게 주어진 하나님의 계시다.

그러면 타문화를 이해하고 타문화와 소통하는 것은 어떻게 가능한가? 다른 문화에 깊이 참여하면, 현실을 보는 다른 관점들이 있음을 발견할 수 있다. 이때 우리는 우리 문화의 사고방식에서 벗어나 새로운 방식으로 사고하길 강요당한다.

처음에는 불완전하긴 하지만 상대방의 관점으로 세상을 본다. 그리고 점차 더 높은 수준, 즉 초문화적(meta-cultural) 개념의 틀로 분석하게 된다. 이 틀은 우리를 자신의 문화와 타문화 양자 위에 서서 두 문화를 비교하고 해석할 수 있게 해준다. 이런 과정에서 지금까지 당연시하던 자신의 근본적인 문화적 가정들을 알아 간다. 예를 들면 북미 문화에서는 시간을 한 방향으로 계속 흘러가는 강물처럼 생각한다. 반면 다른 문화에서는 시간이 회전목마처럼 계속 돌아 제자리로 돌아오며 다른 곳으로 흘러가지 않는다고 본다. 이 차이를 깨닫고 나면 시간에 대한 이 두 체계를 대조하기 시작하고, 그렇게 해서 그들 간의 유사점과 차이점을 비교하는 방법을 발전시키는 것이다.

초문화적 틀을 개발하는 것은 둘 이상의 문화에 깊이 참여하고 있는 "이중 문화"적인 사람의 특징이다. 그들의 폭넓은 시야는 원문화에서 그들 자신을 어느 정도 분리시키며, 신념과 관습을 한 문화에서 다른 문화로 번역할 수 있다. 실제로 이들은 문화 사이를 오가며 한 문화에서 다른 문화로 개념과 산물을 옮기는 문화 중개인이나 문화 거래자가 된다.

특정 문화에 매이지 않은 외부인의 견해를 "문화 외부적"(etic, 타민적, 문화 일반적) 관점이라고 본다. 문화 인류학에서는 문화를 비교하고 연구하기 위해 문화 외부자적 관점 모델을 전문적으로 다룬다. 다른 문화들을 이해하고 소통한다는 것은 이런 관점 없이는 불가능하기 때문이다.

에드워드 홀은 문화 외부적 비교가 타문화의 사람을 이해하고 그들과 소통하는 데 어떤 도움을 주는지 보여 주는 좋은 예를 소개한다.[44] 시간과 마찬가지로 공간도 무언의 언어로, 타문화 상황에서 흔히 오해되는 요소다. 주로 공간은 암시적인 소통과 관련되기 때문이다. 예를 들어 미국인은 일상에서 대화할 때 보통 1.2-1.5미터 정도 거리를 둔다. 이 거리에서 대화하는 주제는 정치나 지역 관심사, 최근에 다녀온 휴가, 날씨 등 누구라도 참여할 수 있는 일반 주제들이다. 홀은 이것을 사회적인 거리(social zone, 1-3.5미터의 거리)라고 부른다. 이 거리 안에 있는 사람과는 관계를 맺어야 한다는 부담을 갖게 된다. 예를 들면 비행기나 스포츠 관람석에서 옆에 앉은 사람에게는 말을 걸어야 하는 부담을 갖는다.

사회적 거리보다 반경이 넓은 거리가 공적인 거리(public zone)다. 이 거리 안에 있는 사람은 무시될 수 있는데, 정상적으로 대화하기에는 많이 떨어져 있기 때문이다.

좀 더 긴밀하게 대화하고 싶다면 목소리를 낮추고 0.5-1.2미터 정도 거리로 다가선다. 홀은 이것을 개인적인 거리(personal zone)라고 부른다.

마지막으로 스킨십이 가능한 0.5미터 안의 친밀함의 거리(intimate zone)가 있다. 이 정도 거리는 가장 사적인 의사 전달에 사용된다.

라틴 아메리카인들도 공간 언어가 비슷한데 그들의 거리는 더 좁다. 일상적인 대화를 나눌 때 그들은 좀 더 가까이 서고 때로 인사로 서로 포옹하기도 한다. 북미인과 라틴 아메리카인이 각자 자기 문화에 머물고 있을 때는 혼란스러울 일이 없다. 그러나 그들이 만나면 오해가 생긴다. 일상적인 대화에서 사회적인 거리에 해당하는 일반적 일들을 나누면서 라틴 아메리카인이 (북미인이 보기에) 개인적인 거리 안에 서 있으면 북미인들은 불편해한다. 그래서 편안한 거리가 될 때까지 자꾸 뒤로 물러선다. 그러면 라틴 아메리카인이 불편해지는데, 북미인이 (라틴 아메리카인이 보기에) 대화권 밖인 공적인 거리에 서 있기 때문이다. 그래서 그들은 북미인이 사회적인 거리 안에 들어올 때까지 다가선다. 그러면 북미인은 다시 불편해져서 뒤로 물러서고, 라틴 아메리카인은 다시 떨어졌다고 느껴서 다가선다. 양쪽 모두 각자의 문화가 다른 거리 간격을 사용한다는 것을 모르기 때문이다. 결국 북미인은 라틴 아메리카인이 고집이 세다고 느끼고, 반대로 라틴 아메리카인은 북미인이 냉담하고 거리를 둔다고 느낀다. 홀은 두 문화를 비교할 수 있는 이론적 틀을 제공하여 문화 간 차이를 이해할 수 있게 해주며, 그로 인해 한 문화에서 다른 문화로 좀 더 편하게 이동할 수 있도록 도와준다.

문화 내부적 이해와 문화 외부적 이해는 상호 보완적이다. 전자는 사람들이 세계를 어떻게 보며, 왜 그렇게 반응하는지 이해하는 데 필요하다. 후자는 한 문화를 다른 문화와 비교하고 그 세계를 실체에 비추어 이해하는 데 필요하다.

두 접근법 모두 선교에서 중요하다. 복음을 현지인들의 사고방식대로 번역하기 위해서는 현지인과 그들의 사고를 이해해야 한다. 또한 그들의 문화적 맥락 안에서 성경을 이해해야 한다. 그렇게 해야 성경에 있는 하나님의 메시지를 잃지 않은 채 그들의 문화 안으로 번역할 수 있다. 이런 의미에서 선교사와 메시지는 모두 "성육신적"이어야 한다. 선교사와 메시지 모두 현지인이 이해하는 방법으로 복음을 제시하기 위해 그 문화의 내부자가 되어야 한다. 그러나 동시에 선교사는 다른 문화의 구성원으로서, 복음은 하나님의 계시로서 여전히 외부자로 남을 것이다.

자문화 중심주의

인지적 차원에서 타문화의 혼란은 오해를 불러일으키지만, 정서적 차원에서는 "자문화 중심주의"(ethnocentrism)를 야기한다. 이것은 사람들이 다른 문화를 처음 대할 때 갖게 되는 정상적인 정서 반응이다. 자신의 문화는 문명화되었고 다른 문화들은 원시적이며 뒤쳐져 있다고 느낀다. 이 반응은 이해가 아닌 태도와 관련된다.

자문화 중심주의는 자신의 정서적 가정에 따라 다른 사람들의 방식에 반응하고, 또 그런 반응을 흑백 논리로 강화시키는 인간의 본성에 근거한다. 다른 문화를 접하면 우리 자신의 문화에 의문이 생긴다. 그리고 그 방어책으로 우리 문화가 우월하며 다른 사람들은 미개하다는 결론으로 문제를 회피한다(그림14).

그러나 자문화 중심주의는 쌍방향적이다. 다른 문화의 사람들이 원시적이라고 느낄 때, 그들도 우리를 미개하다고 판단한다. 다음 예화에서 이것을 잘 볼 수 있다.

미국인 몇 명이 미국을 방문한 인도인 학자들에게 식사를 대접하게 되었다. 그런데 외국에 한 번도 나가 보지 못한 한 미국인이 해서는 안 될

[그림14] 자문화 중심주의는 문화적 우월감이다[45]

기억할 것_ 사람들은 자신의 문화를 사랑한다. 다른 문화를 인정하는 법과 우리가 좋아하지 않는 영역에 대해 불평하지 않는 법을 배워야 한다.

질문을 하고야 말았다. "인도에서는 정말 손가락으로 음식을 먹습니까?" 물론 그의 질문에는 손가락으로 음식을 먹는 것은 야만적이고 불결하다는 문화적 태도가 내포되어 있었다. 미국인은 당근 조각이나 포테이토칩, 샌드위치 등은 손으로 먹지만 그레이비소스를 친 으깬 감자나 스테이크 등은 절대로 손으로 먹지 않는다. 인도인 학자는 이렇게 답하였다. "인도에서는 그 문제를 전혀 다른 방식으로 봅니다. 저는 식사 전에 손을 깨끗이 씻고 오른손만 사용해서 먹습니다. 중요한 것은 제 손가락은 결코 다른 사람 입에 들어간 적이 없다는 거죠. 저는 스푼이나 포크를 볼 때마다 얼마나 많은 사람이 그것을 입에 집어넣었을지 생각합니다."

자문화 중심주의는 문화 차이가 발견되는 곳이면 어디든지 발생한다. 다른 문화에 갔을 때 길에서 사는 빈민들을 보면 우리는 충격을 받는다. 반대로 그런 문화의 사람들은 노인과 병자, 세상을 떠난 사람의 시신 등을 낯선 사람에게 돌보도록 내맡기는 것을 보면 기겁할 것이다.

자문화 중심주의는 한 사회 안에서도 찾아볼 수 있다. 부모와 자녀가 서로를 비판할 때가 있는데, 이것은 그들이 성장한 문화의 틀이 다르기 때문이다. 어떤 민족은 다른 민족보다 스스로 우월하다고 보고, 도시인들은 시골 사람들을 무시하며, 상류층 사람들은 빈민들에 비판적이다.

자문화 중심주의의 해결책은 감정 이입이다. 다른 문화와 그들의 방식을 존중하는 것이다. 그러나 우리의 우월감과, 낯선 관습에 대한 부정적 자세는 뿌리가 깊어서 쉽게 뽑히지 않는다. 자문화 중심주의를 극복하는 방법은 그 문화의 학습자가 되는 것이다. 자기중심주의는 다른 사람에 대한 무지에서 시작되기 때문이다. 다른 방법은 문화 다원주의에서 제기된 철학적 질문들에 답하는 것이다. 그 질문들을 살펴보지 않는다면 다른 문화를 받아들일 때 전혀 의식하지 못한 위협을 당할 것이다. 우리 문화는 옳고 다른 문화는 잘못되었다는 암시적 믿음이 흔들리기 때문이다. 자문화 중심주의를 극복하는 셋째 방법은 다른 문화의 사람들을 고정 관념에 따라 대하지 않고 우리와 같은 사람들로 보는 것이다. 서로의 공통된 인간성을 인정하는 것은 그들과 우리를 구분하는 차이를 극복하게 해준다. 마지막으로 사람들은 자신의 문화를 사랑한다는 것과, 그들에게 나아가려면 그들의 문화 상황 안에서 나아가야 한다는 것을 기억해야 한다.

섣부른 판단

지금까지 인지적 차원에서의 오해와 정서적 차원에서의 자문화 중심주의를 살펴보았다. 그렇다면 평가적 차원에서는 어떤 것이 잘못될 수 있는가? 바로 섣부른 판단이다(그림15). 다른 문화와 관계 맺을 때 흔히 그 문화를 이해하거나 제대로 인지하기도 전에 판단하는 경향이 있다. 그럴 때는 초문화적 틀이 아니라 자신의 문화 가치를 사용하여 평가한다. 결과적으로 다른 문화가 덜 개화되었다고 보게 되는 것이다.

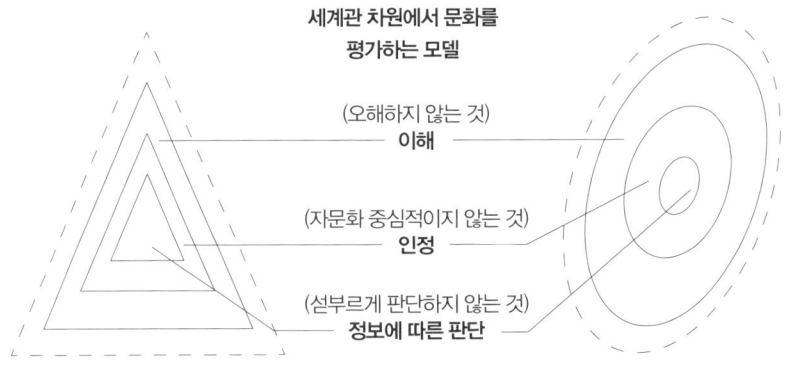

[그림15] 다른 문화를 평가함⁴⁶

기억할 점_ 자기 문화의 가치 기준으로 다른 문화를 평가해서는 안 된다. 그보다는 (1) 양쪽 문화와 모두 분리되어 있고, 양쪽 문화를 모두 평가할 수 있는 이중 문화적 평가 기준으로 판단해야 하며 (2) 성경과 하나님의 계시에 따라 판단해야 한다.

생존력 있는 선교사: 배우는 자, 거래하는 자, 이야기하는 자

_ 도날드 라슨(Donald N. Larson)

현지인 비그리스도인들이 볼 때 생존 능력을 얻기 위해 선교사가 개발할 수 있는 세 가지 역할은 배우는 자, 거래하는 자, 이야기하는 자다. 선교사들은 먼저 배우는 자가 되어야 한다. 그리고 석 달 후에는 거래하는 자의 역할을 더하고, 다시 석 달 후에는 두 역할에 세 번째 역할인 이야기하는 자를 덧입어야 한다. 배우는 자, 거래하는 자, 이야기하는 자의 역할을 계속하면서 다시 석 달이 지나면 나의 직무로 명시된 다른 역할을 개발하기 시작해야 한다.

좀 더 자세히 설명해 보겠다. 외부자 위치에서 시작하는 선교사가 사람들에게 영향을 끼치길 원한다면 그 문화의 중심에 가까워지는 방법을 찾아야 한다. 어떤 역할들은 그렇게 움직여 가는 데 도움이 되지만, 또 어떤 역할들은 도움이 되지 않기도 한다. 선교사가 해야 할 첫 과업은 가장 적절하고 효과적인 역할을 찾아내는 것이다. 그러고 나면 현지인들에게 받아들여질 만한 역할을 통해 자신의 신앙 경험을 전달할 방법과 수단을 개발해 가야 한다.

배우는 자

좀 더 구체적으로 말하자면, 배우는 자의 주요 강조점은 언어다. 언어는 선교지 문화에서 동일시를 나타내는 주된 상징이다. 언어를 배우려 할 때 그들은 내가 진지하다는 사실을 알게 된다. 그들의 용어로 의사소통하려고 애쓰는 내 모습에서 자신들이 내게 가치 있는 존재임을 알게 되는 것이다. 날마다 조금씩 배우고 실제로 사용해 보라. 매일 새로운 사람에게 말을 걸어 보라. 날마다 새로운 말을 시도해 보라. 그러면 우리는 점차 이해하고 이해되는 수준에 이른다. 석 달 동안 많은 것을 배울 수 있다.

오전에는 언어 교사에게 (조직된 프로그램으로든, 스스로 만든 프로그램으로든) 배우고, 사람들에게 말을 걸 수 있는 자료들을 얻어 낸다. 그리고 교사에게 그 자료들을 어떻게 구사할지 보여 주고, 오전 시간에는 주로 그것을 연습한다. 오후에는 공공장소로 나가 현지인들에게 자연스럽게 다가가 더듬거릴지라도 최선을 다해 말을 걸어 본다. 이 훈련은 첫날부터 시작해야 한다. 계속 대화를 시도하면서 언어적, 비언어적 방법을 모두 동원하여 "저는 배우는 사람입니다. 제가 대화할 수 있게 도와주세요"라고 말해 보라. 그러면 첫날부터 대화 상대자 한 사람 한 사람을 통해 말을 조금씩 훈련할 수 있고 언어가 조금씩 유창해진다.

처음 석 달이 지날 무렵이면 아마 수십 명의 사람들과 사귀었을 것이다. 간단한 문장을 말하고, 간단하게 질문을 던지고 대답도 할 수 있으며, 혼자 길도 찾고, 즉석에서 새로운 단어의 의미를 알아챌 수도 있다. 그리고 무엇보다 중요한 것은 이 새로운 사회를 어느 정도 "편안하게" 느끼게 된다. 석 달 안에 "언어 전체"를 배울 수는 없다. 그러나 대화를 시작하는 법과 제한적으로나마 그 대화를 조절하는 법을 배울 수 있으며, 그동안 만난 모든 사람에게 조금씩 언어를 배울 수는 있다.

거래하는 자

넷째 달이 시작될 즈음에는 또 다른 역할, 즉 거래하는 자의 역할이 더해진다. 선교지 사람들과 경험과 깨달음을 주고받는 이 역할은 우리 자신을 다른 사회나 다른 국가의 구성원이 아니라 공통된 인류의 한 사람으로 본다. 이 역할을 준비하려면 되도록 다양한 곳에 거주해 보거나 문화 인류학 수업이나 관련 학문을 공부해야 한다. 또 사람들의 다양한 삶의 방식을 보여 주는 20cm×30cm 크기의 사진들도 준비해야 한다.

두 번째 석 달 동안 오전 시간에는 언어 교사와 함께 자신이 준비한 사진에 대해 말하는 훈련을 한다. 따라서 첫 석 달 동안 쌓은 언어 능력은 계속 키울 수 있다. 사진들을 설명할 수 있도록 훈련하고, 질문에 최선을 다해 답할 수 있도록 준비한다. 그리고 오후에는 평상시처럼 마을로 나가 사진을 사용하여 "보여 주고 말하는" 시범을 한다. 다른 나라 사람들의 생활 방식, 즉 그들이 어떤 오락을 즐기고, 어떻게 슬퍼하고, 생존과 만족을 위해 어떻게 애쓰는지 등에 관해 할 수 있는 만큼 말하는 것이다.

두 번째 시기가 끝날 때는 단지 배우는 자일 뿐 아니라 다른 사람들에게 관심을 갖고 조금씩 정보를 주고받는 자가 된다. 언어 능력은 계속 증진되고, 많은 사람을 만난다. 지역 사회의 크기와 복잡성에 따라서 다르지만 이 시점에서는 어느 정도 알려진 인물이 된다. 최소한 상징적으로라도 지역 사회 사람들과 더 큰 세상을 잇는 다리가 된다.

이야기하는 자

일곱째 달이 시작되면 다시 새로운 역할에 집중한다. 이제는 이야기하는 자가 된다. 아침 시간은 언어 교사와 함께 보낸다. 이제는 만나는 사람들과 간단한 이야기를 나누고 질문에 최선을 다해 답하는 법을 배운다. 나눌 이야기들은 이스라엘 백성의 광야 생활, 그리스도의 오심, 하나님이 새 백성을 이루심, 세상 안으로 그리고 마침내 이 마을로 교회가 들어옴, 마지막으로는 그리스도를 만나 그리스도인으로 살아가는 내 이야기 등에 근거한다. 아침 시간 동안 이런 이야기를 만들고 열심히 연습한다. 오후에는 마을로 향한다. 지난 여러 달 동안 한 것과 같지만 이제는 이야기하는 자로서 사람들을 만난다. 여전히 나는 언어를 배우는 자이고 거래하는 자이지만, 이야기하는 자라는 역할이 하나 더 추가된 것이다. 날마다 되도록 많은 사람에게 많은 이야기를 한다.

세 번째 기간이 끝날 때쯤에는 친구와 지인들을 사귀게 된다. 결코 잊지 못할 일을 많이 겪었다. 배우는 자, 거래하는 자, 이야기하는 자로서 좋은 인상을 남기게 된다. 이제는 다른 역할, 그리고 또 다른 역할을 계속 감당할 준비가 된 것이다.[47]

문화 상대주의 섣부른 판단은 보통 틀릴 때가 많다. 더욱이 그러한 판단은 더 잘 이해하거나 소통할 기회를 막아 버린다. 그러면 해결책은 무엇인가?

문화 인류학자들은 다른 문화를 이해하고 인정하는 법을 배우면서 인간의 삶을 구성하는 실제 방법으로서 그들을 있는 그대로 존중하게 되었다. 기술 영역에 강한 문화도 있고, 유대 영역에서 더 강한 문화도 있다. 그러나 어느 문화든 제 역할을 담당한다. 즉 모든 문화는 삶을 가능하게 하며 어느 정도 의미를 만들어 준다. 모든 문화가 지닌 이 온전함을 인정하는 것에서 문화 상대주의 개념이 등장한다. 문화 상대주의는 모든 문화가 동일하게 선하다고 생각한다. 즉 어떤 문화도 다른 문화를 판단할 권리가 없다는 것이다.

문화 상대주의의 견해는 매우 매력적이다. 문화 상대주의는 다른 민족과 그들의 문화를 높이 존중하고, 자문화 중심주의와 섣부른 판단의 오류를 피하게 해준다. 또한 다른 문화에 대한 판단을 유보하고 문화마다 나름의 답에 도달할 권리가 있음을 인정하여, 진리와 도덕에 관한 어려운 철학적 질문들을 해결할 수도 있다. 그러나 완전한 문화 상대주의를 받아들인다면, 절대적 진리와 절대적 의를 잃어버리게 된다. 실체에 대한 설명들이 모두 옳다면, 우리는 더 이상 오류를 논할 수 없다. 마찬가지로 문화적 맥락에 따라 모든 행동이 정당화된다면, 더 이상 죄를 논할 수 없다. 그렇다면 복음도 필요 없고, 선교할 이유도 없어진다.

그러면 다른 대안은 무엇인가? 진리와 의를 붙잡으면서도 자문화 중심적인 섣부른 판단의 오류를 어떻게 피할 수 있는가?

상대주의를 넘어 가치 판단을 하지 않는 인간의 사고는 없다는 사실이 점차 알려지고 있다. 과학자들은 발견 내용을 정직하고 개방적으로 보고하기를, 그리고 자신의 연구 주제를 조심스럽게 다루기를 서로에게 기대한다. 사회 과학자들은 자신이 연구하는 사람이나 대상의 권리를 존중해야 한다. 사업가나 공무원, 그리고 다른 사람들도 삶의 기준이 되는 가치를 가지고 있다. 우리는 판단하지 않을 수 없으며, 판단 없이는 사회도 존재할 수 없다.

그렇다면 우리는 어떤 기준에 의해 자문화 중심주의에 빠지지 않으면서 다른 문화를 판단할 수 있는가? 우리는 저마다 자기 자신에 관해 판단할 권한이 있다. 여기에는 다른 문화들을 판단하는 것도 포함된다. 그러나 이런 판단을 하려면 아는 게 많아야 한다. 다른 문화들을 판단하기 전에 먼저 그 문화를 이해하고 평가해야 한다. 그러지 않으면 무지와 자문화 중심주의에 근거하여 섣부르게 판단하는 경향에 빠진다.

그리스도인으로서 우리는 다른 평가 기준이 있어야 한다. 바로 성경적 기준이다. 하나님의 계시인 성경은 모든 문화의 판단 기준이 된다. 인간의 창조 활동에서 선을 인정하고 악을 비난하는 것이다. 물론 비그리스도인들은 성경적 기준을 거부하고 그들 나름의 기준을 사용할 것이다. 우리는 구속적 사랑의 정신으로 복음을 제시할 뿐이며, 복음 자체가 스스로 증거하게 해야 한다. 궁극적으로 진리는 우리가 생각하고 말하는 것에 달려 있는 것이 아니다. 실체 그 자체에 달려 있다. 진리를 증거할 때 우리는 자신의 우월성을 선포하는 것이 아니라 복음의 진리 됨을 주장하는 것이다.

그러나 자신의 문화적 관점으로 성경을 해석하거나 다른 사람에게 자신의 문화적 기준을 부과하지 않으려면 어떻게 해야 하는가? 첫째, 성경을 해석할 때 자신에게 편견이 있음을 인정하고 수정할 여지를 남겨 두어야 한다. 또한 새로운 신자들의 삶 안에서, 그리고 그들의 문화 가운데 그들을 통하여 복음이 역사하게 하여 우리를 인도하시는 성령이 그들 속에도 역사하시며 그들을 진리로 인도하고 계심을 인정해야 한다.

둘째, 자신의 문화와 사역하는 곳의 문화 둘 모두의 가치를 연구해야 한다. 이 접근을 통하여 우리는 두 문화를 비교하고 평가할 수 있는 초문화적 틀을 개발할 수 있다. 다른 가치 체계를 진정으로 이해하려는 과정은 단일 문화의 관점을 깨뜨리는 데 많은 도움이 된다. 다른 문화의 선을 인식하게 해주고, 자신의 문화는 좀 더 비판적으로 보게 한다.

초문화적 가치 체계를 형성하는 데에도 우리의 문화적 편견이 작용한다. 따라서 이 과정에는 다른 문화의 그리스도인 지도자들을 참여시켜야 한다. 그들은 우리 문화의 맹점을 우리보다 잘 찾아낼 수 있다. 마치 그들보다는 우리가 그들의 문화적 선입견을 더 잘 볼 수 있는 것과 같다.

다른 문화의 그리스도인들을 참여시키는 비평적 해석학은 성경에 계시된 하나님의 도덕적 기준을 문화에 영향을 받지 않고 이해할 수 있도록 돕는다. 한편 이것은 한 문화의 특정 상황을 고려하지 않고 외국의 기준을 그대로 적용하는 형식주의에서 보호해 주기도 한다. 또 다른 면에서는 본질상 완전히 상대적인 상황 윤리를 막아 주기도 한다.

흥미로운 사실은 진리와 의에 대한 우리의 단일 문화적 관점이 깨지지 않고는 성경의 초문화적 이해에 이를 수 없다는 것이다. 다른 문화들은 기준이 다르다는 사실을 처음 깨달으면 우리는 흔히 검증조차 해보지 않고 그것을 배척하며, 우리 기준을 성경적으로 정당화하고 싶은 유혹을 받는다. 그러나 이런 유혹은 우리로 하여금 다른 문화의 문제를 성경적으로 다루어 볼 기회를 막아 버릴 뿐이다. 더욱이 그런 행동은 복음을 다른 문화에서 이질적인 것으로 만든다.

어떤 의미에서는 우리 자신이 단일 문화적 편견에서 벗어나기 위해 상대주의를 직면해야 한다. 우리의 문화적 가치들이 절대적이지 않다는 사실을 깨닫고 모든 문화를 인정하기 시작할 때 상대주의가 다가온다. 그러나 그러한 관점은 섣부른 판단을 피하고, 다른 문화를 평가하기 전에 깊이 이해하고 인정하려고 할 때 개발된다. 다른 문화에 들어서면 우리 문화가 우리에게 끼치던 통제력은 약해진다. 흥미롭게도 이중 문화적인 사람이 되면, 다른 문화는 좀 더 인정하고 자신의 문화는 좀 더 비판하는 태도를 갖게 된다.

자기 문화의 절대성이 깨지는 경험을 하고 상대주의의 심연에 빠지게 되면, 단일 문화주의와 상대주의를 넘어 다른 문화와 성경의 초문화적 기준들을 인정하게 된다. 참된 초문화적 관점은 우리로 하여금 현실을 좀 더 성경적으로 이해할 수 있게 해준다.

세 가지 차원에 대한 평가 사람들은 참과 거짓을 밝히는 신념, 좋고 나쁨을 결정하는 감정, 옳고 그름을 구분하는 가치를 판단한다. 선교사는 다른 문화들과 자신의 문화를 이 세 가지 차원에 따라 평가하지 않을 수 없다.

인지적 차원에서는 실제에 대한 서로 다른 개념들을 다루어야 한다. 여기에는 사냥, 농경, 건축, 출산, 질병 등에 관한 다양한 개념이 포함된다. 예를 들면 인도 남부에서는 그 지방의 여신들이 화가 났을 때 질병이 발생한다고 믿는다. 그러므로 질병을 낫게 하려면 여신들에게 제물을 바쳐야 한다. 그들의 행동을 이해하기 위해서는 그들의 신념을 이해해야 한다. 반면 우리는 질병을 치료하려면 질병에 대한 현대 이론을 사용하는 것이 더 낫다고 생각할 것이다. 그러나 반대로 야생 짐승 사냥에 대한 그들의 지식을 살펴보고 나면 그들의 방법이 우리 방법보다 훨씬 낫다고 인정할 것이다.

선교사는 현지인들의 민간요법뿐 아니라 종교적 신념도 평가해야 한다. 이런 것들이 성경을 이해하는 데 영향을 끼치기 때문이다. 그들이 이미 하나님, 조상, 죄, 구원에 대한 개념을 갖추고 있다 할지라도 그것들은 복음에서 이해하는 바와 같을 수도 있고 다를 수도 있다.

정서적 차원에서는 많은 부분이 "취향"의 문제임을 발견할 것이다. 어떤 문화의 사람들은 매운 음식을 좋아하고, 어떤 문화의 사람들은 달거나 짠 음식을 좋아한다. 어떤 문화에서는 붉은 옷과 지붕이 가파른 집을 좋아하고 손가락으로 음식을 먹고 연극을 즐긴다. 또 다른 문화에서는 어두운 색 옷과 지붕이 평평한 집을 좋아하고 수저로 음식을 먹으며 슬픈 노래를 즐겨 부른다. 그러나 이 차원에서 보더라도 평화와 긍휼을 선호하는 문화가 증오와 복수를 강조하는 문화보다 나을 것이다.

평가적 차원에서 볼 때 다른 문화의 많은 기준들은 "선하다." 어린아이를 사랑하고 노인을 공경하며 궁핍한 자를 돌보는 것에 높은 가치를 둔다. 반면 성경적 가치와 상충되는 기준들도 있다. 노예 제도, 식인 관습, 남편을 화장하는 장작더미에 아내도 함께 화장시키는 것, 가난한 자들을 압제하는 것 등이 그렇다.

모든 문화에는 단순히 보존할 뿐 아니라 권장해야 할 가치 있는 것이 많다는 사실을 알게 된다. 예를 들면 대부분의 문화는 인간관계나 사회적 관심 면에서 북미 문화보다 낫다. 북미 문화는 그들에게 많은 것을 배울 수 있다. 또한 가치가 "중립적"이어서 변화시키지 않아도 되는 것도 많다. 상황에 따라 목재 가옥이 벽돌집이나 진흙집보다 좋을 수도 있고, 인도의 사리나 동남아 지역의 사롱이 다른 옷보다 나을 수도 있다. 그러나 모든 문화에서 잘못되고 악하다고 여기는 것들이 있다. 모든 사람이 죄인이므로 그들이 만든 사회 구조와 문화가 죄로 물들었다는 사실은 놀랄 일이 아니다. 하나님은 우리의 개인적인 죄뿐 아니라 집단적인 죄도 변화시키고자 하신다.

두 세계에서 살아가기

이중 문화적 사람이 되면, 우리 안에 두 세계를 품고 살아가게 된다. 그렇다면 이 두 세계를 어떻게 조화시킬 수 있는가?

배척

두 세계 안에서 살아가는 한 가지 해결책은 둘 중 하나를 배척하는 것이다. 보통 사역하고 있는 현지 문화를 배척하는 쪽을 선택하기가 쉽다. 그러나 물론 그 사회를 떠나는 식으로 배척할 수는 없다. 그곳에 선교사로 와 있기 때문이다. 그래서 좀 더 교묘한 방법을 택한다. 현지 문화를 "미개"하다고 규정하여 그 문화를 심각하게 받아들이지 않아도 된다고 단정하는 것이다. 바다 한가운데에 안전한 섬을 만들 듯, 선교사들은 자신의 거주 지역이나 가정 안에 자신만의 문화를 재건한다. 이러한 접근 방법은 현지인들에게 복음을 의미 있게 전달할 기회를 막는다. 한편으로 현지인들은 곧 우리가 그들을 진심으로 사랑하지 않는다는 것을 알게 되고, 다른 한편으로 복음은 현지인에게 낯선 모양으로 다가간다.

두 번째 해결책은 우리 자신의 문화를 배척하고 "현지인화"하는 것이다. 어떤 의미에서는 이것이 이상적으로 보인다. 우리는 복음을 위해 현지인들과 완전히 동일시되도록 부름 받은 자들 아닌가? 그러나 이 접근법은 보통 여러 이유에서 실패로 끝난다. 첫째, 본국 문화를 배척하는 동기가 잘못된 것일 수 있기 때문이다. 보통 우리는 풍요로운 사회에 속해 있다는 사실 때문에 깊은 정죄감에 빠진다. 복음은 우리에게 소박하게 살면서 궁핍한 세상에 나누어 줄 것을 요구하기 때문이다. 그러나 이런 것은 선교 사역을 시작하기 전에 내적으로 부딪혀야 하는 영적 문제다. 단지 외국으로 간다고 해서 영적 문제에서 벗어날 수는 없다. 또는 우리가 본국 문화에 어울리지 못하는 문화적 낙오자일 수도 있다. 다른 문화로 도주한다 해도 그러한 부적응에서 야기되는 정서적 문제들을 해결해 주지는 못한다.

둘째, 아무리 노력해도 완전히 "현지인화"될 수 없기 때문이다. 우리는 새로운 문화가 기록될 수 있는 백지 상태로 선교지에 온 것이 아니다. 우리 삶에는 이미 유아기와 청년기의 기록이 가득 적혀 있다. 자신의 초기 인생을 부인하는 것은 자신의 정체성을 상당히 압박한다. 시간이 지나면서 이러한 압박은 질병과 분노, 증오, 감정적 폭발을 일으킨다. 자신의 일부를 부인하는 식으로는 다른 문화와 동일시될 수 없다.

셋째, 아무리 노력해도 현지인들은 언제까지나 우리를 외국인으로 알기 때문이다. 윌리엄 레이번(William Reyburn)[48]이 이것을 발견했다. 케추아족과 같은 옷을 입고 같은 음식을 먹고 같은 자세로 걸으며 오랫동안 함께 살았지만 여전히 그들은 그를 외국인이란 의미의 "빠뜨론씨또"(patroncito)라고 불렀다. 그들과 동일시되려고 아무리 노력해도 그들은 그를 외부자로 간주했다. 실망한 레이번은 그들에게 이유를 물어보았다. 그러자 한 족장이 일어서서 레이번의 어깨를 감싸 안으며 작은 소리로 대답했다. "당신은 인디언 어머니에게서 태어나지 않았기 때문에 빠뜨론씨또입니다."

넷째, 본국 문화를 배척하면 외부인으로서 교회에 접촉할 때 우리가 지니는 유용성이 감소되기 때문이다. 새로운 문화의 내부자가 되면 우리는 자원과 지도력에서 그들의 경쟁 상대가 될 수 있다. 그러나 현지인과 동화되려고 하는 동시에 외부자로 남는다면, 우리는 새로운 아이디어의 근원이 되고, 일반적인 세상에서 현지인들의 이익을 보호해 주는 옹호자가 된다.

과거에 고립되었던 사회들도 이제는 격리되어 살아갈 수 없다. 좋든 싫든 그들도 지구를 뒤덮고 있는 경제적, 정치적 이해관계에 얽매인다. 외부 세계가 어떻게 움직이는지 알지 못하면 흔히 착취 대상이 되고 만다. 정부에 등록된 등기 서류가 없기 때문에 토지를 빼앗기기도 하고, 세금을 내느라 막일을 하기도 하고, 도시로 흡수되는 바람에 고유한 문화를 빼앗기기도 한다. 이런 상황에서 선교사가 감당할 수 있는 이중 역할은 외부의 침입에서 현지인과 그들의 문화를 지켜 주는 것과, 결국 불가피하게 흡수당할 현대 세계에 대처할 수 있도록 그들을 준비시키는 것이다.

선교의 성육신적 접근은 우리 속에 있는 두 문화를 모두 인정하고, 두 문화 사이에 다리를 만드는 것이다.

구획화

두 세계 안에서 살아가는 문제를 해결하는 또 다른 방법은 구획화다. 구획화를 선택하면, 어떤 문화에 속하든 적응하지만 마음속으로는 문화들을 구분한다. 예를 들면 아프리카에서는 아프리카인처럼 행동하고 생각한다. 그러나 본국에서는 본국인처럼 행동하고 생각한다. 이런 식으로 두 세계를 따로 구분한다.

이중 문화적 사람들은 모두 구획화를 사용한다. 이것은 종종 다른 문화 세계에서 살아가는 데 가장 단순하고 즉각적인 해결책을 제공한다. 콜린 턴불(Colin Turnbull)은 시골의 부족 마을에서 태어나고 자라 현재는 도시의 현대식 주택에 살고 있는 몇몇 아프리카 지도자에 대해 설명한다.[49] 도시에 사는 그들의 아내들은 서구에서 최신 유행하는 옷을 입고 자녀들을 영어 학교에 보낸다. 자동차를 몰고 위스키를 마시며 제트비행기를 타고 세계를 여행하며 국제적인 호텔에서 머문다. 그러나 시골에 있는 친척들을 방문할 때는 전통 의상인 다시키(dashikis)를 입고 현지어로 대화하며 부족 음식을 먹는다. 어떤 지도자는 시골의 전통 관습에 따라 마을 아이들을 키우는 둘째 부인과 셋째 부인이 있기도 한다. 턴불은 도시의 이층집에 사는 한 지도자도 소개했는데, 집 위층은 현대식이고 아래층은 부족식이다!

선교사들도 문화 세계를 구획화한다. 우리는 종종 한 문화에서 다른 문화로, 그리고 한 문화 안에서도 한 상황에서 다른 상황으로 이동해 간다. 아침에는 인도 마을에서 브라만 지도자를 방문하고, 오후에는 불가촉천민을 만나며, 다음 날은 정부 관리를 찾아가는 식이다. 이런 일을 하려면 정신적인 "변속 기어를 바꿔야" 한다. 아주 다양한 환경에서 사는 법을 배워야 하고, 한 상황에서 다른 상황으로 옮겨 갈 때 생기는 정신적 스트레스를 해결해야 한다.

그러나 도가 지나치면 구획화는 심각한 결과를 초래할 수 있다. 첫째, 어떤 선교사는 위선자나 표리부동한 사람이라고 비난받을 수 있다. 한 문화의 사람들이 다른 문화에서 행동하는 우리를 보지 않는 한, 처음에는 이 위험이 크지 않다. 그러나 결국 이 보호벽은 무너진다. 현지인들은 선교사가 본국 교회에 쓴 기사나 보고서를 보게 되거나, 선교사가 외국인 방문객이나 정부 관리들과 함께 있는 모습을 보게 된다. 그때 크게 달라진 모습을 보면, 현지인들은 선교사가 연극을 하고 있다거나 자기들을 사랑해서가 아니라 목적을 성취하기 위해 동일시하려 한다고 의심하게 된다.

둘째, 구획화는 두 세계에서 살아갈 때 부딪히는 내적 긴장을 해결해 주지 못한다. 한 상황에서 다른 상황으로 옮겨 갈 때는 스트레스를 피할 수 없다. 그뿐 아니라 두 문화 안에서 살 때는 정신적 갈등도 생긴다. 두 문화는 서로 모순되는 신념과 감정, 가치관 등을 가지고 있기 때문이다. 예를 들면 본국에서 개인 소유권을 존중하도록 배웠는데, 사역지에서는 모든 물건, 즉 음식, 의복, 연장 등이 공동체 소유여서 모두가 사용할 수 있는 경우도 있다. 한 문화에서 다른 문화로 계속 옮겨 다니는 일은 혼란과 불안을 일으키고, 극단적인 경우 정체성 위기와 문화적 조현병을 유발한다.

구획화는 이중 문화적 사람들이 삶의 특정 영역에서 사용해야 하는 전술이다. 그러나 둘 이상의 문화에서 살면서 야기되는 깊은 문제들을 해결해 주지는 못한다.

통합

장기적으로 우리는 깊은 수준에서 우리 안에 있는 두 문화를 통합해 가야 한다. 그러기 위해서는 모든 문화에 있는 선하고 참된 것을 받아들이고 각 문화에 있는 잘못되고 악한 것은 피할 수 있게 해주는 잘 개발된 초문화적 틀이 필요하다. 이는 문화 차이를 건전하게 받아들이게 하고, 이중 문화적 사람으로서 우리가 누구인지 명확하게 이해하게 해준다.

그리스도인의 초문화적 관점은 반드시 성경적 진리에 깊이 뿌리내리고 있어야 한다. 하나님의 계시는 우리의 신념, 감정, 기준에 깔려 있는 궁극적 가정들을 제공한다. 그리고 하나님의 구속사는 인간의 모든 이야기를 이해하게 해주는 위대한 역사 이야기를 제공한다.

이러한 기초를 형성한 후, 문화 차이에서 발생되는 질문들을 다루어야 한다. 이 질문들은 선교 사역뿐 아니라 교회의 연합과도 연관된다. 어떤 의미에서 교회는 다문화적인 사람들의 조직체이고, 또 어떤 의미에서는 하나의 영적 공동체다. 그리스도께서 우리를 구분하는 벽을 허무셨기 때문에 우리는 서로 차이가 있어도 연합될 수 있다. 그러나 그리스도는 모든 문화에 상대적인 존재다. 그분의 나라가 모든 문화를 판단하기 때문이다.

동일화 수준

그리스도는 하나님의 사역 모델을 보여 주신다. 하나님은 우리를 구원하기 위해 그리스도 안에서 완전한 인간이 되셨다. 그러면서도 그분은 완전한 하나님이었다(빌 2:5-8). 선교사 역시 기독교적 정체성을 타협하지 않으면서 현지인과 되도록 가깝게 동일화되어야 한다.

생활 양식

먼저 생활 양식 면에서 "동일화"를 생각해 보자. 물론 언어를 잘 배워야 한다. 모국어 억양과 엉터리 문장으로 말할 때 우리가 외국인인 것을 가장 분명하게 드러내기 때문이다. 그러나 대체로 우리는 현지인처럼 옷을 입고, 현지인 방식대로 음식을 먹으며, 현지인의 예절대로 행동한다.

심지어 그들의 시간과 공간의 개념에 따라 사는 법도 배운다.

많은 선교사가 선교지의 교통수단과 주거 양식에 적응하기가 쉽지 않음을 알게 된다. 선교사들은 대부분 자동차 없이 살 수 없는 자동차 중독증에서 벗어나기가 어렵다. 선교 행정 모임은 매번 차량 토론으로 시끌벅적하다. 차량이 있으면 좀 더 효율적으로 사역할 수 있다든지, 더 많은 모임에서 설교할 수 있고 더 많은 사역을 할 수 있으며 지치지 않게 사역할 수 있다든지 등으로 논란을 벌인다. 이 말들은 사실일 수 있다. 그러나 이런 논쟁을 벌일 때, 많은 나라에서 차를 소유하는 것은 정부 관리, 부자, 또는 "외국인"과 동일시된다는 사실도 알아야 한다. 선교사로서 우리는 설교 횟수나 참석 모임 수를 성공의 척도로 여기지 않도록 조심해야 한다.

주거 양식도 동일화하는 데 문제가 된다. 특정 형태의 가옥에 익숙해진 우리는 현지 주택이 우리에게 맞지 않음을 알게 된다. 화장실은 다르게 생겼고, 주방이 집 밖에 있고, 세탁장이라는 곳에는 함지박 몇 개만 놓여 있고, 침실과 거실이 구분되지 않는다. 더 힘든 점은 사생활이 없다는 것이다. 본국에서 가정이란, 외부 세계에서 큰 압박을 받을 때 피난처가 되어 주는 사생활의 성소와 같다. 그러나 다른 문화들에서 가정이란 친구나 친척이 미리 알리지 않고 방문하거나, 초대받지 않고도 한두 끼 정도는 함께 먹을 수 있도록 개방된 곳이다. 더욱이 아무 때나 집 안을 돌아다니는 하인도 있다.

이 부분에서도 우리는 다른 문화에 동일화되려는 우리의 능력에 한계가 있음을 인정해야 한다. 그 한계는 문화들 간의 차이나 우리의 성격, 그리고 현지인들에 의해 결정된다. 평생 체류하는 것보다는 1, 2년 정도 단기 체류하는 것이 다른 문화에 더 긴밀하게 동일화된다. 오래 체류하는 경우는 그 문화에 되도록 가깝게 동일화되어야 하지만 우리의 정신 건강이나 사역을 희생하면서까지 그래야 하는 것은 아니다. 현지인들도 자신의 문화에 있는 모든 것에 언제나 만족하는 것은 아니며, 더 나은 삶의 방식을 찾고 있음을 기억하라. 선교사의 생활 양식은 현지 문화를 반영해야 할 뿐 아니라 그 지역에 있는 사람들에게 더 향상된 면을 보여 주기도 해야 한다.

동일화에서 가장 어려운 부분은 자녀 문제다. 선교사는 스스로 희생을 택했지만 그 희생을 자녀들에게도 강요할 수 있는가? 자녀들이 현지 아이들과 함께 노는 것은 당연하지만 그들의 교육이나 데이트, 결혼 등은 어떻게 할 것인가? 이런 문제들은 9장에서 자세히 살펴보려고 한다. 우선은 선교사 자녀들이 본국 문화에 결코 완전하게 속하지 못하기 때문에 그들에게 세상을 알 수 있는 기회를 주는 것이 부모인 선교사가 줄 수 있는 최상의 선물임을 기억하라는 정도만 말하겠다.

역할

경우에 따라서는 현지인 지도자들과 함께, 때로는 그들 밑에서 사역해야 하는 필요에 대해 선교사들은 잘 모르는 것 같다. 현지인들과 동일화되려고 아무리 애써도 그들보다 사회적 지위가 높다면, 우리를 그들에게서 분리시키는 장벽이 존재하는 것이다. 우리는 흔히 무의식적으로 선교사가 사역 기관의 책임자가 되어야 한다고 가정한다. 또는 선교사의 말이 현지인의 말보다 비중이 크다고 가정하기도 한다.

교회가 이미 존재하는 곳에서 선교사가 현지인 지도자들과 함께, 그리고 궁극적으로는 현지인들 밑에서 기꺼이 섬기는 것은 중요하다. 예를 들면 현지인 의사 밑에서 일하는 간호 선교사는 그를 존중해야 하고, 마찬가지로 현지인 교회 지도자들 밑에서 사역하는 전도 담당 선교사도 그들을 존경해야만 한다.

이러한 상황들에서 문제가 발생한다. 현지인 교회 지도자들에게 전도나 교회 개척의 비전이 없을 수도 있고, 현지인 의사들이 환자의 복지보다 자신의 명성을 위한 병원 설립에 관심이 더 많을 수도 있다. 그러나 이런 문제들은 전 세계 교회 어디서나 볼 수 있다. 그런 상황에서 선교사는 개인적 부르심을 타협하지 않는 한 기존 구조에서 일하면서 변화를 기대해야 한다. 이 문제들은 10장에서 더 자세히 다루겠다.

태도

궁극적으로 동일화는 단지 우리가 현지인처럼 살거나 현지 사회 구조에 속한다고 해서 이루어지는 것이 아니다. 동일화는 현지인들을 향한 우리의 태도에서 시작된다. 그들의 주거 양식에 따라 살고, 그들의 권위 아래 일하며, 우리 자녀를 그들의 자녀와 결혼시킨다 해도 우리가 거리감과 우월감을 가지고 있다면 그들은 곧 알아챌 것이다. 반대로 외국 양식의 주택에 살고 외국 음식을 먹을지라도 현지인들을 참으로 사랑한다면 그 역시 알아챈다.

현지인을 참으로 사랑한다면 그들을 존중하며 우리의 돈과 물건뿐 아니라 지위와 지도력도 그들에게 맡길 것이다. 그리고 현지인들을 어린아이처럼 대하거나 미개인처럼 무시하지 않을 것이다. 또한 참된 사랑은 우리에게 주어진 복음의 좋은 소식을 그들에게 전하고자 하는 깊은 욕구를 일으킬 것이다.

태도 면에서 동일화되는 것은 다른 모든 동일화의 기본이다. 이상하게 들리겠지만 현지인들을 참으로 사랑하고 우리와 동일한 사람으로 본다면, 생활 양식과 역할의 차이가 그다지 중요해 보이지 않는다. 그들과 우리를 하나로 묶는 기본 연결 고리가 생기기 때문이다. 반면 이러한 사랑은 역할과 생활 양식 면에서 현지인들과 동일화되려는 우리의 시도를 단순한 의무감에서 더 나아가게 해준다. 사실 그리스도인에게 이것은 전혀 새로운 사실이 아니다. 사도 바울이 이미 말하였다. "내가 내게 있는 모든 것으로 구제하고 또 내 몸을 불사르게 내줄지라도 사랑이 없으면 내게 아무 유익이 없느니라"(고전 13:3).

5장
서구 선교사들의 문화적 전제

앞서 살펴봤듯이 새로운 문화에 들어가는 선교사가 직면하는 가장 큰 두 가지 문제는 "오해"와 "섣부른 판단"이다. 이 문제가 치명적인 이유는 우리가 보통 잘 인식하지 못하기 때문이다. 우리는 각자 현실에 대해 강한 확신을 가지고 있다. 매우 분명하다고 생각하기 때문에 다른 사람들도 우리처럼 현실을 보는지 물어보는 경우는 거의 없다.

그러나 그들은 세상을 다르게 본다. 그들이 현실에 대해 가지고 있는 전제는 우리의 것과 다르다. 결과적으로 그들의 세계관, 즉 세상을 보는 방법은 다른 것이다.

그러면 다른 문화에 들어갈 때 우리가 지닌 오해와 잘못된 판단을 어떻게 벗어 버릴 수 있을까? 분명히 특정 문화에 속한 사람들이 보는 것처럼 그 문화를 이해하도록 연구해야 한다. 사실 이것은 평생 해야 할 과제다.

그러나 정작 우리 자신의 세계관을 제대로 이해해야 한다는 데는 덜 분명하다. 우리는 자신의 문화와 신념을 충분히 알고 있다고 생각하지 않는가? 우리가 이미 봤듯이 그 대답은 "그렇지 않다"는 것이다. 우리는 우리 문화에 대해 아주 많이 알고 있지만, 대부분 현실의 속성과 관련된 전제들은 내면 깊이 인식하지 못하고 있다. 그러므로 다른 문화에서 살아갈 때 일어날 수 있는 오해와 자문화 중심주의를 벗어나고 싶다면 우리 자신의 세계관도 연구해야 한다. 그럴 때 우리는 지역 사람들을 이해하고 받아들이는 다리를 세울 수 있다.

세계관 연구

세계관이 대부분 함축적이라면, 우리는 어떻게 세계관들을 연구할 수 있는가? 이 질문에 쉬운 대답이나 확실한 결론은 없다. 한 종족의 문화를 연구할 때 우리는 그들의 신념과 관습에서 기본 가정들을 추론해 내야 한다. 우리는 문화적인 신념과 관습이라는 폭넓은 범위를 관통하는 실처럼 그것들을 이해하게 해줄 유사성을 찾아내야 한다. 현지인의 사고 범주를 이해하려면 그들의 언어를 살펴봐야 한다. 그리고 출생, 결혼, 죽음과 관련된 축제나 의식과 같은 의례와 상징을 연구하는 일도 필요하다. 이러한 것들은 종종 그들이 지닌 가장 깊은 신념을 보여 준다. 우리는 자주 우리 자신의 것을 인식하기보다 다른 문화에 깔려 있는 기본 전제들을 더 잘 알아챈다. 본국 문화는 어린아이처럼 배우고 그 가정들을 그대로 받아들인다. 그러나 우리가 보기에 다른 문화들은 이상하기 때문에 그것을 이해하기 위해 그 근원을 찾아보게 되는 것이다. 이처럼 종종 외국인들이 우리보다 명확하게 우리의 가정들을 인식하며, 따라서 우리는 그들이 우리에 대해 하는 이야기를 들어야 한다. 그럴 때 우리는 그들의 관찰이 지나치게 비판적이라고 여겨 거부하기 쉽다. 그러나 좀 더 생각해 보면, 그것들이 사실이라는 것을 발견한다.

다른 사회에서 살다가 되돌아온 경우에도 자신의 문화를 더 명확하게 볼 수 있다. 앞서 살펴보았듯이 다른 문화에 들어간다는 것은 우리를 자신의 기준에서 떨어뜨려 발전시키는 것이다. 우리가 다시 "고향"으로 돌아왔을 때는 새로운 안목으로 원래 문화를 보게 된다.

세계관을 연구하는 데는 몇 가지 방법이 있다. 여기서 사용할 수 있는 가장 쉬운 방법은 하나의 문화에 흐르고 있는 공통 주제를 찾아내는 것이다. 이 주제는 삶의 다양한 영역에서 다양한 방식으로 표현될 것이다. 예를 들어, 우리 문화를 연구한 후에 우리는 사람들이 물질적 위안과 소유를 원한다고 결론 내릴 수 있다. 이것은 그들이 살고 있는 집, 운전하는 자동차, 구입하는 물건에서 드러난다. 또한 물질적인 소유로 다른 사람의 지위를 평가한다거나, 다른 문화의 생활 조건에는 적응하기가 어렵다는 사실에서도 드러난다.

다양한 세계관

그렇다면 북미 세계관에는 어떤 주제들이 있으며, 다른 문화의 주제들과 어떻게 대조되는가? 연구를 위해서는 아주 단순하게 분석해야 한다. 북미 사회에는 다양한 문화가 있으며, 각 세계관의 주제도 매우 다르다. 우선 저마다 예외가 아주 많다는 점을 염두에 두면서 문화의 주요 흐름, 특히 중산층의 삶을 특징짓는 몇 가지 주제를 제시할 수 있다.

비교 방법을 통해 각 세계관의 주제를 좀 더 분명하게 이해하기 위해 우리는 때때로 세계의 다른 지역에서 발견된 주제를 언급할 것이다. 그러한 비교에는 분명히 비중 있는 일반화 작업이 따르겠지만, 그것들은 북미 세계관과, 다른 세계관과의 차이를 생각하는 데 도움을 줄 것이다. 상호 이해와 판단의 가교를 세우기 원한다면, 추후에 자신의 전제와 자신이 사역하는 사람들의 전제를 더 자세하게 검토해 보아야 한다.

현실적이고 합리적인 세계

북미 사람들은 대부분 우리가 우리 바깥에 존재하고 있는 어떤 실제 세계에 살고 있다고 가정한다. 우리는 이 세상이 합리적이고 질서 있으며 인간의 이성으로 발견하고 이해할 수 있는 자연 법칙에 따라 움직인다고 본다. 물질은 물리 법칙과 화학 법칙을 따르며, 동물은 생물학, 심리학, 사회학의 법칙을 반영한다. 우리 사회에서 과학의 중요성은 이러한 확신을 보여 주는 증거가 된다.

세상은 현실이기 때문에, 우리는 진지하게 역사를 다룬다. 실제 사건과 신화, 사실과 허구, 현실과 꿈이나 이상을 엄격하게 구별한다.

현실에 대한 이러한 인식은 하나님이 우주를 자신 밖에 존재하지만 자신에게 의존하게끔 창조하셨다는 유대 기독교적 신념에 뿌리를 두고 있다. 외부 세계는 하나의 환상이자 신의 마음에 있는 꿈이라고 생각하는 남아시아와 동남아시아의 세계관과 완전히 대조된다. 이들은 인간이 오직 꿈꾸는 신들의 투사물로만 존재한다고 본다. 현실을 발견하기 위해 그들은 명상을 통해 자신을 들여다보며 자기 자신이 단지 우주적 영의 한 부분임을 깨닫는다. 분명히 그 세계에서는 사람들이 외부 세계에 대한 체계적인 검토와 과학을 통해 궁극적인 진리를 배우지는 못한다.

모든 역사를 단지 상상의 허구 정도로 보는 사람들에게 역사가 복음을 증거한다고 말하는 기독교는 설득력이 없다. 그들에게는 성경의 이야기들이 그저 신화이고, 사실의 기록이 아니기 때문이다.

데카르트적 이원론(Cartesian dualism) 앞서 봤듯이 복음은 그리스의 신플라톤주의적인 세계관으로 옮겨 가면서 근본적으로 변화되었다. 하나님과 피조물(영, 인간, 자연 포함)로 구분하는 성경적 이원론은 영과 물질, 혼과 몸으로 구분하는 이원론으로 대치되었다. 이러한 그리스적 이원론은 17세기 이후로 서구 사상을 주도해 왔으며, 과학과 종교를 엄격하게 구분하였다.

처음에 과학은 기독교 신앙의 시녀로 여겨졌다. 그러나 시간이 흐르면서 독립성을 갖게 되었고 현대의 흐름을 주도하기 시작하였다. 오늘날 서구인들은 자연 세계를 설명하는 데 과학을 사용하고 있으며, 종교는 기적과 이상, 창조나 영적 운명과 같은 궁극적 관심사로 국한시키고 있다.

이러한 이원론은 복음 전도나 목회와 같은 "영적 사역"과 이 세상에서 물질적인 문제들을 다루는 "사회 복음"을 구분하도록 서구 선교사들을 이끌었다. 결과적으로 그들은 복음을 전하더라도 학교와 병원에서는 과학을 소개했다. 사람들은 선교사들이 소개한 과학은 받아들였지만 종교적인 가르침은 배척하여 세속주의가 확산되는 결과를 낳았다.

대부분의 문화는 자연과 초자연을 엄격하게 구분하지 않는다. 그들은 초자연이 자연에 스며들어 있다고 본다. 그러므로 어떤 면에서는 이런 문화에 속한 그리스도인들이 우리보다 성경 메시지를 더 잘 이해한다거나, 복음에 나타난 영적 차원과 인간적 차원을 나누지 않는 것은 놀라운 일이 아니다.

인간 대 자연 북미인들은 인간과 인간이 아닌 다른 생명 형태를 예리하게 구분한다. 인간이 독특한 가치를 지녔다고 보는 것이다.

이런 견해는 부분적으로 기독교적 유산이다. 인간이 영원한 영혼을 가졌다는 것은 기독교적 관점에서 비롯된 것이다. 이러한 주장은 인간을 많은 생명체 가운데 한 종류로 보는 다른 문화들과 크게 대조된다. 그들은 자연 그 자체를 살아 있는 것으로 생각한다. 동물들, 심지어 무생물체도 영이 있으며, 식물이나 산, 바위, 강물 같은 것과 인간을 구분하는 선이 없다.

북미인들은 대부분 인간을 독특한 존재로 보기 때문에 인간이 자연 세계를 책임 져야 한다고 생각한다. 인간은 자연을 길들여야 하고, 자연이 인간을 섬기게 만들어야 한다. 에드워드 스튜어트(Edward Stewart)는 이렇게 말한다.

> 물질계를 통제하려는 미국인들의 돌격적이며 때로 무모한 생각은 다른 사

회에서는 아마 그 예를 찾지 못할 것이다. 그것은 기술 문명을 근간으로 하는 세상에 기능공적으로 접근하면서 나타나며, "사회 공학과 인간 공학"으로서 사회 영역에 적용된다. …… 물질계에 깔려 있는 자연 법칙들은 물질적 번영을 창출하는 데 이용되고 있으며, 그렇게 인간을 섬기고 있다.[50]

이 관점은 미국인들로 하여금 세계를 연구하고 과학과 기술을 발전시키게 했다. 또한 "열심을 내며" "질병과 싸우고" "우주를 정복"해야 한다는 투쟁 정신을 지니도록 이끌어 갔다. 그 결과, 생태계를 무시한 채 자연을 파괴적으로 남용하게 되었다.

다른 사회들에서는 인간과 자연의 관계를 다르게 가정한다. 극동 지역에서는 대부분 인간이 자연과 물질계에 반대되는 것이 아니라 그 일부라고 생각한다. 예를 들면, 주변을 압도할 만하게 건물을 짓는 북미인들의 건축과 달리, 일본의 건축 형태와 선은 자연 환경과 인간이 만든 구조물의 연합을 강조한다.

구약의 유대인들은 자신을 자연의 정원사로 보았다. 그들에게 자연은 근본적으로 선하고 유익한 것이며, 땅을 "정복하라"는 하나님의 명령도 자연과 싸우라는 의미가 아니었다. 오히려 인간이 자연을 보호해야 한다는 뜻이었다. 서구 그리스도인들은 성경적이기보다는 헬라적인 적대적 자연관을 받아들인 것이다.

다른 문화에 속한 사람들은 인간이 자연 세계를 통치한다거나 자연 세계에 통합되는 것이 아니라 오히려 자연 세계에 지배당한다고 본다. 예를 들면, 콜롬비아의 메스티소는 자연을 위험하면서도 영들이 내재된 생명력 있는 것으로 생각한다.

> 해와 달과 별, 바람과 비, 더위와 추위, 빛과 어둠 등 모든 것이 사람의 몸과 정신에 때때로 해를 입힐 수 있다고 믿었다. 강가의 시원한 공기, 바위나 길

에 반사되는 열기는 나무 그늘이나 숲속의 습지와 마찬가지로 위험하다고 여겼다. 위험은 자연 어디에나 있는 것으로 보였고, 자연을 이해하려고 시도하거나 극복해 보려는 것은 어리석은 짓으로 여겨졌다.[51]

그러므로 사람들의 태도는 물리적인 환경에 국한되지 않고 사회적이고 정치적인 생활까지 퍼지면서 일종의 무력감과 불신을 낳았다.

물질주의와 번영 영적인 면과 물질적인 현실 사이의 이원론과 17세기 이후 강조된 물질세계와 과학을 고려해 볼 때, 북미인들에게 그들이 소유한 것으로 인간을 판단하는 경향이 생겨난 것은 놀라운 일이 아니다. 우리는 한 사람이 소유하고 있는 재화의 양으로 성취와 성공을 측정한다. 더구나 지적이고 영적인 성취보다는 물질적인 부와 육체적 건강을 행복의 기준으로 삼는 경향이 있다. 칸던(Condon)과 유세프(Yousef)는 "미국인들에게 행복 추구란 자산과 물질적 위안을 지킬 기회를 의미한다"고 썼다.[52]

이와 같은 물질적 이익에 대한 강조는 북미의 사업 관행에서 볼 수 있다. 보통 기업은 노동자의 복지보다 이윤을 우선시한다. 노인이나 신체장애자, 둔한 사람들을 위한 곳은 거의 없다. 위기가 닥치면, 지위가 높은 관리자들을 자르기 전에 지위가 낮은 노동자들부터 해고한다.

해외에 있는 북미인들은 자국의 기술 발달에 따라 다른 문화를 판단하려고 한다. 스튜어트는 이렇게 말한다. "물질적인 것을 강조해 왔기 때문에, 해외에 있는 미국인들은 거의 변함없이 육체적 안락과 건강을 포함하여 넓은 의미에서 정의된 물질적 복지의 기준으로 지역 사회를 판단한다."[53] 선교사는 자신이 섬기고 있는 현지 문화와 본국 문화를 비교한다. 자동차와 마차나 자전거, 전기와 등잔불, 가스난로와 화롯불, 냉장고와 건조식품, 위생적인 화장실과 숲속······. 그러고 나서 자신이 더 문명화되었다고 결론 내린다.

미국인들은 물질적으로 풍족하고 육체적으로 안락한 삶을 누리는 것을 당연하게 여긴다고 스튜어트는 지적한다.[54] 그들은 빠르고 편리한 교통, 깨끗하고 영양가 높은 음식, 중앙 냉난방 시설을 포함하여 노동력을 줄일 수 있는 가전제품이 갖춰진 편안한 집을 기대한다.

개인 소유권 이와 같은 물질에 대한 강조는 개인이 재산을 소유할 수 있다는 깊은 잠재의식과 관련되어 있다. 우리는 땅, 집, 자동차, 그밖에 많은 물건을 즉각 살 수 있고, 우리 허락 없이는 누구도 그것들을 사용할 수 없다. 또한 우리는 친척이나 이웃에게 허락을 받지 않고 그것들을 팔 수 있다.

땅, 보트, 집, 심지어 음식까지도 가족 혈통이나 마을, 부족 전체와 같은 큰 집단의 공동 소유로 여기는 개념과 개인 소유로 여기는 개념은 많은 부분에서 엄격하게 대조된다. 공동 소유물은 개인이 사용할 수 있지만 사유 재산처럼 팔지는 못한다. 한 예로 최근에 부족의 땅을 팔지 않기로 결정한 미국 인디언 부족이 있다. 조상들도, 지금 살고 있는 사람들도 땅을 파는 것을 반대하지 않지만, 태어나지도 않은 후손들은 땅을 잃으면 살 곳이 없어지기 때문에 반대한다고 지도자들은 말하였다.

선교사들이 흔히 오해하는 것이 바로 재산의 공동 소유권이다. 그들은 땅을 사려고 하고, 나중에는 그들이 지은 집을 팔려고 한다. 많은 부족에서 땅이나 집은 늘 부족의 소유다. 또 선교사들은 마을 사람들이 마음대로 물건을 사용하거나 창고에서 음식을 가져가지 못하게 하는데, 이럴 경우 현지인들은 선교사를 구두쇠로 보게 된다.

진보 북미인들은 대부분 진보를 믿는다. 더 나은 삶을 찾아 나서는데, 특히 그 삶을 물질적인 측면에서 생각한다. 우리는 세상의 문제들은 기술 진보와 관련된 것이기 때문에 과학 연구와 재정으로 해결할 수 있다고 믿는다. "진보"는 육체적 안락과 건강, 모든 사람을 위한 더 수준 높은 생활, 고통과 위험이 없는 것을 의미한다. 우리는 모든 사람이 그런 삶을 누릴 수 있을 만큼 이 세상에 자원이 충분하다고 생각한다.

조지 포스터(George Foster)는 농경 사회에 속한 사람들은 땅, 부, 건강, 우정, 능력, 지위, 안전과 같은 기초 자원이 제한되어 있어서 공급이 부족하다고 믿는다는 것을 발견하였다.[55] 모든 사람에게 부족하다는 것이다. 따라서 사람들은 그 자원을 두고 경쟁한다. 그 결과, 다른 사람들을 의심하고, 만일 누군가가 앞서간다면 다른 사람은 뒤쳐진다고 생각한다. 이런 사회에 속한 사람들은 발전하기 위해 열심히 일하는 것을 지향하지 않으며, 앞서가는 사람들은 흔히 그 집단에서 외톨이가 된다. 오히려 자신의 자리를 지키고 기존 사회에 적응하라고 권유한다.

분석적 접근

북미인은 상황을 분석하길 좋아한다. 우리는 이 세상이 실재할 뿐 아니라 질서 정연하다고 믿고 있다. 주의 깊게 연구하면 왜 그런 일들이 일어나는지 이해할 수 있고 잘못된 일이 생길 때마다 고쳐 나갈 수 있다고 믿는다.

사물을 분석하는 기본 방법은 과학을 이용하는 것이다. 우리는 과학을 사용하여 이 세상을 정돈된 범주로 나누어 분해하고 원인과 결과를 발견해 나간다. 그 지식을 사용하여 주변 세상을 통제한다. 문제가 발생하더라도 우리에게 시간과 재정이 충분하다면 해결할 수 있다고 생각한다.

이러한 문제 해결법은 서구의 많은 생활 영역으로 확산되었다. 사고가 일어나면 우리는 무엇이 잘못되었고 누가 잘못했는지 알고 싶어 한다. 집에서도 누가 불을 켜 놓은 채 나갔는지, 누가 문을 열어 놓았는지 알아내서 책임을 지게 하길 원한다. 인간 조직에서 어려움을 겪거나 목적을 성취하지 못한다면, 우리는 해결해야 할 "문제"가 있다고 생각한다. 이 모든 것은 세상에 질서가 있으며, 인간은 이 질서를 이해할 수 있고, 상황을 바꿀 능력이 있다는 것을 전제로 한다.

많은 문화에서 사람들은 세상을 기본적으로 이해할 수 없는 것으로 보거나, 이해할 수 있다 해도 인간의 통제력을 넘어선 것으로 본다. 사람들이 환경을 바꿀 노력을 하지 않는 것처럼 보일 때 우리는 이것을 "숙명론"(fatalism)이라고 부른다. 그러나 많은 사람이 현실을 있는 그대로 본다. 어떤 사람들은 세상에 원인과 결과가 서로 얽혀 있다고 본다. 그렇기 때문에 계획을 세우기란 어렵고, 어느 한 요인이나 사람, 행동만 비난할 수는 없다.

양자택일적 사고 이런 상황 분석에서 북미인들은 흔히 현실에 도덕적 가치를 부여하여 상반된 범주 안에 분류하는 경향이 있다. 아렌스버그(Arensberg)와 니호프(Niehoff)는 다음과 같이 말했다.

> 서구 사고방식의 특징은 원리에 근거하여 이중적 판단을 내린다는 것이다. 높은 수준의 범주에 넣어 권장하는 상황이나 행동이 있는 반면, 낮은 수준의 범주에 넣어 반대하고 피하며 부정하도록 권장하는 상황이나 행동도 있다. 도덕적–비도덕적, 합법적–비합법적, 의–불의, 죄–덕, 성공–실패, 정결–불결, 문화적–원시적, 현실적–비현실적, 내향적–외향적, 세속적–종교적, 그리스도인–이방인과 같은 이중적 판단은 서구와 미국 생활의 규칙으로 보인다.[56]

예를 들면, 과거 많은 북미인들은 다른 나라들이 미국이나 소련 중 어느 한편이라고 믿었다. 자신이 갈 길을 가며 양쪽 모두 친하게 지내려는 정치적 중립국을 허용하지 않으려 한 것이다.

또한 북미인들은 일과 놀이를 엄격하게 구분한다. 일은 곧 생업이고,

일터에서는 사장에게 복종하고 바쁘게 움직여야 한다. 반면, 놀이는 휴식하며 자신이 좋아하는 것을 하는 즐거운 시간이다.

　북미 사람들은 일을 매우 중요하게 여긴다. 그러지 않으면 사회적으로 소외되기 쉽기 때문이다. 한 인디언 인류학자가 미국의 한 마을을 연구하면서 발견한 내용을 소개한다. 그는 아무 일도 맡지 않고 계속 주변 사람들에게 말을 걸어 보려 했지만 누구도 그와 이야기를 나누려 하지 않았다. 그러다 그가 그 지역의 농부와 함께 시간제 일을 맡자, 비로소 모두가 그를 받아들였다.

　그러나 일이 미국인 삶의 모든 것은 아니다. 미국인의 삶에는 놀이도 있으며, 이것은 일과 뚜렷하게 구분되는 활동이다. 아렌스버그와 니호프는 이렇게 말한다.

> 오늘날 미국에서 자나라 농경이나 상업, 산업에 종사하는 대부분의 사람들에게는 좋아하든 그렇지 않든 규칙적으로, 엄격하게, 의도적으로 일하는 것이 중요하다. 이것은 돈을 벌거나 좋은 직업을 얻거나 성공하기 위해서다. 일은 필수적인 것, 더 중요하게는 "사람들이 계속 바쁘게 지내게 된 이후로는 그 자체로 좋은 것"이자 의무다. 우리는 그가 하는 일로 사람을 판단한다. 인간은 공동체나 인류에 "공헌"하거나 "성공"해야 한다고 생각하기 때문에 어른들에게 일은 매우 심각한 것이다.
>
> 놀이는 다르다. 좀 더 효율적으로 일하기 위한 것임을 제외한 심각한 목적이 없다면, 놀이는 일에서 벗어나는 탈출구이자 재미있는 무엇이다. 놀이는 더 낮은 범주에 속한다. …… 그래서 일할 때가 되면, 놀이나 가벼운 취미는 제쳐 둬야 한다.[57]

　일은 심각한 것이며, 놀이는 재미있는 것이다. 일하고 있을 때 우리는 기계 같지만, 놀 때는 아주 인간적이다.

일상생활에서 일과 놀이가 함께 어우러진 사회에서는 이러한 일과 놀이의 이원론을 이해하지 못한다. 그러한 사회에서 새 집을 짓고 그물로 물고기 떼를 잡는 일은 공동체 전체가 함께 일하고, 춤추며, 노래할 기회를 제공한다. 농작물을 심는 일은 노래와 만남이라는 특징을 지닌 사회 활동이다.

북미인들의 또 다른 이원론으로 공적 영역과 사적 영역을 구분하는 것이 있다. 우리는 공적으로 상업, 정치, 종교 활동을 한다. 여기서 우리는 사회 규범을 따르고 최선의 행동을 할 것으로 기대된다. 반면, 가정은 우리가 하고 싶은 대로 표현할 수 있는 사적인 피난처다. 최근까지만 해도 공적 영역에서 경쟁할 수 있는 것은 남성뿐이었다. 여성은 남성이 힘든 일을 마치고 돌아오면 쉴 수 있는 공간인 사적 영역을 잘 관리해야 했다.

계획 합리적이고 질서 있는 세계에서는 미래를 계획할 수 있다. 목적을 세우고 성취하거나, 문제를 알아차리고 미연에 방지하는 것이다. 그러므로 미리 계획을 세우는 것은 중요하다.

우리는 인간에게 선택권이 있다고 믿는다. 삶을 통제할 수 있고, 진정으로 원한다면 어떤 것도 할 수 있다. 선택에는 책임이 뒤따른다. 성공한 사람은 칭송을 받고, 실패한 사람은 비난을 받는다. 그리고 우리 삶의 많은 시간이 이러한 비난을 면하려는 데 허비되고 있다.

계획을 세우는 성향이 강한 사람들이 미리 계획하지 않는 사회로 들어가면 당연히 종종 실망하게 마련이다. 더 실망스러운 것은 많은 문화에서 단지 계획을 세우지 않을 뿐 아니라, 그렇게 하는 것을 잘못이라고 생각한다는 것이다. 어떤 인류학자들은 오늘날 서구인들이 전 세계에 수출하는 것은 기술 문명이 아니라, 계획적이고 조직적인 지도력을 기반으로 하는 고도의 경영 기술이라고 말한다.

실용주의 삶의 문제를 해결하기 위해 우리는 일반적으로 몇몇 해결책을 검토한다. 해결책을 고를 때 우리는 어느 것이 진리이거나 옳은지가 아니라, 목적을 이루는 데 적합한 것이 무엇인지를 알고 싶어 한다. 우리가 추구하는 목적 자체가 가치 있는지는 거의 생각하지 않는다. 그 일이 얼마나 잘되어 가는지 알기 원하며, "괜찮은" 것인지 확인하기 위해 우리가 사용하는 수단을 검토하는 일도 거의 없다. 성공하려면 그 정도는 어쩔 수 없다고 생각한다.

세상의 많은 곳에서 이런 태도를 좋지 않은 것으로 본다. 다른 나라 사람들은 선한 사람이 되고 좋은 관계를 유지하는 것이 일을 잘해 나가는 것보다 중요하며, 좋은 목적을 달성하기 위해 나쁜 방법을 사용하는 것은 잘못되었다고 느낀다. 결과적으로, 그들은 우리가 어떠한 삶을 살고 있으며, 다른 사람들과 어떤 관계를 맺고 있는지를 보고 우리를 판단한다. 우리가 훌륭한 일을 하더라도 우리의 일상생활이 우리의 메시지를 반영하지 못한다면, 그들은 우리가 하는 말들을 거부할 것이다. 뉴기니의 교회 개척에 관하여, G. F. 휘체돔(Vicedom)은 이렇게 말한다.

> 하나님은 자신의 전령들을 통해 사람들에게 오신다. 그것은 그들의 행위로 하나님이 판단받는다는 것이기도 하다. 선교사가 현지인들의 생활 방식을 따르면서 그들 삶 속으로 들어가는 데 성공한다면, 현지 언어를 배우고 여러 방면에 조언자로, 친구로, 파푸아 사람들의 조력자가 된다면, 그 안에서 점차 신뢰가 형성될 것이다. 이 신뢰는 곧 하나님을 향한 신뢰로 바뀐다. 이처럼 하나님은 늘 선교사가 어떻게 하는지에 따라 판단받으신다.[58]

스튜어트는 "비서구인의 관점으로 볼 때 미국인들의 수단 지향성이나 조작주의는 흔히 수단을 위해 목적을 희생하는 것으로 나타난다"고 지적하였다.[59]

기계론적 세계관

미국인은 각 부분의 작동이 외부 힘에 의해 결정되는 기계처럼 자연을 생각하는 경향이 있다. 16세기 물리학의 한 분야로 이런 기계론적 현실관이 등장했다.[60] 실제로 첫 번째 과학은 "기계학"이었다. 후에 자연 과학의 성공을 보면서, 사회 과학자들은 인간과 사회의 기계론적 모델을 받아들였다.

피터 버거에 따르면 기계론적으로 사물을 바라보는 방식이 우리의 생각을 주도하면서 미국 사회의 두 가지 특징인 "공장"과 "관료제"에 반영되었다.[61] 전자에서 우리는 자연을 마치 기계처럼 취급하고, 우리의 목적에 맞추어 틀을 만들어 내려 한다. 자연을 생명 없는 원자와 비인격적인 힘으로 조절되는 화학적 구성체로 생각하는 것이다. 후자에서 우리는 기계를 이루는 톱니바퀴처럼 사람들을 조직한다. 관료주의적 접근은 자동차 볼트처럼 교환할 수 있도록 인간의 역할을 비서, 광부, 간호사와 같이 표준화하는 경향이 있다. 우리는 사람들이 사적인 문제를 직장에 끌고 오는 것을 원하지 않는다. 그러면 그들을 인간으로 대해야 하기 때문이다.

우리가 올바른 공식을 알고 있다면 기계론적 세계에서는 자연과 인간을 모두 통제할 수 있다. 우리는 맡겨진 영역에 책임을 질 수 있으며, 다른 것들과 타협하지 않고도 우리의 목적을 계속 추구할 수 있다. 일에서 임무를 완수하는 것이 관계를 구축하는 것보다 우선하는 것이다.

이러한 기계론적 견해는 인간과 자연을 살아 있는 존재로 다루는 대부분의 다른 세계관과 엄격하게 구별된다. 그러한 세계에서는, 개인이 통제할 수 있는 능력은 제한되어 있다는 타협이 삶에 가득 차 있다. 관계성이 임무 완수보다 중요하다. 그렇기 때문에 이러한 문화에 있는 사람들이 북미 사람들을 비인격적이고 무례하다고 여기는 것은 전혀 이상한 일이 아니다. 그들이 선교사를 만나러 와도, 선교사는 너무 바쁘기 때문에 그들과 교제할 시간이 거의 없다. 현지인들이 보기에 그런 선교사들은 우선순위가 잘못되었다. 선교사는 하던 일을 멈추고서라도 시간을 내어 함께 이야기를 나누어야 한다. 현지인들은 일을 끝마치는 것보다 관계가 더 중요하다고 생각하기 때문이다.

생산과 이익 공장과 관료제 같은 제도들의 성공을 측정할 수 있는 핵심 가치가 바로 생산과 이익이다. 그러므로 일과 "행하는 것"은 매우 중요하다. 우리는 계속 바빠야 한다. 우리 문화에서 게으른 것은 큰 죄악이다. 실제로 워너(Warner)와 미커(Meeker), 일스(Eells)가 지적하듯이, 우리는 주로 직업과 수입으로 사람들의 사회적 지위를 측정한다.[62]

비서구 세계에서는 대부분 "내가 누구이며, 무엇이 되느냐"가 지금 당장의 행동보다 중요하다.[63] 그래서 사색적인 사람이 존경받는다. 운동선수, 가수, 최고 경영자처럼 굉장한 일을 해낸 북미의 문화적 영웅들보다는 지적이고 신비로운 종교 지도자(guru) 같은 사람들이 매우 존경받는다. 미국 사람들이 외국에 나가면, 특히 지도력 영역에서 이런 차이 때문에 매우 혼란스러워한다. 미국 사람들은 행동력 있게 움직이는 젊고 영향력 있는 사람을 찾는다. 그러나 동양과 남아시아에서는 천천히 생각하는 현명한 노인 지도자의 말에 귀를 기울인다.

수량화 기계론적 세계관의 또 다른 기본 특징은 측량 가능성이다. 수량화하지 않고 생산과 이익을 평가하기는 힘들다. 스튜어트는 이렇게 지적한다.

성공과 실패가 통계로 측정되듯이 일의 양과 능력, 지능, 수행력도 수치화된다. 미국 안에는 세상의 모든 것, 즉 경험까지도 수량화하는 관습이 깊이 스며들어 있다. 사람들은 자신의 행동에 대한 다른 사람들의 반응을 매우 어렵사리 이해할 수 있다. 말하자면, 어떤 외국인에게는 워싱턴 기념관을 통계

수치로 설명해 주는 것이 눈으로 보며 경험하는 것을 약화시킨다.⁶⁴

수량화되면서 규모를 강조하게 된다. 크거나 많을수록 더 좋다는 식인 것이다. 돈을 아주 많이 쌓아 놓거나, 게임에 이겼거나, 큰 전투에서 승리한 사람을 위대하다고 여긴다. 단순성과 형평, 측정될 수 없는 질에 의해 위대함을 말하는 문화에서 볼 때, 크기에 대한 강조는 매우 거창해 보인다.

조립 라인 사고방식 기계론적으로 생산에 접근하는 방식에서 중요한 요소는 조립 라인 사고방식이다. 피터 버거는 공장과 관료제에서는 업무가 작은 단위로 쪼개져 연속으로 배열되고 각각 다른 사람들이 그 일을 행한다는 것을 관찰하였다.⁶⁵ 이렇게 해서 우리는 작업 과정을 표준화하고 매시간 같은 결과를 얻을 수 있다.

작은 부분으로 일을 나누는 것은 전문화를 유도한다. 공장에서 어떤 사람은 매번 자동차에 타이어를 끼우고, 어떤 사람은 범퍼만 조립하는 것이다. 병원에서 어떤 의사는 다리를, 어떤 의사는 눈을, 또 어떤 의사는 코와 목 등을 따로 치료한다.

장인(匠人)의 역할이 중요한 사회에서는 이러한 작업의 세분화와 전문화가 매우 낯설다. 이런 사회에서는 특정 물건 전체를 한 사람이 만든다. 우선 가면이나 카누와 같은 물건을 구상한다. 그리고 그 구상에 따라 실체를 만들어 낸다. 그가 만드는 것이 그의 일부다. 그는 일종의 예술가인 것이다.

개인주의

미국의 세계관에서 가장 근본적인 요소는 개인이 사회라는 건물의 기초를 이루는 벽돌 한 장이라는 관점이다. 각 사람은 자신만의 분리된 정체성을 지닌 자율적인 인간이 되어야 한다. 미국인은 어려서부터 이것을 배운다. 어린 나이에도 자기 소유가 생기면 스스로 생각해서 선택하는 법을 배우고, 자신의 권리를 옹호하는 것을 격려받는다. 에드워드 스튜어트는 이렇게 말한다.

> 어린아이의 자기중심주의는 거의 문제로 보지 않는다. 어린이든 어른이든 스스로 결정하고, 자기 견해를 말하며, 문제를 해결하고, 자기 것을 자기가 갖고, 일반적으로 자신의 관점에서 세계를 바라보도록 권장하는 것이 은연 중에 받아들여지고 있다.[66]

미국 사회에서는 저마다 자신의 개성을 유지하려 한다. 이러한 개인주의와 깊이 관련하여, 사람은 저마다 가치가 있으며 모든 사람은 삶과 자유, 행복 추구를 빼앗기지 않을 권리가 있다는 것이 미국인의 신념이다. 자유는 아무 의심 없이 받아들여지는 가치다.

많은 부족과 동양에서 사회라는 건물의 기초를 이루는 벽돌은 개인이 아니라 집단이다. 사람들은 자신을 자율적이라고 생각하지 않으며, 자신이 속한 집단의 구성원으로 본다. 개인을 사회적 결합과 구분하지 않는 것이다. 예를 들면 일본에서는 사람들이 자신이 속한 집단에서 정체성을 얻는다.[67] 그들은 다양한 집단에 속해 있기 때문에, 다양한 "얼굴들"을 가지고 있다. 이러한 상황에서는 "위엄"과 "존경", "명예"를 유지하며 조화로운 관계를 맺는 것이 매우 중요하다. 이곳에서 인간에게 가장 가치 있는 자질은 그 집단에 충성하고 뜻이 맞는 사회관계를 유지하도록 도와주는 것이다. 개인의 목표를 달성하는 데 필요한 자질은 둘째다. 물론 누군가의 "얼굴"(체면)을 세워 주지 못한다는 것을 알지만 임무 완성을 위해 객관적이고 실질적인 행동 과정을 제시하는 북미인들에게는 이것이 매우 혼란스러울 것이다.

정체성 탐구 외부인들은 미국인들이 정체성을 찾으려 한다는 사실에 주목한다. 우리가 자율적인 사람이라면, 정체성은 무엇보다 개인으로서 우리가 누구인지와 연관된다. 결과적으로 정체성을 찾으려면 엄청난 요구를 성취해야 한다. 이러한 동기가 결여된 사람들은 미국 사회에서 인정받지 못한다.

이처럼 개인 성취를 강조하는 것은 물질적인 상품이든, 지위든, 권력이든 개인 간의 경쟁이라는 관념과, 자유 기업 체제라는 개념과 아주 밀접하게 연관되어 있다. 가질 수 있는 물건이 더 많이 있다고 여기는 사회에서는 어느 한 사람의 소득이 반드시 다른 사람의 손실을 의미하지 않는다. 결국 경쟁하는 것이 손실을 보는 사람들을 파멸시킨다고 보지 않는 것이다. 우리는 그들 모두 성취하고자 하는 강한 동기로 열심히 노력한다면 이길 수 있다고 믿는다.

기본적인 기준점을 개인이 아닌 집단에 두는 사회에서 개인의 정체성 추구는 아주 낯선 것이다. 한 사람은 한 집단에서 태어났으므로 그 사회 안에서 정체성을 갖는다. 예를 들면, 어떤 종족에 속한 여성은 가족과 가문, 부족에서 위치하는 특정 지위를 통해 자신이 누구인지 안다. 그 여성은 결혼, 거주지, 일 등과 같은 자기 삶에 관한 모든 중요한 결정이 그 집단에 의해 결정된다고 알고 있다. 그것이 개인의 자유를 제한할지라도, 자아실현과 개인 성장은 항상 그 집단의 이익을 위해 포기되어야 한다고 배워 왔다. 물론 북미 선교사들은 이 점을 불만스럽게 여기고 그 여성이 자신을 주장하게 만들도록 힘쓸 것이다.

자기 의존 북미인들의 정체성 핵심에는 자기 의존이 있다. 중국인 인류학자인 프란시스 수(Francis Hsu)는 미국인들이 가장 두려워하는 것이 다른 사람에게 의존하고 돈 없이 지내는 것이라고 지적하였다.[68] 자동차가 고장 났을 때, 미국인들은 친구에게 도움 청하기를 주저한다. 돈이 필요할 때, 형제나 친척에게 부탁하기보다는 차라리 은행에서 빌리려 한다. 한편 누군가가 도움을 요청하면, 미국인들은 그것이 쉬운 일이 아니라는 것을 알기 때문에 그 요구를 들어줄지 심각하게 고민한다. 사람들이 돈을 빌려달라거나 아이를 돌봐달라거나 차를 태워달라고 계속 요구하면, 결국에는 화를 낸다. 미국인들은 다른 사람이 스스로 자신을 돌보기를 기대하기 때문이다.

자기 의존은 자율과 자아실현, 개인 성장 등과 마찬가지로 북미인의 가치관이다. 그러나 미국에서도 다른 사람과의 관계 속에서 정체성과 자아실현을 발견한다. 개인을 중요하게 여기는 사회에서 어떻게 집단을 구성할 수 있을까? 공통 목적이나 공유된 이익에 의견을 같이하는 사람들이 자발적으로 연합하는 것에서 부분적으로 그 해답을 찾을 수 있다. 이러한 집단에서는 혈통이나 권력이 아니라 그 집단에 대한 개인의 적합성에 따라 구성원이 된다. 그러므로 대부분의 미국인이 집단의 한 일원으로서 순응하기로 선택하는 것과 함께 자율적인 인간의 권리를 강조한다고 해서 놀랄 일은 아니다. 우리 모두 그다지 다르지 않다. 사회 안에서 명확한 정체성과 확고한 지위가 있는 사람은 예외다.

자기 의존이라는 가치가 세계 많은 곳에서 반드시 긍정적이지만은 않다. 가족 또는 친밀한 집단과 매우 밀착된 관계를 맺고 있는 동양과 라틴 아메리카에서 반사회적인 사람은 소외당한다.

남아시아에서 이상적인 관계는 의존적인 관계다. "후견인"와 "피후견인"의 관계처럼 말이다. 후견인은 부모처럼 피후견인의 후생을 전적으로 책임진다. 기본 식품과 적은 수입을 그들에게 제공할 뿐 아니라, 담요가 낡으면 다른 담요를 주고, 명절이 되면 쌀을 갖다 주고, 짐승에게 먹일 짚을 공급해 준다. 실제로 피후견인은 후견인이 허락하리라고 생각하는 것은 무엇이든 후견인에게 요청할 수 있다. 그러나 그것을 구걸이라고 생각하지 않는다. 마치 그리스도인이 하나님께 도움을 요청할 때 구걸이라고 생각하지 않는 것과 같다.

　피후견인으로서는 전적으로 후견인에게 충성을 보여야 한다. 후견인이 해야 할 일이 있을 때마다 피후견인은 추가 임금 없이도 그를 위해 일해야 한다. 후견인에게 찬성표를 던지기도 하고, 필요하다면 그를 위해 싸우기도 한다. 한편, 피후견인은 일자리를 보장받은 셈이다. 그들은 해고당하지 않기 때문이다. 많은 사람이 자신의 부모에게 특정 후견인을 섬길 권리를 물려받는다. 후견인과 피후견인은 관계를 맺고 서로 유익을 얻는다. 후견인은 그 사회 안에서 권력과 특권을, 피후견인은 안전을 얻는 것이다.

　좋은 관계를 형성하는 것에 대한 이런 견해 차이는 북미인과 남아시아인 간에 아주 큰 혼동을 가져다준다. 미국 사람들은 자기를 위해 일하는 사람들을 전적으로 책임져야 한다는 사실을 알면 당황해한다. 그들은 일하는 사람들의 요구를 구걸로 오해한다. 한편, 남아시아인은 서로에게 온전히 헌신하는 깊고 지속적인 관계를 형성하지 않는 미국인들이 차갑고 비인격적이라고 여긴다. 미국인들의 관계는 단지 우정 정도로 제한되기 때문에 남아시아인들에게는 피상적으로 보이는 것이다.

　계약 집단 개인주의와 성취를 강조하는 사회에서는 대체로 관계가 느슨하다. 북미인들은 개인의 권리와 이익이 집단에 종속되는 공동체보다는, 공동 활동으로 연합된 각 개인으로 집단 활동에 참여하는 경향이 있다. 스튜어트는 다음과 같이 말한다.

> [북미 사람들은] 집단이나 조직에 전심으로 헌신하지 않는다. 자신처럼 자기의 목적을 추구하는 사람들과 연합하면서 개인적인 목적을 추구할 뿐이다. 그들은 집단의 목적을 받아들이지만, 자신의 기대가 성취되지 않는다면 자유롭게 떠나 다른 집단에 합류한다.[69]

이처럼 자신의 유익에 헌신하는 모습은 이들이 친족이나 지역 공동체와 맺은 관계 양상에서 볼 수 있다. 다른 곳에 더 좋은 일자리가 나타나면, 북미인들은 친척과 친구를 떠나 승진과 높은 임금을 따라갈 준비가 되어 있다. 그 결과, 원할 때 언제든 떠날 수 있도록 자발적인 단체들 안에서 맺은 피상적인 관계로 집단 활동을 제한시키려는 경향과 높은 이동성을 낳았다. 현재 우리 필요에는 맞지만, 그러지 않을 때면 언제든 떠날 수 있는 자유가 있기 때문에 그 집단에 가담하는 것이다. 프란시스 수가 지적하고 있듯이, 북미에 있는 사회 조직의 기본 형태는 (특정 활동이나 스포츠 등을 위해 모인) 클럽이다.[70] 북미인은 대부분 특정 목적에 맞추어 클럽을 조직한다. 스포츠클럽, 사업 협회나 주민 협회, 또래 모임, 공동 이해 집단, 전문가 협회, 암 협회와 같은 특별 대책 위원회 등이 있다. 심지어 교회도 친족과 집안에 근거한 집단이라기보다 자발적 모임으로 생각한다.

자발적 모임에서 맺어진 관계는 가볍기 때문에 모임 자체가 흔히 오래 가지 못한다. 학교나 병원, 사업체는 명확하게 조직된 역할과 재산을 가진 공식 기관이 되어 오랫동안 지속된다. 그러나 이런 기관에서도 관계는 종종 피상적이 되고 일이나 스포츠, 정치와 같이 특정한 삶의 영역에 한정되어 있기 때문에 개인은 자신이 원하면 언제든 떠날 권리를 지닌다.

이러한 자발성을 강조하는 것은 강한 관계성을 물려받아 친족과 지역 공동체로 끈끈하게 묶여 있는 사회에서는 이상해 보일 수 있다. 이러한 강한 관계성은 개인의 기본 필요를 모두 충족시키는 집단을 유지하기 위한 기초이며, 개인에게 엄청난 충성을 요구한다. 전혀 모르는 사람들이 한 친족 집단의 일원으로 받아들여져 그 공동체에 들어오는 것이 허용되더라도 그들이 적일지 모른다고 생각하기 때문에 어느 한 사람이 낯모르는 그들과 임시적인 연합체를 형성하지는 못한다. 예를 들면, 지역 부족의 일원이 되기까지 선교사들이 흔히 외부인으로 간주되는 것과 같다.

호감 북미인은 호감을 얻는 것에 높은 가치를 두며, 그것을 사회관계에서 성공의 표시로 여긴다. 다른 사람들이 자신을 어떻게 느끼는지 염려하기 때문에 북미인은 다른 사람들의 말과 행동을 통해 자신이 받아들여졌는지 또는 거절되었는지를 읽어 낸다. 반갑게 건네는 악수, 싱긋 웃는 미소, 어깨를 토닥이는 것, 칭찬 등 이 모든 것이 일상적인 행동이 되었다. 우정과 친근감을 드러내는 이러한 표현이 없으면, 북미인은 자신에 대해 확신하지 못하고 혼란스러워한다. 극도의 개인주의 사회에서 개인적인 자신감을 얻는 데 필요한 조건들이 거부되었기 때문이다. 사회적인 성공은 성취를 가늠하는 중요한 척도다. 스튜어트는 "미국인들은 얼마나 인기 있는지에 따라, 즉 말 그대로 자신을 좋아하는 사람이 몇 명이나 되는지에 따라 자신의 개인적이고 사회적인 성공을 판단하는 경향이 있다"고 말했다.[71] 호감을 얻었다는 것은 사랑받을 만하다는 뜻이다. 그렇다고 그 보답으로 우리가 다른 사람을 좋아해야 한다거나, 그들과 반드시 우정의 관계로 발전해야 한다는 뜻은 아니다.

해외에 나가면 이러한 수용에 대한 욕구가 특히 강해진다. 북미인들은 세상 어디에서나 사람들이 자신을 좋아하리라고 기대하기 때문에 거부당하면 깊은 상처를 입는다. 그래서 북미인들은 해야 할 일이라는 걸 알면서도 "인기 없는" 일에 종사하는 것을 싫어한다. 인기는 성공을 측정하는 낮은 수준의 척도라 생각하며 어떤 일을 잘 해내는 것을 그에 대한 보상으로 느끼는 유럽인 선교사들은 흔히 호감을 얻으려는 욕구에 실망하기도 한다.

사유권 개인주의를 표현하는 중요한 한 가지가 바로 사유 재산권이다. 어린아이들은 자신만의 장난감과 방을 갖는다. 아이들에게 갖고 있는 것을 함께 쓰라고 권유하더라도 자신이 그것을 소유하고 있다는 사실을 의심하지는 않는다. 나중에 이 소유권은 토지, 자동차, 나무, 펜, 책 등 거의 모든 것으로 확장된다. 물론 예외도 있다. 물고기와 새는 잡히기 전까지 공공 재산이다. 공기와 바닷물 역시 누구나 사용할 수 있다. 사유권은 재산을 사용하고 처분할 배타적 권리를 동반한다. 구매자는 집이나 자동차의 완전한 소유자가 되며, 원한다면 그것들을 부숴 버릴 수도 있다.

부족이나 친족 집단이 소유권을 가지고 있는 문화에서는 미국인들의 소유권 개념을 이해하지 못한다. 예를 들면, 북미 원주민들의 땅은 종족과 가문에 속해 있다. 땅이 필요한 젊은 아들이 연장자들에게 요청하면, 그에게 땅을 주어 그가 경작하는 동안 가질 수 있게 해준다. 그리고 경작이 끝나면, 친족 집단에 땅을 되돌려 준다. 필그림과 같은 외국인들이 들어왔을 때, 원주민들은 사용하고 있지 않은 땅을 쓰게 해주었다. 필그림들이 가져온 선물을 보고 원주민들은 잠시 땅을 사용하게 해준 것에 대한 일상적인 감사 표현이라고 생각하였다. 그후 부족에서 땅이 필요하자 원주민들은 외국인들에게 떠나라고 요구했다. 원주민들이 보기에 그 땅은 지금 그들의 삶뿐 아니라 조상들과 태어나지도 않은 후손에게 속해 있는 것이기 때문에 부족의 소유권에서 결코 벗어날 수 없다. 한편, 필그림들은 자신들이 준 작은 선물로 땅을 샀다고 여겼고, 분명히 팔았던 땅을 되돌려 달라고 요구한다고 생각했기 때문에 원주민들을 "한 번 준 것을 되돌려 받는 사람"(Indian giver)이라고 불렀다.

인도주의 개인의 가치를 강조하는 것을 표현하는 또 다른 단어는 인도주의다. 북미인은 흔히 도움을 요청하면 즉시 도와주고, 재난이 발생하면 생필품을 거저 나누어 준다. 기근이나 지진으로 인한 희생자들을 위해, 전쟁이나 재난으로 파괴된 국가나 부모를 잃은 고아들을 위해, 미국인들이 보여 준 도움은 잘 알려져 있다.

인간의 고통에 대한 관심은 미국 문화의 아주 훌륭한 유산이지만, 안타깝게도 지나치게 제도화되어 있고 비인격적이다. 세계 곳곳에서 인도주의는 매우 인격적인 환대를 의미한다. 즉 희생자들을 자신의 집과 사회생활에 받아들이는 것이다. 모티머 아리아스(Mortimer Arias)에 따르면, 이것은 구약의 이스라엘 사람들이 이웃들을 전도하기 위해 권고한 방법이다.[72]

더 가난한 국가의 사람들은 늘 모든 사람과 나누지 못한다는 사실을 우리는 인식해야 한다. 그들은 그렇게 할 수 없다. 그러나 나름대로 선택적이고 인격적인 나눔의 형태를 가지고 있다. 예를 들면, 중동 지역에서 절름발이와 맹인들은 교회나 이슬람 사원 앞에 줄을 서서 구호품을 받아 간다. 순진무구한 미국인들은 이들을 보며 종종 비난하는 말을 한다. "온통 가난한 사람 천지로군! 이 사회는 몰인정하고 낙후되어서 이런 사람들을 돌보지 않는 게 분명해!"[73]

평등

개인의 권위에 대한 미국인의 개념은 이른바 모든 인간은 평등하다는 기본 전제와 매우 밀접하다. 대인 관계는 보통 동등하다고 생각되는 자율적인 개인 사이에서 수평적으로 맺어진 관계다.

우리에게 평등권이란 모든 사람의 사회적, 경제적 생활 수준이 같아지는 것이 아니라, 누구에게나 평등한 기회가 주어졌다는 뜻이다. 우리는 사회주의적 정부 형태를 거부해 왔다. 그보다는 모든 사람이 결정 과정에 참여하며 다수가 소수의 권리를 박탈하지 않는 민주주의를 이상으로 삼고 있다.

미국에서 평등권이 기본 전제라고 해서 사회가 늘 그렇게 행한다는 뜻은 아니다. 흑인과 여성을 대하는 미국의 문화가 그 증거다. 그러나 흑인과 여성이 기회에서 평등권을 요구할 때, 이 집단이 하위 집단이며 낮은 지위에 만족해야 한다고 공개적으로 이야기하는 미국인은 거의 없다.

삶의 모든 영역에서 계급 제도가 실제이자 규범인 세계의 대부분 지역에서는 이와 같이 평등을 강조하는 것을 터무니없게 여긴다. 이 사회에서는 인간이 동물보다 우수하며, 어떤 동물은 다른 동물보다 우수하듯, 인간의 어떤 부류는 다른 부류보다 높은 위치에 있다고 본다. 예를 들면 남아시아에서는 다른 카스트로 태어난 사람들은 선천적으로 부류가 다르며, 그 사회 안에서 누리는 권리와 책임이 같지 않다. 낮은 지위로 태어난 사람은 전생의 죄 때문에 정결치 못하다고 여긴다. 그런 삶을 받아들이고 고행해야 그 죄가 없어진다고 본다. 그래야 높은 카스트의 사람이나 신으로 다시 태어날 것이다. 결국, 이들에게 모든 사람이 똑같이 태어났다는 말은 죄에 대한 대가가 치러지지 않고 의가 파괴되었다는 말과 같다.

격식을 차리지 않음 평등을 강조하는 미국 사람들은 계급 제도에 따른 관계를 맺기가 쉽지 않다. 결국 이런 관계에서도 미국인들은 격식을 차리지 않는 평등한 분위기를 만드는 경향이 있다. 예를 들면, 사장이 직원과 농담을 즐기며, 중요하지 않은 사적인 질문을 하고, 대화를 시작하기 전에 함께 커피를 마시기도 하는 것이다. 이러한 피상적인 평등주의 정서가 흐른다 할지라도, 말은 하지 않지만 계급, 부, 교육 수준, 권위에 따라 명확하게 세워진 계급 제도가 깔려 있다.

때로 북미인들이 해외에 있으면서 이러한 격식을 차리지 않는 행동이 유용할 때가 있다. 그러나 적절한 격식을 강조하는 세계에서는 자주 오해받기도 한다. 아렌스버그와 니호프는 이렇게 지적한다.

> 계급을 중요하게 여기는 나라에서 누군가에게 마땅히 받아야 할 경의를 표하지 않는 것은 그를 모욕하는 것이다. 외국에서 격의 없이 쾌활하게 "농담조"로 접근하려는 미국인의 경향은 위험할 수 있다. 진심어린 친절과 예의를 보이며 가식 없이 살아가는, 격식 차리지 않는 삶은 보존해야 할 가치다. 그러나 그러한 격식 없음이 어느 사회에서는 계급이 높은 사람들을 경시하

거나 무시하는 의미로 읽힌다면 권하지 말아야 한다. 미국식 "농담"이나 유머는 평등주의 문화에서 나온 특수한 산물이다. 그것은 본국에서나 잘 보존될 수 있다.[74]

우리가 한 문화와 그 사람들의 사고방식에 완전히 익숙해질 때까지는 그들을 존중하고 판단을 보류하는 것이 가장 좋다.

경쟁과 자유 기업 체제 북미인들은 경쟁을 높이 평가한다. 어릴 때부터 이기는 것을 독려받는다. 학생들은 성적으로 경쟁하고, 스포츠에서는 우승하면 영웅으로 추앙받는다. 파커 파머(Parker Palmer)는 미국의 학교 제도가 경쟁과 자기 의존을 키우는 훈련소가 되었다고 지적한다.[75] 그리고 "훈련소 이상으로, 교육 자체는 시작하기도 전에 승자와 패자가 결정되는 경쟁적인 경기장이 되었다." 그후로도 북미인들은 살아가면서 지위, 능력, 명성, 재산을 위해 경쟁한다. 패자와 약자, 느린 자와 신체장애자들은 설 자리가 거의 없다. 그러면서 사람들은 흔히 열심히 노력하기만 하면 누구든 성공할 수 있다고 생각한다.

경쟁과 밀접하게 연관된 것은 자유 기업 체제다. 누구나 성취할 수 있는 기회가 동등해야 하며, 경쟁은 가장 잘한 사람이 승리한다는 것을 보장한다. "페어플레이"(fair play)가 바로 이런 것을 강조한 개념이다. 모든 사람은 같은 규칙 아래 경쟁해야 한다. 스포츠에서는 마치 작은 신처럼 빈틈없이 행동하며 모든 경기가 공정해지도록 하는 심판이 있다. 삶에서는 모든 사람을 동등하게 재판하는 정부가 있다.

경쟁과 개인의 성취를 강조하는 것은 북미의 호피(Hopi) 인디언과 케냐의 키쿠유(Kikuyu)족, 타이 사람들과 같은 많은 사회에서는 낯선 개념이다. 이들은 어린 시절부터 경쟁을 하지 않거나 다른 사람, 특히 나이든 어른들과 문제를 의논하도록 배워 왔기 때문이다. 결국 그들은 서로 도와

숙제를 마무리하고, 학과를 이수할 때도 일등을 하려 하지 않는다. 그들의 손윗사람인 선생님의 뜻을 전적으로 따른다. 스포츠에서도 같은 집단에 속한 다른 사람을 이기려 하지 않기 때문에 점수 기록하는 것을 좋아하지 않는다. 이런 태도는 미국인들이 잘 이해하지 못하는 것들이다.

단도직입적이고 대립적 임무 완수와 격식 없음을 강조하기 때문에, 북미인들은 관계에서 단도직입적, 심지어 대립적이기도 하다. 문제에 직면하면 그 즉시 관련 정보들을 얻고 싶어 한다. 스튜어트가 설명하고 있듯이, "이것은 사실을 직면하면 문제를 예상하고 당사자들에게 솔직하게 털어놓아 직접 정보를 얻는다는 뜻이다. 또한 사람들을 직접 대면하고, 의도적으로 그들과 맞서는 것을 바람직하게 여긴다."[76] 친절과 예의를 갖추거나 관계를 맺는 데 거의 시간을 쓰지 않는다.

이와 달리 일본 문화에서는 자신의 목적을 에둘러서 성취하는 것과 예절에 높은 우선권을 둔다. 사교 기술도 존중받는다. 무뚝뚝함이나 공개 대결은 친구들을 당황하게 만들고 다른 사람들에게 조롱거리가 된다. 업무 회의에서 문제를 공개적으로 꺼내 놓고 결정을 내리길 원하는 북미인들과 달리 일본 사람들은 은밀하게 개인적인 타협으로 결정하는 편을 선호한다. 회의는 이미 결정한 것을 다시 확인하고 공적으로 알리기 위한 것이다.

대립에 대한 미국인의 개념과 대조되는 예로는 동의를 얻기 위해 제삼자를 이용하는 태국과 같은 사회에서 볼 수 있다. 중요한 사업 모임에서는 흔히 관련 당사자들이 서로 직접 만나 협상하는 것이 아니라 사절을 보내 일을 처리한다. 결혼 상대자를 선택하거나 집을 사는 것과 같이 사적인 결정에서도 마찬가지다.

협력 모순 같지만, 경쟁을 하려면 개인끼리나 집단끼리 상당히 많은 협력이 필요하다. 그렇기 때문에 북미인들의 경쟁은 협력 상황에서 일어난다는 것을 조금은 알 수 있다.[77] 예를 들면, 축구 경기에서 선수들은 결국 각자에게 명예가 주어질지라도, 팀으로 경쟁해야 한다. 그러므로 미국인들이 개인적인 목적을 추구하면서도 함께 일할 능력이 있다고 알려진 것은 의아한 일이 아니다. 이처럼 미국인들이 경쟁과 함께 협력도 할 수 있는 것은 집단이나 조직에 전심으로 헌신하지는 않지만, 그러는 것이 개인적으로 이익이 된다면 협력한다는 사실에 원인이 있다. 집단의 목표를 받아들이고 그 규칙에 따라 경기를 하지만 그들의 기대가 성취되지 못한다면, 자유롭게 떠나 다른 집단에 가담한다.

자신에게 동의하지 않는 사람들과 협력하는 특징은 다른 사람들과 함께 일할 수 있게 만드는 촉매가 되기 때문에 북미인들이 해외에 갔을 때 유용하다. 하지만 이것 역시 오해를 살 수 있다. 다른 문화에 속한 사람들은 흔히 북미인들이 일을 성취하기 위해서는 기꺼이 원칙을 포기하는 기회주의자라고 느끼기 때문이다.

공간보다 시간을 우선하다

북미인들은 시간을 중요하게 여긴다. 시간은 늘 부족하고 아껴야 한다. 낭비되고 잃어버릴 수 있기 때문이다. 무엇보다 시간은 돈이다. 일과 임금이 관련되어 있기 때문이다. 고용주는 노동자의 시간을 사는 것이다. 일을 배분하고 마감일을 정한 뒤 시간을 근거로 임금을 지급한다. 항공사에서 일정을 빽빽하게 잡아서 여행자들이 기다려야 한다면, 그들은 초조해한다. 학교와 사무실은 시간에 맞춰 돌아간다. 시간은 미국 사회의 복잡한 활동들을 조직화하는 데 중요한 수단이다.

산업 사회에 살지 않는 사람들에게는 이처럼 시간을 강조하는 것이 아주 이상해 보인다. 대부분의 농경 사회에서 일은 시간이 아니라 즉시 해야 할 임무에 매여 있다. 즉 계절에 따라 다른 비상사태, 기온이나 강우량 변동, 의례적인 행사와 관련되어 있는 것이다. 예식과 연극, 교회 행사도 사람들이 다 모이면 시작하고, 시간과 상관없이 다 끝날 때까지 계속된다. 친구나 친척도 아무 때나 찾아온다. 그 사람들에게 "시간에 맞춰" 모임에 나타나거나 정기적으로 참석할 것을 기대한다면, 곤란을 겪을 것이다.

직선적 시간 미국인들에게 시간은 직선적이다. 시작과 끝이 있다. 반복 없이 지속적으로 일정하게 흐르기 때문에 측정과 계획이 가능하다.

직선적인 시간 기준에서는 두 가지 질문이 아주 중요하다. 어떻게 일을 시작했는가? 그리고 어떻게 끝낼 것인가? 이 두 질문은 종교적 영역이든 세속적 영역이든 서구 사상에서 중요한 역할을 해왔다. 기독교에서는 세상을 다루는 창조 신학과 종말 신학, 그리고 개인을 다루는 구원과 영원을 모두 가르친다.

반면 세계 많은 곳에서 시간은 상품도 아니고, 직선적이지도 않다. 예를 들면, 아프리카에서는 대부분 시간이 사건 중심적이고 비연속적이다. 절대적인 "시각"이나 단일한 시간 측정이 없다. 오히려 신화적인 시간, 역사적인 시간, 의례적인 시간, 농사적인 시간, 계절적인 시간, 양력, 음력 등 여러 종류의 시간 개념이 있다. 이런 것 하나하나는 지속 기간도 다르고 질도 다르다. 농업은 농사적인 시간에 따르지만, 출생, 결혼, 죽음, 축제는 의례적인 시간에 맞춘다. 어떤 면에서는 미국에서도 비슷한 방식으로 시간을 이야기한다. 달력은 1월 1일부터 시작하고, 2/4분기 사업 연도는 7월 1일에, 학교 연도는 봄에 시작하는 식이다. 그러나 아프리카에는 다른 것들과 모두 연관된 한 가지 기본 시간 기준이 없다. 모두 복잡한 방식으로 서로 관련되어 있다. 더구나, 이 모든 시간에서 그 초점은 정확한 시간 자체보다는 다루는 사건에 있다.

어떤 부족에서 시간은 앞뒤로 왔다 갔다 하는 시계추와 같다. 이런 문화에 있는 사람들은 시간을 뒤로 가는 것처럼, 또는 "멈춰진" 것처럼 말하기도 한다.

남아시아에서는 시간이 순환적인 동시에 직선적이다. 인간은 끝없는 삶의 연속 속에서 태어나고, 다시 태어난다. 그러나 이 순환은 더 커다란 신의 삶에 속한 일부분으로, 시작과 끝이 있다.

미래 지향적 직선적 시간은 미래로 향하며, 북미인들은 과거보다 미래를 중요하게 생각한다. 이것은 마치 우리가 미래를 통제할 수 있는 것처럼 계획을 세우고, 앞으로 더 좋은 날이 있다고 기대하게 만든다. 북미인들은 조상에 대해 배우거나 가족과 국가 전통을 유지하는 것을 그다지 강조하지 않는다. 옛 방식들은 새로운 것에 밀려나기 쉽다. "오늘은 당신에게 남은 날들의 첫 날이다", "계획을 세우라"와 같은 격언은 삶에 대한 계획안이 된다. 이러한 시간 개념은 성장하고 행하는 우리의 믿음과 매우 밀접하게 관련되어 있다.

서구에서는 시간을 계획하고 통제할 수 있는 상품으로 본다. J. C. 칸던은 이렇게 말했다. "중산층 미국인들은 규정하기 힘든 시간의 질에 사로잡혀 있다. 결과적으로, 그들은 셀 수 없이 많은 일정으로 그 통로를 통제하려고 시도한다. 그렇게 해서 그들은 자신들의 행동 지향성을 미래를 향한 추진력으로 바꿔 놓는다."[78] 북미인들은 종종 다음 주와 다음 달에 있을 계획을 세운다. 이런 모습은 약속하지 않고도 서로 만나는 문화에 익숙한 외국인들을 실망시킨다. 북미의 공장, 비행기, 학교는 분 단위로 활동을 계획하는데, 이것은 모든 사람이 준비되었을 때 활동을 시작하는 문화에 익숙한 사람들에게는 이해할 수 없는 일이다.

전통적인 아프리카인의 사고는 초점이 미래가 아닌 과거에 맞추어져 있다. 존 음비티(John Mbiti)가 지적하듯이 시간에는 세 부분이 있다.[79] (1) 신화적인 과거로 위대한 부족의 사건들이 발생한 오랜 기간, (2) 최근의 과거로 아직 기억할 수 있는 선조들이 살았던 비교적 짧은 기간, (3) (직전의 과거와 직후의 미래를 포함하는) 현재. 이것을 볼 때 중요한 것은 미래에 일어날 사건이 아니라, 과거에 발생한 위대한 사건이다.

한편, 전통적인 중국인의 사고는 직전의 과거와 직후의 미래를 모두 포함하는 현재를 가장 강조한다. 스튜어트는 이렇게 말한다.

> 실제로 중국인에게 시간은 미국이나 서구의 사고가 물리적인 인과에서 도출하는 것과 같은 합리적인 설명과 예측을 제공하지 않는다. 중국인들은 매우 상황 중심적으로 보여 주며, 해당 사건과 동시에 발생한 다른 요소들에 관해서 특정 사건을 설명하려고 한다. …… 시간에 대한 이런 견해는 시간을 다스리기보다는 환경과 통합하려 하고, 그것을 바꾸기보다는 상황에 적용시키려는 경향으로 기울게 만든다.[80]

젊음에 대한 강조 미래 지향적인 북미 사람들과 밀접하게 연관된 사고는 젊음에 대한 강조다. 이것은 상업 광고와 오락에서 볼 수 있다. 노인은 거의 등장하지 않는다. 실제로도 나이든 사람들의 경험과 책임감보다는 젊은이들의 활동적이고 생산적인 면을 더 인정한다.

사회의 주요 흐름에 나이든 사람들은 거의 참여시키려 하지 않는다. 은퇴하고 나면 사회에 아무 공헌도 할 수 없는 것처럼 생각된다. 그리고 더 이상 자신을 돌볼 수 없게 되면 흔히 자녀들과 떨어져 양로원에서 지내며 낯선 사람들에게 보살핌을 받는다.

이처럼 젊음을 강조하는 것은 보편적인 규칙이라기보다는 예외적인 것이다. 많은 사회에서 노인의 지혜와 경험을 긍정적으로 본다. 그들은 존경받고 명예로운 자리를 얻으며 가족이나 공동체의 결정에 관여한다. 공직에서 물러나는 일도 없다. 사실 오늘날 우리가 생각하는 은퇴는 주로 서구에서 볼 수 있는 20세기적 현상이다.

시간과 공간 북미인들이 전통적인 농경 사회와 부족 사회에 지닌 더 근본적인 오해 중 하나는 땅에 대한 개념과, 시간과의 관계와 관련된다. 미국인들에게는 시간이 공간보다 중요하다. 땅은 세속적인 상품으로, 다른 것들처럼 사고팔 수 있다. 반면, 시간은 한 번 살면 지나가 버리는 것이기 때문에 귀중하다.

북미인들이 역사를 강조하는 것을 보면, 공간보다 시간을 우선한다는 것을 알 수 있다. 북미인들은 수표와 지원서에 날짜를 적는다. 생일이나 기념일과 같이 삶에서 중요한 사건들을 기억한다. 그러므로 그들은 시간보다 땅과 공간을 중요하게 여기는 사람들을 이해하기가 어렵다.

그러나 많은 문화에서, 땅은 신성하며 시간보다 중요하다. 땅은 시간이 할 수 없는 방식으로 사람들을 조상과 문화적 영웅, 신들과 묶어 준다. 사람들은 과거로 돌아갈 수도, 위인들이 위대한 업적을 행하던 시대에서 살 수도 없다. 그러나 그 위대한 사건들이 있었던 "장소"에는 갈 수 있다. 예를 들면, 이곳에 우리의 위대한 선조가 심은 나무가 있다. 우리의 조상이 적군을 몰아내고 우리 부족을 일으켜 세운 언덕이 있다. 라자 라오(Raja Rao)는 공간이라는 견해에 사로잡혀 이렇게 말했다.

> 인도에는 어느 마을이나 그곳만의 전설적인 역사나 부유한 스탈라푸라나(*sthalapurana*, 특정 신전의 미덕을 칭찬하는 문헌으로 신전 창건과 영적 역사를 전한다)가 풍성하다. 특정 신이나 신과 같은 영웅이 마을을 지나간다. 라마(Rama)가 이 보리수 밑에서 쉬어 갔을 수도 있고, 시타(Sita)가 목욕을 끝내고 이 노란 돌 위에서 옷을 말렸을 수도 있다. 마하트마(Mahatma) 자신은 이 나라 곳곳의 순례지 중 한 곳, 마을 입구 옆 낮은 곳인 이 오두막에서 잤을지도 모른다. 이런 식으로 과거와 현재, 신과 사람이 혼합된다.[81]

아마 그리스도인들은 팔레스타인을 방문하고 하나님이 아브라함에게 주신 땅을 보고, 다윗의 성에 있는 거리를 걸어 보고, 예수가 죽임 당한 언덕에 서 있을 때, 이런 현실감을 가장 잘 이해할 수 있을 것이다. 어떤 면에서 공간은 우리를 성서적인 사건과 분리시키는 시간의 간격에 다리를 놓아 과거를 실제적이고 의미 있는 것으로 만들어 준다.

대니얼 켈리(Daniel Kelly)는 북미 원주민 사역에서 가장 큰 장애가 바로 땅과 관계에 대한 원주민의 개념을 선교사들이 잘 알지 못한 것과, 북미인의 관점에서 시간과 성취를 강조한 것이라고 믿는다.[82] 선교사들은 자신이 사역하는 사람들의 삶 속에서 공간과 조상이 어떤 의미를 지니는지 이해하지 못한 것이다.

시각적인 것에 대한 강조

북미인의 세계관에서 또 다른 기본 주제는 소리, 촉감, 맛, 냄새보다 보는 것을 강조한다는 것이다. 이것은 "세계관"(world view), "알겠습니다"(I see), "상황을 두고 봅시다"(Let's look at the situation)란 말에서 알 수 있다.

눈에 보이는 세계에 대한 서구의 강조는 그리스 철학에 근거한다. 월터 옹(Walter Ong)은 이렇게 말했다.

> 플라톤의 이데아는 새 시대를 열었다. 그는 시인들을 공격했다. 말이 중심이던 옛 세상은 인간의 많은 활동과 노력을 모든 현실의 초점과 중심으로 삼고 있었다. 옛 세상은 온정이 있고 인간적이었으나, 플라톤의 "이데아"나 "형상"은 …… 냉정하고 추상적이었다. 옛 세상은 기동성이 있고, 사건으로 꽉 차 있으며, 대화는 흥미로운 활동의 소용돌이였다. 그와 달리 플라톤의 새로운 이데아는 행동성이 없고, 비역사적이었다. 옛 견해가 인간의 구체적인 상황에 대해 모두 알았던 반면, 새로운 견해는 모든 것을 추상적이고, 세속적이지 않으며, 전적으로 객관적이고, 고정된 것으로, 행동성이 없는 분야에 그려진 움직이지 않는 형상을 본떠서 만들게 했다.[83]

이러한 견해가 얻어 낸 최고 성취는 읽고 쓰는 능력과 인쇄물이었다.

그러나 세계 대부분의 사람들은 계속 구전 사회에서 살아갔다. 구전 사회에서 일차적 경험은 지나가는 사건들과 그 사건의 기억이었다. 생각은 글 속에 얼어붙어 있는 것이 아니기 때문에, 기억은 계속 재해석된다. 고정되고 변함없는 현실 감각은 덜한 반면, 이 세상이 인간과 다른 존재의 역동적인 상호 작용이라는 느낌은 강해진다.

구전 문화에서도 생각과 표현이 잘 조직되어 있지만, 교양 있는 사람이 보기에는 그 방식이 종종 낯설고 마음에 들지 않는다. 이러한 조직화는 신앙 유형이나 속담, 수수께끼, 신화, 그밖에 다른 표현 수단에 근거한다. 대부분 이러한 것들은 추상적인 생각보다는 구체적인 인간 경험을 다루고 있으며, 일방적인 전달보다는 말하는 자와 듣는 자의 상호 교류를 포함한다.

선교사들은 읽고 쓰는 능력이 자신의 사고를 얼마나 깊이 형성해 왔는지 인식해야 한다. 선교사에게는 그러한 능력이 매우 자연스럽겠지만, 구전 사회에서 사는 사람들에게는 이상해 보이는 사고 유형을 만들기 때문이다.

추상적 지식 쓰는 것은 전달자와 메시지를 분리시킨다. 우리는 책을 읽고 그 내용을 검증할 때, 흔히 우리가 잘 알지 못하는 저자의 신뢰도보다는 책 자체의 유용성을 기준으로 삼는다. 따라서 우리의 이러한 경향은 일상생활의 경험과 직접 관련이 없는 추상적인 사고 체계를 형성하게 된다.

선교사들은 종종 사고 체계와 일상생활이 분리되는 것에 죄의식을 느낀다. 설교와 책을 통해 선교사는 추상적인 사고를 소개하고, 청중에게 인지 구조를 바로잡아 주려고 한다. 강의할 때에도 선교사들은 젊은 그리스도인들이 삶에서 직면한 문제들에 어떻게 적용하느냐보다는 신학을 설명하는 데 더 관심을 기울인다.

추상적인 사고 체계를 개발하는 것은 교회, 특히 그 지도자들에게는 중요한 임무다. 이런 점에서 그들은 특정 문화 상황에서 복음의 의미를 정의하고, 다른 신념 체계에 대한 지적 공격에 맞서 복음을 변호할 책임이 있다. 그러나 구두로 전하는 사람들은 이야기와 구체적 사례, 인간의 특정 문제들 차원에서 생각한다는 사실을 선교사들은 잊지 말아야 한다. 그들은 자신이 경험한 것을 말한다. 따라서 예수가 대중에게 비유를 들어 이야기한 것은 그들이 쉽게 이해할 만한 사고와 소통 방식을 사용하신 것이다. 구전 사회에서 일반인들을 대할 때는 우리도 개인적이고 구체적인 복음 메시지를 강조해야 한다.

구술하는 사람들에게 소통은 늘 사람과 연관된다. 그들은 특정 상황에서 설교를 듣고 있으며, 설교자의 삶을 통해 그 메시지를 판단한다. 이러한 이유로 선교사는 설교한 내용대로 살아가야 한다. 그러지 않으면 사람들은 선교사들의 말을 들으려 하지 않을 것이다.

글 속에 저장된 정보 북미인들은 문서 정보를 매우 중요하게 여기며, 그 내용이 출판되었다면 더욱 신뢰한다. 읽고 쓰는 능력을 가장 높은 수준의 소통 형태라고 생각하기 때문에 학교나 도서, 잡지, 문서 기록에 굉장히 투자한다. 은연중에 그들은 교육받지 못한 사람을 무식하고 지식이 없다고 경시한다.

선교 사역에서는 읽고 쓰는 능력에 대한 이런 선입관이 흔하다. 그래서 선교사들은 사람들이 읽을 수 있게 돕고, 인쇄된 성경과 소책자, 통신 강좌, 서적을 만드는 데 엄청난 노력을 기울인다. 구전 사회에서 볼 수 있는 전통적인 비문자적 소통 형태는 거의 생각하지 못하는 것이다.

그러나 세계 많은 곳에서는 노래, 속담, 수수께끼, 이야기, 드라마, 춤, 의식, 웅변 등으로 보전된 구전 정보에 의존한다. 그리고 우리는 이런 방식을 사용하여 복음을 기억하고 전달할 수 있다. 그들이 복음 메시지를 듣고 이해할 수 있기만 하면 충분하다. 반드시 읽고 쓰는 능력을 먼저 갖추어야 하는 것은 아니다. 그러한 능력이 현대 세계에서 중요한 역할을 하고 있으며 지금의 구전 문화 안에 더 확산되겠지만, 그렇게 된 후에만 복음을 전할 수 있다고 생각해서는 안 된다.

지식에 대한 강조 정보를 보관하고 검색하는 효과적인 문자 체계를 생각해 볼 때, 북미인들이 지식에 높은 가치를 두는 것은 놀라운 일이 아니다. 서적과 백과사전, 컴퓨터는 읽고 쓰는 능력이 있는 사람에게 거대한 양의 정보를 제공한다. 학교에서는 지식 습득을 강조하고, 지식을 얻은 사람은 높은 지위를 얻는다. 쓰지 않는다면 학문 자체가 불가능하다.

그러나 이러한 지식은 종종 삶과 분리되어 있다. 대학 교수가 늘 가장 좋은 삶을 사는 것은 아니다. 그리고 교회에서는 일반적으로 믿음을 제자도가 아닌 지식으로 정의한다. 우리 대부분에게 그리스도의 주 되심이란, 그분의 명령에 순종하는 삶을 사는 것이라기보다 그분의 신성을 머리와 입으로 동의하는 것을 뜻한다.

반면, 구전 문화에서는 사회와 개인과 관련된 유익을 위해 일상적인 문제를 해결하는 능력이자, 지식을 삶에 유용하게 활용하는 기술인 지혜를 소중하게 여긴다. 결과적으로, 가르치는 자의 지혜는 그들의 삶을 통해 검증된다.

선교사들은 자신과 동역하는 선교지의 지도자들이 "무식"하거나 지식이 부족해 보일지 모르지만, 실제로 교회의 당면 과제를 처리하는 데는 지혜로울 수 있다는 것을 인식해야 한다. 그 지도자들은 종종 사람들을 어떻게 대하는 것이 효과적인지, 성경을 일상에 어떻게 적용할지를 잘 알고 있다.

체계화 무언가를 쓰는 작업은 생각을 처음부터 다시 정리하여 아주 정확하고 논리적인 지식 체계 안에 거대한 양의 정보를 조직할 수 있게 해 준다. 이 작업은 사고와 감정을 분리시켜 합리적인 생각을 길러 내기도 한다. 출판물은 구두 발표만큼 감정적인 영향력을 발휘하지는 못한다.

서구인들은 행동을 체계화하고 합리화하는 방식을 개발시켜 왔다. 장기 계획, 논리적인 교육 프로그램 개발, 이해하기 쉬운 제도적 구조를 강조한다. 서구인들은 누군가 늦거나 약속을 지키지 않으면 화를 낸다. 학교에서는 지식 체계를 가르치고, 교회에서는 추상적인 신학에 관심을 갖는다.

구전 사회에서 삶이란, 풍성하지만 혼란스러운 사건들을 종종 서로 분리된 채로 현실 그 자체에서 경험하는 것임을 우리는 이해해야 한다. 삶은 방해의 연속이다. 한 농부는 밭을 일구고 싶지만, 비가 내리길 기다려야 한다. 밭을 일구기 시작하자 먼 친척들이 며칠 머무르려고 들를 수도 있다. 동시에 아이가 아파서 돌봐 줘야 하거나, 계곡에서 내려온 약탈꾼들이 가축을 훔쳐가기도 한다. 그에게 닥친 이런 문화적 요구를 생각해 본다면, 계획을 세우고 시간을 지키는 것이 별 의미가 없는 것은 당연하다.

사고 체계는 필요하다. 특히 신생 교회의 기초를 세우고, 그 교회가 점차 자신을 잠식해 가는 현대 세계를 직면하도록 도와주어야 할 지도자들에게는 특히 필요하다. 그러나 그 지도자들조차도 일반인들과 소통할 때는 삶의 구체적인 경험을 이용하는 방법이 가장 효과적이라는 사실을 명심해야 한다.

선교사의 선입관

북미인의 세계관과 관련된 몇 가지 주요 주제를 간략하게 살펴보았다. 분명히 더 많은 주제가 있으며, 우리가 살펴본 이 주제들이 일상생활에 영향을 주는 방식이나 내용에 관해서는 더 자세하게 검토해야 한다.

선교사들은 저마다 자신이 자라 온 특정 문화에 영향을 받았기 때문에 모든 서구 선교사가 이 전제들을 공유하는 것은 아니다. 그러나 이 전제들을 거부하기 전에 먼저 조심스럽게 살펴보는 작업이 필요하다. 세계관의 전제들은 대부분 함축적이며, 북미인들의 세계관은 흔히 우리가 인정하고 싶은 것보다 훨씬 깊게 우리 생각에 뿌리내려 있기 때문이다.

타문화에서 사역할 때 우리가 지닌 문화적 선입관의 정도와 질을 인지하는 일은 중요하다. 그런다면, 자문화 우월주의와 서로에 대한 오해를 줄여 나갈 수 있기 때문이다. 그러나 이것은 우리가 우리의 기본 전제들을 포기해야 한다는 뜻은 아니다. 우리에게는 몇 가지 전제가 있어야 한다. 그렇지 않다면 우리의 생각이나 문화를 조직할 수 없기 때문이다.

우리의 문화적 전제를 조심스럽게 검토해 보아야 하는 또 다른 이유는 많은 것이 기독교 사상에 어긋나기 때문이다. 사실 북미 문화가 기독교에 깊은 영향을 받긴 했지만, 본질적으로 기독교 문화는 아니다. 우리는 성경에 비추어 비판적으로 검토해야 한다. 그러지 않는다면, 문화와 복음을 쉽게 혼동하여 결국 다른 사람에게 문화에 근거한 복음을 소개하게 될 것이다.

Anthropological
Insights
for
Missionaries

3

문화 차이와 메시지

6장
문화 차이와 메시지

문화 차이는 메시지를 전하는 사람에게 영향을 끼칠 뿐 아니라 메시지 자체에도 영향을 끼친다. 모든 사회는 저마다의 방식으로 세상을 바라보며, 그 방식은 그 사회의 언어와 문화로 나타난다. 편향적이지 않은 언어는 없으며, 신학적으로 중립적인 문화도 없다. 따라서 문화 간 번역과 소통은 결코 쉬운 일이 아니다. 이 점을 이해하지 못한다면, 아무리 잘해도 효과적이지 못한 전달자가 될 위험이 있으며, 최악의 경우에는 소통 과정에서 복음을 오해하게 하거나 왜곡할 수 있다.

문화 차이는 여러 방식으로 메시지에 영향을 끼친다. 첫째, 메시지 전달자가 메시지를 받을 사람들이 이해할 수 있는 소통 방식을 취하지 않으면 사람들은 그 메시지를 받을 수 없다. 인도의 시골 마을 사람들에게 그들이 싫어하거나 익숙하지 않은 스와힐리어(아프리카 동부에서 널리 쓰이는 언어_ 편집자)나 의식적인 춤으로 소통하려는 시도는 전혀 소용없는 일이다. 둘째, 메시지 자체를 잘 번역하여 본래 의도하는 바를 가장 훼손하지 않은 형태로 전달해야 한다. 번역은 번역할 언어에서 원래 메시지와 의미가 가장 비슷한 단어를 찾아 표현할 뿐 아니라 그 언어가 쓰이는 문화의 더 넓은 맥락에 비추어 그 단어들이 메시지의 본래 의미를 왜곡하지 않는지 점검하는 과정까지 포함한다. 셋째, 메시지가 전달될 지역의 문화 형태로 상황화해야 한다. 교회 건물, 예배 형식, 지도 방식 등이 그 문화의 특성에 맞는 형태로 나타나야 한다. 출생 의식, 결혼, 장례, 기타 의례 역시 그 문화의 특성에 적합하면서도 기독교적으로 바른 형식으로 이루어져야 한다. 마지막으로 각 문화에 속한 사람들은 나름의 역사적, 문화적 상황에서 성경 말씀이 그들에게 무엇을 의미하는지 말해 주는 신학을 발전시켜야 한다.

이 장에서는 이러한 것들 가운데 첫째 문제, 즉 새로운 문화 형식에 맞추어 어떻게 복음을 번역하고 효율적으로 전달할지를 다루려고 한다.

상징과 의사소통

의사소통은 "발신자"에게서 "수신자"에게로 정보를 전달하는 것이다. 이러한 소통은 인간, 동물, 심지어 기계 사이에서도 일어날 수 있다. 벌들은 꿀이 있는 방향을 서로 소통한다. 인간은 자동차에 시동을 걸기 위해 자동차 열쇠를 돌리고, 계산기에서 필요한 답을 얻기 위해 숫자와 기타 지시 사항을 입력한다. 학교에서 시간을 알리는 종소리, 교통 신호등 불빛, 도둑을 경계하는 개 짖는 소리, 교향악단을 지휘하는 지휘자, 비행기를 조종하는 컴퓨터 등도 소통을 보여 주는 사례들이다. 이러한 예들에서 우리는 정보를 전달하여 어떤 변화가 일어나는 것을 볼 수 있다. 의사소통의 중요한 목표가 바로 변화를 일으키는 것이다.

우리가 관심을 갖는 것은 일반적인 의미의 소통이 아니라 인격적인 의사소통, 즉 하나님과 인간, 인간과 인간 사이에 일어나는 소통이다. 그러한 인격적인 소통이야말로 선교 사역의 핵심이기 때문이다. 인격적 의사소통의 특징은 "발신자"와 "수신자" 양편 모두 지적인 존재이며, 주고받는 메시지가 구체적인 현실을 설명할 뿐 아니라 추상적인 생각과 감정을 표현한다는 것이다.

[그림16] 생각은 구체적인 형식에 담겨 표현되어야 한다

생각과 감정은 마음에서 마음으로 곧바로 전달될 수 없다. 인간의 감각 기관(그림16)이 받아들일 수 있는 형식으로 표현되어야 한다. 이른바 "상징"의 핵심 기능이 바로 의미와 감정을 표현 형식과 연결시키는 것이다.

상징의 특성

상징은 복합적이다. 상징은 특정 사람들의 마음속에 있는 의미와 표현 형식을 연결한다. 그들은 특정 상황에서 특정 목표를 이루기 위해 그 상징을 사용한다. 즉 상징은 (1) 의미, (2) 형식, (3) 사람, (4) 기능, (5) 상황을 함께 연결한다(그림17을 보라).

영어에서 "tree"는 나무라는 뜻이지만, 족보라는 뜻도 있다. 반면 인도인들은 나무를 가리킬 때는 "체틀루"(*chetlu*)라는 단어를 쓰지만, 족보를 말할 때는 "산타나무"(*santhanamu*)라는 단어를 사용한다.

[그림17] 상징은 복잡한 관계로 이루어져 있다

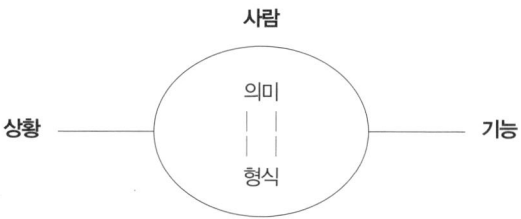

문화는 의사소통을 가능하게 해준다. 소통이 이루어지려면 한 집단이 공유하는 상징을 사용해야 한다. 사람들은 비슷한 상황에서 비슷한 목적을 위해 같은 형식과 의미를 결합하여 소통한다. 역으로, 소통은 같은 문화를 공유하는 사회 집단을 만들어 낸다.

상징의 유형 상징은 그 자체만으로 존재하지 못한다. 상징은 더 큰 체계의 일부로, 개별 상징은 그 체계 속에서 의미와 활용을 찾을 수 있다. 예를 들면 수천 단어로 이루어진 음성 언어(말), 글자로 구성된 문자 언어(글), 정지와 통행을 나타내는 교통 신호와 같은 색상 신호, 정해진 기호로 표시하는 교통 표지뿐 아니라 때로는 냄새도 메시지를 전달한다(표2). 앞서 본 것처럼 우리가 사용하는 시간과 공간도 의미를 갖고 있다. 따라서 때로는 침묵도 메시지를 전하는 데 쓰인다.

이러한 상징체계는 각각 특정 유형의 정보를 전하는 데 사용된다. 예를 들어 일반적으로 지적인 정보를 전하는 데는 단어를 사용하고, 감정을 전하는 데는 몸짓이나 말투를 사용한다. 실제로 많은 경우, 특히 얼굴을 마주보고 소통하는 경우에는 음성 언어, 유사 언어(paralanguage), 동작이나 몸짓(body language), 시간과 공간을 이용하는 상징 등 몇 가지 체계를 동시에 사용한다. 메라비언(Mehrabian)에 따르면, 두 사람이 대화하는 경우 일반적으로 의사소통의 38퍼센트만 목소리로 전달되고 60퍼센트 이상은 그 밖의 방법으로 전달된다.[84]

상징의 의미 우리는 상징을 통해 생각이나 감정, 가치 등을 전달한다. 상징은 서로 다른 두 가지 방식으로 의미를 얻는다. 우선 대부분의 상징은 일상생활에서 일어나는 일들을 가리킨다. 상징은 나무, 새, 초록, 행복, 질투, 도둑 등 사람들이 체험하고 범주화한 수많은 것을 지칭한다. 이러한 상징들은 특정한 것을 가리키기 때문에 관련된 다른 것들은 지칭

[표2] 상징체계는 다양하다[85]

1. 구어	강연, 라디오 방송	
2. 유사 언어	말의 리듬, 고저, 울림, 발음의 명확성, 억양, 속도, 휴지(休止), 어조	
3. 문자 언어	글, 비명(碑銘), 광고판	
4. 그림 표시	도로 표지판, 지도, 주술적 그림, 도표, 그래프, 계급장, 로고	
5. 동작	몸동작, 손과 발의 움직임, 얼굴 표정, 눈 맞춤, 자세	
6. 소리	음악(록, 재즈, 왈츠 등), 종, 징, 북, 폭죽, 예포	
7. 공간	상호 간의 거리, 붐비는 상황, 밀착 상태, 강연자와 청중의 거리, 계급순 자리 배치	
8. 시간	지각, 시간의 중요도, 새해 축제, 의사소통에 참여한 사람들의 나이, 의식 순서	
9. 접촉	포옹, 악수, 맹인 안내, 다른 사람의 발을 건드리는 것, 머리에 손을 얹는 것, 육체적 고문, 종교적 속죄를 위한 매질	
10. 맛	축하 케이크나 떡, 특권을 가진 사람에게만 주는 음식, 민속 음식, 동남아시아의 "더운" 음식과 "찬" 음식, 채식주의, 성찬식의 떡과 포도주	
11. 냄새	향수, 향, 연기 가득한 무당의 오두막, 몸에서 나는 냄새, 꽃향기	
12. 생태적인 것들	거룩한 산, 거룩한 나무, 금기 지역, 거룩한 강, 유적	
13. 침묵	문장 사이의 휴지, 빈 페이지, 법정이나 사원에서의 침묵, 그림의 빈 공간, 무반응	
14. 의식	(의식을 행할 때 위 체계를 많이 사용하지만, 의식은 상징의 다른 면을 보여 준다. 그러한 것을 재연 또는 상징적 공연이라고 한다.) 결혼식, 장례식, 제사, 예배, 성찬식	
15. 사람이 만든 것들	건축, 가구, 훈장, 복장, 화장품, 부를 나타내는 것들(시계, 자동차, 집, 모자 등)	

하지 않는다. 예를 들면 빨강이라는 단어는 특정 색깔을 가리킨다. 동시에 이 단어는 "보라가 아니다", "주황이 아니다" 등을 표현하는 것이기도 하다. 그러므로 각 상징의 의미는 부분적으로는 같은 영역이나 분야에 속하는 다른 상징과의 관계에 의해 결정된다. 이처럼 특정한 무언가를 가리키며 다른 것은 가리키지 않는 상징의 의미를 때로 "외연적(外延的, denotative) 의미"라고 부른다.

둘째, 상징은 "내포적(內包的, connotative) 의미"를 갖는다. 이것은 사고나 감정과 같은 다른 영역에서 의미를 얻는 경우다. 예를 들면 붉은 눈, 빨갱이, 적자 등의 표현들은 더 이상 특정 색깔인 "빨강"을 의미하지 않는다. 술 취한 사람, 공산주의자, 재정 손실 등 정치, 경제, 문화 영역에서 다른 의미를 갖는 것이다.

다른 문화에서 쓰이는 상징들의 외연적 의미는 알아내기 쉽지만, 내포적 의미를 알아내기는 어렵다. 부분적으로는 특정 상징에 내포적인 의미가 있는지조차 알지 못하며, 내포적 의미를 알기 위해서는 그 상징이 여러 상황에서 다르게 사용되는 것을 모두 파악해야 하기 때문이다. 그러므로 우리는 각 상징이 지닌 두 가지 의미(외연적, 내포적)를 모두 알아야 한다. 그러지 못하면 우리가 전하려는 메시지가 외연적으로는 옳을지라도 내포적 의미에서 오해를 불러일으킬 수 있다.

지금까지 우리는 상징의 명시적 의미를 생각해 보았다. 그러나 상징은 인간의 생각이나 느낌과 같은 의식 세계만 가리키는 것은 아니다. 인간이 현실에 대해 갖고 있는 함축적 가정, 즉 세계관을 반영하기도 한다. 이것은 특히 단어에서 많이 나타난다. 상징체계 가운데 언어가 가장 강력하기 때문이다. 이와 같이 숨겨진 의미들 때문에 타문화에서 소통할 때 큰 어려움을 겪는다. 우리와 현지인 모두 숨겨진 의미를 잘 의식하지 못하고 사용하기 때문이다. 그들은 그 의미를 당연하게 여긴다. 그들의 삶에 자연스럽게 받아들여지고 있는 그들의 세계관이 담겨 있기 때문이다. 그러나 외부에서 온 선교사는 사람들이 설명해 주지 않는다면 그 의미를 알아내기가 쉽지 않다. 이러한 숨겨진 의미는 다양한 상황에서 사람들이 상호관계 속에 그 상징을 어떻게 사용하는지 관찰하는 것으로 배울 수 있는 경우가 많다(표3).

숨겨진 의미는 용례를 통해 가장 잘 알 수 있다. 인도 남부 지역에 파송받은 선교사들은 "하나님"이라는 단어를 찾아내는 데 많은 어려움을 겪었다. 텔루구어에는 신을 의미하는 단어가 여러 개다. 파라메샤와라

[표3] 단어에는 명시적 의미뿐 아니라 함축적 의미도 있다

	외연적 의미	내포적 의미
명시적 의미	사람들이 일반적으로 생각하는 단어의 의미	생각, 감정, 가치 등이 이러한 단어들과 의식적으로 연관되어 있다.
함축적 의미	분류 체계로서 단어의 기본 구조	깊은 신념, 감정, 판단 등이 이러한 단어들과 무의식적으로 연관되어 있다.

(parameshwara, 모든 것을 다스리는 자), 바가반투두(bhagavanthudu, 경배를 받기에 합당하신 분), 이시바루두(ishvarudu, 위대한 시바), 데부두(devudu, 신) 등이다. 이 단어들 가운데 앞 세 가지는 힌두교의 수많은 신 가운데 특정 신들과 관련되어 있기 때문에 부적합했다. 결국 선교사들은 마지막 단어를 선택하였다.

이 단어들의 숨겨진 의미를 분석해 보면 모두 성경적인 의미의 하나님을 번역할 단어로는 문제가 있음을 알 수 있다. 사람들에게 자연과 관련된 것을 분류하는 표를 만들어 보라고 하면, 저마다 정해진 방법에 따라 분류하는 것을 볼 수 있다(그림18). 사람들은 대부분 여자, 남자, 소녀를 같은 부류로 분류하여 "인간"이라고 한다. 나무와 풀은 따로 분류하여 "식물"이라고 하며, 사자, 개, 소는 "동물"로 분류한다. 모래와 돌은 "무생물"이라고 하고, 신, 천사, 귀신은 따로 분류하여 "초자연적 존재"라고 한다. 박테리아, 바이러스, 파리, 벌레 등은 특성이 분명하지 않은 것으로 보고 또 다른 범주를 만들기도 한다. 또한 미키 마우스는 앞의 것들과 다른 독특한 것이라고 생각해서 전혀 다른 범주에 속하는 것("실재하는 것"과는 대비되는 것으로 사람이 만들어 낸 "허구적 존재")으로 분류한다.

이러한 분류 방법에는 중요한 철학적, 신학적 가정이 내재한다. 우선 이러한 분류법은 초자연적 존재와 자연적 존재를 분명하게 구별한다. 서

구인들은 대부분 초자연적인 것을 가리키는 단어는 종교적 용어라고 생각하고, 이성적으로 다른 세계, 즉 천국이나 지옥에 속한다고 구분한다. 그리고 그 밖의 것은 과학적 용어라고 생각하고, 이 세상에 속한다고 생각한다.

둘째, 생물은 특징에 따라 구별하여 각각 다른 종류의 생명체로 분류한다. 예를 들면 사람의 경우, 동물은 잡아먹지만 사람은 먹지 않으므로 동물과 사람은 다른 생명체로 분류된다. 마찬가지로 우리는 하나님을 예배하지만 인간을 예배하는 것은 신성모독으로 생각한다. 신이 아닌 존재

[그림 18] 생물과 무생물의 분류[86]

1. 다음 단어들을 기본적인 몇 개의 범주로 정리하라

나무	개	여자	파리	사자
남자	흙	하나님	바이러스	귀신
풀	소녀	바위	소	꽃
벌레	천사	박테리아	개미	미키마우스

2. 이 단어들을 분류하는 서구인들의 일반적인 기준

초자연
- **초자연적 존재**: 하나님, 천사, 귀신

자연
- **인간**: 여자, 남자, 소녀
- **동물**: 사자, 개, 소
- **식물**: 나무, 풀, 꽃
- **곤충**: 파리, 벌레, 개미
- **세균**: 박테리아, 바이러스
- **무생물**: 흙, 바위

주의: 미키마우스는 "허구"이다

를 예배하는 것을 잘못되었다고 믿기 때문이다. 끝으로 "생물"과 "무생물", 즉 유기체와 무기체를 엄격하게 구별한다.

만약 텔루구어를 모국어로 쓰는 사람들에게 같은 단어들이나 텔루구어에서 같은 의미를 가진 단어들을 분류해 보라고 하면, 아주 다르게 분류한다(그림19를 보라).

텔루구식 분류 방법을 살펴보면, 텔루구인들이 이 세상을 이해하는 관점은 우리와 근본적으로 다르다는 것을 알 수 있다. 우선 텔루구 세계관에 따르면 여러 생명체 사이에는 뚜렷한 구별이 없다. 사실 텔루구 문화에서는 모든 생명체를 같은 것으로 생각한다. 이것(에카 지밤[eka jivam]이라고 함)이 힌두교에서 가장 기본적인 생각이다. 따라서 인간과 신은 실제적인 차이가 없으므로 성인이나 구루를 예배할 수도 있다. 한편으로는 동물의 생명과 사람의 생명은 별 차이가 없으므로 소, 심지어는 개나 벌레를 죽이는 것을 살인과 같은 것으로 여긴다.

생명에 대한 개념

창조주
- **하나님**
  영원함
  초자연적임
  무한함

피조물
- **인간**
  자연계에 속하나 영원한 영혼을 갖고 있음
  A ←——→ B
  사람들 사이의 관계는 기본적으로 수평적임
- **동물**
  일시적 존재
- **식물**
- **무생물의 세계**
  생명이 없음

[그림 19] 텔루구족이 분류한 생물과 무생물[87]

브라만(우주의 절대적인 힘)	
마야 (끊임없이 변화하는 허상의 세계)	신(데바스, 파라메샤와라 등)
	천사
	마귀(락샤사, 압사라 등)
	인간(높은 카스트, 중간 카스트, 낮은 카스트)
	동물(소, 사자, 개 등)
	식물
	무생물

또한 텔루구 세계관에 따르면 신들을 포함하여 살아 있는 것은 모두 "창조된 세계"의 일부다. 사실 "창조 세계"라는 단어는 오해할 소지가 있다. 우주와 그 안에 있는 신들과 영, 인간, 동물, 식물은 모두 위대한 신 브라마(*Brahma*)의 머릿속에 있는 꿈과 같은 것이기 때문이다. 브라마 또한 브라만(*Brahman*)에서 발현된 것이다. 이것들은 모두 마야(*maya*), 곧 금방 있다가 없어지는 무상한 것이며, 환영(幻影)에 지나지 않는다. 브라만은 생명체가 아니며, 다만 절대적이고 비인격적인 힘이다. 마지막으로, 이 세상 자체가 전적으로 비생명체라고 보지는 않는다. 이 세상 자체도 살아 있다고 할 수 있으므로 높이 평가되어야 한다.

상징체계의 문화 차이

문화가 다르면 상징도 달라진다. 우리는 문화마다 쓰이는 언어가 다르다는 것을 알고 있다. 그러나 몸동작과 목소리의 높낮이, 음식 맛, 심지어 침묵하는 상황도 문화마다 다르다는 것은 잘 모르고 있다. 사마린(Samarin)의 조사에 따르면, 미국의 블랙풋 인디언(Blackfoot Indians)은 특정한 용건 없이 친교를 목적으로 대화할 때에도 5분을 넘지 않으며, 중앙

인도인의 삶의 개념[88]

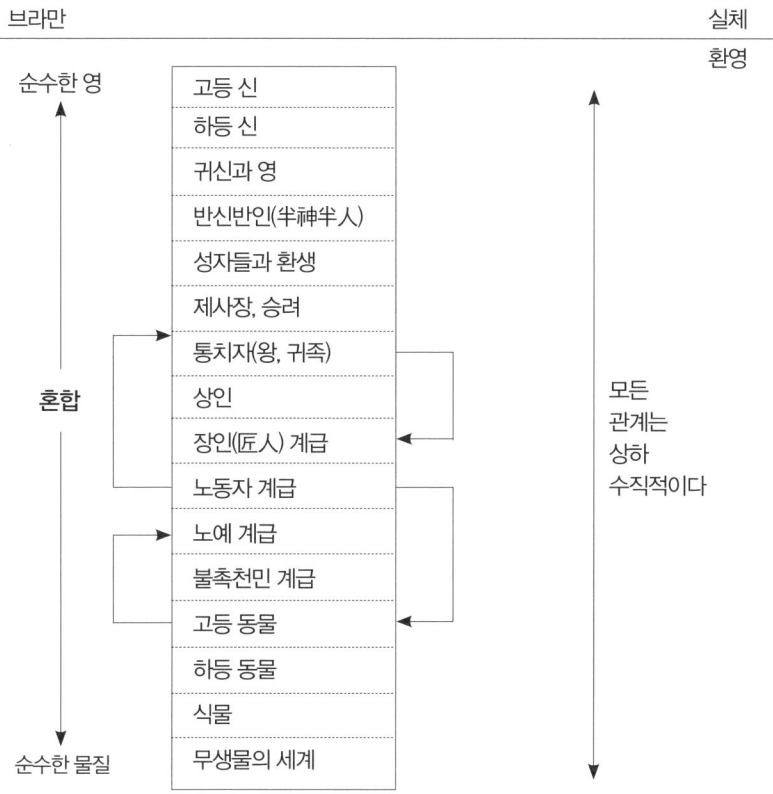

아프리카 공화국의 그바야족은 식사 중에는 거의 대화를 하지 않고 식사를 마친 후에 대화를 나눈다.[89] 그바야족은 또한 문병할 때 슬픈 표정을 지으며, 환자의 고통에 동참한다는 의미로 아무 말 없이 앉아 있다가 돌아온다고 한다. 사마린은 "그바야족은 병문안을 가면 방문객끼리도 꼭 필요한 대화만 나눈다. 방문객들이 침묵 속에서 허공만 바라보는 상황은 서구인들을 매우 불안하게 할 것이다"라고 기록하고 있다.

다양한 소통 유형에 쓰이는 상징체계는 문화에 따라 다르다. 예를 들면 개신교도들은 종교적 메시지를 전할 때 주로 노래와 말을 사용한다.

그러나 많은 부족 문화에서는 춤과 북, 연극, 반복적인 시 낭송을 통해 종교적 메시지를 전달한다. 그리고 무엇보다 메시지가 담긴 의식들을 이용한다. 이런 문화의 사람들에게는 설교가 종교적으로 큰 의미가 없다. 그러므로 이들을 대상으로 사역하는 선교사는 부족 문화가 사용하는 상징체계 가운데 복음을 전하는 데 적합한 것을 활용해야 한다.

번역

한 상징이 (단어처럼) 단지 명시적이며 외연적인 의미만 지니고 있다면, 특정 메시지를 한 문화에서 다른 문화로 번역하는 일이 그다지 어렵지 않을 것이다. 예를 들면 나무를 가리키면서 사람들에게 뭐라고 부르는지 물어본 뒤, 알려 주는 단어를 나무를 가리키는 용어로 사용하면 되는 것이다. 물론 그 언어의 문법 체계에 맞추어 단어들을 재배치해야 할 것이다. 그러나 단어에는 내포적 의미도 있다. 그리고 내포적 의미는 대부분 암시적으로 함축되어 있기 때문에 번역이 매우 어려워진다.

형식과 의미

이제 우리는 상징과 문화와 관련하여 이미 언급한 형식과 의미를 구별하는 문제로 돌아가야 한다. 처음에는 이 두 가지가 같다고 생각하기 쉽다. 평소에 우리는 "나무"라는 단어의 발음(소리)과, 그 발음과 연관된 의미를 구별하지 않는다. 우리는 단일 문화에서 자랐기 때문이다. 같은 문화권에서 자란 다른 사람과 대화할 때는 굳이 그렇게 구분하는 일이 필요하지 않다. 더 나아가 우리는 단어의 내포적 의미와 외연적 의미를 구별할 필요도 없다. 마찬가지로 우리 자신의 문화 안에서 다른 사람과 대화할 때는 이러한 구별이 필요하지 않기 때문이다.

그러나 다른 문화의 언어로 특정 메시지를 번역할 때는 형식과 의미, 그리고 내포적 의미와 외연적 의미의 관계를 생각해야 한다. 말을 해보면, 우리와 다른 문화에 속한 사람들은 같은 나무를 가리키면서 "체틀루" 또는 "바움"(*baum*)처럼 다른 단어로 부른다는 것을 알게 된다. 따라서 그들과 소통하려면 그들이 쓰는 단어를 사용해야 한다. 그런데 우리는 몸짓이나 건축 양식, 예배 의식, 복장 등 다른 형태의 의사소통에서도 이러한 점이 적용된다는 것을 잊어버리는 경우가 많다. 예를 들면 어떤 문화에서는 상대방을 존경하는 표시로 모자를 벗지만, 어떤 문화에서는 신발을 벗는다. 그러므로 노래를 만들 때도 그 문화에 속한 사람들이 이해할 수 있도록 그 문화만이 지닌 독특한 가락과 박자를 사용하는 것이 좋다. 우리가 특정 언어로 찬송가 가사는 번역하면서 곡조는 낯선 그대로 둔다면, 그 노래로 전달되는 찬송가의 메시지는 "이 종교는 낯선 사람들의 종교"라는 의미가 될 것이다.

더 어려운 문제는 내포적 의미에 관한 것이다. 번역에서 내포적 의미는 얼마나 중요한가? 초창기 선교사들은 선교지 주민들과 소통하는 데 외연적 의미를 많이 강조했다. 그래서 그들이 번역해 놓은 많은 글이 직역이었다. "목자"라는 단어의 경우, 단순히 "양을 돌보는 사람"을 뜻하는 단어로 번역하였고, "문" 역시 그와 가장 비슷한 외연적 의미를 지닌 단어로 번역했다. 선교사들은 그 단어들이 지닌 함축적 의미가 자국 문화에서 쓰이는 의미와 전혀 다르다는 사실을 깨닫지 못했다. 예를 들면, 텔루구어에서 "목자"가 가리키는 외연적 의미는 "양을 돌보는 사람"이지만, 내포적 의미는 "방탕한 술주정뱅이"다. 선교사 자신은 제대로 번역했다고 생각할지 모르지만, 결과적으로 전혀 다른 메시지가 전달된 것이다.

사실을 묘사할 때는 대부분 외연적 의미가 매우 중요하다. 예를 들어 "메리가 시내에 갔다"라는 말을 번역하는 경우, 대체로 그대로 직역하면 된다. 그러나 우리가 소통하는 많은 경우, 특히 유추, 비유, 은유, 유머, 관용구 등으로 소통하는 경우에는 내포적 의미가 외연적 의미만큼, 또는 그 이상으로 중요하다. 또한 종교적인 생각을 표현할 때는 유추, 비유,

은유 등과 같은 다양한 표현 양식이 중요한 역할을 하기 때문에 내포적 의미를 무시할 수 없다. 라틴 아메리카의 어떤 지역은 "아버지"를 신뢰할 만하지 못하고 권위주의적이며 차가운 사람으로 생각한다.[90] 반면 "어머니"는 신뢰할 만하고 다정하며 자애로운 사람을 말한다. 이런 곳에서 "하나님 우리 아버지"라는 고백을 한다면, 오해가 생기기 십상이다. 우리가 "하나님 아버지"라고 말할 때는 우리의 생물학적 조상이 아니라 우리를 사랑하시고 보살피시는 긍정적 의미의 "아버지"를 뜻하기 때문이다.

되도록 이러한 오해를 줄이기 위해 최근에는 번역자들이 내포적 의미에 중점을 둔 역동적인 해석을 강조하고 있다. 이러한 번역을 하다 보면 상징이나 단어 자체를 바꾸어야 할 때도 있다. 성경에는 회개하는 표시로 "가슴을 치는" 세리가 등장한다. 그러나 유진 니다의 지적대로 아프리카 서부 사람들에게는 그 행동이 도무지 이해되지 않는 이상한 표현일 수밖에 없다.[91] 그들이 보기에 가슴을 치는 행위는 "자신이 이룬 업적에 자부심을 가지다"라는 의미이기 때문이다. 이들에게는 "자기 머리를 때리다"라는 표현이 회개를 의미할 것이다.

지금까지 번역의 일반적인 문제를 다루어 보았다. 설교, 강의, 작곡, 기독교 서적 번역에서 우리는 우리가 전하고자 하는 의미(내포적 의미든, 외연적 의미든)를 가장 잘 전달해 주는 단어나 상징을 선택하는 일에 많은 융통성을 발휘할 수 있다. 그러나 성경은 어떠한가? 성경을 번역할 때는 번역된 성경을 독자들이 명확하게 이해할 수 있기를 바라지만, 감히 과감한 의역을 시도하지 못한다. 유진 니다와 윌리엄 레이번은 원문에 충실하면서도 내포적 의미를 제대로 전달하기 위해서 형식과 외연적 의미를 얼마나 변화시킬 수 있는지에 관해 좋은 지침을 제공한다.[92] 예컨대 역사적 사건과 관련된 본문은 수정해서 번역해서는 안 된다고 지적한다. 어떤 사람들은 태어난 지 팔 일밖에 안 된 아기에게 할례를 하는 것은 매우 비인간적인 처사라고 생각할지 모른다. 그러나 예수께서 팔 일째 되는 날 할례를 받으신 사실은 바꿀 수 없다. 이런 경우에는 각주를 달아서 팔 일째 되는 날과 관련된 유대인의 풍습을 부가로 설명해 주어야 한다. 성경에서 자주 언급하는 제비뽑기를 낯설어하는 문화도 있을 수 있다. 그렇다면 난외 주석을 덧붙여 이해를 돕는 것이 좋다. 본문에 모든 설명을 일일이 덧붙일 수는 없기 때문이다.

관용구나 비유적 표현을 번역하는 일은 더 어렵다. "눈같이 희다"라는 구절이나 "연자 맷돌", "낙타"라는 개념을 전혀 이해하지 못하는 사람들에게 어떻게 번역해 주어야 하는가? "아주 굉장히 하얗다"라든가 "무거운 돌", "낙타라고 불리는 동물"과 같이 표현해야 할지도 모른다. 비슷한 예로, 아프리카 서부에서 "왕이 앉는 의자"(royal stool)는 "왕좌"(throne)와 같은 뜻이며, "늑대"는 "자칼"(jackal, 여우와 비슷한 갯과의 포유류_ 옮긴이) 또는 "하이에나와 같은 동물"이라고 번역해야 할지도 모른다. 니다와 레이번은 이렇게 말한다.

> 상징적 가치는 특정한 문화 요소와 연관되어 있기 때문에 직역하면 전혀 의미가 통하지 않는 경우가 종종 있다. 인도네시아 발리 섬의 발리어에서 "독사"는 "낙원의 뱀"으로 간주된다. 그렇기 때문에 "독사의 자식들"(마 3:7, 12:34, 23:33, 눅 3:7)이라는 말은 전혀 저주나 비난이 아니다. 그보다 "해충 같은 녀석들"이나 "인간쓰레기 같은 자들"이라고 번역한다면 원문의 어감을 훨씬 잘 전달할 수 있다.[93]

타문화에서 소통하기_ 유진 니다, 윌리엄 레이번

한 문화를 구성하는 전제와 가치는 마치 일관된 전체를 형성하는 것처럼 생각되어 왔지만 사실은 그렇지 않다. 성경에는 서로 다른 전제들이 있다. 구약 성경 일부에서 등장하는 단일신론(henotheism, 하나님이 다른 신들보다 우월함)은 어느새 다른 신들의 존재 자체를 부인하는 유일신론(monotheism)으로 바뀌어 있고, 구약의 희생 제도가 신약에서는 전혀 실행되지 않는다. 구약의 일부다처제 역시 신약에서는 채택되지 않는다. 예수께서도 "너희가 ……라고 말씀하신 것을 들었으나"라고 하시면서 율법의 어느 한 면을 언급하셨지만, 동시에 그 말씀을 전혀 다르게 해석하시는 것을 볼 수 있다. 이방인이 교회에 들어와 유대인과 함께 성도의 교제를 나누는 것에 대한 태도가 한 예다. 이것은 초대 교회가 겪은 최초의 갈등이기도 했다. 바로 서로의 전제, 즉 유대인과 이방인은 상종할 수 없다는 유대인의 문화적 전제와, 그것을 뒤엎으시는 예수의 새로운 전제가 다른 데서 비롯되는 갈등이다.

성경은 다른 고대 팔레스타인식 삶의 전제들뿐 아니라, 그리스-로마식의 독특한 전제도 언급한다. 사도 요한의 서신을 살펴보면, 영지주의(gnosticism, 이원론적 구원관으로 초기 기독교 시대의 한 이단 사상)에 맞서 초대 교회의 교리적 순수성을 지키기 위해 노력한 모습이 역력하다. 영지주의는 이 세계를 영과 물질로 구분하는 이원론적 사고에 기초하며, 성육신과 부활도 이원론적 사고로 설명한다. 즉, 인간이신 예수는 십자가에서 죽었고 신이신 그리스도가 부활하셨다는 것이다.

성경의 전제들도 서로 다르다는 사실을 인정한다면, 현대 사회에서 각 문화의 전제 역시 서로 다를 수밖에 없음을 쉽게 깨달을 것이다. 서구에서는 "과학적 세계관"이 "현대인"의 사고를 대변한다고 여기지만 사실은 그렇지 않다. 아마 많은 지식인이 "과학적이고 세속적인 세계관"을 갖고 있어서 그런 견해를 당연하게 여기는 것 같다. 과학적 세계관은 다음과 같은 특징을 지닌다. (1) 생명의 기원을 생물학적 진화에 근거하여 설명한다. (2) "절대자"(supreme intelligence)를 배제한 채 우주를 기계론적으로만 해석한다. (3) 생태학적으로 제한된 영역에서 움직이는 인간적이고 물리적인 세력에만 기초하여 역사를 해석한다. (4) 인간의 본성에서 비롯되었기 때문에 본질상 인본주의적일 수밖에 없는 도덕관이다. 이러한 과학적이고 세속적인 세계관으로 인해 초자연적인 존재나 마술, 종교적 활동 등에 흥미를 잃게 된다.

그러나 현대 사회를 사는 많은 사람에게 이처럼 과학적 관점으로 삶을 바라보는 일은 매우 낯설기만 하다. 사람들은 기존 종교들을 부인해 왔을지 몰라도 여전히 예지력, 점성술, 무당, 마녀, 부적(토끼의 발, 행운의 동전, 초상 등)을 인정한다. "과학적 관점"을 주장하는 사람들도 어떤 때에는 다른 사람의 저주를 두려워하고, "기적의 치료법"을 행하는 사람에게 치료받고 싶어 한다. 사실상 수많은 사람이 형식적으로는 이런저런 사고 체계에 집착하는 경향이 있는 것 같지만, 자신의 신앙에서만큼은 온갖 신앙을 한데 섞어 놓을 뿐 아니라 이렇게 얽히고설킨 모순 덩어리를 해결할 시도조차 하지 않는다. 사람들은 자신이 믿고 싶어 하는 것을 믿을 뿐이다. 어떤 의미에서 그들은 "모험을 감행하고 있는" 셈이다. 사람들은 자신이 믿는 것이나 의심하는 것에 대한 객관적 증거를 찾아보거나 확인하지도 않고 그저 남에게 전해 들은 것에 만족하는 듯하다.

단일 사회에서도 서로 다른 전제들이 있음을 인정한다면, 성경의 문화와 이 세상의 다른 문화들이 서로 크게 다르다는 사실은 그다지 놀라운 일이 아니다. 어떤 사람들은 중앙아프리카의 한 부족 문화와 성경 문화를 대비시켜 보면 아주 뚜렷한 차이를 찾을 수 있을 것이라고 말한다. 그러나 사실은 정반대다. 성경 문화와 중앙아프리카 내륙의 한 부족 문화는 공통점이 많다. 일부다처제, 기적, 축복과 저주의 관행, 노예 제도, 보복, 희생 제사, 꿈과 환상을 통한 계시 등이 그렇다. 유목민인 나바호(Navajos)족은 다른 문화가 아닌 바로 성경에서 자신들과 비슷한 삶의 방식을 많이 발견한다. 양을 치고, 귀신을 쫓아내기도 하고, 마을에서 일할 때 공동의 책임을 지고, 하늘을 보며 일기를 분별하고, 예언하고, 세상 종말에 대해 예상하는 내용(종말에는 엄청난 변화가 있을 것이다) 등이 오히려 그들 삶의 방식과 비슷한 것이다.

어떤 면에서 성경은 지금까지 기록된 어느 경전보다 번역할 가치가 있는 책이다. 성경은 비옥한 초승달 지대(Fertile Crescent, 고대 동방의 중심인 나일 강과 티그리스 강, 페르시아 만을 잇는 곡창 지대_ 옮긴이)의 서쪽 끝이라는 특정 지역과 특정 시대를 배경으로 하는데, 이 지역은 뚜렷한 특징을 가진 여러 문화 양상과 가치 체계의 발원지이기도 하다. 성경의 배경을 이루는 문화의 특성과, 현존하는 많은 문화(서로 다른 민족 또는 부족 집단이 2,000개가 넘는다)의 특성을 비교해 보면, 성경의 배경을 이루는 문화의 여러 특성은 서구의 현대 기술 문화보다는 다른 문화들의 특성과 훨씬 비슷하다는 사실을 발견할 것이다. 그러므로 성경에서 벗어난 문화는 오히려 "서구" 문화다. 성경을 받아들이기 어려운 사람들은 다름 아닌 서구 사회에 살고 있는 사람들과, 서구적 세계관을 공유하는 다른 지역에 사는 엄청난 수의 사람들인 것이다.

문화적 관점의 차이를 반영하면서 기독교에 나타난 중요한 변화가 바로 토착 교회의 급속한 증가다. 아프리카만 보더라도 20년 동안 1,500만 명이 넘는 사람이 "독립" 교단에 출석하고 있다. 이들은 성경을 친근하게 여기지만 서구의 전통적 교회 제도는 매우 낯설어한다. 성경의 배경을 이루는 문화와는 일체감을 느끼지만 전통적인 서구 교회에는 이질감을 느낀다. 그들이 보기에 서구 교회는 매우 많은 면에서 "성경적 삶과 믿음"과 거리가 멀기 때문이다.

성경의 배경을 이루는 문화와 다른 문화 사이에서 종종 보이는 두드러진 차이들을 제대로 인식하지 않고는 번역자가 겪는 문제를 제대로 알 수 없다. 그러나 그렇다고 해서 어떤 사람들처럼 그 차이를 지나치게 과장하는 것도 옳지 않다. 문화 인류학자들이 자주 지적하는 것처럼, 사람들을 서로 다른 집단으로 구분하기보다는 공통된 인류라는 항목으로 통합시킬 만한 것이 훨씬 많다. 이러한 보편성의 예로는 인간관계의 상호 의존성, 형평의 인정, 자비와 사랑에 대한 반응, 삶의 의미를 추구하는 마음, 악을 저지를 수 있는 인간 본성의 엄청난 능력, 자기기만(죄의 합리화)에 대한 인식, 인간보다 위대하고 중요한 그 무엇에 대한 갈망 등이다. 이런 점들이 바로 성경에서 되풀이하여 나타나는 주제이며, 여러 세기에 걸쳐 문화 장벽을 넘어 수많은 사람에게 호소력을 지녀 온 성경의 요소들이다.

최근 서구 사회가 성경에 새롭게 관심을 갖게 된 이유가 바로 성경이 다른 시대, 다른 먼 곳의 문화에서 온 것이기 때문이라는 사실은 흥미롭다. 오랫동안 현대인들은 자신의 문제가 도시화와 산업화를 특징으로 하는 기술 문명 중심의 삶에서 기인한다고 생각해 왔지만, 이제 많은 사람이 성경에 등장하는 인물들도 오늘날의 사람들과 동일한 문제와 필요를 느끼고 있었다는 사실을 발견하고 있다. 예컨대, 올바르게 살려고 하면서도 오히려 죄를 짓게 되는 성향, 죄의식, 용서의 필요성, 유혹을 이길 능력, 사랑하고 사랑받고 싶은 열망 등이다. 실제 삶을 포함한 구체적인 역사적 사건 속에서 이러한 보편적인 문제들이 잘 나타나 있다는 사실 때문에 성경은 여러 사회의 사람들에게 넘치는 생동감과 강한 호소력을 갖는다.

다른 종교에서 보존하고 있는 중요한 문서나 구전된 관습과 비교해 볼 때, 성경은 구체적인 인물과 관련된 실제 사건들을 묘사한다는 특징이 있다. 힌두교 경전들이 주로 여러 신의 위업에 관심을 보이는 반면, 성경은 본질적으로 인류 역사에서 하나님이 행하신 일에 초점을 둔다. 주로 철학에서 파생된 도덕적 원리를 다루는 불교 경전이나, 선지자의 훈계나 경고에 초점을 맞춘 코란과 대조적으로 성경은 역사에 근거할 뿐 아니라 주로 하나님이 역사 속에서 자신의 거룩한 능력과 뜻, 성품을 어떻게 나타내셨는지를 보여 준다. 따라서 성경적 믿음은 역사적 사건과 그 가운데서 일하시는 하나님께 확고히 뿌리박고 있다.

더 나아가 성경의 하나님은 보편적인 방법뿐 아니라 구체적인 사건을 통해 역사하시는 분으로 묘사된다. 그러므로 성경에 나타난 사건들의 구체적이고 역사적인 상황은 신학적으로 매우 중요한 의미를 갖는다. 따라서 그리스도인들은 성경에 나타난 사건들의 문화적이고 역사적인 상황을 바꾸어 놓으려는 어떠한 시도에도 거의 본능적으로 반대해 온 것이다. 어떤 사람이 성경에 나타난 사건의 메시지를 아프리카의 상황에서 일어난 것처럼 바꾸어 전하려고 했을 때 일이다. 그 메시지를 들은 아프리카 한 부족의 추장은 "정말 그런 일이 일어났다면, 왜 우리 조상들은 우리에게 얘기해 주지 않았을까요?"라고 질문했다. 성경 이야기를 동시대의 것으로 바꾸어 놓는 것 역시 성경의 신뢰성 자체를 훼손할 수 있다.

유대 기독교(Judeo-Christian) 성경 신학의 입장에서 보면, 하나님이 구체적인 시간과 장소에서 일어난 사건에 개입하신 것은 대단히 적절하고도 중요하다. 그러므로 성경에 기록된 사건의 내용을 바꾸어서는 안 된다는 것은 매우 명백하다. 그런데 만약 성경의 특정 사건이 의미하는 바가 성경의 배경이 되는 문화의 전제와 밀접하게 관련되어 있고, 그 전제가 번역하려는 언어의 문화적 전제와 전혀 다르다면, 번역자는 그 차이로 인한 심각한 오해를 방지하기 위해서 어떻게 해야 할까? 우선 번역자는 성경에 나타난 이야기의 저변에 깔린 전제를 전혀 설명하지 않고도 독자들이 그 의미를 완전히 이해할 수 있을 만큼 명확하게 메시지를 전달할 수 있으리라는 기대를 버려야 한다. 다시 말하면 번역자는 전하려는 메시지를 언어학적으로, 그리고 문화적으로 아주 잘 번역하면, 상대방 문화의 관점에서 해석해도 본래의 뜻을 완벽하게 전달할 수 있다고 기대해서는 안 된다는 것이다. 그런 식으로 메시지를 바꾸려고 시도하면 메시지의 배경이 되는 본래의 독특한 시공간적 배경을 무시하게 된다. 나아가서 번역자는 번역하려는 사건이 마치 가까운 마을 어디에선가 불과 몇 년 전에 일어난 것처럼 전해서도 안 된다. 오히려 번역자의 목표는 읽는 이들로 하여금 (번역을 통해 그 배경이 되는 자료들도 제공하여) 본래 메시지를 받은 사람들처럼 이해할 수 있도록 하는 것이어야 한다.

석의란 특정 대화나 사건의 본래 의미를 당시 당사자들의 처지에서 이해하기 위해 재구성하는 과정이라고 할 수 있다. 반면, 해석학이란 성경 메시지와 오늘날 일어나는 일들 사이에 어떤 상관관계가 있는지 지적하고, 어느 정도 관련되는지 밝히며, 성도가 더 적절하게 반응할 수 있도록 도와주는 작업이라고 할 것이다. 석의와 해석학은 둘 다 번역이라는 더 큰 범주에 속한다.

성경학자의 임무가 석의에서 생기는 온갖 문제에 대한 통찰을 제공하는 것이라면, 설교자의 주된 임무는 언어적, 문화적 배경이 오늘날과 전혀 다른 성경 메시지를 오늘날의 독자들이 잘 이해하도록 돕는 것이라고 할 수 있다.[94]

함축적 의미의 번역

그러나 번역을 시도할 때 직면하는 가장 근본적인 문제는, 어떤 문화에서든 각 어휘가 그 문화의 세계관을 반영하는 함축적인 의미를 지니고 있다는 사실이다. 앞서 살펴보았듯이 텔루구어에는 성경의 "하나님", "인간", "죄", "구원"과 같은 의미를 적절하게 표현할 수 있는 말이 없다. 그러면 하나님이 계시하신 말씀을 어떻게 제대로 전할 수 있을까?

예를 들면 초창기 선교사들이 텔루구어로 성경을 번역할 때 사용한 "데부두"라는 단어를 생각해 보자. 이 말은 최상의 존재(supreme being)를 뜻하지만, 궁극적인 실체(ultimate reality)를 의미하지는 않는다. 이 세상에는 수많은 신(*devas*)이 있으며, 이 모든 신은 곧 사라져 버릴 환상의 세계에 속할 뿐이다. 게다가 그 신들과 인간들 사이에는 사실상 아무 차이도 없다. "하나님"을 의미하는 단어로 "데부두"를 사용한다면, "하나님"과 연관된 성경적 의미들 가운데 많은 것을 잃어버릴 것이다. 그렇게 되면 하나님은 더 이상 궁극적인 창조주가 아닐 뿐 아니라, 성육신이 의미하는 것도 인간보다 고등한 피조물이 열등한 인간을 돕기 위해 이 땅에 온 것 정도밖에 되지 않는다. 이처럼 성경적 "하나님"을 데부두라는 단어로 번역하면 문제가 있다. 그러면 "파라메샤와라"나 "바가반투두", "이시바루두"로 번역하면 어떨까? 이 단어들 역시 수많은 신과 같이 이 세상에 속한 신을 뜻한다. 따라서 세상 종말에는 사라질 것들이며, 브라만이라는 근원으로 되돌아가게 된다. 그러면 "브라만"이라고 번역하면 어떨까? 브라만은 우리가 인격적인 관계를 맺을 수 있는 인격적 존재가 아니라 하나의 초월적인 힘(supreme power)일 뿐이다.

그러면 "하나님"이란 말을 어떻게 번역해야 하는가? 데부두처럼 인격체로서의 신을 뜻하는 단어를 쓸 수 있지만, 이 신은 영원하지도, 전지전능하지도 않다. 브라만으로 번역하면 인격적인 존재를 의미하지 않고 초월적인 힘만 의미할 뿐이다. "갓"(God) 또는 "데오스"(*Theos*)라는 외래어를 사용할 수도 있다. 그러나 텔루구 사람들은 이 외래어를 이해하지 못할 것이다. 이것이 바로 번역의 딜레마다.

사실 서로 다른 언어권의 두 용어가 전혀 의미의 오차 없이 일대일로 대응되는 경우는 없다. 따라서 번역 과정은 언제나 전달하려는 본래 의미를 어느 정도 왜곡시킨다. 첫째, 원문에 담긴 의미를 어느 정도 상실할 수 있으며, 둘째, 원문에는 없는 의미가 덧붙여질 수 있다(그림20).

성경을 번역할 때 또는 설교나 강의를 할 때, 어떻게 하면 되도록 본래 의미를 상실하지 않고 다른 의미도 덧붙이지 않을 수 있는가? 어떤 경우에는 새로운 단어를 만들어 내거나 다른 언어에서 빌려 와야 할 수도 있다. 예를 들어 성경은 히브리어의 "세겔"과 라틴어의 "규빗"을 그대로 사용하고 있는데, 사실 이 용어들은 대부분의 독자, 특히 비그리스도인에게는 거의 의미가 없다.

일반적으로 번역하려는 지역 언어에서 가장 적합한 단어를 선정한 후에, 설교나 강의를 통해 그 단어가 지니고 있는 본래 의미와 그 단어로 옮긴 원래 단어가 성경 원문에서 지니는 의미가 서로 어떻게 다른지 명확하게 설명해 주어야 한다. 텔루구어로 "하나님"을 번역할 경우, 데부두라는 단어를 선택할 수도 있다. 데부두가 인격적인 신을 지칭하기 때문이다.

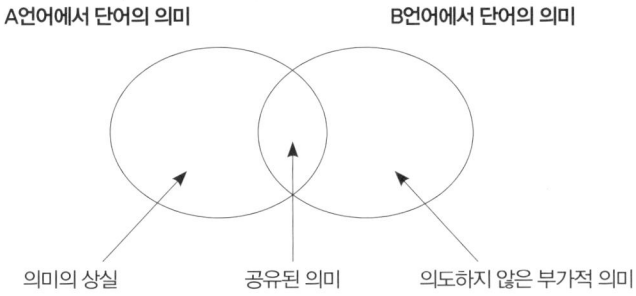

[그림20] 서로 다른 언어권은 범주가 일치하지 않는다

A언어에서 단어의 의미　　B언어에서 단어의 의미

의미의 상실　　공유된 의미　　의도하지 않은 부가적 의미

그러나 성경의 "하나님"은 데부두처럼 단순히 이 세상에서 가장 고귀한 존재가 아니라 우주의 궁극적인 실체이시며, 인간은 하나님의 영에 속한 작은 일부가 아닌 창조주 하나님과 구별된 피조물임을 계속 명확하게 인식시켜야 한다. 텔루구 사람들은 대부분 데부두라는 말을 힌두교적 의미로 사용할 것이기 때문이다.

그리스도인들이 문화적 상징의 함축적 의미를 제대로 파악하지 못해서 발생하는 번역상 오류는 서구 기독교에서 얼마든지 찾아볼 수 있다. 서구 그리스도인들은 대부분 "하나님"과 "천사", "귀신"을 생각할 때, 인간과 동물과 같은 자연적 존재와 대비되는 초자연적 존재로 한데 묶어 생각하는 경향이 있다. 그러나 이것은 가장 대표적인 기독교적 이단 사상이다. 성경에서는 기본적으로 창조주 하나님과 창조 세계로만 구분할 뿐이다. 하나님은 다른 어떤 피조물과도 동일한 범주에 둘 수 없다.

그러면 하나님, 천사, 귀신을 어떻게 같은 범주로 생각하게 된 것일까? 이것은 르네상스 당시 서구 세계에 널리 퍼진 헬라 세계관의 영향 때문이다(그림21). 히브리 세계관에서 볼 때, 하나님은 스스로 계시는 유일한 존재이고 다른 것은 모두 하나님의 계속적인 창조 행위에 의존하는 존재다. 사실 히브리어에는 스스로 유지되는 우주 질서를 뜻하는 "자연"이

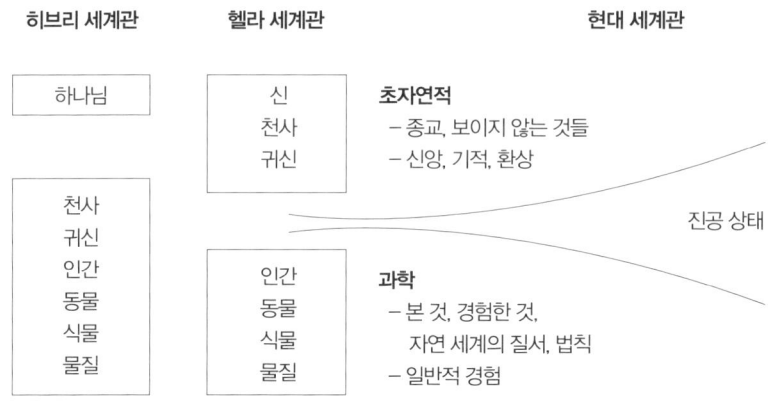

[그림21] 히브리 세계관, 헬라 세계관, 현대 세계관[95]

라는 단어가 없다. 그러나 헬라 세계관에 따르면, 신들은 수많은 영물(靈物)이 사는 초자연적 영역에 속하는 존재다. 반면에 인간, 동물, 식물, 물질 등은 자연 세계에 속한다. 이러한 헬라 세계관을 받아들이면서 서구 그리스도인들은 그 속에 포함된 개념을 자신들의 신학에 도입한 것이다. 그 결과, 자연 세계가 스스로 그 질서를 유지하고 있다는 것을 설명하기 위해 초자연적 실체와 세속적이고 과학적인 세계를 구분하는 이원론적 우주관을 낳기에 이르렀다.

성경 번역은 매우 복잡한 과업이기 때문에 번역 선교사는 특별한 훈련을 받아야 한다. 그러나 모든 선교사는 어떤 면으로든 성경적 개념을 각 문화에 적합하게 옮기는 일에 조금씩은 관여하고 있으므로 앞서 지적한 점들을 충분히 주지해야 한다.

문화 간 의사소통

사람들은 말하고, 읽고, 라디오를 듣거나 텔레비전을 보고, 옷을 차려 입고, 심지어 (어느 심리학자의 말대로) 자신과 대화하는 등 다양한 형태로 의사소통하는 데 많은 시간을 보낸다. 그러나 의사소통이 이루어지는 과정은 거의 생각하지 않는다. 그보다는 전달하거나 전달받는 메시지 자체에 관심이 집중되기 때문이다. 의사소통에 문제가 생겼다고 느낄 때에만 어떻게, 무엇이 잘못되었는지 생각하게 된다.

의사소통 과정을 보면 많은 일이 동시에 일어난다(그림22). 어떤 목적으로든 메시지를 전달하려는 사람은 그 메시지를 상징으로 부호화하여 상대방에게 전달한다. 그러면 상대방은 전달받은 상징을 해독하여 메시지를 이해한 후, 그에 따라 반응한다. 이 모든 것은 최종 결과에 영향을 끼치는 구체적인 상황 속에서 이루어진다. 곧 살펴보겠지만 의사소통 과정에서 여러 가지가 잘못될 수 있다. 그러면 제대로 의사소통이 이루어지지 않는다. 특히 타문화 상황에서 의사소통할 경우에는 더욱 그렇다.

[그림22] 의사소통은 메시지를 전달하고 전달받는 것을 포함한다

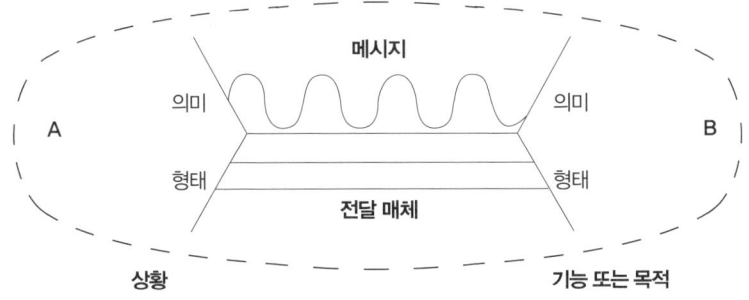

메시지와 부차적 메시지

의사소통은 우리가 이미 살펴본 문화의 세 가지 차원을 기반으로 이

루어진다. 인지적 차원에서 의사소통은 정보와 의미를 전달하는 것이고, 정서적 차원에서는 자신의 느낌을 나누는 것이다. 또 평가적 차원에서 보자면 어떤 것을 수용한다든가 질책한다든가 하는 판단을 전달하는 것이다. 물론 소통할 때는 이중 한두 가지가 두드러지지만, 대부분 세 가지 차원이 동시에 나타난다.

정보를 전달하는 방법은 여러 가지다. 어떤 의식이나 연극을 통해 생각을 전달하기도 하고, 정지 신호나 회전 신호, 종 등을 사용하여 알아야 할 사항을 전하기도 한다. 그러나 인지적 메시지를 전달할 때 사람들이 가장 많이 사용하는 것은 말이나 글과 같은 언어다. 언어를 통한 전달이 인간의 추상적인 생각을 가장 쉽게 표현할 수 있기 때문이다. 따라서 한 지역의 토착어를 습득하는 것은 선교 사역에 필수다. 문화의 경계를 넘어 복음을 전하려 할 때 무엇보다 언어라는 수단을 사용하여 효과적인 의사소통을 하지 못한다면 별다른 성과를 기대할 수 없다.

인지적 메시지를 전할 때 우리는 자신의 기분이나 감정, 심지어 상대방을 좋아하는지 아닌지도 같이 전하게 된다. 토론하고 있는 주제에 분개하고 있는지, 토론에 장난스러운 태도로 임하고 있는지, 진지한지, 심각한지, 비꼬고 있는지, 보수적인지, 신랄한지 등 그 태도가 모두 드러난다. 이밖에도 시(詩), 반어적 논평, 빈정대는 발언, 설교, 구애 등을 통해 우리의 감정을 전달할 수 있다.

우리 자신의 판단 역시 상대방에게 전달된다. 상대방이 진실을 말하고 있다고 생각하는지 아닌지, 상대방이 말하는 내용을 좋아하는지 싫어하는지, 상대방을 정직하다고 여기는지 부정직하다고 여기는지 등 말과 행동을 통해 우리는 상대방을 낱낱이 판단하고 있음을 보여 준다.

일상생활에서 소통할 때에는 앞서 언급한 메시지의 세 가지 요소 중 하나에 주로 초점을 맞춘다. 다시 말하면, 우리가 전달하려는 것은 주(主) 메시지다.

예를 들어 서구식 교수법은 생각을 전달하는 데 중점을 두지만, 음악이나 시, 미술, 연극은 주로 분위기나 느낌을 전달한다. 반면 설교는 주로 생각을 전달하고 (이에 미치지 못하지만) 어느 정도 감정도 전달한다. 그럼에도 설교의 주요 목적은 대부분 가치를 전달하고 결단을 촉구하는 것이다.

하나의 메시지를 전달하는 데 주력하면서 자신도 모르는 사이에 훨씬 많은 것을 전달하는 경우가 있다. 예를 들어 일상 대화에서 우리는 자신의 생각을 전달하는 데 온 신경을 집중한다. 그러나 얼굴 표정이나 몸짓, 말투, 이야기하는 태도, 상대방과의 거리, 시간 사용 등에 따라 상대방에 대한 불신감, 관심, 모멸감이나 열중하지 않는 태도, 동의, 애정 등 감정이나 가치를 함께 전달하게 된다. 그러면서도 우리는 자신이 이러한 부차적 메시지를 전달하고 있다는 사실을 알아차리지 못하는 경우가 자주 있다.

부차적 메시지 또는 부수적 메시지는 의사소통이 일어나는 직접적인 환경을 설정해 주고, 의도한 대로 주 메시지가 이해될 수 있는 방편을 제공한다. 예를 들어 어떤 말을 들었을 때 그 의미를 반어적 표현이나 풍자, 유머, 이중적 의미로 받아들여야 할지, 아니면 문자 그대로 본래 뜻으로 받아들여야 할지를 결정지어 준다. 부차적 메시지는 말하는 사람이 듣는 사람을 어떻게 생각하는지 보여 준다.

우리는 주 메시지가 아니라는 이유로 부차적 메시지에 주의를 덜 기울이는 경향이 있다. 그러나 부차적 메시지는 결코 덜 중요한 것이 아니다. 사실, 나중에 돌이켜 보면 전달된 생각보다는 전달된 감정을 더 생생하게 기억하는 경우가 흔하다. 또한 우리는 주 메시지보다는 부차적 메시지를 더 신뢰한다. 부차적 메시지를 전달하는 경우, 우리는 그 메시지로 자신이 무엇을 전달하고 있는지 깨닫지 못하기 때문에 사람을 쉽게 속이지 못한다. 어린아이가 과자 통에서 과자를 몰래 꺼내 먹고 나서 그 사실을 극구 부인하더라도 얼굴에 가득한 죄의식을 숨길 수 없는 것과 마찬가지다. 대화하면서 사람들을 바라보는 것도 같은 이유라고 할 수 있다.

부차적 메시지는 선교 사역에서 중요한 부분을 차지한다. 복음을 전하면서 입으로는 사랑한다고 말할지라도 우리의 부차적 메시지는 그들을 싫어한다고 전달하고 있을 수도 있다. 부차적 메시지는 가장 근본적인 메시지이기 때문에 이 메시지가 외부로 나타나는 메시지와 일치하지 않을 경우 사람들은 우리를 불신한다.

전달 매체와 부차적 전달 매체

지금까지 살펴봤듯이 우리는 메시지를 전하기 위해 다양한 매체나 상징체계, 즉 말, 어조, 몸짓, 공간, 시간 등을 사용할 수 있다. 그중에서 무엇을 선택하느냐는 자신이 처한 상황과 개인 선호, 자신이 속한 문화에 따라 달라진다. 일부 문화에서는 스킨십을 보편적인 애정 표현 방법으로 보지만, 이것을 금기시하는 문화도 있다. 또 의식을 행하고 춤추는 것을 중요하게 여기는 문화도 있지만 그렇지 않은 문화도 있다.

보통 우리는 몇 가지 매체를 동시에 사용한다. 이때 주 메시지를 전달하는 매체가 있고, 나머지는 모두 부차적 메시지를 전달한다. 하지만 여러 매체를 사용하여 동일한 메시지를 더 분명하게 전하는 경우도 있다. 매체를 통한 접근 방식은 특히 메시지를 기억하는 데 상당한 효과를 가져다준다(표4). 메시지를 전달받은 지 사흘 뒤 얼마나 기억하는지 조사한 결과, 눈으로 본 것을 기억하는 비율이 들은 것을 기억하는 비율의 두 배였다.

[표4] 기억하는 비율[96]

	3시간 후	3일 후
들은 것	70%	10%
본 것	72%	20%
듣고 본 것	86%	65%

그러나 시각과 청각을 동시에 사용하면, 여섯 배 이상 기억한다는 것을 알 수 있다. 이것은 복음을 전달하는 방법에 상당히 많은 것을 시사한다.

상징체계는 둘째로 중요한 기능, 즉 정보 저장 기능을 수행한다. 모든 사회는 다양한 방법으로 지식을 저장한다. 글을 아는 사람이라면 다른 방식은 거의 제쳐 두고 주로 문자 기록에 의존하여 정보를 저장한다. 우리는 나중에 알아볼 수 있도록 메모하고, 생각을 기록하고, 책, 잡지, 표지판, 광고판을 읽기도 한다. 도서관을 만들고 끊임없이 문서를 모은다. 교회에서 가사를 외워 찬송을 부르기도 하지만 기껏해야 1절 정도만 기억할 뿐이다. 문자가 없다면 우리 생활은 대부분 마비될 것이다.

구전 사회에 사는 사람들은 기억에 의존하여 정보를 저장한 뒤 다양한 매체를 통해 이 정보를 잘 기억하게 만든다. 그들은 노래, 시, 속담, 수수께끼, 구호, 이야기 등을 통해 정보를 저장하는데, 모두 이전 정보를 기억하는 데 도움이 된다. 같은 노래를 몇 번이고 반복해서 부른다든지 연극이나 춤, 의식을 통해 이야기를 재연하는 등 다양한 매체를 사용하여 지식을 전수한다. 또한 집이나 사원, 조각상, 그림 같은 문화재를 통해 종교 신념을 되새긴다. 이밖에도 이미 살펴보았듯이 자신의 문화 지식을 주변에 있는 자연 세계와 연관시켜 생각하기도 한다.

복음 전달 사역에도 이러한 원리를 다양하게 적용할 수 있다. 먼저 소통하려는 메시지와 우리가 처한 문화 모두에 적합한 매체를 선택해야 한다. 우리는 문자를 사용하기 때문에 복음을 기억하고 전달하는 것도 말이나 글로만 가능할 것이라고 생각하기 쉽다. 그러나 구전 사회는 "문맹"이 아니다. 그들은 문화 지식이 풍부하며, 그 지식을 보존하는 방법도 다양하다. 이러한 사회에서는 사람들이 잘 기억할 만한 구체적인 방식으로 복음을 전할 만한 적절한 매체를 사용해야 한다. 글을 읽고 쓰는 능력을 무시해서는 안 되지만, 그들이 현재 이해할 수 있는 방식으로 복음을 전하려 한다면 그 사회에서 이미 사용하고 있는 매체를 활용하는 것이 좋다.

P. Y. 루크(Luke)와 존 카르맨(John Carman)은 구전 사회에서 복음을 전하고 보존하는 데 노래가 중요한 역할을 할 수 있다고 지적했다.[97] 인도의 시골 교회들을 찾아다니는 동안 이들은 많은 그리스도인이 글을 몰라서 성경을 읽지 못한다는 사실을 발견했다. 그러나 그들은 노래에 신학을 담아 불렀는데, 두 저자는 그것을 "시가 신학"(lyric theology)이라고 이름 붙였다. 밤이 되면 사람들이 한자리에 모여 열 절에서 열두 절씩 되는 노랫말을 암기해서 한 절씩 차례로 불렀다. 다행히도 그들이 부르는 노래는 대부분 서구 노래들보다 신학적으로 건전했다.

발신자와 수신자

의사소통에는 발신자와 수신자가 필요하다. 선교 사역의 경우에는 발신자와 수신자가 모두 사람이다.

먼저 발신자가 전달 매체를 선택해서 자신의 메시지를 연설이나 몸짓, 문자 같은 상징 형태로 부호화하여 전달한다. 이 과정은 거의 습관적이기 때문에 자신의 문화에서는 대부분 의식하지 않고 이루어진다. 발신자가 고려하는 부분이 있다면, 주로 어떻게 하면 메시지를 정확하게 전달할 수 있느냐다. (모국어가 아닌 언어로 이야기하려는 경우처럼) 이러한 전달 방법이 제대로 작동하지 않을 때 비로소 우리는 메시지를 부호화하는 과정을 의식하게 된다.

이 부호화 과정은 많은 요인에 따라 달라진다. 먼저 발신자가 메시지를 전달하기 위해 각 문화에서 사용하는 상징을 그대로 사용한다는 것이다. 여기에는 몸짓뿐 아니라 시간과 공간의 사용 등 여러 가지가 포함된다. 다음으로는 발신자가 개인 경험을 사용하여 메시지를 부호화한다는 것이다. 우리가 선택하는 어휘나 억양, 상징체계에 부여하는 감정, 심지어 전달하려는 메시지까지도 나이, 성별, 사회적 지위, 출신지, 과거 경험, 현재 태도에 따라 결정된다. 모든 의사소통이 문화에 의해서만 좌우되는 것은 아님을 명심하라. 문화 요소뿐 아니라 소통 당사자의 개인적 특성도 상당히 중요한 요소다.

정보를 부호화하는 작업 역시 개인이 처한 환경과 분리하여 생각할 수 없다. 우리는 자신이 처한 상황과 말하는 대상에 따라 하루에도 몇 번씩 한 종류의 상징체계에서 다른 상징체계로, 또 한 유형의 메시지에서 다른 유형으로 유연하게 옮겨 갈 수 있다. 친구와 소통하는 방식과 배우자와 소통하는 방식이 다르고, 교사나 설교자, 경찰관, 단체 책임자와는 또 다른 방식으로 소통할 것이다. 실제로 법정이나 정치계, 무역업계, 과학의 각 분야, 연예계, 종교계에서는 저마다 특수 언어가 사용된다.

마지막으로, 부호화 작업은 여러 단계로 이루어진다. 단순한 대화도 먼저 전달할 메시지를 결정하여 필요한 어휘를 선택하고 시제나 수 등 여러 언어 규칙을 덧입힌 뒤 바른 순서로 배열해야 한다. 그 다음에는 이것들을 알아들을 수 있을 만큼 정확하게 발음해 주어야 듣는 사람이 제대로 이해할 수 있다. 동시에 우리는 말투나 몸짓, 다른 부수적 매체를 통해 자신의 태도와 가치관을 전달하는 부차적 메시지를 부호화하여 전달하는데, 이 과정은 거의 무의식적으로 이루어진다.

수신자는 앞 과정을 거꾸로 밟아 자신이 받은 상징 형태를 해독하여 의미를 알아낸다. 발신자와 마찬가지로 수신자도 자신의 문화와 개인 경험에서 비롯된 신념과 가치 체계를 통해 메시지를 걸러 낸다. 만일 수신자가 기독교를 적대시하는 문화에서 성장했다면 복음을 편견 없이 받아들이기가 어려울 것이다. 또는 그리스도인과 관련하여 좋지 않은 일을 경험했다면 그 경험이 복음에 대한 그의 반응에 영향을 끼칠 것이다.

수신자는 주 메시지뿐 아니라 부차적 메시지도 함께 해독하여 그것을 기초로 주 메시지를 평가한다. 우리가 하는 말이 진실하더라도 그 말을 하면서 우월감을 가지고 상대를 경멸하는 태도를 보인다면, 상대방은 우리가 하는 말을 믿으려 하지 않을 것이다. 아무리 속마음을 감추려고 애써도 태도는 그대로 전달되게 마련이다.

그렇다면 의사소통의 성공 여부는 어떻게 평가할 수 있는가? 보통은 메시지를 전달하면 소통이 이루어졌다고 생각한다. 예를 들면, 선교사들은 설교나 강의, 간증 횟수로 자신의 소통 정도를 평가한다. 따라서 사람들이 제대로 이해하지 못하면, "그런데 제가 ……라고 말하지 않았나요?"라든가 "제가 말할 때 딴 생각을 하셨군요"라고 말한다. 이런 일이 일어나는 것은 우리가 의사소통을 단순히 메시지 전달로 간주하기 때문이다.

조금만 깊이 생각해 보면 이러한 접근 방식이 지닌 허점을 파악할 수 있다. 의사소통은 단순히 메시지를 전달하는 것만이 아니다. 발신자와 수신자에게 공통점이 있고 의사전달자가 말하려는 바를 서로 이해해야 비로소 올바른 소통이 이루어진 것이다. 찰스 크래프트(Charles Kraft)가 지적했듯이 제대로 소통되었는지 아닌지는 발신자가 전달한 메시지가 아니라 수신자가 전달받은 메시지로 평가해야 한다.[98] 다시 말해 의사소통은 수신자 중심으로 이루어져야 하는 것이다. 즉 전달받는 사람이 이해할 수 있어야 하며, 그 사람에게 필요한 것을 채워 줄 수 있어야 한다. 이미 그리스도인이 된 사람에게 복음 전도 메시지를 방송하는 것이 소용없는 것처럼 복음을 제대로 이해할 수 없는 사람들에게 무작정 복음 전도 메시지를 전하는 것은 도움이 되지 않는다.

수신자 중심의 의사소통에서는 메시지를 제대로 이해시키는 책임이 수신자가 아닌 발신자에게 있다. 듣는 사람이 의도적으로 메시지를 왜곡해서 받아들일 수도 있지만, 대부분 메시지를 정확히 전달해야 하는 책임은 발신자에게 있다. 의사소통을 할 때는 먼저 상대방이 우리가 한 말을 제대로 이해했는지 점검해야 한다. 그러지 못했다면 우리의 전달 방식에 문제가 있음을 인정하고 원점으로 돌아가 다른 방법을 시도해야 한다.

여과 장치와 피드백

우리가 전달하는 메시지와 상대방이 그 메시지를 받아 해석하는 방식은 많이 다를 수 있다. 제임스 엥글(James Engel)에 따르면 사람들에게는 자신이 보고 싶은 대로 보고, 듣고 싶은 대로 들으려는 경향이 있다.[99] 사람들 마음 깊은 곳에는 신념과 정서, 가치 체계가 마치 여과 장치처럼 자리 잡고 있어서 자신이 듣고 싶어 하는 메시지는 통과시키고 듣고 싶지 않은 것은 걸러 내는 역할을 한다. 또는 특정 메시지가 오는 것을 알아차리고 미리 피하거나, 전달되는 메시지를 일부러 듣지 않을 수도 있다. 아니면 자신의 의도에 맞추어 메시지의 의미를 재해석하거나, 메시지가 요구하는 변화를 거부할 수도 있다. 반면, 메시지가 자신에게 적합하거나 도움이 된다고 생각할 때는 그 메시지를 받아들이려 한다. 엥글이 지적했듯이, 청중이 왕이다. 우리의 메시지가 제대로 전달되는지 아닌지를 결정하는 것은 청중이다. 따라서 메시지를 전할 때는 분명하고 확실하며 상대방에게 적합하도록 전하는 것이 중요하다.

그렇다면 메시지가 잘못 전달된 것은 어떻게 알 수 있는가? 부분적으로는 메시지를 받은 사람의 이야기를 듣는 피드백으로 알 수 있다. 보통 우리는 메시지를 보내는 데 지나치게 몰두하기 때문에 상대방의 대답을 들으려 하지 않는다. 스티븐 닐(Stephen Neill)이 언급하듯, 바람직한 의사소통은 청취 훈련에서 시작된다.[100]

청취에는 부차적 메시지에 주의를 기울이는 것도 포함된다. 표정이나 몸짓, 말투, 자세 등을 통해 메시지에 대한 수신자의 태도나 반응을 상당히 알 수 있기 때문에 발신자는 이런 것들을 민감하게 살펴야 한다.

설교나 강의, 라디오 방송, 문서 배포 등 다양한 의사소통 방식에 대해 피드백을 받으려면 체계적인 방법이 필요하다. 교사의 경우, 토론 시간을 통해 학생들의 토론을 주의 깊게 들어 볼 수 있다. 선교사라면 사람들에게 자신의 메시지를 어떻게 이해했는지 물어볼 수 있다. 대중 매체

관련 종사자는 설문 조사나 인터뷰 같은 체계적인 조사 방식을 통해 어떤 부류의 사람들이 자신의 메시지를 듣거나 읽고 있는지, 그들이 메시지에서 이해한 내용이 무엇인지 등을 알아볼 수 있다. 이 모든 의사소통에서 우리는 청중이 상황을 판단하는 역할을 할 수 있음을 인정해야 한다. 그들이 메시지를 이해하지 못했다면 그 책임은 의사소통을 명확히 하지 못한 우리에게 있다.

피드백을 통해 우리의 의사소통은 즉각적이고 꾸준하게 변화되어야 한다. 상대방이 인지적 차원에서 메시지를 이해하지 못한다면, 전달 속도를 좀 더 늦춘다든지 전달 내용을 단순화하거나 반복한다든지, 구체적인 사례를 들어 설명하거나 잠시 멈추고 질문을 던져야 한다. 상대방이 우리에게 적대적이거나 우리를 미심쩍어하거나 거부하는 태도를 보인다면, 우리는 의사 전달을 중단하고 정서적 차원에서 오해할 소지가 있는 부차적 메시지를 전달하지 않았는지 스스로 점검하고 신뢰를 쌓는 작업을 해야 한다.

잡음과 모순

의사소통의 장애 요소로 "잡음"이 있다. 이것은 사람들에게 메시지가 전달되는 것을 방해하는 장애물을 뜻한다. 라디오를 들을 때 주파수가 제대로 맞지 않아 잡음이 심하면 다른 주파수로 채널을 돌려 버리듯, 교실이 매우 덥거나 추운 경우, 선풍기 소리가 지나치게 시끄러운 경우, 교사가 학생들을 산만하게 만드는 행동을 하거나 지루한 말투로 이야기하는 경우, 학생들은 수업에 흥미를 잃을 것이다. 마찬가지로 선교사가 낯선 옷차림에 이상한 행동을 하고, 신기해 보이는 새로운 물건들을 들여오고, 그 지역 언어를 잘 몰라 더듬거린다면, 사람들은 복음을 듣기보다 그런 모습에 더 주의를 빼앗겨 버릴 것이다.

또 다른 장애 요소는 "모순"이다. 강단에서는 그리스도인이 소박하고 희생하며 살아야 한다고 이야기하면서 정작 자신은 비싼 차를 몰고 고급 양복을 입고 다니는 설교자가 있다거나, 이웃을 사랑해야 한다고 말하면서 자기 집에는 한 번도 이웃을 초청하지 않는 선교사가 있다면, 그들의 부차적 메시지는 주 메시지에 부합하지 않는다. 이런 경우, 사람들은 보통 주 메시지보다 부차적 메시지를 받아들인다.

특히 타문화 상황에서 나타나는 모순 유형으로 "이질감"(異質感)을 들 수 있다. 타문화 사람들은 우리가 전하는 메시지는 이해하지만 우리의 행동이 낯설어 주의가 산만해지기 쉽다. 실제로 인도에서 사역한 여선교사들이 무릎까지 내려오는 스커트를 입은 적이 있다. 인도에서는 종아리를 내놓는 것이 정숙하지 못한 몸가짐이라는 것을 알지 못한 것이다. 또한 뉴기니에서 사역한 몇몇 선교사는 현지인들이 서로 물건을 나누어 쓰는 것을 보았지만, 그들처럼 음식이나 램프, 타자기, 총 같은 개인 소유물을 부담 없이 나누어 쓰지 못했다.

양방향 의사소통

사람들 사이의 의사소통은 일방적으로 진행되는 일이 거의 없다. 토론이 시작되어 누군가가 말을 꺼내면 다른 사람들도 무슨 말을 해야 할지 생각한다. 또한 누군가가 말하는 동안 그 다음번에 끼어들려고 기다리는 사람을 볼 수 있다. 의사소통이란 단순히 정보를 전달하는 것만이 아니다. 따라서 양쪽 모두 듣고 배우는 대화여야 한다(그림23). 그러나 서로 상대방 의견을 듣지 않으려는 위험도 있다. 제대로 소통되려면 말하는 것뿐 아니라 듣는 것도 신경 써야 한다.

양방향 의사소통은 선교 사역에서 특히 중요하다. 우리는 복음을 나누려 하지만 오히려 선교지에서 배워야 할 것도 많다. 이런 배움을 통해 우리는 현지인들과 친숙해지며, 그들이 사는 방식을 익히고 신뢰를 쌓아 갈 수 있다.

[그림23] 바람직한 의사소통은 양방향으로 이루어진다

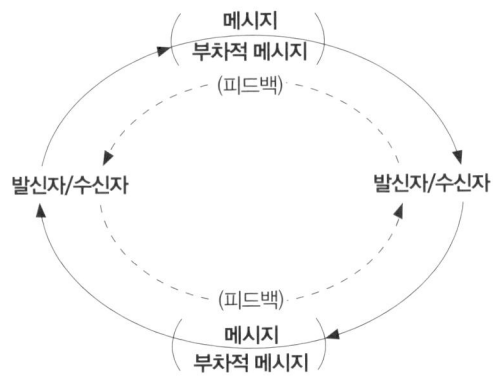

재해석과 반응

주고받는 의사소통은 일종의 반응을 낳는다. 수신자는 메시지를 받아서 자신의 문화와 개인 상황이라는 테두리에서 해석한다. 자신이 싫어하거나 이해되지 않는 것은 제대로 들어보려고 하지 않고 기억에서 지워 버린다. 그리고 자기 생각에 타당하다고 생각되는 요소를 덧붙여 자기 신념에 맞도록 의미를 바꿔 버린다. 이런 과정에서 자신이 듣고 싶은 것만 들으려고 종종 메시지를 왜곡하기도 한다. 소통할 때 이해도를 관찰해 본 결과, 같은 문화에서 나누는 일상적인 대화에서도 이야기된 내용의 70퍼센트밖에 이해하지 못했다. 타문화 상황이라면 아마도 50퍼센트를 넘지 못할 것이다. 그렇기 때문에 메시지를 제대로 전달하려면 피드백을 받아야 하며, 분명하고 명확하면서 구체적으로, 그리고 필요하다면 반복해서 전달해야 한다.

새로운 정보를 얻고 나면 종종 어떤 것을 결정해야 할 경우가 있다. 복음에 대해 정확한 정보를 얻었을 때, 사람들이 의미 있는 반응을 보일 수 있다. 하지만 어떤 일을 결정하는 데 정보가 유일한 요소는 아니다. 대부분은 감정도 그에 못지않게 중요한 역할을 한다. 주로 교육받은 사람이 그렇듯, 선교사 역시 입수한 정보와 추론을 바탕으로 어떤 것을 결정하도록 훈련받아 왔다. 그러나 그들의 일상생활을 들여다보면, 옷이나 새 차를 구입하는 평범한 일에도 자신이 좋아하는 색이나 스타일이 상당한 영향을 끼치는 것을 볼 수 있다. 복음을 듣는 사람도 마찬가지다. 자신이 얻은 지식 못지않게 자신의 감정도 복음에 대한 반응에 중요한 역할을 한다.

사람들이 복음에 대해 느끼는 감정은 흔히 복음이 전달되는 방식과 전달될 당시 상황에 따라 달라진다. 글을 배운 지 얼마 안 된 사람은 활자화된 내용을 상당히 신뢰한다. 반면 텔레비전에 익숙해진 사람은, 정보를 습득하기 위해 활자화된 자료를 계속 사용하겠지만 활자에 차츰 냉소적으로 변해 가는 경향이 있다.

사람들이 느끼는 감정은 전달자에 대한 신뢰 정도에 따라서도 달라진다. 메시지 전달자가 신뢰할 만하지 않다고 판단되면 그가 전하는 메시지 자체도 거부해 버린다. 그러나 선교사가 자신들을 진정으로 사랑하고 있다고 느낄 때는 마음을 열고 복음을 받아들인다.

누군가가 확고한 마음으로 무언가를 결정하면, 그 결정 후에는 삶이 달라진다. 가치 판단에 의한 이런 결단은 마음 깊숙한 부분에서 회심을 일으킨다. 그러나 지식과 감정의 변화만으로는 충분하지 않다. 이러한 변화를 통해 행동이 바뀌고 헌신하는 모습이 나타날 때, 비로소 그리스도의 주 되심과 제자의 삶을 이야기할 수 있는 단계에 도달했다고 볼 수 있다.

그러나 한 번 결정하고 나서도 그 결과로 나타나는 일들에 비추어 결정을 재평가하는 경우가 많다. 그리스도인이 되기로 결정한 후, 공동체로부터 받는 압력이 견디기 힘들 만큼 심해지는 경우도 있고, 새로운 정보에 비추어 자신의 반응을 평가해 볼 수도 있다. 특히 자신이 속한 지역의 기독교 공동체에서 신앙적 지원을 받지 못하는 초신자라면 이런 경향이 두드러진다. 우리와 마찬가지로 그들도 가까운 사람들이 지닌 신앙의 틀에 자신의 신앙을 끊임없이 맞춰 본다. 그러다가 동료에게 새로운 도전을 받지 못하면 믿음은 사그라지고 만다. 따라서 의사소통과 의사 결정 방식을 생각할 때는 개인의 관점뿐 아니라 사회적 차원의 역동성도 함께 고려하는 것이 중요하다.

의사소통을 하는 동기는 다양하다. 교실에서 일어나는 의사소통의 주된 목표는 정보를 전달하고 평가하는 것이다. 이 일을 좀 더 즐겁게 하기 위해 농담을 곁들이기도 하지만 농담이 주된 목표는 아니다. 반면 음악회의 목적은 음악을 즐기고 감정을 표현하는 것이다. 교회에서는 예배드리고 교제하는 것이 주된 목표이며, 법정의 목표는 사회 규범을 집행하는 것이다(표5).

특정 기능을 수행하기 위해서는 그에 맞는 매체를 사용해야 한다. 그리고 그 매체는 문화에 따라 달라질 수 있다는 사실을 유념해야 한다. 예를 들어, 부족 사회에서는 주로 의식을 통해 종교 예배를 행하고 가르침을 전한다. 예배를 드릴 때도 아프리카 부락에서는 예배에 춤이 포함되고, 인도 부락에서는 연극이나 음유시인의 연주가 포함된다. 흔히 우리가 생각하는 설교는 이들 사회에 거의 존재하지 않기 때문에 이들에게는

[표5] 의사소통은 다양한 기능을 수행한다

기능	의사소통
인지적 기능	정보 교환 행동 조정 문화유산 전수
정서적 기능	오락적 기능 감정과 기분 표현 예배
평가적 기능	사회 규칙 제정과 집행 신분과 명성 과시 직위와 자원의 분배

복음 전도자의 설교가 혼란스러울 뿐 아니라 지루하게 느껴진다. 반면 인도에서 연극 형태로 복음을 전한다면 온 마을 사람이 나와서 연극이 끝날 때까지 자리를 떠나지 않을 것이다. 그러므로 문화에 따라 메시지의 목적에 맞는 의사소통 매체를 사용하는 것이 중요하다.

상황

의사소통을 구성하는 마지막 요소는 "상황"이다. 의사소통은 늘 특정한 상황과 사건 속에서 일어나는데 이 두 가지가 메시지의 성격과 의미를 결정짓는다. 우리가 교회에서 하는 몸짓이 코미디언들에게는 농담거리가 될 수 있듯이, 연극에 나오는 대사가 실제 생활에서는 같은 말일지라도 다른 의미를 지닐 수 있다. 법관이 법정에서 하는 말은 친구와 대화하며 하는 말과는 무게가 다르다. 마찬가지로 선교사가 사적인 자리에서 하는 말은 강단에서 하는 말과 다르게 이해된다.

여러 상황 가운데 가장 중요한 것은 청중이다. 지금까지 우리는 두 사람 사이에 일어나는 의사소통을 살펴보았다. 하지만 실생활에서는 직간접으로 의사소통에 관계하는 또 다른 집단이 있다. 다음 예화가 그러한 면을 잘 보여 준다. 두 대학생이 일상적인 대화를 하고 있는데 한 교수가 그 옆을 지나쳤다고 하자. 그때 학생들이 자신의 학문 수준이나 관심을 과시할 의도에서 갑자기 대화 수준을 높여 이야기한다면, 겉보기에는 두 사람이 계속 대화하는 것 같지만, 사실은 한 청중을 겨냥하여 말하고 있는 것이다.

공적인 장소에서 이루어지는 의사소통에서 청중의 역할은 특히 중요하다. 선교지에서 사람들에게 이야기할 때, 선교사는 자신의 파송 교회와 파송 단체를 염두에 두어야 한다. 반대로 고국에 돌아와 모교회에서 사역을 보고할 때는 선교지의 현지인들이 자신의 보고를 듣는다면 어떻게 생각할지 고려해서 조심스럽게 말해야 한다. 이전에는 선교지에 있는 교회들이 선교사가 고국에 돌아가서 자신들에 대해 무어라 말하는지 알 수 없었다. 그러나 이제는 해외여행이 보편화되고 출판물이 널리 보급되기 때문에 더 이상 그렇지 않다.

의사소통과 선교사

지금까지 다룬 것들이 선교사와 선교 사역에 무슨 의미가 있을까? 첫째, 효과적인 의사소통이 선교 사역의 핵심이라는 사실을 명심해야 한다. 삶을 헌신하여 수만 킬로미터 떨어진 곳으로 달려갈지라도 마지막 1-2미터 되는 의사소통의 장벽을 뛰어 넘지 못한다면 우리의 노력은 아무 소용이 없다. 의사소통은 복잡한 과정이기 때문에 효율적으로 소통하기 위해서는 끊임없이 연구해야 한다. 복음을 제대로 전했는지 그러지 않았는지 점검하면서 우리가 취한 전달 방식을 면밀히 검토해 본다면 사역에 큰 도움이 될 것이다.

둘째, 의사소통에는 함축된 요소가 있음을 인식해야 한다. 우리는 언어뿐 아니라 문화도 배우지만, 의사소통과 관련하여 좀처럼 겉으로 드러나지 않는 면은 거의 배울 기회가 없다. 자신의 문화나 자신이 받아 온 훈련에 거의 사용되지 않은 전달 매체를 타문화 사람들을 위해 고려해 보거나, 특정 문화에서 복음을 전하는 데 가장 적절한 매체가 무엇일지를 생각해 보는 일도 거의 없다. 결국 우리는 메시지를 전하기 위해 가장 효과적인 방법들을 사용하지 못하는 것이다.

셋째, 수신자 중심으로 사고해야 한다. 의사소통은 전적으로 발신자가 생각하기에 좋은 방식으로 전하면 된다고 생각하기 쉽다. 그러나 수신자가 어떻게 받아들이고 있는지 살펴보고 평가하는 법을 배워야 한다. 우리가 전하는 것을 사람들이 듣지 않거나 오해한다면 전달 방법을 바꾸어야 한다. 복음은 하나님의 구원 메시지다. 그러나 그 메시지를 듣는 사람들이 반응하게 하려면 그들의 문화와 개인 상황 속에서 복음을 이해할 수 있도록 전달해야 한다.

마지막으로, 복음을 전달할 때는 하나님이 그분의 성령을 통해 듣는 자들의 마음에 역사하셔서 복음을 받아들일 수 있도록 그들을 준비시키신다는 사실을 간과해서는 안 된다. 그러지 않는다면 진정한 회심은 불가능하다. 하나님은 인간의 불완전한 소통 수단을 사용하셔서 그분의 메시지를 우리에게 전하셨다. 그리고 이제 우리를 통해 다른 사람에게 전하고자 하신다. 하나님은 우리가 메시지를 전달하는 데 미숙할지라도 우리의 불완전한 방법을 사용하셔서 사람들의 삶을 변화시키신다. 이러한 하나님의 도우심을 언급하는 것은 바람직한 의사소통에 무관심한 우리 자신을 정당화하기 위해서가 아니다. 궁극적으로 하나님이 사람들의 마음을 준비시키시고 그들의 마음에 역사하셔서 복음을 전하신다는 것을 말하기 위해서다. 그러므로 그리스도인들이 올바르게 소통하려면 기도하며 성령의 인도하심에 온전히 순종해야 한다.

7장
비판적 상황화

그리스도인이 된 사람은 과거의 익숙한 문화 관습을 어떻게 해야 하는가? 선교사는 그러한 전통 신념과 관습에 어떻게 반응해야 하는가?

복음이 전해지지 않은 새로운 지역으로 갈 때, 선교사는 결코 종교적, 문화적 진공 상태로 들어가는 것이 아니다. 오히려 그 사회에 사람들의 필요를 공급하며 인간의 삶을 가능하게 해주는 문화가 잘 발달되어 있다는 사실을 발견한다. 또한 그들이 가지고 있는 심각한 질문들에 대답해주는 종교적이고 철학적인 신념들도 발견한다. 그렇다면 선교사나 그리스도인들은 이러한 기존 문화 신념과 관습을 어떻게 다루어야 하는가? 그것은 악한 것인가, 선한 것인가?

전통적인 문화들

앞서 살펴보았듯이 문화는 사람들이 자신과 자신을 둘러싼 세계, 그리고 궁극적 실체에 관하여 만들어 낸 암시적 가정들 위에 세워진 신념과 관습의 체계로 이루어져 있다. 그중 그리스도인이 대응해야 할 신념과 관습은 무엇인가?

물질문화

사람들은 실제 필요와 오락을 위해 물질을 만들어 낸다. 나무나 진흙, 돌과 시멘트 등으로 집을 짓고, 통나무배나 나룻배, 기선, 개가 끄는 썰매, 우마차, 곡괭이, 쟁기, 써레, 가죽 부대, 바구니, 항아리, 궤 등을 만든다. 또 개, 돼지, 닭, 물소, 라마, 코끼리, 원숭이 같은 동물을 가축으로 길들이고, 밀, 쌀, 보리, 귀리, 고구마, 고추, 커피, 자두, 치커리, 알파파 등 수많은 농작물을 재배하며, 물고기, 새, 게, 가재 등을 잡는다.

사람들은 아픈 이들을 위해 약도 만든다. 인도 남부에 사는 시골 사람들은 인디고 나뭇잎, 말린 체리자두, 쇳가루 등을 나무뿌리의 진액과 양 오줌에 섞어서 흰머리를 검게 염색하는 데 쓴다. 감기 관련 질환이 생기면 맵고 짠 음식을 먹고 침을 자주 뱉고 마사지를 하며 코로 무엇을 들이마시거나 잠을 자지 않는 방식으로 치료한다.

사람들은 치료를 위해 마술과 부적도 사용한다. 미얀마 사람들은 환자를 본뜬 조그만 인형을 작은 관에 넣고 땅에 묻어서 치료하려 한다. 태국 마술사들은 위급한 환자의 허수아비를 만들어 조용한 곳으로 가서 그 위에 대고 주문을 외운다. 무슬림들은 코란 축소본을 만들어 목에 걸고 다니고, 인도 부족민들은 신성한 만트라(mantra)를 읊조리거나 동판에 주술적인 그림을 새겨서 허리나 목에 묶는다(그림24).

이 밖에도 종교 목적으로 사용되는 물건도 있다. 아프리카 서부의 요루바족은 쌍둥이 중 하나가 죽으면, 어머니에게 인형을 하나 만들어 주어 가지고 다니게 한다. 이러면 남아 있는 아이가 죽은 아이를 그리워하지 않을 뿐 아니라 죽은 아이의 영에게 들어갈 곳을 마련해 주어 살아 있는 아이에게 해를 끼치지 않는다고 여긴다. 북미의 북서 해안 지역에 사는 하이다족은 조상을 기념하기 위해 막대기에 토템을 조각하였다. 이외에도 주물(呪物), 성상(聖像), 우상 등을 만들고 사찰, 모스크, 산당, 신사 같은 것을 건축하는 부족도 있다.

[그림24] 인도 남부 지역에서 사용하는 부적들[101]

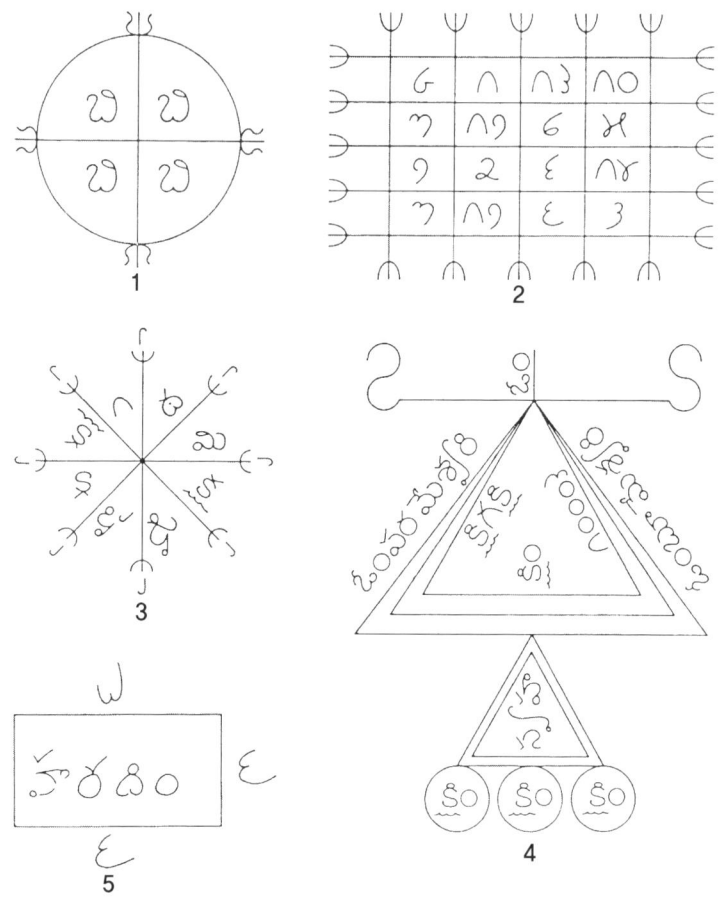

인도 남부 시골 마을에 사는 사람들은 부적을 바르게 사용하면 자신이 원하는 결과를 저절로 얻을 수 있다고 믿는다. 이 부적들은 신통력 있는 그림과 소리, 단어를 합친 것이다.

1. 두통에 효과가 있다는 얀트라(yantra, 신령한 도형)로, 이것을 동판에 써서 촛불에 쬐고 실로 묶어 홍색과 황색의 가루로 덮은 후 머리에 댄다.
2. 임신을 위한 얀트라로, 이것을 종이나 동판에 새긴 후 아기를 갖지 못하는 여인의 팔다리에 묶는다.
3. 말라리아 퇴치를 위해 사용된다.
4. 능력과 일반적인 보호를 위해 나라심하(narasimha) 신에게 헌상된다.
5. (젊은 남성들이 사용하는 것으로) 종이에 써서 팔에 묶으면, 자신이 원하는 여자가 자신과 사랑에 빠지도록 만든다. (이 부적을 사용하는 호색가에게 여자를 보호하는 부적도 있다.)

지금까지 언급한 것들이 그리스도인들이 대응해야 하는 문화의 물질들이다. 그렇다면 이 모든 것을 어떻게 다루어야 하는가?

표현문화

모든 문화에는 사람들이 감정을 표현하는 방식이 있다. 이 감정에는 기쁨, 흥분, 이별과 죽음에 대한 슬픔, 부족 예술가나 철학자들의 창조적 표현, 신과 영들에 대한 경외와 두려움 등이 있다.

인간이 감정을 표현하는 가장 흔한 방법은 음악이다. 중앙아프리카에서 음악은 의식을 행하거나 놀이를 하는 데 가장 중요한 요소로, 늘 북 장단과 춤이 어울린다. 티베트에서는 긴 뿔로 소리를 내어 예배 시작을 알리며, 인도 여인들은 노래를 부르며 모내기를 한다. 북미 원주민들은 임종 시에 수호 신령에게 노래를 부른다. 오늘날 북미인들은 고전 음악과 재즈나 록 음악 등을 듣는다.

사람들은 다양한 것들을 노래한다. 중앙아프리카 발렝기족 어머니들은 자녀에게 다음과 같은 자장가를 불러 준다.

> 아가야, 왜 우니?
> 하늘은 맑고 태양은 빛나는데 왜 울고 있니?
> 네 아빠에게 가 보렴. 아빠는 너를 사랑하신단다.
> 아빠에게 가서 우는 이유를 이야기하렴.
> 이런, 아직도 울고 있구나.
> 네 아빠는 너를 사랑하고 나는 이렇게 너를 안고 있잖니.
> 그런데도 뭐가 그리 슬프니.
> 아가야, 네가 우는 이유를 말해 주렴.[102]

힌두교도 어머니들은 딸에게 이런 노래를 들려 준다.

너, 산의 왕의 딸에게 복 있으라.
황금의 요람에 있는 네 아름다움에
처녀들이 노래하는구나.
오, 백합화의 눈을 가진 아가야, 편히 자거라.
너는 시바가 선택한 딸, 네 장난감을 가지고 놀려무나.

또 사람들은 속담과 수수께끼를 죽 나열하기도 한다. 인도 남부에 있는 한 마을에는 이런 격언이 있다. "파리, 바람, 창녀, 거지, 쥐, 촌장, 세리, 이 일곱은 언제나 다른 사람을 괴롭힌다."
그리고 이런 말도 있다.

남편이 먹다 남은 음식 먹기를 거부하는 아내는 물소로 환생하고,
남편이 출타 중일 때 치장하는 아내는 돼지로 환생한다.
남편이 귀가하기 전에 식사하는 아내는 개로 환생하고,
남편은 바닥에서 자게 하고 자기는 침대에서 자는 아내는 뱀으로 환생한다.

한 가지를 더 들어 보겠다.

옴(*om*)이라는 소리를 내는 성자는
당신과 하나가 되리라.
오, 위대한 신 라마여.

사람들은 어떤 문화에 속해 있든 기도를 드린다. 가나의 시골 사람들은 장례식 때 조상에게 이렇게 기도한다.

당신은 오늘 우리를 떠납니다.
우리는 막 당신의 장례식을 끝냈습니다.
우리 중 아무도 병에 걸리지 말게 하시고
당신의 장례를 위해 쓴 비용을 지불할 수 있도록
돈이 들어오게 하소서.
여자들은 아이를 갖게 하시고
우리 모두에게는 생명을 주소서.
추장에게 생명을 주소서.[103]

한편 북미의 포니 인디언들은 높은 곳에 있으나 알려지지 않은 신에게 다음과 같이 기도한다.

아버지, 당신께 부르짖나이다.
아버지 당신은 모든 신과 인간의 아버지이십니다.
아버지 당신은 우리가 듣고 보는 모든 것의 주인이십니다.
아버지, 당신께 부르짖나이다.[104]

민속 시인과 철학자도 인생의 현실과 운명을 성찰한다. 종종 그들은 현실을 날카롭게 통찰하고 피부에 와 닿는 대답을 제공한다. 인도의 한 고대 성현은 다음과 같은 노래로 인간의 탐욕을 표현하였다.

한 거지가 묘지로 급히 달려가 외쳤네.
"친구 시신아, 일어나라.
나는 아직 죽지 못해 고단하고 네 위로를 원하니
한순간에 내 무거운 가난의 짐을 벗겨다오.
너는 영영 죽고 말았으니 네 위로를 다오."

시신은 말이 없었네.

그는 가난보다 죽음이 낫다고 확신하고 있었네.[105]

민속 문학에서 널리 퍼진 형태는 설화(說話)다. 어느 문화에나 기구한 삶의 이야기, 다른 사람이 겪은 이상한 일에 관한 이야기가 전해진다. 아이들을 위한 이야기도 있고, 성인 남녀들을 위한 이야기도 있다. 이 세상과 자기 종족의 기원을 알려 주는 이야기도 있는데, 이런 이야기를 보통 신화라고 한다. 신화는 사물의 본질, 특히 인간의 본질과, 인간이 조상이나 신, 영들과 맺은 관계에 대한 근본적인 신념을 담고 있다.

자신을 파멸시킨 악마

먼 옛날 악마 바스마는 이쉬바라 신에게 학문과 예술을 배웠다. 이쉬바라의 아내인 파르바티는 바스마에게 깊은 호감을 갖고 있었다. 그래서 바스마에게 특별한 것을 내려달라고 이쉬바라에게 간청하였다. 파르바티의 간청 때문에 결국 이쉬바라는 바스마에게 "불 요체"라고 알려진 비밀스런 만트라를 주었다. 이 만트라 때문에 바스마는 자신이 만지는 것을 불과 재로 바꿀 수 있었다.

시간이 흘러 바스마는 파르바티와 사랑에 빠졌고, 은밀하게 그녀를 유혹하려고 생각했다. 그는 이쉬바라를 만져서 태워 버릴 계획이었지만, 이쉬바라는 바스마가 오는 것을 보고 도망쳤다.

이것을 지켜본 위대한 신 마하 비쉬누는 이 악마를 끝장내기로 작정하였다. 그는 파르바티보다 더 아름다운 여인으로 변하고 황금 그네를 만들었다. 그네를 타면서 사랑의 노래를 부르는 아름다운 여인을 보고 바스마는 첫눈에 반하여 그녀에게 누구인지를 물었다. 그러자 비쉬누는 "내가 여자인지 보면

> 몰라요?" 하고 대답했다. 바스마는 다시 "당신 결혼했소?" 하고 물었고, 비쉬누는 "아니오"라고 대답했다. 그 말에 바스마는 자신과 결혼해 달라고 간청했다. 그러자 비쉬누는 이렇게 대답했다. "좋아요. 그런데 난 남자들을 신뢰하지 않아요. 그러니까 머리에 손을 얹고 당신이 나에게 정절을 지키고 절대로 나를 버리지 않겠다고 맹세하세요."
> 바스마는 자신의 손에 마법의 힘이 있다는 것도 잊을 만큼 그녀에게 흠뻑 빠져 있었다. 그래서 정절을 맹세하기 위해 자신의 머리를 만지는 순간, 바스마는 재로 변해 버리고 말았다.[106]

불교, 이슬람교, 힌두교 같은 세계 종교는 이러한 이야기들과 이에 대한 종교적 신학이 경전에 기록되어 있다. 바로 불교의 삼장, 회교의 꾸란, 힌두교의 베다와 푸라나다.

의식 문화

선교사들이 특히 다루기 어려운 부분이 의식이다. 의식은 주로 인간의 가장 심오한 경험을 표현하고 사람들의 가장 깊은 신념을 반영하기 때문이다. 그리스도인들은 의식에 어떻게 대응해야 하는가?

통과 의례 사람은 누구나 인생의 의미를 묻는 질문에 직면한다. 특히 출생, 성인기의 시작, 결혼, 죽음과 같은 인생의 중요한 과정을 통과할 때 그러한 근원적인 문제를 생각한다. 이러한 의례들은 종종 인간의 본질과 운명, 세상에서 자신의 위치에 대한 가장 중요한 가정이 무엇인지를 보여 준다.

생물학적으로 출생했다고 해서 아이가 인간이 되는 것은 아니다. 아이는 사회적 존재, 즉 사회 구성원이 되어 간다. 그리고 이것은 종종 아기가 인간이 되는 신비롭고 창조적인 의례들을 통해 이루어진다. 예를 들면 아프리카의 차가족은 아기가 태어난 지 나흘째 되는 날 외가 사람들에게 공식적으로 소개하고, 일주일이 지나면 정성어린 의례를 통해 친가의 일원이 된다. 그리고 한 달이 지나면 아기를 밖으로 데리고 나와 눈 덮인 킬리만자로 산꼭대기를 향하여 높이 들고 다음과 같은 기도 송을 부른다. "우리의 인도자이신 신이여, 이 아이를 이끄시고 보호하셔서 연기처럼 자라고 일어나게 하소서."[107]

동아프리카의 키쿠유족은 출생 후에 경작되지 않은 토지에 태반을 묻고 곡식과 풀로 덮는다. 아기의 건강과 어머니의 지속적인 출산력을 보장하기 위해서다. 아버지는 아기가 딸이면 네 개, 아들이면 다섯 개의 사탕수수 줄기를 잘라 그 진액을 아내와 아기에게 주고, 아기가 딸이면 집 좌편에, 아들이면 우편에 남은 것을 묻는다. 또 염소를 잡아 출산을 축하하며 집을 정결케 하기 위해 주술사를 초청한다. 어머니와 아기는 4-5일 동안 격리되어 보호되며, 아버지는 양을 잡아 신과 조상들에게 감사 제사를 드린다.

오모도_ 월터 트로비쉬(Walter A. Trobisch)

여행을 하다가 한번은 아는 사람이 전혀 없는 아프리카의 한 교회에서 예배를 드렸다. 예배가 끝난 후, 나는 예배에 참석한 다른 두 소년과 이야기를 나누었다.

"형제자매가 몇 명이나 되니?" 한 아이에게 물었다.

"셋이요."

"아버지는 모두 같은 분이니?"

"예, 저희 아버지도 그리스도인이에요."

"너는?" 하고 다른 아이에게 물었다.

그 소년은 곧바로 대답하지 못했다. 머릿속으로 셈을 하고 있는 것 같았다.

그 순간 나는 소년이 일부다처 가족에서 자랐다는 것을 알아차렸다.

"저는 아홉 명이에요." 마침내 소년이 대답했다.

"네 아버지도 그리스도인이시니?"

"아뇨, 아버지는 일부다처주의자예요."

"너, 세례 받았니?"

아이는 자랑스럽다는 듯 "네. 제 형제들과 누이도 받았어요"라고 대답했다.

"어머니들도?"

"세 분 다 세례는 받았어요. 그런데 첫째 부인만 성찬식에 참여하세요."

"네 아버지를 만나 볼 수 있을까?"

소년은 집이 여러 채 있는 주거 지역으로 나를 데리고 갔다. 그 지역은 청결하고 질서 있고 부유한 곳이었다. 부인들은 각자 자기 집과 자기 주방이 있었다. 아이의 아버지는 잘생긴 얼굴에 키가 크고 살이 오른 인상적인 중년이었다. 그는 당황하는 기색 없이 오히려 기쁜 듯이 나를 영접했다. 그(이제부터 오모도라고 부르겠다)는 좋은 교육을 받았고 박학다식하며 재기와 유머 감각도 남달랐다. 처음부터 그는 자신이 일부다처주의자인 것을 아무 거리낌 없이 자랑스러워했다. 그날 오랜 시간 그와 나눈 대화를 간추려 소개하고자 한다.

"이 가난한 죄인의 오두막에 오신 걸 환영합니다!" 그는 유쾌하게 웃으며 인사했다.

"부유한 죄인으로 보이시는데요?"라고 나는 대꾸했다.

"교인들은 죄에 오염되고 싶지 않기 때문에 여기에 잘 오지 않아요."

"그러나 그들은 거리낌 없이 당신의 아내들과 자녀들을 받아들였잖아요. 저는 막 교회에서 그들을 만났습니다."

"알고 있습니다. 저는 아내들과 아이들에게 헌금하라고 동전을 하나씩 주죠. 아마 교회 예산의 절반은 제가 대고 있을 걸요? 그들은 제 돈은 좋아하면서도 저를 원하지는 않아요."

나는 조용히 생각에 잠겼다. 조금 있다가 그는 말을 계속했다. "목사님이 참 안됐어요. 마을에 있는 일부다처주의자들을 교인으로 받아들이지 않는 바람에 교인들을 가난하고, 늘 외국 원조에 의존하게 만들었잖아요. 목사님이 일요일마다 일부다처는 잘못되었다고 말해서 교회는 여자들만의 장소가 되었어요."

"당신이 두 번째 아내를 맞이했을 때, 첫 번째 아내가 상심하지 않던가요?"

오모도는 측은하다는 눈빛으로 나를 바라보며 대답했다. "그날은 첫 번째 아내에게 가장 행복한 날이었습니다."

"그게 무슨 말씀이시죠?"

"어느 날 첫 번째 아내가 밭에서 돌아와 나무와 물을 준비하고 저녁 식사를 만들고 있었어요. 그때 저는 집 앞에 앉아 그녀를 보고 있었죠. 그런데 갑자기 그녀가 저더러 아내가 하나밖에 없는 '가난한 남자'라고 조롱하는 게 아니겠어요? 그러면서 다른 아내가 음식을 준비하는 동안 자녀를 돌보기만 하면 되는 이웃집 여자를 가리키더라고요."

오모도는 "가난한 남자"라는 말을 반복했다. "저도 아내를 많이 둘 수는 있지만 그러지 않았거든요. 그런데 그녀가 옳다는 걸 인정하지 않을 수 없었어요. 그녀는 도움이 필요했고, 이미 저를 위해 두 번째 아내를 선택해 두었더군요. 둘은 서로 잘 지내고 있답니다."

주위를 둘러보니 스무 살 정도 되어 보이는 여성이 한 오두막에서 나오는 것이 보였다. "저는 큰 대가를 치렀어요. 두 번째 아내 아버지가 신부 값을 매우 많이 요구했거든요"라고 부언했다. "당신을 일부다처주의자로 만든 사람이 당신 가족 가운데 성찬을 받는 유일한 사람인 거네요?"

"그래요. 그녀는 선교사에게 내 사랑을 다른 여자와 공유하는 것이 얼마나 어려운지 이야기했어요. 교회에서 보면 제 아내들은 남편이 한 명이기 때문에 죄가 없는 것으로 여겨지죠. 가장인 제가 이 집에서 유일한 죄인이고요. 그래서 저는 성찬에 참여할 수 없어요. 죄인은 성찬에 참여할 수 없으니까요. 이해되나요?"

나는 매우 혼란스러웠다.

오모도는 계속 이야기했다. "목사님과 아내들은 제가 죄에서 구원받기를 기도하지만, 어느 죄에서 구원되어야 하는지는 합의하지 못하고 있어요."

"무슨 뜻인가요?"

"목사님은 제가 일부다처의 죄에서 벗어나길 기도하고, 아내들은 제가 이혼하는 죄를 짓지 않도록 기도하고 있어요. 누구의 기도가 먼저 응답될지 궁금하네요."

"그렇다면 당신의 아내들은 당신이 그리스도인이 되는 걸 두려워하고 있겠군요?"

"네. 아내들은 제가 교인이 되는 걸 두려워해요. 일단은 그렇죠. 그런데 제 처지에서는 다릅니다. 당신도 알다시피 제가 교인이 되지 않아야 아내들은 저와 부부관계를 가질 수 있습니다. 제가 교인이 되는 순간 저와 아내들의 결혼은 죄가 되죠."

"당신은 교인이 되고 싶지 않으신가요?"

"목사님, 저를 시험하지 마세요! 제가 교인이 되는 건 그리스도께 불순종한다는 의미인데 어떻게 그럴 수 있겠습니까? 그리스도는 이혼은 금하시지만 일부다처를 금하시지는 않았습니다. 그런데 교회는 일부다처를 금하면서 이혼을 요구하고 있어요. 제가 그리스도인이 되기를 원한다면 그냥 가만히 있어야지 어떻게 교회에 나가겠습니까? 저로서는 방법이 하나밖에 없어요. 교회에 다니지 않는 그리스도인이 되는 거죠."

"이 문제를 담임 목사와 이야기해 보셨나요?"

"목사님도 감히 제게 이야기할 수 없을 거예요. 교회 장로 중 몇몇은 비밀리에 두 번째 부인을 뒀다는 것을 그 목사님도 알고 저도 알고 있으니까요. 그들과 저의 차이는 단지 저는 정직하고 그들은 위선자라는 거죠."

"선교사가 당신에게 이야기한 적은요?"

"한 번 이야기한 적이 있어요. 그래서 제가 유럽의 높은 이혼율을 볼 때, 유럽인은 일부다처제를 순차로 하고 우리는 동시에 하는 것뿐이라고 이야기했더니, 그 뒤로 다시 오지 않더라고요."

나는 할 말을 잃었다. 오모도는 나를 마을까지 데려다 주었다. 자신이 목사와 함께 있는 모습을 사람들에게 보이는 걸 즐기는 것 같았다.

"세 번째 부인은 왜 얻게 된 건가요?"

"제가 그녀를 취한 게 아니에요. 죽은 형에게 그녀와 자녀를 상속받았거든요. 사실은 제 바로 위 형이 상속받았어야 하는데 교회 장로이기 때문에 제가 받은 거죠. 저처럼 과부를 보호하면 형은 죄를 짓게 되니까요."

나는 그의 눈을 바라보았다. "당신은 그리스도인이 되고 싶나요?"

"저는 그리스도인입니다." 오모도는 정색하며 대답했다.

길을 걸어 내려오는데 한 성경 구절이 떠올랐다. "맹인 된 인도자여 하루살이는 걸러 내고 낙타는 삼키는도다"(마 23:24).

교회가 오모도를 책임진다는 것은 무엇을 의미하는가? 내가 오모도를 만난 때는 여행 중이었기 때문에, 안타깝게도 그를 다시 볼 수는 없었다. 이렇게 우리의 대화를 간추려 보고하는 이유는 그 속에 일부다처주의자가 교회를 어떻게 보는지가 간명하게 드러나기 때문이다. 외부인의 눈으로 자신을 바라보는 일은 늘 건전하다.

나는 자문해 보았다. "내가 오모도가 사는 마을의 목사라면, 어떻게 했을까?"[108]

많은 사회에서 결혼은 인생에서 가장 중요한 의식이다. 결혼은 한쪽 또는 양쪽을 부모에게서 분리시켜 사회 질서를 재구성한다. 결혼으로 가족이 구성되고 출산을 통해 자녀가 생겨나면서 종교적으로도 심오한 의미를 지니는 경우가 많다. 티베트의 보티야족은 결혼 의식이 적어도 3년이나 지속된다. 이 의식에는 다음과 같은 중요한 절차가 있다. (1) 점성가가 그 결혼이 길한지 결정한다. (2) 결혼을 약속하면 신랑과 신부의 삼촌들이 중간 역할을 맡아 선물을 가져간다. (3) 사제가 연회를 베풀고 새 부부를 위해 신들의 복을 기원한다. (4) 1년 뒤, 큰 잔치를 열어 양가 모든 친척이 참석한 가운데 신부 값을 지불한다. (5) 또 1년 뒤, 점성가가 신부가 신랑과 신방을 차릴 길일을 결정하면 라마승들이 축복하러 오고, "도둑" 두 명이 신부를 훔치려고 시도하다가 쫓겨나고, 하객이 신부에게 선물을 주고, 신부는 집으로 돌아간다. (6) 또 1년 뒤, 부모가 신부에게 지참금을 주고 신랑의 집으로 데려간다. 그때에야 결혼 예식이 모두 끝난다.

사람들은 의식 가운데 장례식을 가장 두려워한다. 죽은 자의 영이 조상에게 가거나, 수년 동안 집 주위에 남아 산 자의 일에 간섭한다고 믿는 사람이 많다. 장례식은 가까운 친척을 괴롭히는 악령들을 불러들이기도 한다.

인도의 콜족도 그렇게 믿고 있다.[109] 누군가가 죽으면 그 즉시 시신을 땅 위에 둔다. 죽은 자의 영혼이 땅 아래 있는 죽은 자들의 집으로 가는 길을 찾을 수 있게 하는 것이다. 시신은 물로 씻고 노란 물감을 칠하는데, 이것은 영혼의 여행을 방해하는 악령을 내쫓기 위해서다. 그러고 나서 쌀과 고인이 쓰던 도구들과 함께 시신을 장작 위에 올려놓는다. 저승길을 갈 수 있도록 떡과 은전을 시신의 입 안에 넣는다. 화장한 뒤에는 뼈를 모아 고인의 집에 있는 단지 안에 넣어 걸어 둔다. 이런 조치를 취했는데도 잘못되어 고인이 돌아와 살아 있는 사람을 해치는 것에 대비하여 고인이 먹을 수 있도록 길에 쌀을 뿌려 둔다. 어느 정도 시간이 지나면, 노래와 춤이 어우러진 잔치를 벌여 죽은 자의 영과 저승의 영들을 "결혼"시킨다. 마지막으로 뼈를 들판에 묻는다.

서구 선교사들이 가장 이해하지 못하는 예식이 성인식이다. 세계의 많은 지역에서 아이들은 성인이 되기 위해 고통스런 육체적 시험, 부모와 마을에서 분리되는 과정, 성인으로서 최초의 성 역할을 시행하는 의식 등을 거친다. 이러한 의식을 통과하지 않은 사람은 나이가 얼마든 어린아이나 불완전한 인간으로 여겨진다.

예를 들면 동아프리카의 차가족에서는 성인으로 진입하는 의식이 몇 단계로 이루어진다. 사춘기가 되면 아이는 귀를 뚫는다. 이것은 아이를 한편으로 친할아버지와, 다른 한편으로 외가의 삼촌들과 이어 주는 특별한 의식이다. 그리고 나면 집안일과 농사일을 맡을 수 있는 의식을 행하고, 이들의 새로운 지위를 인정하는 뜻에서 사냥한 고기와 술을 처음으로 먹게 한다. 이후로 이들은 이야기와 노래로 조상들에 대해 배운다. 열두 살 정도 되면, 아래 앞니 두 개를 뽑아 시조(始祖)에게 바친다. 마지막으로 할례를 받는데, 이를 통해 아이들이 가족 안에서 완전한 성인남녀로 인정받는다.

이러한 성인식에서 당사자들은 대부분 아이의 세계가 죽고 성인의 세계에서 다시 태어나는 것을 기념한다고 여긴다. 예를 들면, 서아프리카의 코레족은 성인식을 해야 할 아이들을 15일 동안 숲속에 머물게 한다. 성인식이 거행되는 숲속은 마을 서쪽에 위치하는데, 이것은 아이들이 겪을 죽음을 상징한다. 숲속에서 노인들은 가시 채와 타는 횃불로 아이들을 때린다. 가시 채는 이전 삶을 떠나는 고통과 새로운 지식을 획득하는 어려움을, 횃불은 신적 조명을 상징한다.

그 단계에서 아이들은 숲속의 가시 울타리에 둘러싸여 묻힌 존재, 즉 "죽은 자"로 간주된다. 그러나 한편으로는 성인으로 다시 태어나기를 기다리는 태아이기도 하다. 어머니들이 숲속으로 음식을 가져오지만 자기 아들을 보지는 못하며, 아들들은 갓난아기처럼 완전히 피동적이고 무력한 가운데 노인들이 주는 음식을 받아먹을 수밖에 없다.

끝으로 이 풋내기 성인들에게 동물 가죽으로 만든 큰 담요를 씌우고 나서 마을 지도자는 다음과 같은 부활과 번영의 기도를 낭송한다. "하늘에 구름이 많으면 비가 온다. 곡식은 풍성하고 자녀는 번식하라. 질병은 물러가고 '죽은 자'[성인식을 통과한 자]는 영원 영원히 생명으로 돌아오라."[110] 담요가 걷히면서 아이들은 성인으로 다시 태어난다.

어떤 성인식은 성 행위를 포함한다. 리하르트 투른발트(Richard Thurnwald)는 뉴기니 바나로족의 정교한 여성 성인식을 이렇게 소개한다.

[9개월 동안] 소녀들은 물 대신 사고(사고 야자나무에서 나오는 흰 전분_ 편집자) 수프를 마시면서 집 안 구석방에 갇혀 지낸다. …… 마침내 여성들이 그 구석방을 열고, 갇혀 있던 소녀들은 해방되어 집을 떠날 수 있는 허가를 받는다. 여성들은 미리 코코넛을 준비해 두었다가 소녀들에게 던지고, 끝내 소녀들을 물에 빠뜨리고 다시 코코넛을 던진다. 소녀들은 물에서 기어 나와 강둑에서 야자열매와 돼지고기를 받고, 옷을 잘 차려 입고 귀걸이, 코걸이, 목걸이, 팔찌, 향기 나는 풀로 치장한다. 그리고 이어서 여인들의 춤이 시작된다.

같은 날 밤 …… 남성들은 마을 거리에 모인다. 노인들이 논의하여 관습에 따라 소녀들을 배분한다. 그들은 이 관습을 나에게 이렇게 설명했다. 선택된 신랑의 아버지가 소녀를 소유해야 하지만 그는 "부끄러워하면서" 문두(mundu)라는 가까운 친구에게 자기 대신 결혼생활의 비밀을 알려 주라고 부탁한다. 친구가 동의하면, 소녀의 어머니는 소녀를 신랑의 아버지에게 넘겨주면서 그녀에게 "시아버지가 너를 인도하여 도깨비를 만나게 할 것이다"라고 말한다. ……

신랑은 신부가 출산할 때까지 신부에게 손을 댈 수 없다. 이 아이는 도깨비의 아이라고 불린다. 도깨비 아이가 출생하면, 아이 어머니는 "네 아빠가 어디 있니? 누가 나와 관계했니?"라고 말한다. 신랑은 "나는 이 아이의 아빠가 아니다. 이 아이는 도깨비 아이다"라고 대답하고, 신부는 "나는 내가 도

깨비와 관계했는지 몰랐다"고 대답한다.[111]

그런가 하면 바나로족의 신랑은 할아버지 친구의 아내와 첫 성 경험을 한다.

치유와 번영을 위한 의식 어느 사회나 사람들은 자손, 풍년, 연애 성공, 특별한 능력 등 여러 형태의 번영을 추구한다. 그리고 모두 질병, 죽음, 기근, 홍수, 지진 등과 같은 위기를 두려워한다. 또한 모든 사회에는 이러한 문제들을 다루는 대중적인 민간 해법이 있다. 그러나 문제는 인간의 지식으로 해결되지 않을 때다. 그럴 때 사람들은 종교 의식 또는 주술 의식으로 해결하려 한다.

예를 들어 서아프리카 기니에서는 젊은 여성들이 확실히 임신하기 위해 아기에게 수유하는 여인을 본뜬 인형을 신에게 바치는가 하면, 젊은 남성들은 악귀를 쫓아내기 위해 총을 쏘고 칼을 휘두른다. 추크치족은 무당이 병 고치는 신에 들려 이상한 방언을 하며, 환자의 길 잃은 영혼을 찾아오기 위해 영의 세계로 간다. 신약 시대 헬라인들은 자신을 찾아온 사람들이 위험을 피하도록 도와주고 미래를 예언하는 사제들을 찾아갔다.

많은 사람이 악령을 두려워하기 때문에 저마다 사람이나 마을에서 귀신을 쫓아내는 방법을 가지고 있다. 인도네시아 발리 섬에서는 마을 밖 교차로에서 귀신들을 위한 잔치를 연다. 신성한 사당의 등잔에 불을 붙인 횃불을 흔들며 소리를 크게 질러 악령들을 잔칫상 있는 곳으로 내몬다. 그러고 나서 악령들을 잔치에 남겨 두고 사람들이 조용히 집으로 돌아가면, 갑자기 모든 것이 고요해진다. 그 다음 날에도 하루 종일 고요하게 지내며 사람들은 아무 일도 하지 않는다. 잔치가 끝난 뒤 악령들은 마을로 돌아오기를 원하지만 아무 소리도 나지 않기 때문에 마을이 무인도가 된 것으로 생각하고 떠나 버린다고 믿는 것이다.

연례의식

많은 의식들은 특성상 공동체적이며, 대체로 사회 전체가 참여한다. 이 가운데 연례의식으로 꼽을 수 있는 것으로는 연초, 주기(週期)와 월삭, 파종과 추수, 그밖에 다산을 비는 의식과 절기 행사 등이 있다.

예를 들면, 중국인들은 제야에 반시간 동안 북경의 한족 거주지와 몽골족 거주지 사이에 있는 대문을 닫는 습관이 있다. 붉은 종잇조각이나 그와 비슷한 물건들을 대문이나 찬장에 붙인다. 다음으로는 조상과 신들에게 제사를 지내며, 새해를 축하하려고 모여든 모든 친척이 음식을 나누어 먹는다. 많은 중국인이 지금도 굶주린 귀신을 위한 잔치를 베푸는데, 이것은 배회하는 조상의 영이 산 사람을 해치지 못하도록 배불리 먹이는 잔치다.

마찬가지로 힌두교도, 무슬림, 불교도는 자신들의 종교력에서 중요한 날을 기념하여 많은 연례의식을 행한다. 그밖에도 독립기념일, 현충일, 위인 탄생일 같은 많은 국경일과 세속적 축일도 있다.

잔치와 축제, 전시회, 성지 순례

사람들은 함께 기념하고 축하하는 것을 좋아한다. 그러므로 기회만 있으면 먹고 마시며 노래하고 춤추며 즐기려 하는 것은 이상한 일이 아니다. 축제에는 여러 종류가 있다. 세속적 축제와 종교적 축제, 기쁜 축제와 슬픈 축제, 지역적 축제와 국가적 축제가 있다. 예를 들면, 모든 무슬림은 라마단(이슬람력으로 아홉째 달로, 이 기간에는 금식을 한다_편집자)과 이드 알 카비르(이슬람력 12월 10일에 열리는, 제물을 바치는 축제_편집자)를 준수하며, 왈리(*wali*), 즉 성인(聖人)들의 축제를 지키는 무슬림도 많다. 중국의 불교도는 설날 이후 열하루를 탄원의 축제 기간으로 정하며, 1년 내내 여러 보살과, 그보다 낮은 신을 기념하는 날들이 있다. 힌두교도는 홀리, 디왈리, 우가디, 시바라트리 등 많은 축일을 지킨다. 한 인도 촌락에 대한 연구 보고서에 따르면 그 마을은 힌두교, 이슬람교, 기독교, 카스트와 관련하여 1년에 300일 넘게 이런저런 축일을 지키고 있었다.

기독교인도 종파에 따라 성 도마 축일(12월 29일), 현현일(1월 6일), 재의 수요일(사순절 첫날), 부활절, 승천절, 오순절, 성탄절을 포함하여 많은 종교 축일을 지킨다.

대부분 문화마다 다양한 의식이 있다. 시장과 소규모 공연, 연극과 음악회 등을 곁들인 종교 박람회, 종교적 행진, 대규모 잔치와 기념행사, 멀리 있는 성지로 떠나는 순례 등과 같은 것이다.

전통적인 문화를 어떻게 다룰 것인가?

그리스도인은 이 모든 것에 어떻게 대응해야 하는가? 새로운 회심자들은 복음을 받아들이기 전까지 자기 삶의 일부였던 전통 문화, 즉 음식, 옷, 약, 노래, 춤, 신화 등을 어떻게 해야 하는가? 이러한 문제에 관하여 선교사는 선교지에 새로 생겨난 교회들에 어떤 책임을 갖고 있는가? 복음의 핵심 메시지를 보존하면서도 문화에 적응하려면 어떻게 해야 하는가? 그리고 전통적인 문화에 대해 누가 결정해야 하는가? 이러한 것들은 선교 사역에서 항상 제기되는 중요한 문제다.

옛 것을 부인하다_ 상황화 거부

과거에는 선교사가 스스로 옛 관습을 대부분 "이교적"인 것으로 여기고 거부하기로 결정한 적이 많았다. 북, 노래, 연극, 춤, 신체 장식, 특정 의복, 음식, 결혼 관습, 장례식 등은 전통 종교와 직간접적으로 관련되어 있다는 이유로 대부분 정죄되었다. 따라서 그리스도인들은 이러한 것들을 받아들일 수 없었다.

이러한 거부는 흔히 선교사의 자문화 중심주의에서 비롯된다. 선교사가 종종 복음을 자신의 문화와 동일시하여 결국 다른 문화의 관습들을 나쁜 것으로 판단한 것이다. 그러나 때로 선교사들은 전통적인 문화에서 종교적 관습과 비종교적 관습을 분명하게 구별하기가 어렵다는 것을 깨닫는다. 많은 사회에서 종교는 문화의 핵심으로 삶 전반에 스며들어 있다. 따라서 현대 사회와 달리 신념, 행위, 제도에서 성과 속이 구별되지 않는다. 그런데도 일부 선교사들은 대부분의 관습이 종교적 의미를 지니므로 무조건 거부해야 한다고 생각했다.

이처럼 전통 관습을 무조건 거부하는 경향은 많은 문제를 일으켰다. 먼저 문화적 진공 상태를 만들어 냈고, 이를 메우기 위해 대부분 선교사의 관습을 받아들였다. 북과 징 같은 전통 악기 대신 오르간과 피아노를 들여왔다. 또 토착 음악에 맞는 가락으로 찬송가를 만드는 대신 서구 찬송가를 번역하여 그대로 사용하였다. 맨바닥에 앉지 않고 예배당 안에 긴 의자를 놓았으며, 주변에 있는 오두막과 흙집에 어울리지 않는 서구식 예배당을 지었다. 섭씨 35도가 넘는 날씨에 옷을 거의 입지 않는 회중에게 설교하면서도 목사는 근엄한 서구식 가운을 걸쳐야 했다. 이러한 모습을 보면, 기독교가 외국 종교로 간주되고 기독교 개종자가 모국에서 이방인으로 취급받은 것은 어찌 보면 당연한 일이었다.

기독교가 종종 오해를 받은 것도 무리는 아니다. 예를 들면, 인도에서 사역하는 선교사들은 결혼할 때 신부가 입는 붉은 사리(전통 복장)를 힌두교도가 입는 복장의 색이라는 이유로 거부하였다. 그들은 인도에서 붉은 색이 다산을, 흰색이 불임(不姙)과 죽음을 나타낸다는 사실은 생각하지도 않고, 순결을 상징한다면서 흰색 사리를 입게 했다.

전통 관습을 거부하는 데 따르는 둘째 문제는 그것이 실제로는 없어지지 않고 단지 깊숙이 숨어 버린다는 것이다. 예를 들어 아프리카에서는 사람들이 교회에서 정식으로 기독교식 결혼식을 치르고, 고향으로 가서 전통 예식을 치르는 경우가 흔하다. 이교 관습이 몰래 행해지다 보면 결국에는 공식적인 기독교 가르침과 혼합되어 기독교적 신념과 비기독교적 신념이 결합된 기독교적 이교주의(Christopaganism)를 형성하게 된다. 예를 들면, 과거 라틴 아메리카의 가정에서 일하던 아프리카 출신 노예들은 주인의 자녀들에게 아프리카의 혼령을 예배하도록 가르쳤다. 아이들이 자라 가톨릭교도가 되었을 때, 그들은 가톨릭교의 성인 숭배와 아프리카의 부족 종교를 혼합하였다. 그 결과 기독교적인 외양을 띤 새로운 형태의 혼령 숭배가 생겨났다.

셋째 문제는 전통 관습을 모두 거부하여 선교사와 교회가 옛 관습을 억압하는 경찰 노릇을 할 뿐 아니라 새신자에게서 그러한 문제를 스스로 결정할 수 있는 권리를 박탈하여 성장할 기회를 잃게 한다는 것이다. 교인이 복음의 가르침을 삶에 스스로 적용하는 법을 배워야 교회는 영적으로 성장할 수 있다.

옛 것을 수용하다_ 무비판적 상황화

전통 관습을 다루는 둘째 방법은 그것을 무비판적으로 교회에 수용하는 것이다. 이 경우는 옛 관습을 기본적으로 선한 것으로 보고, 사람들이 그리스도인이 되어서도 그 관습을 유지하는 것이 큰 문제가 아니라고 생각한다. 이 방식을 옹호하는 사람들은 대체로 다른 사람과 문화를 깊이 존중하고, 다른 사람이 그들의 문화유산에 부여하는 높은 가치를 존중한다. 또한 복음의 "이질감"이 세계 많은 지역에 복음이 들어가지 못하게 만든 중요한 장애라는 점에 주목한다. 따라서 이들은 회심자의 삶에서 변화를 최소화하는 무비판적 상황화를 주장한다.

이 방식에도 심각한 문제가 있다. 첫째, 이들은 죄에는 개인적인 죄뿐 아니라 집단적이며 문화적인 죄도 있다는 사실을 간과하고 있다. 노예 제도, 억압 구조, 세속주의와 같이 제도와 사회 관습 속에서도 죄는 발견된다. 또한 사람들의 문화 신념 속에서도 죄를 찾아볼 수 있다. 이것은 집단적 우월감, 차별 대우, 우상 숭배 등으로 나타난다. 복음은 개인뿐 아니라 사회와 문화의 변화도 요구한다. 상황화는 사람들이 이해할 수 있도록 복음을 전하는 것뿐 아니라 개인으로나 집단으로나 그들이 악한 길에서 돌아서도록 도전하는 것을 의미한다.

복음을 받아들인 첫 세대는 종종 변화해야 할 필요를 절실히 느끼기 때문에 과거 특정 관습들을 확고하게 거부한다. 그들은 옛 관습이 의미하는 바를 매우 잘 알고 있다. 그래서 그리스도인이 된 이상, 옛 관습과 맺은 관계를 끊어 버리려 한다. 이와 같이 개종자 스스로 옛 관습을 거부할 때 일어나는 변화는 외부에서 강요하는 변화와 근본적으로 다르다.

무비판적 상황화의 두 번째 약점은 온갖 혼합주의로 나아가는 지름길이 된다는 사실이다. 그리스도인이 복음에 적대적인 신념과 관습을 그대로 유지한다면, 결국 새로 받아들인 신앙과 혼합되어 다양한 형태의 신이교주의(neopaganism)를 낳을 수 있다. 분명히 개종자는 옛 관습을 들여오게 마련이지만, 변화되어야 할 부분을 모두 즉시 바꿀 수는 없다. 성경의 진리에 비추어 보면 심지어 성숙한 신자의 삶에도 문제가 있는 영역이 많다. 그러나 신자는 계속해서 자신의 행동과 믿음을 성경 기준에 비추어 보아 더 온전한 그리스도인으로 성숙하는 삶을 살아야 한다. 감상적인 무비판적 상황화에는 바로 이러한 비판이 결여되어 있다.

옛 것을 성경에 비추어 점검하다_ 비판적 상황화

옛 방식을 무비판적으로 거부하는 것과 무비판적으로 수용하는 것 모두 선교 사역을 저해한다면, 선교사와 개종자들은 현지 문화유산을 어떻게 다루어야 할 것인가? 셋째 접근법은 비판적 상황화로 불리는 것으로, 옛 신념과 관습을 거부하거나 수용하기 전에 잘 점검하는 것이다. 우선 자신이 처한 문화 상황에서 전통 신념과 관습이 차지하는 의미와 위치가 무엇인지 생각해 보고, 성경 기준에 비추어 평가하는 방식이다(그림25).

그렇다면 비판적 상황화는 어떤 과정을 거쳐 이루어지는가? 첫째, 개인이나 교회는 삶의 모든 영역을 성경에 비추어 살펴봐야 한다는 사실을 인정해야 한다. 선교지에 갓 세워진 교회에서 교인들의 출산, 결혼, 죽음 등과 관련된 의식을 기독교식으로 어떻게 치러야 할지 결정해야 할 때 이러한 인식이 생길 수 있다. 또는 전통적인 문화와 관련된 다른 관습들을 점검해야 한다고 인식될 때에도 그럴 수 있다. 삶의 어느 영역을 비판적으로 살펴봐야 할지 분별하는 일은 교회 지도자가 해야 할 중요한 역할이다. 교회에서 문화에 제대로 대응하지 못하면 알게 모르게 유사 기독교 관행이 기독교 공동체 안으로 스며든다. 이것은 서구 교회들이 종종 연애 방식, 결혼, 장례, 음악과 오락, 경제 구조, 정치적 전통을 아무런 차별 없이 받아들인 데서도 나타난다. 우리의 신앙은 우리에게 새로운 믿음과 변화된 삶을 요구한다는 사실을 결코 잊어서는 안 된다.

둘째, 현지 교회 지도자와 선교사는 문제가 될 만한 전통 관습을 신자들이 일단 편견 없이 파악하고 분석하도록 이끌어야 한다. 예를 들면 장례식을 다룰 때, 우선 전통 장례식을 구성하는 노래, 춤, 낭송을 있는 그대로 파악하고, 의식 전체에서 각 요소가 지닌 의미와 기능을 검토하여 분석하는 것이다. 이러한 분석의 목적은 옛 관습을 이해하려는 것이지 평가하려는 것이 아니다. 이 단계에서 옛 신념과 관습을 조금이라도 비판한다면, 사람들은 정죄당할 것이 두려워 제대로 드러내 놓고 이야기하지 않을 것이다. 그렇게 되면 옛 관습들을 지하로 내모는 꼴이 될 뿐이다.

셋째, 담임 목사나 선교사는 문제가 될 만한 사안과 관련된 성경 공부를 인도해야 한다. 예를 들면, 결혼이나 죽음에 관한 기독교의 신념을 가르치기 위해 결혼식이나 장례식을 어떻게 해야 할지 가르칠 수 있다.

이 단계는 매우 중요하다. 따라서 이 단계에서 사람들이 성경의 가르침을 분명하게 이해하고 받아들이지 않는다면, 자신의 전통적 문화에 대응할 수 없을 것이다. 이때, 목사와 선교사는 성경의 진리를 풀어 설명하

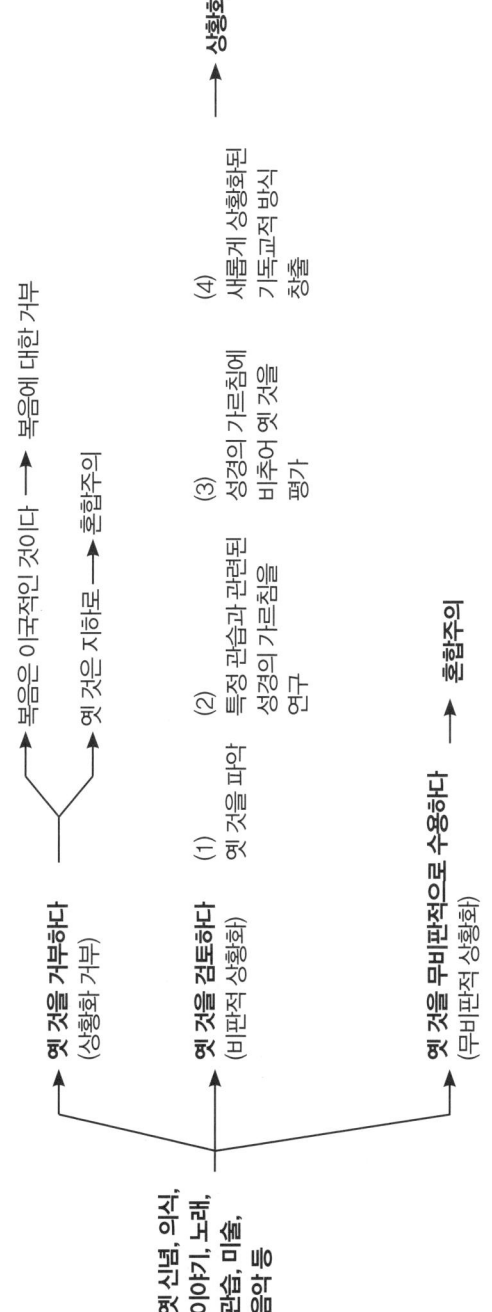

7장 · 비판적 상황화 | 259

여 많은 것을 전달할 수 있다. 그러나 중요한 것은 성경을 연구하고 해석하는 일에 신자들을 적극적으로 참여시켜 스스로 진리를 분별하는 능력을 키워 주는 것이다.

넷째, 신자들이 새롭게 깨달은 성경의 진리에 비추어 스스로 과거의 관습을 비판적으로 평가하고, 그 관습을 어떻게 할지 결정하게 해야 한다. 여기서 중요한 것은 사람들이 스스로 결정하게 하는 것이다. 자신들이 결정하고 실천에 옮기려면 그 결과를 확신해야 하기 때문이다. 지도자들이 변화가 필요하다고 확신하는 것만으로는 충분하지 않다. 자신의 확신을 나누고 여러 결정이 가져올 결과를 지적할 수는 있다. 그러나 지도자가 경찰 역할을 맡지 않으려면 최종 결정은 신자에게 맡겨야 한다. 결국 사람들이 함께 결정한 사항은 시행되며, 자신들이 거부한 관습을 몰래 행하는 일도 거의 없다.

자신의 문화를 평가하는 데 참여하면서 현지인들은 자신이 가진 강점을 발휘하기도 한다. 자신의 옛 문화를 선교사보다 잘 알기 때문에 성경의 가르침만 알면 더 효과적으로 비판할 수 있는 것이다. 게다가 그들은 성경의 가르침을 삶에 적용하여 영적으로 성장할 것이다.

신자들이 옛 신념과 관습에 대응하는 방식에는 몇 가지가 있다. 비성경적이지 않다면, 신자들은 관습을 그대로 유지할 것이다. 예를 들면, 이 시대 그리스도인들은 햄버거를 먹거나 유행가를 부르거나 양복을 입거나 차를 운전하는 데 문제를 느끼지 못한다. 그들 삶의 많은 영역이 비그리스도인인 이웃과 크게 다르지 않으며, 기독교 이전 시대부터 전해져 오는 것도 많다.

그리스도인에게 어울리지 않는다며 신자들이 명백하게 거부하는 옛 관습도 있을 것이다. 이처럼 현지인들은 어떤 것은 거부하고 어떤 것은 그대로 유지하려고 한다. 그러나 선교사나 외부인들은 그것들 사이의 차이를 모르기 때문에 그 근거를 잘 알지 못한다. 그러나 현지인들은 자신의 문화에서 옛 관습에 깊이 숨겨진 의미와 중요성을 잘 알고 있다. 반면, 어떤 면에서는 자기 문화의 전제를 잘 보지 못하는 경우도 있다. 그럴 때는 사람들이 간과한 문제를 선교사가 지적해야 할 것이다.

때로는 명백한 기독교적 의미를 부여하기 위해 옛 관습을 어느 정도 변형시키려고 한다. 예를 들면, 찰스 웨슬리는 술집에서 자주 불리는 노래들의 멜로디에 가사를 붙여 찬송가로 사용하기도 했다. 초대 교회 성도는 유대교 회당의 예배 방식을 자신의 신앙에 맞추어 변형시켜서 사용하였다. 그들은 이교도 축제일에 모여 성탄절과 같은 기독교 절기를 축하하기도 했다. 그러나 시간이 지나면서 이교도적 의미는 잊혔다. 오늘날 서구 그리스도인들은 결혼식에 세우는 들러리가 우정과 격려의 상징이라고 생각한다. 그러나 본래 들러리는 하객 가운데 있을지 모를 저주의 눈길을 보내는 자의 주의를 끌어 그 악한 힘을 소멸하기 위해 신부 앞에 내세우는 미끼 같은 것이었다. 들러리는 아직 결혼하지 않았기 때문에 저주의 세력에서 벗어날 수 있다고 믿었다. 그러나 신부는 저주의 공격을 받기 쉽기 때문에 들러리를 세우지 못하면 공격을 받아 병에 걸리거나 심지어는 죽을 수도 있다고 생각했다. 또한 그리스도인들이 이교도의 종교 용품을 지니는 경우가 있는데, 이미 종교적 의미를 상실해 버렸다. 그것은 마치 유럽 교회가 헬라의 예술 작품에서 종교 의미를 없애 버리고 세속화한 것과 같다.

때로는 현지 교회에서 자신이 거부한 전통 관습 대신 다른 문화에서 사용되는 기독교 상징이나 의식을 사용하기도 한다. 예를 들면, 자신의 전통 장례 관습을 유지하는 대신 선교사의 장례 관습을 사용하기로 결정하는 것이다. 이러한 기능적 대치는 좋은 결과를 가져오는 경우도 많다. 옛 관습을 그냥 없앨 때 생기는 문화적 공백을 그런 식으로 최소화하기 때문이다.

어떤 때는 현지 교회에서 신앙 전통을 확고히 세우기 위하여 외부에서 받아들인 의식을 덧붙일 수도 있다. 모든 그리스도인은 두 가지 전통, 즉 문화 전통과 기독교 전통 속에서 살아간다. 세례와 성찬 같은 의식을 새로 받아들이는 것은 개종자에게 자신의 새로운 신앙을 표현하는 방식을 제공할 뿐만 아니라, 자기 교회와 유서 깊은 세계 여러 교회의 관계를 상징하기도 한다. 어느 신혼부부가 서로를 향한 순복을 상징하는 의식으로 성경에 나타난 세족식을 결혼식에 도입하기로 한 결정도 좋은 예일 것이다.

사람들은 자신의 문화만이 지닌 형태로 기독교 신앙을 전달하기 위해 새로운 상징과 의식을 만들어 내기도 한다. 예를 들면, 어느 부족의 그리스도인들은 새로 태어난 아이들을 그리스도께 바친다는 의미로 높이 들어올리기로 했다. 인도의 한 신학교에서 선교학 센터를 열 때, 교수와 직원, 학생들은 이 사역에 대한 자신들의 헌신을 표현할 적절한 방법을 강구했다. 결국 그들은 흙 한 바구니에 곡식단을 심어 놓고 교수, 직원, 학생의 대표가 각각 나와서 함께 곡식단을 자르는 의식을 통해 선교에 대한 자신들의 하나 된 헌신을 상징적으로 보여 주었다.

사람들이 성경의 가르침에 비추어 옛 관습을 분석하게 한 뒤에는 그들이 선택한 관습을 기독교적 의미가 담긴 새로운 의식으로 바꿔 보도록 목사와 선교사가 도와주어야 한다. 그러한 의식은 분명 성경의 가르침을 표현하려는 의도가 있기 때문에 기독교적일 것이다. 또한 이 의식은 사람들이 자신의 문화에 익숙한 형태를 사용하였기 때문에 토착적이라고도 할 수 있다.

우리는 우리 자녀와 새로운 회심자에게 기독교 의식이 지닌 분명한 의미를 가르쳐 주어서 그 의식들이 빈껍데기가 되지 않게 해야 한다. 또한 그렇게 해서 기독교 의식과, 그들이 가져온 비기독교적 관습을 혼동하지 않는 것이 중요하다. 우리는 우리의 상징과 의식 속에 담긴 의미를 훼손했다는 문제에 늘 부딪힌다. 아무 의미가 없고 생명을 잃어버린 상징을 처리하는 방법은 그 상징을 제거하는 것이 아니다. 자기 성찰을 통해 끊임없이 새롭게 살아나는 상징이 되게 하는 것이다.

마지막으로 한 가지 주의할 점이 있다. 사람들이 선택하여 새롭게 보존하기로 한 관습에는 선교사가 보기에 인정하기 어려운 것도 있으리라는 점이다. 중요한 것은 양심이 허락하는 한, 선교지의 그리스도인들이 결정한 바를 수용하고, 그들도 성령께 인도되고 있다고 인정하는 것이다. 지도자는 다른 사람들이 지닌 가장 큰 권리인 "실수할 권리"를 인정해야 한다. 교회가 건강하게 성장하려면 그저 외부인들이 지시하는 대로 따르기만 해서는 안 된다. 성경 말씀에 비추어 깊이 생각하고 스스로 결정을 내릴 줄 알아야 한다. 때로는 그 결정이 가장 현명한 결정은 아닐 수도 있다. 그러나 장기적으로 볼 때 그렇게 하는 것이 바람직하다.

상황화 사례

실제 사례를 살펴보면 비판적 상황화를 더 잘 알 수 있다. 앞서 설명한 티베트 보티야족의 결혼식을 예로 들어서 보티야 그리스도인들이 성경의 가르침에 따라 전통 관습을 어떻게 다루어야 할지 생각해 볼 수 있다. 그러나 그전에 미국의 비판적 상황화 사례를 살펴보자. 서구 선교사들은 종종 다른 나라에 복음을 처음 소개할 때, 그들의 전통 관습을 평가해야 한다고 인식한다. 그러면서도 선교사 자신의 문화는 기독교 역사가 오래되었으므로 당연히 성경의 가치관에 따라 다듬어졌다고 생각하기 쉽다. 그 결과, 서구의 문화 관습을 비판 없이 수용하는 경우처럼 기독교와 서구 문화를 구별하지 않는 경향이 생겨났다. 삶의 많은 영역에서 이러한 경향을 볼 수 있는데, 그중 음악과 관련된 사례를 소개한다.

로스앤젤레스 시내 중심가에 있는 한 교회의 청년들이 그리스도인으로서 헤비메탈 음악을 들어도 되는가 하는 문제에 부딪혔다. 이들은 대부분 이전에 폭력 집단에 속했거나 마약을 사용하다가 회심한 사람들로, 현대 음악이 전하는 메시지와 그 위력을 잘 알고 있었다.

그리스도인 부모들은 록 음악을 무조건 거부한다. 그러면 자녀들은 친구 집에 가서 록 음악을 듣고, 부모는 자녀를 감시하는 경찰처럼 되고 만다. 한편 어떤 부모는 매우 쉽게 포기해서 자녀가 록 음악을 듣는 것을 무조건 허용한다. 그러한 부모를 둔 자녀는 올바르게 분별하는 법을 배우지 못하고, 이 세상 관습들을 무비판적으로 수용한다.

이 교회 청년부 목사는 비판적 상황화를 통해 이 문제를 다루려고 했다. 그는 청년들에게 성경 공부 시간에 자주 듣는 음악을 준비해 오게 하였다. 그리고 그들과 함께 그리스도인의 생활 양식과, 그들의 삶에서 음악이 차지하는 위치를 토론하였다. 그리고 나서 청년들은 음악을 한 곡씩 들으며 평가해 나갔다. 그리스도인이 들어서는 안 된다고 결정한 음악은 지워 버리고, 양심에 거리낌 없이 들을 수 있는 음악은 남겨 두었다. 그 다음 주일, 청년들은 주님을 위해 지워 버린 곡 목록을 공개하였다. 그후로 부모들은 자녀가 듣는 음악을 감시할 일이 없어졌다. 그들에게 스스로 분별할 능력이 생겼기 때문이다.

신학적 근거

비판적 상황화를 지지하는 신학적 근거는 무엇인가? 먼저, 비판적 상황화는 만인제사장직을 확인시킨다. 비판적 상황화에서는 지도자가 결정해 주는 것이 아니라 모든 신자가 스스로 결정한다.

역사를 살펴볼 때, 지도자와 선교사들은 이러한 접근법으로 성경을 해석하는 경우를 염려했다. 이들은 자신이 더 잘 훈련되었다고 믿었기 때문에, 신학적 결정을 할 수 있는 독점권을 가졌다고 주장해 왔다. 그리고 평신도가 직접 성경을 해석하고 일상에 적용하기 시작하면 통제할 수 없는 상황이 생길 거라고 두려워하였다.

모든 신자가 인생의 여러 문제를 스스로 판단하여 성경의 가르침을 적용하게 하더라도 걷잡을 수 없는 상황은 벌어지지 않는다고 주장할 수 있는 근거는 무엇인가? 그렇게 내버려 두면 성경과 그리스도인의 올바른 삶 모두 자기 좋을 대로 해석하는 길을 열어 놓는 것 아닌가? 그러한 우려를 불식시킬 세 가지 확인 사항이 있다.

첫째, 그리스도인의 신앙과 삶을 판단하는 최종 권위는 성경에 있다. 그러므로 모든 사람을 판단하는 근거는 같다.

둘째, 만인제사장직은 모든 신자가 성경을 이해하고 삶에 적용하도록 이끌어 줄 성령을 모시고 있다고 전제한다. 교회 지도자들은 이론적으로 이 신념을 쉽게 받아들이지만 실제로는 그렇지 않다. 초신자에게 성경 해석과 의사 결정에 참여할 권리가 있음을 부정하는 것은, 우리 안에 거하셔서 진리로 인도하신다고 알고 있는 그 성령께서 그들 안에도 거하심을 부인하는 것이다.

셋째, 교회에서 끊임없이 감독한다는 사실이다. C. 노먼 크라우스(Norman Kraus)는 복음의 상황화란 궁극적으로 개인이나 지도자의 책무가 아니라 "분별하는 공동체"인 교회의 책무라고 지적하였다.[112] 이 공동체에서 개인은 자신의 은사와 능력에 따라 기여할 뿐이다. 목사와 선교사는 성경 지식이 더 많기 때문에 성경 문맥에 따라 본문을 적절하게 석의해야 한다. 그러나 성경을 삶에 해석학적으로 적용하는 데는 신자 스스로가 중요한 역할을 감당하게 해야 한다. 자신의 문화를 알고 무엇이 문제인지 이해하는 사람은 바로 신자이기 때문이다. 그러면서도 그들은 전체 교회의 권위에 순복해야 한다.

교회는 나름대로 성경을 해석하려는 개인의 집합체가 아니다. 그리스도를 따르고 서로 섬기는 사람들이 모인 진정한 공동체여야 한다. 그럴 때에야 교회는 크라우스가 말한 "진정한 기독교 공동체", 즉 하나님이 그 공동체에 주시고자 하는 메시지를 이해하고, 믿음뿐 아니라 삶에서도 그리스도인이 된다는 것이 무슨 의미인지 세상에 증거하고자 애쓰는 해석학적 공동체가 될 수 있다. 한 몸인 교회는 옛 것을 벗어 버린 "새로운 질서"인 것이다.

8장
자신학화

지금까지 선교사가 현지인들과 동일화되는 과정에서, 그리고 복음 메시지가 새로운 문화에 전달되는 과정에서 문화 차이가 어떤 영향을 끼치는지 살펴보았다. 그렇다면 신학 문제는 어떻게 다룰 것인가? 우리와 문화가 다른 사람들이 성경을 읽을 때 어떤 일이 벌어지는가? 그들이 우리와 다르게 성경을 해석할 때는 어떻게 할 것인가?

이러한 질문들 뒤에는 현대 선교사가 제기하는, 새신자와 현지 교회의 "자율"(autonomy)이라는 가장 근본적인 문제가 깔려 있다. 새로 세운 현지 교회는 어느 정도까지 선교사에게 의존해야 하는가? 선교사는 얼마나 빨리, 그리고 어느 선까지 새신자와 현지 교회가 스스로 결정하도록 격려해야 하는가? 현지 교회의 자치는 당연한가? 그렇다면, 현지 교회는 선교사가 도입한 교회 조직 형태를 변경시킬 권리가 있는가? 현지 교회에서 자신의 신학을 개발하도록 격려해야 하는가? 그들의 신학이 잘못되어 가는 것 같을 때, 선교사는 어떻게 해야 하는가? 이런 것이 오늘날 선교사나 선교 단체가 직면한 문제다. 이러지도 저러지도 못하는 심각하고 어려운 문제들이다.

세 가지 선교 원칙

근대 선교 운동 초창기에 선교 사역의 열매로 사람들이 주께 돌아오고 선교지에 교회가 세워졌다. 그러면서 선교 단체나 파송 교회가 선교지의 신생 교회와 어떤 관계를 유지해야 할지가 문제로 제기되었다. 당시 선교사들은 아버지가 아들을 대하듯 현지 신생 교회에 보편적으로 온정적 또는 가부장적인 태도를 보였다. 그런데 머지않아 그런 태도가 신생 교회의 성장과 성숙을 저해한다고 드러난 것이다. 계속해서 선교사가 지도력을 발휘했기 때문에 현지인 지도자들은 억압된 분위기에서 좌절감을 맛보았다. 그래서 선교사들과 분리되어 독립된 교회를 세운 사람도 많았다. 그러나 이러한 독립도 자신에게 복음을 전해 준 교회와 유대 관계가 지속되길 바란 선교지의 새신자가 지닌 문제를 해결해 주지는 못했다.

1861년경, 탁월한 선교 지도자인 루퍼스 앤더슨(Rufus Anderson)과 헨리 벤(Henry Venn)은 신생 교회가 독립하는 데 기초가 되는 세 가지 원칙, 즉 자전(self-propagation), 자립(self-support), 자치(self-governance)를 제안하였다. 선교 단체들은 폭넓은 토의를 거친 후, 마침내 자율적인 교회를 세워 나가기 위한 지침으로 이 원칙들을 채택하였다.

첫째 원칙인 "자전"은 초기 선교 운동의 약점을 지적한다. 선교사가 교회를 개척했어도, 그렇게 생겨난 교회들은 대체로 자기 민족을 복음화하거나 다른 문화에 선교사를 파송해야 한다는 책임을 잘 인식하지 못했다. 현지 교회 지도자들은 복음 전파 사역이 원래 선교사만의 책임이라고 생각했다. 신생 교회가 저절로 복음 전파에 관심을 가지리라는 기대가 잘못되었다는 사실은 분명해졌다. 이들이 그러한 책임감을 갖게 하려면 그리스도인 삶의 다른 부분과 마찬가지로 의식적으로 가르치고 좋은 본보기를 보여 주어야 했다.

물론 초창기 선교사들이 신생 교회에 전도가 필요하다고 가르치지 않은 것은 아니다. 회심한 첫 세대는 그리스도인이 된다는 것이 무슨 의미인지 배우는 데만도 오랜 시간이 걸렸다. 그러나 역사를 살펴보면 그들은 생각보다 열심히 전도했다. 선교사들이 자신의 선교 사역과 관련하여 엄청나게 많은 기록을 남겨 놓은 것과 달리 현지인 전도자들이 남긴 사역 기록은 많지 않다. 실제로 그들이 전도 사역 대부분을 담당했고, 한 사회에서 처음 신자가 된 사람이 일반적으로 겪는 핍박을 견뎌냈는데도 말이다.

앤더슨과 벤은 선교사뿐 아니라 현지 교회도 전도와 선교에 참여하여야 한다는 사실을 일깨워 주었다. 이에 대해서는 큰 논란이 없었다. 신생 교회는 가끔 전도에 깊은 관심을 보였다. 비록 매우 가난해서 선교사가 시작한 고비용 사역을 감당할 수 없었지만, 자기 민족을 복음화하기 위한 나름의 방법을 터득했다.

둘째 원칙인 "자립"은 더 논란이 많았다. 선교사들은 신생 교회가 자립하는 법을 배워야 하며, 계속 외부 지원에 의존하면 올바르게 성숙하고 성장할 수 없다고 주장했다. 또한 신생 교회가 자립해야 비로소 자율적이 되고, 선교사와 대등해질 수 있다고 지적하였다. 선교사들 주장도 틀리지 않았다.

신생 교회는 선교사들이 외부 자금으로 운영하던 사역, 즉 전도 팀, 학교, 병원이나 유급 목회자를 세워 교회를 운영하는 방식 등이 현지 문화에 맞지 않으며, 재정을 감당하기에는 무리라고 주장하였다. 신생 교회는 스스로 시작한 사역에 드는 비용은 감당할 수 있지만, 선교사가 떠넘기려고 하는 사역의 비용은 감당할 수 없었다. 이들의 주장도 옳았다.

결국 선교 단체들은 자립 원칙을 강력하게 밀어 붙였다. 이에 현지 교회들은 때로 선교사가 외부 자금으로 시작한 사역들을 마지못해 인계하였다. 그러나 몇몇 사역은 중단되었고, 몇몇 사역은 현지 교회가 감당할 수 있는 범위에서 운영되었다.

셋째 원칙인 "자치"에서 의견 충돌이 가장 컸다. 역설적이게도 이 원칙에서는 견해가 완전히 바뀌었다. 신생 교회들은 교회 자치권을 갖지 못한 다면 성장할 수 없다고 주장하면서 스스로 결정할 수 있는 권한을 요구했다. 그러나 선교사들은 그들의 무경험과 정치 싸움이 교회를 망쳐 버릴지 모른다는 두려움 때문에 자신이 갖고 있던 권한을 포기하지 않으려 했다.

9장에서 논의하겠지만, 권한을 이양하는 일은 쉬운 문제가 아니다. 선교사는 가장 단순한 교회 공동체에도 현지 지도자가 등장할 수밖에 없다는 것과, 이들에게 교회를 지도할 능력이 있다는 것을 인정해야 한다. 서구 기준으로 볼 때, 그들은 제대로 교육받지 못한 사람일지 모르나 그들의 문화 관점으로는 대부분 지혜롭고 경험 많은 사람이다.

우리 자신도 시행착오를 통해 배운다는 사실을 부끄럽게 생각하지 않듯이 현지 지도자에게도 시행착오를 통해 배울 수 있는 기회를 주어야 한다. 한 초임 선교사가 어느 유명한 선교 지도자에게 성공 비결을 묻자, 경험이 풍부한 그 지도자는 "올바르게 결정하는 것입니다"라고 대답했다. "그렇다면 올바르게 결정하는 법은 어떻게 배웁니까?" 하고 초임 선교사가 다시 묻자, 그 노련한 지도자는 이렇게 대답했다. "잘못된 결정을 내리고 나면 알게 됩니다."

한편, 신생 교회 지도자는 교회를 사랑해서 많은 것을 바쳐 사역한 선교사들이 염려하는 바를 잘 이해하고, 그들도 인간이라는 점을 인정해야 한다.

이 세 가지 원칙은 오늘날 선교 사역을 계획할 때 여러 분야에서 중요한 지침으로 활용되고 있다. 이 원칙들은 신생 교회도 전 세계 교회 공동체 안에서 동등하고 독자적인 일원이 된다는 중요한 원리를 담고 있다. 그러나 오늘날에는 교회가 자율을 넘어 동반자 관계로 나아가야 한다고 주장하는 사람이 많다. 자립을 구실 삼아 신생 교회가 효과적으로 복음을 전하는 데 도움이 될 재정 지원을 주저하는 선교 단체가 많다. 우리의 목표는 홀로 사역하는 고립된 교회를 세우는 것이 아니다. 교회들이 하나

되어 함께 교제를 나누고 공동 과업을 지향하는 것이다.

자신학화

이 세 가지 원칙, 즉 삼자(three selves) 원칙이 많이 논의되고 나서는 신생 교회가 되도록 빨리 성숙하여 현지에서 감당할 사역을 책임지게 해야 한다는 데 대체로 합의하였다. 그러나 자신학화(self-theologizing) 원칙은 많이 논의되지 않았다. 자신학화는 신생 교회에 성경을 스스로 읽고 해석할 권리가 있느냐는 문제다.

교회가 개척되면, 초기 수년간 뜨거운 교제, 열정적인 신앙 표현, 친척과 이웃을 복음화하려는 열심이 특징으로 나타난다. 대부분 회심자의 신학은 단순하기 때문에 선교사가 가르치는 신학을 별 의문 없이 받아들인다. 하지만 특별히 이전에 타종교 지도자로 고등 교육을 받은 사람들은 그렇지 않다.

교회가 개척된 후 두어 세대가 지나면, 기독교 교육을 받고 성경 해석 훈련을 받은 지도자가 등장하기 시작한다. 그리고 이 지도자들이 종종 어려운 신학 문제를 제기한다. 기독교는 현지의 고유문화에 어떤 견해를 보이는가? 기독교와 현지의 다른 종교들은 어떤 관계인가? 사람들이 지닌 기본적인 의문들에 기독교는 무엇이라고 대답해야 하는가? 예를 들면, 복음 전도자들은 아프리카의 조상 숭배나 일부다처제에 어떤 견해를 취해야 하는가? 인도의 윤회 사상이나 카스트 제도, 구원을 얻기 위한 노력인 명상을 무엇이라고 해야 하는가?

대부분의 선교 운동은 신학적 위기 상황을 겪었다. 어떤 문화에 교회가 새로 개척되고 서너 세대가 지나면, 현지 신학자들이 성장해서 복음과 자신들의 문화 전통이 어떠한 관계인지를 놓고 씨름한다. 어떻게 하면 예언적 메시지를 훼손하지 않으면서 사람들이 이해할 수 있는 방법으로 복음을 전할 수 있는가? 이러한 문제에 답을 찾아 나가면서 이들은 새로운 신학을 발전시켰다. 그래서 오늘날 우리가 남미 신학, 아프리카 신학, 인도 신학이라는 말을 들을 수 있는 것이다.

현지 지도자가 자기 문화에 더 적합하다고 주장하는 신학을 발전시켜 나갈 때 선교사는 어떻게 반응해야 하는가? 현지인 스스로의 신학을 장려한다면 신학적 다원주의, 더 나아가 궁극적으로는 상대주의로 가는 길을 열어 놓는 것은 아닌가? 반면 반대한다면, 지극히 잘못된 자문화 우월주의를 내세우는 셈이며, 현지 교회의 성장을 가로막는 죄를 짓는 것은 아닌가? 이것이 바로 선교 사역이 지닌 특성상 제기하지 않을 수 없는 핵심 문제로, 가볍게 다룰 수 없다. 이처럼 서로 다른 역사적, 문화적 상황 안에 신학이 차츰 확산되어 가면서 신학의 본질을 묻는 중요한 문제들이 제기된다.

신학 충격

우리는 대부분 교회 안에서 그 교회의 신학적 신앙 고백을 배우며 성장하였다. 그 결과 우리는 획일적인 신학을 갖게 되었고, 성경을 해석하는 방법을 하나만 알게 되었다. 그러면서 여기서 벗어난 것은 모두 잘못되었다고 생각하였다. 그러므로 정직하고 깊이 헌신된 그리스도인이 다른 방법으로 성경을 해석하면 충격을 받는다.

이전에 이러한 신학적 다원주의를 경험하지 못한 사람도 선교사가 되면 반드시 이 문제를 겪는다. 이 세상에는 그리스도인 수가 아주 적은 곳이 많다. 그러한 곳에서는 상호 교제와 지원이 절실하기 때문에 신학적 배경이 서로 다른 선교사끼리도 본국에 있을 때보다 훨씬 가깝게 지낸다. 게다가 현지 교회 지도자는 자신의 문화 상황에 복음이 소개되면서 생기는 어려운 신학적 문제들에 직면하면서 새로운 신학적 견해를 내놓는다.

신학적 다원주의에 처음 직면할 때 우리는 신학 충격을 경험한다. 문화 충격처럼 절대적이라고 생각한 것들이 도전받고, 당연하게 여기던 것들이 흔들린다. 우리는 성경을 해석하는 방법이 다양하다는 사실에 직면하며, 우리 자신의 해석이 옳다고 생각하는 이유를 자문하게 된다.

신학적 다원주의에 보이는 첫 반응은 거부다. 자신의 신학적 확신을 본질적으로 재검토하는 작업을 하지도 않고 단순히 자신이 믿어 온 바가 옳다고 스스로 다짐하며, 다른 해석들은 모두 잘못되었다고 거부하는 것이다. 우리는 자신이 믿고 있는 것이 총체적 진리라고 확신한다. 그러나 이러한 확신의 대가는 엄청나다. 우리는 신학적 기초가 흔들리는 것이 두려워 그것을 감히 재점검하려 들지 않는다. 뿐만 아니라 우리의 신앙에 변화가 생길까 봐 다른 그리스도인과 친밀하게 교제하지도 않으려 한다. 결국에는 생각이 같은 사람끼리 모여 고립된 공동체를 이루고, 그 안에서 웅크리고 있으려 한다.

그러나 끝내 우리는 대부분 점차 신학적 다원주의의 현실에 직면하면서 그것에 대처하는 법을 찾는다. 처음에는 문화 충격처럼 상대주의적으로 생각한다. "모든 사람이 나름의 신학이 있는 것 같은데 어떻게 우리의 신학만 옳다고 하는가?" 다음으로 우리는 상대주의가 진리와 의미의 개념 자체를 손상시킨다는 것을 깨닫는다. 그렇다면 어떻게 해야 신학의 다양성을 인정하면서도 성경의 진리에서 벗어나지 않을 수 있는가?

성경과 신학, 문화

복음주의자인 우리는 성경의 진실성을 굳게 믿는다. 또한 신학적인 신념도 강하다. 이 둘은 어떤 관계인가?

처음에 우리는 성경과 신학을 같은 것으로 여기려 한다. 결국 신학은 성경을 연구한 내용에 뿌리를 두고 있기 때문이다. 그러나 좀 더 깊이 들어가면 성경과 신학을 구분하지 않을 수 없다. 성경이 인간에게 나타난 하나님의 계시를 역사적으로 기록한 문서라면, 신학은 성경 진리를 체계적이고 역사적으로 분석하거나 설명한 학문이라고 할 수 있다.

이때, 신학이라는 용어에 담긴 서로 다른 두 가지 정의를 구별하는 것이 중요하다. 우리는 흔히 절대 진리를 말할 때 신학이라는 말을 사용한다. 신학은 사물의 참된 존재 방식, 다시 말해 하나님이 사물을 어떻게 보시는지를 체계적으로 기술하고 설명한다. 이러한 의미로 사용할 때는 굵게 "**신학**"이라고 표기할 것이다. 또 다른 의미로 신학은 성경을 연구하며 알게 된 사실을 인간이 기술하고 설명한 것이다. 이러한 의미로 사용할 때는 "신학"이라고 표기할 것이다.

우리는 이 두 개념을 매우 자주 혼동한다. 자신은 편견 없이 성경을 연구하고 있으며, 따라서 자신의 성경 해석만이 참되다고 생각한다. 그래서 신학도 문화에 영향받는다는 사실을 발견하기 시작하면 당혹해한다. 신학을 특정 언어로 기술한다는 사실 자체가 우리가 성경을 이해하는 데 편견을 갖게 할 수 있다. 그렇지만 이 세상에 신학적으로 편견이 없는 언어는 없다(그림26 참조).

사실 인간이 발전시킨 모든 신학은 특정한 문화적, 역사적 상황, 즉 그들이 사용하는 언어와 그들이 제기하는 문제를 기반으로 형성되었다. 인간이 가진 모든 신학은 하나님이 아시는 대로의 **신학**을 부분만 이해한 것일 뿐이다. 우리는 마치 희미한 거울로 보는 것처럼 이해할 뿐이다.

[그림26] 신학은 인간의 상황 속에서 이해되는 신적 계시다

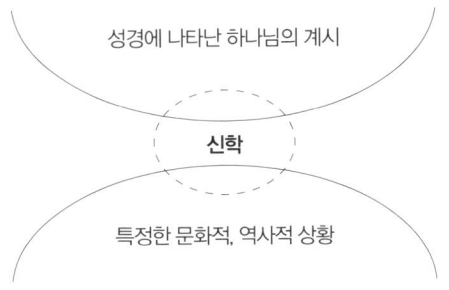

뿐만 아니라, 모든 신학은 인간의 죄성 때문에 온전하지 못하다. 예수께 나아간 젊은 부자 관원이 예수의 말씀을 듣고 싶어 하지 않은 것처럼, 우리도 종종 지키기 어려운 성경 메시지는 들으려 하지 않는다.

그러나 우리가 인간이며 희미한 거울로 보는 것 같다고 해서 전혀 보지 못한다는 뜻은 아니다. 우리는 성경을 읽을 수 있고 이해할 수도 있다. 복음의 중심 메시지는 분명히 창조와 죄, 구속이며, 우리는 그것을 확신할 수 있다. 우리에게 분명하지 못한 것은 더 세세한 내용들이다.

캉가테 부족의 칼론다 추장_ 폴 롱(Paul B. Long)

아프리카의 작열하는 태양이 머리 위에서 내리쬐는 가운데 우리는 숲속 마을로 향한 산길을 따라 올라가고 있었다. 콩고 강 중류의 거친 바빈들 지역에 사는 캉가테 사람들은 백인을 본 적이 거의 없었다. 오지에 사는 이 부족의 나이 많은 추장에게 나와 내 콩고 친구 셋이 이상한 요청을 받고 먼지가 풀풀 날리는 이 땅으로 발을 들여놓자, 큰 소리로 우리를 환영하였다.
며칠 전 우리 선교 본부에 한 심부름꾼이 찾아와서 이런 말을 전했다. "말씀을 전하시는 분이죠? 칼론다 추장이 당신과 이야기하고 싶어 하십니다."
'그 괴팍한 노인이 무엇 때문에 나를 만나려 하는 걸까?' 궁금했다. 우리가 힘겹게 차를 몰아 위험한 도로를 지나 산길을 올라가는 동안에도 그 의문은 줄곧 내 머릿속에서 맴돌고 있었다. 이제 곧 그 이유를 알게 될 것이다.
추장의 오두막은 그의 부인들이 거처하는 조그만 오두막 몇 채에 둘러싸여 있었다. 나이가 많고 깡마른 추장은 자신의 오두막 그늘에 낡은 담요 한 장을 걸치고 앉아 있었다. 표범 가죽을 깔아 놓은 의자에 앉아 있는 병들고 늙은 추장은 앙상한 손을 들어 그들의 관습에 따라 "무오요 웨누"(그대에게 생명이)라고 우리에게 인사하였다. 우리도 "우오요 웨베"(그대에게 생명이)라고 응답하였다.

그 순간, 한때 힘이 막강했던 이 추장에 관해 들은 이야기가 생각났다. 20년 전, 칼론다 추장은 자기 영토 사방 160킬로미터가 넘는 지역에 걸쳐 두려움과 존경의 대상이었다. 그는 부족민들의 생사를 좌우할 수 있었고, 사로잡은 포로는 마음대로 죽이거나 노예로 삼을 수 있는 용맹하고 포악한 통치자였다. 그러나 그는 추장보다는 능력 있는 주술사로 널리 이름이 알려져 있었다. 다른 부족 지도자들이 칼론다 추장의 부적과 저주의 주술을 사려고 멀리서 찾아올 정도였다.

하루는 이웃 발루발 부족의 추장인 카센다가 걱정거리를 가지고 캉가테 마을을 찾아왔다. "난 선교회의 현금 수송인을 죽이고, 목사와 교사에게 전해야 할 돈을 빼앗았소. 그런데 죽었던 그 사람이 살아나 백인들에게 가서 내가 한 일을 일러바치고 말았소. 그러니 나에게 약을 만들어 주어 군인들이 나를 잡으러 올 때 내가 보이지 않게 해주시오."

칼론다 추장은 "당신은 부족으로 돌아가서 암염소 열두 마리, 젊고 건강한 여인 여섯 명, 창과 칼 각각 열 자루씩을 가지고 오시오. 그러면 당신이 군인들 눈에 보이지 않도록 강력한 약을 만들어 주겠소"라고 말했다.

카센다 추장은 값이 비싸다고 불평하면서도 염소와 여인과 무기를 가져오기 위해 자기 마을로 돌아갔다.

한편 칼론다 추장은 약속한 약을 만들기 시작했다. 그는 자신의 호위병에게 이웃 부족에서 젊은 여자 한 명을 잡아 오라고 명령했다. 여자가 추장 앞에 잡혀 오자, 칼론다 추장의 용사들은 정성스럽게 의식을 행한 후 그녀의 머리를 벴다. "보이지 않게 하는 약"을 만드는 과정에는 사람의 머리가 꼭 필요하기 때문에 식인 의식이 행해진다. 약속된 날이 되자 칼론다 추장은 약을 건네주고, 염소와 여인과 무기들을 건네받았다. 양쪽 모두 만족스러운 거래였다.

몇 주가 지나고 군인들이 발루발의 카센다 추장을 체포하기 위해 마을에 도착했다. 카센다는 조용히 자기 오두막에 들어가 자신을 보이지 않게 해줄 그

머리를 집어 들고 자신을 볼 수 없어 당황해할 군인들을 비웃기 위해 앞뜰로 나갔다. 그러나 놀랍고 분하고 유감스럽게도, 군인들은 그를 포위하여 단단히 묶고는 형무소로 끌고 갔다. 카센다는 비싼 값을 지불한 약을 손에 든 채 옛 친구인 칼론다 추장의 주술이 제 구실을 하지 못한 데 격분하였다. 그가 칼론다를 저주하면서 자기 손에 들린 머리는 칼론다가 죽인 여인의 머리라고 말하는 바람에 결국 칼론다도 같이 체포되었다.

그후 15년이 흘러 바빈다와 발루발 사람들은 자신들의 옛 추장들을 거의 잊어버렸다. 둘 다 처음에는 사형을 선고받았으나 집행이 세 차례나 연기되었고, 결국 중노동 15년으로 감형되었다. 그러나 그 형벌도 추장들에게는 죽음만큼 혹독했다.

15년의 수감 생활을 마치고 노인이 된 칼론다는 결국 죽을 때가 다 되어 집에 돌아왔다. 나는 그에 관한 이야기를 생각하면서 마당 건너편에 앉은 노인을 바라보았다. 그곳 풍습대로 침묵으로 존경을 표한 후 대화를 시작했다. "느누무(추장님), 당신의 심부름꾼이 당신께서 저와 이야기하고 싶어 하신다고 해서 이렇게 왔습니다. 무엇을 도와드릴까요?"

"나에게 백인의 하나님에 대해 이야기해 주시오." 칼론다의 대답에 나는 놀랐다.

"내가 따르는 하나님은 백인의 하나님이 아닙니다. 그분은 새로운 부족인 '그의 백성'의 아버지가 되시며, 예수 그리스도는 이 부족의 대추장이십니다. 그분은 자신을 따르려는 사람은 누구나 받아 주십니다. 여기 있는 내 친구들도 그 새로운 부족의 백성입니다. 이들이 당신에게 그분에 관해 이야기해 줄 것입니다." 이렇게 말하고 나서 나는 늙은 칼론다가 겪고 있는 어려움을 실제로 이해하고 있는 콩고인 동료들에게 고개를 돌렸다. 함께 온 동료 한 명은 한때 주술사였던 사람으로 그리스도인이 되어 자기 부족을 위해 훌륭한 목회를 하고 있었다. 나는 실재하는 세력 사이에 영적 싸움이 일어나고, 자유케 하는 역사를 보게 될지도 모른다고 생각했다.

한때 막강한 힘을 행사하던 늙은 추장은 한쪽 팔에 구리로 된 팔찌 주물을 차고 있었다. 팔찌를 본 무톰보 목사가 말했다. "당신은 아직도 주물을 믿는군요. 그러면서 왜 또 다른 신에 대하여 묻는 겁니까?"

칼론다는 마지못해 팔에서 팔찌를 빼내어 땅바닥에 던졌다. "자, 말씀을 전하는 이여, 이제 나에게 당신의 능력 있는 신에 대해 이야기해 주시오."

구리 팔찌가 우리 발 앞에 떨어져 있는 걸 보면서 나는 칼론다가 자신이 구하는 것을 얻기 위해 지불해야 할 대가가 무엇인지 깨달았다. 그는 방금 자신이 가진 권능의 표징을 던져 버린 것이다. 그리고 그가 이렇게 중얼거리는 소리를 들었다. "내게는 착하고 튼튼한 아내가 여덟이나 있었지만, 내가 감옥에 가 있는 동안 늙은 세 아내를 제외하고는 모두 도망가 버렸소. 남아 있는 여자들은 너무 약해서 일할 수 없는 늙은이들뿐이오."

나는 그의 눈길을 따라 근처 오두막에 웅크리고 앉아 있는 늙은 세 여인을 바라보았다. 그들은 근심에 가득 차 서로를 쳐다보며 중얼거리고 있었다. 그들 앞에서 벌어지고 있는 일을 언짢게 생각하고 있는 게 분명했다.

"당신 주물은 당신이 감옥에 가 있는 동안 부인들을 붙들어 놓지도 못했군요?" 동료 목사가 묻자 추장은 툴툴거리며 대답했다.

이어서 그 목사는 계속 이렇게 말했다. "허리띠에 달려 있는 전쟁 주물을 보니 당신이 어디에서 능력을 구하는지 알겠네요."

늙은 전사는 한동안 골똘히 생각하더니, 허리띠에 달린 조그마한 가죽 주머니도 잘라 땅바닥에 내던졌다.

"자, 이제 당신의 목에 걸린 주술 방지용 주물도 떼어 내시오." 목사가 말했다. 추장은 떨리는 손으로 목에 두른 가죽끈을 만졌다. 그 작은 주물은 원수들에게서 그를 보호하고 저주를 막아 준다고 여긴 것이었다. 우리는 숨을 죽이고 오랫동안 기다렸다. 마침내 그는 가죽끈을 끊어서 자신의 "호신 장치"를 우리 발 앞에 떨어뜨렸다. 빙 둘러서서 구경하던 부족민들은 용기 있는 추장의 행동에 경의를 표하는 듯 웅성거렸다.

"당신의 부앙아 부아 분푸무(추장 부적)는 어디 있습니까?" 그 목사가 또 물었다. 칼론다는 지친 기색을 보이며 일어나서 자기 오두막으로 들어가더니 추장의 권력을 보장해 주는 커다란 영양 뿔을 가지고 나왔다(뿔 안에는 머리카락 몇 가닥, 개구리 눈, 사자 이빨, 새의 발톱 등이 들어 있다는 말을 들었다. 그러나 어째서 그런 것들이 추장에게 권력을 가져다준다고 믿었는지는 결코 알 수 없었다). 뒤이어 번개 주물이 나왔다. 그밖에도 숲속에서 생활하는 이 부족민들이 끊임없이 느끼는 두려움에서 위안을 얻게 해준다는 각종 호신 주물이 쏟아져 나왔다.

"이게 내가 갖고 있는 호신 주물 전부요." 칼론다가 말했다. 그러나 목사는 추장이 가장 귀한 마지막 한 가지를 내놓고 완전히 항복하기를 기다렸다. "칼론다 추장, 이제 당신의 생명 주물을 내놓으시오. 그러면 내가 당신에게 새로운 부족의 하나님에 대하여 이야기해 주겠소."

추장은 벌벌 떨더니 갑자기 땀을 흘리고 머리를 흔들면서 다 떨어진 담요를 앙상한 가슴에 껴안았다. 세 부인은 추장이 주물들을 포기할 때마다 그러지 말라고 간언하다가, 생명 주물을 내놓으라는 요구에 마침내 통곡하면서 머리에 흙먼지를 뒤집어쓰기 시작했다. 칼론다는 죽음이 임박했다고 생각했다. 그래서 두려움에 잠겨 있다가 다시 일어나 오두막으로 들어가 작은 가죽 주머니를 가지고 나왔다. 그는 위대한 지도자의 권위로 부인들의 울음을 그치게 하고 둘러선 사람들을 바라보았다.

추장은 깡마른 손에 작은 주머니를 들고 말했다. "말씀을 전하는 이여, 당신은 나 칼론다의 생명을 요구하였소. 이 주물은 여러 해 동안 원수들에게서 내 생명을 보호해 주었소. 나를 미워하고 저주하는 자가 아직도 많소. 내가 이 주물을 내던지면 모든 저주가 나에게 임할 것이고, 나를 보호하던 귀신들도 더는 내 곁에 머무르지 않을 것이니 나는 죽게 될 것이오. 그러나 칼론다는 죽음을 두려워하지 않소."

작은 주머니가 땅에 떨어지자 늙은 추장은 몸을 곧게 펴고 서서 눈을 들어

먼 산을 바라보며 죽음을 기다렸다. 우리는 몇 초, 몇 분이 흐르는 동안 조용히 앉아 있었다. 마당 주위에 둘러서서 추장이 죽는 것을 지켜보던 부족민들 사이에서도 긴장감이 감돌았다.

한참 시간이 지난 뒤, 추장은 우리를 바라보면서 안심한 듯 미소를 지었다. "난 아직도 살아 있소. 칼론다에게 죽음이 임하지 않았소." 늙은 추장 칼론다와 그의 부족민들이 쏟아내는 질문에 대답하는 동안 오랜 시간이 지났다. 칼론다는 늘 하나님을 두려워했지만 실제로 하나님에 대해서는 전혀 모른다고 했다. 땅거미가 질 무렵, 추장이 자기 부족민 앞에서 위엄 있게 일어났다. 그는 조용하지만 확신에 찬 목소리로 말했다. "칼론다는 새로운 추장을 모시기로 했소. 나는 예수 그리스도를 따르겠소. 그분이 나를 도와 강을 건너게 할 것이며 어두운 숲을 지나 그분의 마을로 나를 데리고 갈 것이오. 나는 거기서 그분의 백성과 함께 앉아 있을 것이오. 나는 새로운 부족의 일원이 되었소. 칼론다는 당신들 모두 느푸무 예수(추장이신 예수)를 따라 그분과 함께 하나님의 마을로 가기를 원하오."

캉가테를 다녀온 후 얼마 지나지 않아 한 심부름꾼이 다음과 같은 짤막한 글이 적힌 부고장을 들고 나를 찾아왔다.

"칼론다는 새로운 추장을 만나러 여행을 떠났습니다."

신학적 가교 인간의 신학은 한편으로는 성경에, 다른 한편으로는 특정 문화에 뿌리내리고 있기 때문에 오늘날의 신학은 우리와 복음을 연결하는 가교(架橋)라 할 수 있다. 건전한 신학을 갖기 위해서는 세 가지가 필요하다. 첫째, 신중한 성경 석의가 필요하다. 이것은 성경 본문뿐 아니라 그 본문이 기록된 역사와 문화의 상황을 연구하는 것도 포함된다. 하나님은 특정 민족의 역사와 문화의 상황 속에서 자신과 자신의 일을 우리에게 보여 주셨다. 우리의 신학은 성경에 깊이 뿌리내릴수록 더욱 신뢰할 수 있다.

둘째, 우리 자신의 문화와 역사의 상황을 신중하게 석의해야 한다. 이러한 작업을 통해서 우리는 우리의 문화와 세계관이 신학에 어떠한 영향을 끼치는지를 인식한다. 또한 이 과정을 통해 우리 문화에서 어느 영역에 복음이 필요한지를 인식할 수 있다.

마지막으로는 좋은 성경 해석학이 필요하다. 올바른 성경 해석을 통해 다른 시대와 문화 속에서 주어진 성경 메시지가 오늘날의 문화 상황에서 무엇을 의미하는지 알 수 있다.

진리 점검 그렇다면 신학의 진실성은 어떻게 점검할 수 있는가? 신학적 다원주의는 어떻게 대처할 것인가? 분명 성경을 다르게 해석하는 의견들이 있다. 이 문제를 해결하려면 인간의 모든 신학이 똑같이 옳다고 인정할 것이 아니라, 그 모든 신학을 하나님이 알고 계시는 대로의 **신학**, 즉 절대 진리에 더 가까이 가져가야 한다. 모든 신학은 불완전하며, 나름의 생각이 덧입힌 편견을 담고 있다. 뿐만 아니라 인간의 이해력에는 결함이 있기 때문에 생각 하나하나를 점검하고 검증해 보아야 한다.

첫째 점검 기준은 성경 자체다. 하나님은 인간의 경험만으로는 얻을 수 없는 궁극적 실체를 아는 지식을 성경을 통해 우리에게 계시하셨다. 우리는 신학이 아니라 성경에서 출발해야 한다. 따라서 신학에 맞추어 성경을 억지로 꿰맞추는 것이 아니라 성경에 맞추어 우리의 신학을 다듬어 나가야 한다. 즉 우리가 신학을 정립해 가는 단계마다 건실한 성경 석의가 필수라는 뜻이다. 나아가, 다른 사람이 우리의 성경 해석 중 잘못된 부분을 지적한다면 기꺼이 우리의 신학을 바꾸어야 한다.

둘째 점검 기준은 진리 안에서 성도를 가르치시는 지속적인 성령의 역사다. 성경을 연구하는 과정에서 하나님의 인도하심을 민감하게 경험하려면 우리 마음을 겸손하게 열어 놓아야 한다. 어느 작가가 표현했듯이 우리는 무릎 꿇은 겸손한 자세로 신학을 연구해야 한다. 또한 내 안에서 역사하시는 성령께서 다른 신자의 삶 속에서도 역사하신다는 사실을 인정해야 한다. 그렇게 되면, 우리와 의견이 다른 사람들을 거세게 공격하지 않을 것이다. 오히려 그들과 다른 부분을 성경에 비추어 함께 검토할 것이다.

셋째 점검 기준은 기독교 공동체다. 우리는 하나님 나라 제사장으로, 하나님 말씀을 해석할 권리를 갖고 있다. 그리스도의 몸을 이루는 지체로서 또한 서로의 말에 귀 기울일 책임이 있다. 크라우스가 지적한 대로, 복음 해석은 궁극적으로 개인이나 지도자의 과업이 아니라 "분별하는 공동체"인 교회의 과업이다.

> 따라서 증언으로서 성경이 지니는 올바른 의미는 "해석의 공동체" 안에서만 찾을 수 있다. 해석 원리는 중요하지만 부차적인 것이다. 성경이 원(原) 증언의 일부로 올바른 역할을 하려면 복음 선포와, 공동체 안에 구현되는 "새로운 질서"가 진정으로 하나 되어야 한다. 진정한 기독교 공동체는 해석학적 공동체다. 이 공동체가 진정한 성경의 의미를 문화에 어떻게 적응할지 결정한다.[113]

개인주의 성향이 극심한 서구에서 생활하는 사람들은 교회의 공동체적인 면을 재발견해야 한다. 그리스도의 몸 된 교회는 공동체적인 면을 통해 각 지체의 오류를 점검하며, 교회들의 공동체는 개교회의 오류를 점검할 수 있다. 우리 자신보다는 다른 사람이 우리 죄를 더 분명하게 파악할 수 있듯이, 우리의 잘못된 교리도 다른 사람들이 더 분명하게 볼 수 있다.

다른 그리스도인들과 함께 우리가 믿는 것을 점검한다고 해서 우리 믿음이 약해지는 것은 아니다. 오히려 이 과정은 믿음을 더 굳건하게 할 것이다. 신중하게 점검하여 확인한 믿음은 더욱 견고해진다. 혹시 흔들릴까 두려워 점검해 보지 못하는 믿음은 사실 확신이 없는 믿음이다. 신앙을 점검하다 보면 일부 세부 사항에 대하여 확신이 약해질 수도 있지만, 그러한 점검을 통해 분명히 확인한 복음의 중심 진리는 더욱 확신할 수 있다.

물론 이러한 단계를 밟더라도 신학을 일치시킬 수는 없다. 그러면 어떻게 해야 하는가? 우리는 자신이 믿는 바를 확고히 고수하면서 그것을 다른 사람들과 나눌 권리를 갖고 있다. 그러나 우리와 의견이 다른 사람들을 정복하려 할 것이 아니라 사랑 안에서 진리를 말함으로 그들을 변화시키려고 노력해야 한다. 또한 자신의 신앙을 면밀히 점검할 책임도 있다.

신학은 왜 중요한가? 도대체 우리가 신학에 관심을 가져야 할 이유는 무엇인가? 신학은 그리스도인 간에 다툼을 불러일으키고 진리에 의문을 품게 할 수도 있다. 많은 사람이 신학을 하는 것은 시간 낭비일 뿐이며, 우리가 해야 할 일은 그저 성경을 읽고 삶에 적용하는 것이라고 주장한다.

이 주장에도 일리는 있다. 우리는 순수한 학문 연구라는 이름으로 우리 자신을 위한 신학을 시도할 위험이 늘 있기 때문이다. 그러한 신학은 영적인 삶을 파괴하고, 죄에서 돌이켜 제자의 삶을 살도록 촉구하는 복음의 본질적인 부르심에서 우리를 멀어지게 할 수 있다. 결국 기독교는 어떤 사고 유형이 아니라, 총체적인 삶의 방식인 것이다.

뿐만 아니라, 성경 진리를 삶에 적용하는 법을 배우는 과정은 그리스도인이 성장하는 데 반드시 필요하다. 웨인 다이(Wayne Dye)는 선교사가 선교지에 성숙한 교회를 세우는 가장 좋은 방법은 새신자들이 자신의 문제를 성경에 비추어 해결책을 찾도록 가르치는 것이라고 하였다.[114] 그렇게 하면 성경은 단순히 교실에서 공부하는 대상이 아니라 일상생활 속에 살아 있는 실체가 된다.

그러나 또 다른 면에서 신학이 발달하는 것은 피할 수 없다. 성경을 읽다 보면, 우리 자신도 모르게 다양한 구절들을 연결하여 하나님, 성경,

인간, 죄, 용서, 은혜, 구속 등의 본질에 관한 기본 개념들을 형성해 간다. 실을 한 가닥씩 엮어 천을 짜듯이 우리는 이렇게 만들어 낸 각 개념을 통합하여 하나의 체계를 이룬다. 이 체계 안에서 각 개념의 의미를 결정하는 것은 형식적인 정의가 아니라 상호 관계와 전체 속에서 차지하는 위치다. 이러한 작업은 대부분 자신도 모르게 이루어진다. 우리의 신학이 도전받기 전까지 우리는 자신의 신학이 무엇인지 의식하지 못한다. 신학을 발전시켜 나가는 과정에서 비로소 의식적으로 자신의 종교 신념을 점검한다.

나아가 교회가 오랫동안 기독교 신앙을 신실하게 유지하려면 견고한 신학적 토대가 필요하다. 우리는 교회가 당장 성장하는 일에만 관심을 쏟는 나머지 장기적으로 나아가야 할 방향에는 무관심해질 때가 많다. 사람들을 그리스도께 인도하는 데만 치중한 나머지 그들이 나머지 삶을 죽기까지 충성하는 제자로 살게 하는 훈련은 소홀히 한다. 전도에 많은 관심을 기울이면서도, 특별히 박해를 받을 때에도 교회가 복음에 충실하도록 붙들어 준 신학적 토대를 세우는 일에는 소홀할 수 있다. 그 결과 자칫하면 덩치는 크지만 곁길로 빠지기 쉬운 교회를 세우게 된다. 선교사와 교회 지도자들은 복음을 전하고 교회를 개척하는 데 5년에서 10년 정도의 단기 계획뿐 아니라, 50년, 더 나아가 백년대계의 장기 계획을 세워서 교회 기초를 튼튼히 해야 한다.

신학의 유형

신학의 유형은 두 가지다. 이 둘은 서로 목적이 다른데, 하나는 실재의 배후에 있는 기본 체계를 연구하는 것이다. 이 신학은 하나님, 세상, 인간, 죄, 구원 등의 본질에 관해 질문한다. 대부분의 과학 이론과 마찬가지로 이 신학은 우주의 변함없는 질서에 관심을 갖는다. 이러한 과학과 신학은 모두 "공시적 틀"(synchronic paradigms)이 된다.

또 다른 하나는 실재의 "이야기"에 관심이 있다. 이 신학은 우주와 인간 사회와 개인의 궁극적 기원, 목적, 운명 등에 관해 질문하며, 우주와 인간의 역사에서 의미를 발견한다. 이 신학은 "통시적 틀"(diachronic paradigms)이 된다.

공시적 연구 방법과 통시적 연구 방법의 차이를 비교하기 위해 자동차를 예로 들어 보자. 공시적 접근법으로 자동차를 연구할 때는 자동차가 어떻게 조립되고 어떻게 작동하는지 살펴본다. 또한 전기 장치, 연료 장치, 구동 장치 등을 연구한다. 공시적 접근법에서는 특정 자동차가 아니라 자동차의 일반 사항에 관심이 있다는 점에 주목해야 한다. 자동차가 어떻게 작동하는지에 관심이 있지, 자동차에 무슨 일이 일어나는지는 관심이 없다. 달리 말하면, 이 접근법은 자동차의 구조와 기능에 관심이 있는 것이다.

자동차를 연구하는 또 다른 방법은 자동차의 역사를 연구하는 것이다. 특정 자동차의 역사를 연구해 보았더니, 그 차는 시애틀에 사는 어느 부유한 부부가 산 후, 필라델피아와 토론토로 여행하는 데 사용되었으며, 이 부부는 도중에 사고로 부상을 당하였고, 그 차는 수리된 후 어느 대학생에게 팔렸다는 것을 알게 된다. 우리는 이 차가 폐차될 때까지의 역사를 추적할 수 있다. 이처럼 통시적 연구는 특정한 자동차의 이야기에 관심을 갖는다.

이 두 가지 접근법 가운데 어느 것을 사용해야 하는가? 두 가지 모두 필요하다. 차를 수리하기 위해서 자동차가 어떻게 작동하는지 알고 싶다면, 공시적 이론이 필요하다. 자동차가 무슨 용도로 어떻게 사용되었는지 알려 한다면 통시적 분석이 필요하다. 마찬가지로 하나님과 우주의 본질을 연구하려 한다면 조직 신학, 즉 공시적 신학이 필요하다. 그러나 무슨 일이 일어나고 있는지 알고 싶다면 성경 신학, 즉 통시적 신학이 필요한 것이다.

두 가지 접근법이 모두 필요하긴 하지만, 궁극적으로 의미 있는 것은 통시적 연구다. 우리는 인간이 어떻게 움직이는지 연구하기 위해 혈액, 허파, 근육, 정신, 영혼 등을 연구할 수 있다. 그러나 결국에는 인간이 살아가는 이야기를 알기 원한다.

성경은 기본적으로 통시적 이야기로, 하나님이 인간과 우주 가운데서 일해 오신 역사가 기록되어 있다. 물론 그 가운데 하나님은 자신과 궁극적 실체의 본질을 점차 계시하셨다. 그러나 성경 이야기는 인간의 창조와 죄와 구속의 드라마라고 할 수 있다.

신학의 기능

클리포드 기어츠는 신학과 같은 설명 체계에 두 가지 중요한 기능이 있다고 지적했다.[115] 첫째 기능은 실체를 보여 주는 소재 지도의 역할이다. 이 기능을 이용하여 우리는 우리의 경험을 체계화하고 이해한다. 둘째 기능은 행동의 방향을 이끌어 주는 안내 지도의 역할이다. 이 기능을 통해 우리는 행동 지침을 선택한다.

소재 지도 기능 우리에게는 설명 체계가 필요하다. 설명 체계가 없다면, 우리는 세상을 악한 것으로 보지 않고 혼란스럽고 이해할 수 없는 대상으로 보게 된다. 이것은 아무 의미가 없다. 기어츠는 인간이 삶의 의미를 잃어버리는 것보다 큰 두려움은 없다고 말한다. 이 두려움은 죽음에 대한 두려움보다 더 크다. 순교자들이 기꺼이 죽을 수 있었던 것은 그 죽음이 의미와 목적을 갖기 때문이다.

무엇보다도 우리는 우리가 갖고 있는 여러 모델과 이론을 모순 없이 설명할 수 있도록 기본 틀을 제공해 줄 궁극적인 설명 체계가 필요하다. 그리스도인인 우리에게는 신학이 바로 그러한 설명 체계다.

궁극적 실체의 지도 역할을 하는 신학에는 몇 가지 중요한 목적이 있다. 첫째, 현재 일어나고 있는 일들을 전반적으로 이해하도록 돕는다. 여기에는 사물의 본질을 보는 공시적 관점과 현재 일어나고 있는 일을 보는 통시적 관점이 모두 포함된다. 통시적 관점이 있으면, 삶의 목적과 운명은 물론 일상생활 속에서 행하시는 하나님의 섭리도 지각하게 된다. 안타깝게도 우리는 성경의 세세한 부분에 집착한 나머지 폭넓은 시야로 성경의 큰 줄거리를 보지 못할 때가 많다. 교회학교에서 학생들에게 성경의 여러 부분을 가르치지만 구속사 전반을 다루는 시간은 별로 없다. 선교지에서 우리는 교리를 상세하고 집중적으로 가르치면서 사람들이 이미 성경 전반을 알고 있으리라고 전제한다. 정말 어이없는 생각이다. 이런 잘못 때문에 많은 사람이 신학이란 서로 관련이 없는 잡다한 지식을 모아 놓은 것이라고 생각하게 된다.

둘째, 우리 모두 전제하고 있지만 표현해 본 적 없는 신학적 개념을 명시화하고 검증하는 데 사용된다. 허술한 신학은 검증되지 않은 가설에 기초하는 경우가 많다. 예를 들면, 우리는 대부분 우리의 세계관이 신학에 어떤 영향을 주는지 모르고 있다. 이러한 것들을 명시적으로 밝혀야 비로소 그것들을 검증하고 교정할 수 있다.

셋째, 변증에 사용된다. 변증학은 우리 신앙을 견고히 하고 비그리스도인에게 복음을 명확하게 전하는 데 도움이 된다. 뿐만 아니라, 세속주의와 타종교의 공격에서 기독교를 방어하는 데도 유용하다.

넷째, 실체의 본보기로 사용하여 이단을 물리칠 수 있다. 어느 시대, 어느 문화에서나 교회는 진리를 추구해야 하며 복음에서 벗어나는 결정적인 오류를 분별해야 한다. 이때 우리는 겸손한 자세를 가져야 한다. 이단을 지나치게 염려한 나머지, 우리 자신도 성경을 불완전하거나 잘못 이해할 수 있다는 사실을 간과해서는 안 되기 때문이다. 또한 잘못을 가려낸다는 명목으로 교회 안에서 어떤 지위를 얻으려 해서도 안 된다. 우리는 하나님의 영광과 진리를 향한 사랑, 그리고 잘못된 길로 가는 자들을 돌이키는 구속적인 사랑에 관심을 가져야 한다.

여기서 중요한 것은 미성숙한 모습과 이단을 구분하는 것이다. 신앙생활을 처음 시작하는 사람들은 술주정꾼, 간음하는 자, 이혼한 자, 독선적인 바리새인 등의 모습으로 나온다. 교회는 그들에게 한 번에 완전히 변화하길 요구할 것이 아니라 그들이 있는 모습 그대로 시작할 수 있도록 받아 주어야 한다. 신학적으로도 마찬가지다. 새신자는 자신이 따르던 힌두교나 이슬람교나 세상의 세계관을 그대로 가지고 온다. 그렇기 때문에 회심했다 하더라도 하룻밤 사이에 자신이 가진 개념의 범주가 모두 변하지는 않는다. 심지어 하나님에 대한 개념도 제한되고 왜곡되어 있을 수 있다. 그러나 그럼에도 이들도 구원받을 수 있음을 기억해야 한다. 한 개인의 신학과 세계관을 성경의 가르침에 맞도록 변화시키는 작업은 평생 동안 이루어져야 한다.

선교지의 신생 교회도 토착 문화에 깊은 영향을 받아 어설픈 신학으로 시작하지만, 하나님의 부르심에 충실할 수 있도록 신학적으로 성숙해져야 한다. 유대주의를 배경으로 시작된 초대 교회도 그러한 경험을 했다. 기독교가 헬라인에게 전해지면서 초대 교부들은 헬라적 사고방식으로 이해할 수 있도록 복음을 표현하는 적절한 방법을 찾으려고 애썼다. 그리고 이러한 과정에서 생겨난 이단 문제와 씨름해야 했다. R. H. 보이드(Boyd)가 지적한 대로 서구 교회에 조직 신학이 출현한 주요 이유가 바로 이것이다.[116] 교회가 세상에서 진정으로 그리스도의 증인이 되려면 살아 있는 신학이 필요하다. 이러한 신학이 끊임없이 형성되어 새로운 상황에서도 복음이 의미를 갖고, 새로 출현하는 이단에서 복음을 지킬 수 있어야 한다. 신학이 정체되어 있거나 미숙한 교회는 잘못된 길로 빠져들기 쉽다. 선교 사역을 하면서 우리는 늘 이러한 장기적 안목으로 교회관을 정립해야 한다.

안내 지도 기능 지도는 우리에게 소재를 알려 줄 뿐 아니라 어떤 경로로 갈지 결정하도록 도와준다. 예를 들면, 공항에 가기 위해 지도를 보면서 적절한 교통수단을 정하고 그에 따른 시간 사용을 계획할 수 있다.

아프리카인 신학자인 찰스 냐미티(Charles Nyamiti)는 신학이 실생활과 동떨어진 추상적인 지식 활동이 되어서는 안 된다고 지적하였다.[117] 신학은 언제나 사람들을 돕는 목회에 관심을 가져야 한다.[118] 또한 교회가 교회다워지도록 하고, 그리스도인을 성장시키며, 비그리스도인이 그리스도께 나아오게 만드는 도구가 되어야 한다. 신학은 신학의 실제 문제뿐 아니라 사람들이 현실에서 직면하는 문제도 다루어야 한다. 사람들을 회심시키고 그리스도 안에서 자라가도록 도와주지 못하는 신학이라면 별 쓸모가 없다.

신학의 목회적 측면은 먼저 신학자와 선교사의 삶에서 나타나야 한다. 우리의 신학은 우리 자신의 삶을 변화시키고 우리로 하여금 철저히 성화된 삶을 살도록 도전하는 것이어야 한다. 그때에야 비로소 우리가 내세우는 주장을 듣는 사람들도 우리의 신학을 신뢰할 것이다.

신학을 삶과 분리시키고 자신은 지려고 하지도 않는 짐을 다른 사람에게 떠넘기기는 쉽다. 우리는 끊임없이 우리 신앙이 일상에서 분명하게 드러나도록 애써야 한다. 그래야 비로소 다른 사람의 어려움을 이해할 수 있으며, 온전한 그리스도인의 삶을 살려는 사람들을 도울 수 있다.

상황 속의 신학

교회사는 문화와 역사의 배경과 분리해서 이해할 수 없다. 초대 교회는 많은 면에서 성경의 문화와 다른 헬라 문화라는 상황에서 복음을 이해하고 그 메시지를 바르게 보존하려고 노력하였다. 그 과정에서 교회는 헬라의 이원론적 세계관에 바탕을 둔 이단 사상, 즉 그리스도는 사람이면서 하나님일 수 없으며 둘 중 하나일 뿐이라는 주장과 싸워야 했다. 17, 18세기 정통 개신교는 당시 교회의 타락에 맞서 계몽주의 시대의 사람들이 이해하고 의미를 찾을 수 있는 신학을 형성하였다. 그후 현대 세속주의 시대를 살아가는 사람들에게 적합하고 의미 있게 기독교 메시지를 전하기 위한 시도로 경건주의, 복음주의, 자유주의, 신정통주의 등 기타 여러 신학이 대두하였다. 그러나 신학을 상황화하려는 이 시도들이 성경의 원래 메시지를 보존하는 데 모두 성공한 것은 아니었다.

다른 문화의 교회들도 자신의 상황 속에서 복음을 이해하고 적용할 수 있는 권리가 있는가? 그들이 신학적으로 잘못될 위험이 있지는 않은가? 그들도 우리와 같은 권리가 있으며, 한편으로는 그들의 신학이 잘못될 위험도 있다. 그럼에도 신생 교회가 성장하려면 스스로 성경을 연구해야 한다. 그들이 진리를 떠나게 될까 두려워 스스로 성경을 연구하게 하지 않는다면, 우리는 그들을 영적 갓난아이로 지내다가 곧 죽어 버리도록 방치하는 셈이다. 한편, 사람들이 스스로 성경을 연구하도록 허용하는 일에는 늘 위험이 따른다는 사실도 잊지 말자.

상황화 정도

아프리카, 아시아, 남미의 신학은 서구 신학과 어떤 면에서 달라질 것인가? 성경의 핵심 메시지인 창조, 죄, 구속 이야기는 분명히 같을 것이다. 그러나 여러 면에서 달라질 것이다.

종교와 강권, 그리고 가려운 곳_ 제이콥 로웬

최근에 형성된 파라과이의 한 정착촌에 임시 숙소가 새로 세워졌다. 숙소 앞 모닥불 가에 렝구아 인디언들이 무리 지어 둘러앉아 있었다. 이들은 유목과 수렵 생활을 하다가 농경 생활로 정착하는 변화를 겪고 있었다.

저자는 이 부족민들과 함께 둘러앉아 문화 인류학 관점에서 그들의 상황을 조사하고 있었다. 마음속으로는 이들이 지금 겪는 어려운 변화 과정을 잘 이겨 나갈 방법을 찾기를 바라면서 말이다. 그는 콜롬비아의 초코 인디언을 사역하던 신임 선교사 시절에 일어난 재미있는 일들을 그들에게 이야기해 주었다. 그중에서도 초코 인디언들에게 처음 복음을 전할 때, 그들의 문화를 이해하지 못해 저지른 실수담을 들려주었다. 어느 정도 이야기하고 나서 그는 갑자기 말을 멈추고 물어보았다. "여러분에게 예수 그리스도에 대한 메시지를 전한 선교사들도 혹시 이런 실수를 하지 않았나요?"

그들은 고통스러운 듯 모두 말문을 닫았다. 누군가는 대답을 해야 한다고 느꼈는지 결국 어느 렝구아 인디언이 입을 열었다. "우리 렝구아 인디언들은 선교사가 잘못을 저질렀는지 아닌지를 이야기하기가 어렵습니다." 인류학을 전공한 그 방문객은 렝구아 인디언이 한 말의 진정한 의미를 이해할 수 있었다. 렝구아인에게는 "선한 심성"이라는 개념이 있어서 남을 비판하는 일을 매우 삼갔다. 그러나 렝구아인들이 기존 선교 사역을 어떻게 생각하는지 알아낼 절호의 기회를 놓치기 싫었던 그는 계속 물어보았다. "적어도 하나만이라도 말해 줄 수 없을까요?" 다시 한동안 침묵이 흐른 뒤, 그 인디언이 저지 독일어 사투리로 대답해 주었는데 어순은 렝구아식에 따라 완전히 바뀌어 있었다. "그들은 가렵지도 않은 데를 긁어 줍니다."

어째서 선교사의 메시지가 의도와 다르게 가렵지도 않은 곳을 긁어 주는 꼴이 되었는지 알려면 몇 가지 선행 요인들을 살펴봐야 한다.

■ **믿음과 종교**

현대 교육을 받은 복음주의 선교사들은 대부분 올바른 신앙이라는 관점에서 기독교를 생각한다. 따라서 선교 사역이란, 잘못된 믿음을 올바른 믿음으로 대치하는 것이라고 인식한다. 인간의 여러 문제를 해결하려면 올바른 믿음을 가져야 한다고 생각하는 것이다. 우리가 사용하는 "믿음"이라는 단어는 신약 시대에서 사용한 "믿음"과 의미상으로 미묘한 차이가 있다. 신실한 복음주의 그리스도인들에게 믿음은 기본적으로 일련의 전제, 즉 교리를 진리로 마음에 받아들이는 것이다. 그러나 믿음에 동반되어야 할 헌신이나 순종은 결여된 경우가 많다. 이것은 믿음과 삶이 대체로 분리되어 있다는 말이다.

이러한 태도는 성경 번역에서 아주 빈번하게 나타난다. 남미의 여러 부족 언어를 살펴보면 "믿다"라는 단어와 "순종하다"라는 단어의 어원이 같다는 사실을 발견할 수 있다. 이 두 개념을 구별하기 위해 선교사들은 "믿다"를 "진리로 받아들이다"라고 번역해 놓았다. 그러나 이러한 번역은 믿음의 "정적"(靜的)인 요소만 부각시키며, 이 단어를 통해 성경에서 강조하는 개인 헌신이라는 역동적 요소는 놓쳐 버리게 된다.

■ 종교와 삶 전체

"믿음이란 올바른 신앙"이라고 이해하면서 대부분 종교 경험과 삶 전체가 완전히 분리되었다. 결국 인간의 삶에 나타나는 하나님의 역사하심을 우리 삶과 동떨어진 "영적"인 것으로 해석하는 데까지 이르렀다. 유진 니다 박사는 이러한 생각의 오류를 다음과 같이 지적하였다.

"일부 그리스도인들은 교회 성장과 문화 상황이 거의 아무런 관계가 없다고 생각한 나머지 교회 성장을 오직 하나님의 권세와 사악한 사단의 영적 싸움으로 결정되는 특별한 초자연적 현상처럼 여기는 경향이 있다. 교회 성장이 하나님의 총체적 계획과 목적에 직접 관련되어 있다는 점은 분명하다. 그러나 동시에 하나님이 사회 구조와 형태 속에서 역사하기 원하신다는 점도 사실이다. 하나님은 자신의 뜻을 이루기 위해 개인의 삶에 역사하실 때에도 자신이 세상을 다스리기 위해 만드신 물리적, 심리적 법칙 안에서 역사하신다."

■ **회심과 문화 변화**

종교는 오직 인간의 영혼과 관련되었다고 생각하는 선교사는 회심과 그에 따르는 삶의 변화를 단순히 영적인 현상으로 인식하고, 그러한 행동 변화가 곧 문화 변화로 이어진다는 사실을 깨닫지 못한다. "선교사가 인정하든 안 하든, 그들은 문화를 변화시키는 전문 요원 역할을 한다. 한 사회 안에 교회를 세워 견고히 하며 보존하려면 문화를 통하지 않고는 다른 방법이 없기 때문이다."

그러나 선교사가 성취하려는 것은 단순히 외형 변화가 아니라 핵심적이고 근본적인 가치의 변화다. 사람은 새로운 피조물이 되어야 한다. 루이스 루츠베탁(Louis Luzbetak)은 이 문제를 이렇게 설명한다.

"특히 영적인 문제에서 추구하는 변화는 단순히 언젠가 받아들였다가 다음에는 내버릴 외형적인 것을 택하는 데서 그치지 않는다. 이러한 변화가 지니는 의미는 단순히 사도신경을 암송하고 신조의 특정 항목을 신학적으로 인정하거나 종교적 의식을 수용하는 것 이상이다. '회심'이란, 과거의 길에서 '돌이켜' 새로운 길로 나아간다는 뜻이며, 전제와 목표를 근본적으로 재설정한다는 뜻이다. 또한 경제, 사회, 종교 등 삶의 모든 영역에서 '회심자'는 물론이고 그가 속한 사회 집단에 날마다 끊임없는 영향을 끼칠 새로운 가치관을 전심으로 받아들인다는 뜻이다. 따라서 이것이 일으키는 변화는 그 문화적 '유기체'의 살아 있는 부분이 되어야 한다."

■ **변화에는 "이유"가 필요하다**

사람들이 회심을 결심하는 것은 대부분 기존 종교가 일상의 필요를 얼마나 충족시켰는지에 달려 있다. 종교는 인간의 모든 삶 구석구석에 뿌리 깊게 자리 잡고 있다. 그렇기 때문에 하나의 종교 체계가 개인이나 사회 전체를 상당한 위기 상황으로 몰고 가 좌절을 겪어야만 변화하려는 동기가 생겨난다.

모든 문화는 각 부분이 조화롭길 추구하지만, 그러한 조화는 결코 완전하지 않다. 다시 한 번 말하지만 모든 문화는 변화하며, 대부분 아무리 작은 문화 변화일지라도 그것이 사람들의 필요를 충족시키면 한 문화 집단이 가지고 있는 완벽해 보이는 종교 체제도 변화하게 된다.

일단 심각한 좌절이나 불균형, 갈등이 발생하면, 사람들은 변화를 모색할 뿐 아니라 실제로 안정될 수 있는 방법을 찾는다. 한 문화 집단이 좌절을 느끼는 부분이 바로 이른바 "가려운 곳"으로, 이곳이 복음을 받아들이는 통로가 될 수 있다. 따라서 사람들이 기꺼이 복음에 귀 기울이게 만들어 줄 "가려운 부분"을 알아내려면 그들이 근본적으로 원하는 바가 무엇인지 연구하고, 기존 체계가 그러한 필요를 어떻게 충족시켰는지 밝혀내는 작업이 중요하다.[119]

새로운 질문들 지금까지 살펴보았듯이 사람들은 서로 다른 문화에서 생활한다. 따라서 그들이 제기하는 문제들도 저마다 다르다. 예컨대, 아프리카인과 아시아인은 "우리 조상은 어떻게 해야 합니까?"라고 묻는다. 성경에는 조상과 관련하여 여러 차례 언급하지만, 서구 신학은 이 문제에 별 관심을 기울이지 않는다. 성경에서 여호와는 "아브라함과 이삭과 야곱의 하나님"이라고 불린다. 십계명 중 다섯째 계명은 약속이 있는 첫 계명으로, 부모를 공경하라고 명한다.

사람들이 조상에 관해 질문할 때, 우리는 어떻게 말해 주어야 하는가? 그들은 구원받았는가? 조상에게 음식을 바쳐야 하는가? 아니면 무덤 위에 꽃을 바쳐야 하는가? 조상은 사람들의 삶에서 중요한 자리를 차지한다. 그렇기 때문에 우리는 이 문제를 결코 가볍게 다루어서는 안 된다.

그밖에도 이와 비슷한 어려운 문제가 많다. 아프리카의 교회는 일부다처제, 마술, 정령, 주술 등의 문제에 답을 주어야 한다. 한편 인도의 교회는 카스트 제도, 결혼 지참금, 악마의 눈 등의 문제에 대답해야 한다. 중국의 교회는 부모의 권위, 일가친척에 대한 의무, 유교 윤리 등의 문제를 외면해서는 안 된다. 서구 교회 역시 세속화, 현대의 오락 문화, 극도로 가난한 세계와 서구 세계의 풍요 등 서구 문화가 당면한 문제들을 생각해 봐야 한다.

찰스 테이버(Charles Taber)에 따르면 신학자의 첫째 사명은 인간의 문제를 풀어 줄 기독교적 해답을 찾는 것이다. "신학자는 조직 신학을 연구하기에 앞서 교회가 삶과 증인의 역할을 제대로 하고 있는지 먼저 평가하고, 신자들과 교제하는 가운데 교회가 당면한 논쟁과 문제, 그리고 교회가 직면할 기회와 도전에 대해 자신의 견해를 밝혀야 한다."[120]

새로운 문화 범주 신학자는 새로운 문제에 답하는 데 만족해서는 안 된다. 성경 배경이 된 문화 유형과 전혀 비슷하지 않은 문화 유형에서도 복음 메시지를 분명하게 전달할 수 있어야 한다. 예를 들면, 아프리카 신학자들은 아프리카 전통 사회에서 통용되는 희생의 개념이 그리스도께서 십자가에서 죽으신 것을 설명하는 데 사용될 수 있을지 생각해야 한다. 또 인도에서는 화신(化身, avatar)이라는 단어를 그리스도의 성육신을 가리키는 말로 쓸 수 있는지 결정해야 한다. 지금까지 살펴본 바에 따르면 인도 세계관에는 신과 인간을 구분하는 절대 기준이 없다. 따라서 힌두교의 한 신(神)이 화신하여 인간이 되는 일은 부자가 거지를 도와주는 일 정도로 대수롭지 않게 여겨질 수 있다. 동남아시아 신학자들은 불교의 열반 개념과 기독교의 천국 개념이 어떻게 다른지 분명히 밝혀야 한다.

기독교 신학에서는 신관(神觀)을 중요하게 다룬다. 신학자들은 하나님을 올바르게 표현하기 위해 각 문화에서 쓰이는 단어 중 어떤 단어를 사용해야 할지, 전통적 신 개념 가운데 성경에 비추어 바뀌어야 할 부분이 무엇인지 결정해야 한다. 세계 여러 지역의 많은 사람이 모든 것의 창조주이자 통치자이신 지고신(至高神, High God) 개념을 갖고 있다. 이에 대하여 테이버는 다음과 같이 말한다.

> 선교사들이 코트디부아르의 바울레 지역에 처음 도착하여 창조주 이야기를 시작하자 그들은 즉각적으로 창조주를 인정하면서 이렇게 말했다. "물론 우리도 그분을 압니다. 그분의 이름은 냐미엔(Nyamien)입니다." 선교사들이 계속해서 하나님의 속성을 설명하자 그들은 또 동의했다. "물론입니다. 냐미엔은 전능하시고, 인자하시고, 영원하십니다. 냐미엔이라는 말에 이미 그런 의미가 전부 담겨 있습니다. 어린아이가 아니라면 다 아는 이야기죠."[121]

리처드슨(Richardson)은 선교사들이 이처럼 일반화된 지고신 개념을 사용할 수 있다고 주장한다.[122] 특히 이 개념에 구체적인 내용이 거의 담겨 있지 않다면, 기독교적 의미를 채워 넣을 수 있기 때문이다. 한국이 그런 경우다. 한국인들은 "하나님"이라는 지고신 개념이 있었다. 그래서 한국 개신교에서는 이 단어를 사용하여 성경이 말하는 신을 표현할 수 있었다. 선교사들이 들어와 가르치려 한 신 개념과 한국인이 이미 알고 있던 하나님의 개념 사이에 비슷한 점이 많았기 때문에 한국 기독교가 급속하게 성장할 수 있었다고 리처드슨은 말하고 있다.

신 개념이 타종교와 밀접하게 연결되어 있다면 이 문제는 더 복잡해진다. 이슬람권에서 사역하는 선교사들은 대체로 "알라"(Allah)를 하나님을 가리키는 말로 사용해 왔다. 알라가 성경에서 말하는 하나님의 개념과 밀접하고 사용하기 편하기 때문이다. 그러나 선교사들은 기독교의 "알라", 즉 하나님이 이슬람교의 알라와 달리 사랑이시라는 사실을 분명히 인식시켜야 한다. 인도 신학자들은 어느 것 하나 적절하지 않은 수많은 개념에서 하나를 택하여 하나님을 나타내는 말로 써야 한다. 궁극적 실체를 나타내는 브라만이라는 개념이 있지만, 이것은 인격체가 아닌 힘을 의미한다. 데바는 인격적인 신의 개념이긴 하지만 이 세상의 환영일 뿐이다.

이밖에 힌두교의 시바와 관련 있는 이쉬바라라는 신의 개념도 있다.

새로운 세계관 가장 어려운 신학 문제는 세계관과 관련된 것들이다. 세계관은 한 문화의 핵심으로, 신학적인 평가가 없으면 혼합주의나 기독교적 이교주의에 빠질 위험이 있다.[123] 그러나 세계관이란 문화를 형성하는 기초이므로 쉽게 변하지 않는다.

현대의 세속적인 서구 세계관보다는 비서구 문화의 세계관들이 성경의 세계관에 가깝다. 그러한 세계관을 가진 사람들은 구약에 나타나는 각 지파의 유대감이나 다양한 의식은 물론 영적인 세계도 더 깊이 이해한다. 예를 들면 일본 사람들은 집단의식이 강해서 누구든지 그 집단의 사기를 떨어뜨리면 깊은 수치심을 느낀다. 반면 개인주의를 강조하는 서구에서는 내가 어떤 잘못을 저질렀을 때 죄책감을 느낀다. 이 두 감정은 서로 대비된다.

수치심은 다른 사람에게 비난받을 때 나타나는 반응으로, 자신이 맡은 책임이나 다른 사람이 자신에게 기대하는 바를 완수하지 못했을 때 개인적으로 느끼는 창피함이다. 수치심 성향의 문화에서는 각 사람이 사회 안에서 위치와 의무가 정해져 있으며, 그른 것이 아닌 옳은 것을 택했을 때보다는 남들이 기대하는 바를 충족시켰을 때 자존심을 지킬 수 있다. 개인의 욕구는 집단의 기대 속에 묻혀 버리고 만다. 실수를 저질렀을 때는 다른 사람에게 난폭하게 행동하는 것이 아니라 대부분 자기 자신에게 화를 낸다. 자신을 처벌하여 다른 사람 앞에서 자존심을 유지하려는 것이다. 이것은 죄책감이 고백과 용서로 해결될 수 있는 데 반해 수치심은 그럴 수 없기 때문이다. 필요하다면 자살까지 포함하여 그 사회가 기대하는 바를 만족시켜야 비로소 수치심을 떨쳐 버리고 자신의 명예를 회복할 수 있다.

한편 죄책감은 내재하는 절대 도덕률 기준이나 양심에 어긋나는 일을 했을 때 느끼는 감정이다. 자신이 저지른 일을 아무도 몰라도 죄책감에 시달릴 수 있다. 죄책감은 자신의 잘못을 고백하고, 잘못에 따른 대가를 치르는 것으로 해결될 수 있다. 외적 제재가 선한 행동을 일으키는 수치심 성향의 문화와 달리, 죄책감 성향의 문화는 죄에 대한 내재적 확신이 선한 행동을 일으킨다. 죄책감 성향의 문화는 도덕 질서를 회복하는 방법으로 형벌과 용서를 강조하며, 수치심 성향의 문화는 사회 질서를 회복하는 방법으로 자기 부인과 겸손을 강조한다.

성경에서 말하는 죄는 수치심과 죄책감, 둘 모두와 관련되어 있다. 구약에서는 하나님의 백성이 하나님과 맺은 약속을 어기거나 서로 약속을 어길 경우 관계가 단절되며, 일반적으로 그러한 단절을 죄로 생각한다. 구약에서는 그러한 죄에서 느끼는 수치심을 강조한다. 따라서 죄는 집단적인 성격을 띠며, 한 사람의 죄가 집단 전체에 형벌을 가져올 수 있다. 죄를 해결하는 방법은 샬롬(shalom), 즉 단절된 관계를 회복하는 것으로, 평화와 조화의 회복이다. 이러한 메시지는 수치심 성향의 문화에서 살고 있는 일본인들이 잘 이해할 수 있다.

성경, 특히 신약 성경에서 죄란 하나님의 의를 어기는 것으로, 이 죄에는 처벌과 회복이 따라야 한다고 말한다. 죄책감 성향의 문화에서 살아가는 서구 사람들은 이러한 메시지를 잘 이해한다. 사실 성경이 말하는 죄와 구원의 의미를 충분히 이해하려면 죄책감과 수치심 두 개념 모두 필요하다.

어떤 세계관은 복음을 이해하는 다리 역할을 해주는 반면, 어떤 세계관은 성경의 가르침과 상반되어 성경 메시지를 올바르게 이해하는 데 걸림돌이 된다. 예를 들면 많은 사람이 기독교의 창조와 종말에 반대되는 윤회적 시간 개념을 가지고 있으며, 어떤 사람들은 세계가 실제로 존재하지 않는 환상일 뿐이고 실제 역사도 존재하지 않는다고 믿는다. 이러한 세계관은 하나님이 창조와 실존하는 세계에 신적으로 개입하신다는 성경 교리와 상충된다. 이런 세계관에 익숙한 사람들에게는 성경의 세계관이 전제하는 바를 분명히 제시해 주어야 한다. 그러지 못한다면, 이들은 복음을 바르게 이해하지 못할 것이다.

상황화 단계

새로운 문화 상황에 적실한 신학은 하룻밤 사이에 발전하지 않는다. 우리가 살펴봤듯이 신생 교회는 교회 성장에 주목하고 있으며, 전통 신념과 관습에 즉각 대응하는 방법에 관심을 집중하고 있다. 상황화와 함께 교회가 새로운 문화 환경에서 기독교 신앙을 충실히 유지하는 데 더 심각한 문제는 새로운 교회의 2세대 또는 3세대 지도자 시대가 되어서야 비로소 나타나기도 한다.

상황화하려는 첫 시도는 일반적으로 선교사가 현지인들이 이해할 수 있도록 메시지를 적절하게 전하려고 노력하는 가운데 이루어진다. 하지만 이때 도사리고 있는 위험이 있다. 즉, 선교사들은 흔히 자신의 신학에도 문화적 편견이 스며들어 있다는 사실을 인식하지 못한다는 것이다. 이뿐 아니라 선교사들은 합리적이고 공시적인 사고 체계를 강조하는 헬라 세계관에 영향을 받은 서구식 신학적 접근법을 선교지에 도입하려는 경향이 있다. 그러나 이처럼 상세한 조직 신학을 강조하는 것은 많은 선교지에서 낯선 것일 뿐이다. 홀트(Holth)는 다음과 같이 지적하였다.

> 전통 서구 신학에는 아시아인들이 동의할 수 없는 면이 있다. 일반적으로 아시아인은 서구인처럼 형식화된 교리를 중요하게 여기지 않는다. 서구인이 분석과 체계에 집착하는 것을 그들은 이해하기 어렵다. 서구 선교사가 분명하고 정확한 믿음의 체계를 요구하면 그들은 짜증을 낸다. 서구 신학의 교조주의(dogmatism)에 아시아의 종교인들은 마음을 닫는다.[124]

이러한 사회에서 교회는 하나님이 역사 속에서, 그중에서도 특히 하나님 백성의 삶에 역사하신 것을 강조하는 성경 신학을 발전시키는 경우가 많다.

그러나 때가 되면 교회는 자신의 문화 환경에 맞게 복음을 상황화하는 문제와 씨름해야 한다. 모든 교회는 자신에게 알맞은 신학을 발전시켜 자신의 문화가 신앙에 제기하는 도전에 대처해야 한다. 그렇게 해서 더 의미 있고 지속적인 결과를 얻을 수 있다.

신생 교회는 신학 논쟁을 통해 많은 것을 배울 수 있다. 그것이 바로 기독교 전통의 일부이기 때문이다. 그러나 서구 신학이 신생 교회의 신학을 평가하는 최종 기준이어서는 안 된다. 신학의 평가 기준은 바로 성경의 계시다. 위자야(Widjaja)는 이렇게 말한다.

> 그러나 신학 지식의 근원은 성경이라고 말할 수 있다. 또한 성경만이 신학을 판단할 수 있는 권위가 있다. 그러므로 성경 말씀은 늘 새롭게 연구되어야 한다. 성경 신학의 서구적 개념화는 비판적으로 검토되어야 하며, 때에 따라서는 무시될 수도 있다. 그럴 때 우리는 성경 원문을 직접 상고하여 하나님의 메시지를 더 깊이 이해하게 될 것이다.[125]

그렇다면 상황화에 한계는 없는가? 우선 지적해야 할 것은 이러한 질문에는 문제가 있다는 것이다. 중요한 것은 우리가 그리스도인으로서 올바른 믿음을 유지하면서 어느 정도까지 기독교 신앙을 상황화할 수 있느냐가 아니다. 오히려 우리가 관심을 가져야 할 것은 우리가 처한 문화 맥락에서 사람들에게 복음의 부르심을 더 분명하고 호소력 있게 전달하는 것과 아울러 어떻게 하면 우리가 더 참된 그리스도인이 되느냐다. 비셔트 후프트(Visser't Hooft)는 다음과 같이 경고한다.

교회사를 들춰 보면 우리는 토착화가 결여된 예보다는 지나친 예를 더 많이 찾아볼 수 있다. 때로는 기독교 메시지를 현지 문화에 지나치게 무비판적으로 적용하는 바람에 그 과정에서 메시지의 진정한 특성을 잃어버린다. 히틀러 시대의 이른바 독일 기독교 운동은 복음이 급진적으로 토착화한 본보기다. 빌 헐버그(Will Herberg)의 아메리카 종교에 대한 터무니없는 분석이 그러한 예일 것이다. 사실 오래된 기독교 국가들은 대부분 역사상 한 번쯤 기독교 문화와 민족 문화의 개념을 이상하게 뒤섞어 놓은 경험이 있다.[126]

복음 메시지는 한 문화의 범주 안에 있는 세계관에 적합하게 표현되어야 하며, 동시에 성경 내용이 그 문화의 범주와 세계관의 내용을 바꾸어 혁명적으로 변화시켜야 한다.

초신자 양육

선교 초기 단계에서 새로운 문화에 복음을 알리고 이해시키는 것은 선교사의 책임이다. 이 일은 구원의 복음을 증거해서만 아니라 그리스도인으로서 삶의 모범을 보여 주어 이룰 수 있다. 대체로 선교사는 선교지 원주민에게 그리스도를 섬긴다는 의미를 보여 줄 수 있는 유일한 본보기다. 더구나 이 단계에서는 선교사가 주도하여 성경 메시지를 현지 문화에 알맞게 상황화해 나가야 한다. 따라서 선교사가 현지 문화를 진정으로 이해하고 올바르게 인식하는 일이 무엇보다 중요하다.

선교지의 초신자들은 성경 말씀을 잘 알지 못하며, 문맹인 경우도 많다. 그들은 성경 말씀이 무엇을 의미하는지 이해하고 당면한 문제들을 해결하려 할 때 선교사에게 의지한다. 선교사는 사람들에게 성경 말씀을 가르칠 뿐 아니라 스스로 성경을 공부하는 법과 말씀을 삶에 적용하는 법을 가르쳐야 한다. 초신자들이 성장하는 동안 선교사는 그들이 선교사나 선교사를 파송한 교회를 통해서가 아니라 성경 말씀을 통해 들려오는 하나님의 음성에 순종해야 함을 분명하게 밝혀 주어야 한다. 외국어를 배울 때 그 언어를 계속 사용해서 능통해지듯, 초신자들도 그리스도인의 삶을 실천해야 더 성숙한 그리스도인이 되는 법을 익힐 수 있다.

현지 신학자 양성

교회가 세워지면 선교사는 그 교회에서 자연스럽게 지도자가 나올 수 있도록 격려하고 지원하며 훈련해야 한다. 초기 단계부터 선교지 교회의 신자들이 자신의 교회에 되도록 많은 책임을 감당하게 해야 한다. 선교사는 반드시 선교지의 문화 상황에서 발생하는 신학 문제에 대처할 수 있는 현지인 지도자를 훈련해야 한다(딤후 2:2). 선교사가 말하는 내용을 단순하게 믿고 그대로 따르는 사람들을 훈련하기는 매우 쉽다. 선교사는 존경받는 위치에 있기 때문에 선교사의 의견에 반대하는 사람은 거의 없다. 그러나 늘 남을 따르기만 하는 신자들은 영적으로 미숙하기 때문에 선교사가 선교지를 떠날 경우 잘못된 가르침에 쉽게 미혹될 수 있다.

그러나 그들 스스로 생각할 수 있도록 도우며, 때로는 선교사와 다른 의견을 제시하고 자신이 확신하는 바를 분명히 주장할 수 있는 지도자를 양성하는 일은 훨씬 어렵다. 선교사는 현지인들을 무시하지 않고 어려운 신학 문제를 서로 논쟁할 수 있으며 솔직하게 다른 의견을 내놓을 수 있는 분위기를 만들어 가야 한다. 또한 겸손하게 자신의 잘못을 인정할 줄 알아야 하며 자신보다는 현지의 젊은 지도자가 더 존경받는 것을 기뻐해야 한다. 성경은 모든 신자가 제사장이라고 말한다. 우리는 모든 그리스도인이 스스로 성경을 공부하고 해석하며 자신의 삶에 적용하도록 가르쳐야 한다. 그러지 않으면 영적으로 미숙한 상태로 계속 묶어 두게 되고 만다.

복음주의자들이 선교지 교회의 지도자들로 하여금 신학자가 되도록 격려하는 일이 특히 시급하다. 과거에는 진리가 왜곡될 것을 우려한 나머지 대부분 선교사들이 신생 교회의 신학을 결정했다. 그러나 그동안 자유주의 교회는 현지 지도자들을 훈련시켜 왔으며, 그 결과 오늘날 이들이 세계 곳곳에서 신학계를 주도하고 있다.

신학적으로 우리가 확신하는 것이 보존되리라고는 결코 보장할 수 없다. 우리가 믿는 바를 교리와 교회 헌법으로 만들어 교회와 신학교를 감독할 수는 있겠지만, 우리 후손은 우리와 다른 그들 나름의 확신을 갖게 될 것이다. 교회 내 각 세대는 각자 살아 있는 자신의 믿음을 가져야 한다. 그저 물려받은 신앙으로는 충분하지 않다.

마지막으로 우리가 "허용"하든 안 하든, 현지 지도자는 자신의 신학을 발전시켜 나간다는 점을 명심해야 한다. 선교 역사를 살펴보면 선교사에게 통제당한 현지 지도자들이 선교사와 상관없이 독립된 교회를 시작한 사례가 매우 많다. 선교사가 그들에게 좀 더 귀를 기울였다면 그들은 선교사와 관계를 유지했을 것이다.

초문화 신학

자신의 신학을 추구하는 자신학화(self-theologizing)는 그리스도인들이 저마다 문화 환경에 맞추어 복음 내용을 명확하게 밝히는 신학을 발전시켜야 한다는 인식에서 출발한다. 이와 동시에 자신학화는 다원주의라는 어려운 문제에 직면한다. 진리를 훼손하는 상대주의, 신학을 한낱 인간의 창작물 정도로 전락시키는 주관론, 문화별 신학 발전은 허용하면서도 복음이 문화 차이를 초월하며 교회는 한 몸임을 부인하는 개별주의(particularism) 등을 피하면서 신학적 다양성을 수용할 방법은 없는가?

이 문제는 개인에게 성경을 나름대로 해석할 권리를 인정해 주는 교회에서 겪는 문제와 별로 다르지 않다. 결국 그러한 교회에는 의견이 분분해진다. 그러나 해석학이란 서로 생각을 나누고 점검하면서 신앙 공동체가 감당해야 할 과업이다. 마찬가지로 문화가 다른 교회들도 전 세계 신앙 공동체의 일부다. 각 문화의 교회들도 전 세계 신앙 공동체 안에서 서로 대화하며 자신의 신학을 발전시켜 나가야 한다. 각 문화의 교회들은 자신의 특정 상황에 맞게 성경을 해석할 권리가 있지만, 여러 교회가 연합한 더 큰 의미의 교회 공동체의 의견에 귀를 기울일 책임도 있다.

이러한 논의를 통해서 나타나는 것이 바로 문화 차이를 초월하는 초문화 신학(transcultural theology), 즉 각 신학을 비교하며 문화 편견을 검토하고 성경적 보편성을 탐구하는 메타 신학(metatheology)이다(그림27).

초문화 신학의 특징

문화가 서로 다른 사람들이 성경에서 계시하는 바를 동일하게 이해해서 합의된 신학을 초문화 신학이라고 한다. 그렇다면 초문화 신학의 특징은 무엇인가? 최근에서야 각 문화에 속한 신학자들이 대화하기 시작했기 때문에 세부 사항은 아직 확실하지 않다. 그러나 염두에 두어야 할 몇 가지 원칙이 있다.

성경적 근거 상황화된 신학(contextualized theologies)과 마찬가지로 초문화 신학 역시 성경에 기초해야 한다. 당연한 말이겠지만 우리는 늘 모

[그림27] 초문화 신학은 문화 차이를 초월한다

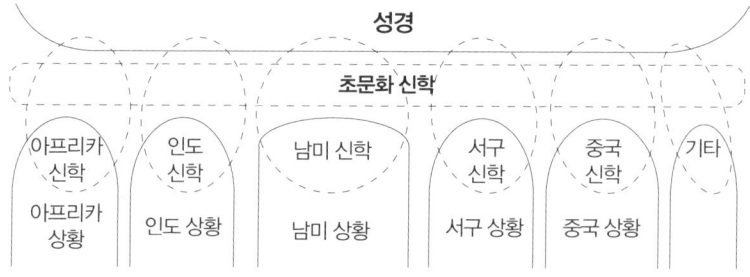

든 신학의 기준이 성경임을 명심해야 한다.

성경 메시지는 그 메시지의 문화 배경 속에서 이해해야 하며, 그것이 역사적으로 어떻게 진행되었는지도 함께 고려해야 한다. 구약은 하나님이 인간에게 거룩한 메시지를 전하기 위해 한 민족을 택하시고 그들의 세계관과 신앙을 세워 가신 기록이다. 예를 들면, 아브라함이 이해한 하나님, 의, 죄, 희생, 용서, 시간 등의 개념에서 시작하여 하나님은 이 개념들을 모세, 다윗, 선지자들에게 보여 준 계시를 통해 더 확립하시고 더 풍성하게 하셨다. 하나님은 성막, 성전, 희생 제물, 축제, 제사장의 명령 등을 통해 이스라엘 사람들에게 이 새로운 개념들을 가르치셨다. 그 결과 예수님 당시 유대인의 세계관을 통해 지극히 거룩하신 하나님의 모습을 인간에게 충분히 계시하실 수 있었다.

신학이 성경에 기초해야 할 또 다른 이유가 있다. 신학은 하나님에 대한 인간의 생각을 다루면서도 그 궁극적 관심은 인간에 대한 하나님의 계획과 생각에 있다. 사람들이 관심을 보이지 않을 수 있겠지만, 신학은 이러한 궁극적 문제를 다루어야 한다. 신학의 가장 깊은 관심사는 죄와 구원, 그리고 하나님 백성의 삶 속에 나타난 그분의 통치하심이다.

문화 초월 여기서 우리는 역설에 직면한다. 초문화 신학은 인간 문화의 한계와 편견을 초월해야 한다. 그런데 이것은 어쩔 수 없이 특정 문화를 통해 형성된 언어로 표현할 수밖에 없다. 신학이 문화 배경을 초월할 수 있다는 점을 부정한다면 하나님이 인간의 삶 속으로 들어오실 수 있다는 것도 부정하는 셈이다. 그렇게 되면 교회들은 각기 자신이 속한 문화를 벗어나지 못하고, 서로를 이해할 수도 없다.

그러면 신학은 다른 문화에 대한 편견을 어떻게 뛰어넘을 수 있는가? 첫째, 문화가 서로 완전히 다른 것은 아니라는 사실을 명심해야 한다. 모든 문화는 인간의 공통된 속성과 공통된 경험에 뿌리를 내리고 있기 때문에 그 근간에는 기본적으로 유사성이 존재한다. 모든 인간은 기능이 같은 육체를 가지고 있으며, 누구나 태어나서 살아가다가 죽는다. 모두 기쁨과 슬픔, 고통, 충동, 두려움, 불만족을 경험한다. 모든 사람은 같은 것과 다른 것을 나누어 범주를 만들고, 언어와 문화도 만들어 낸다. 모든 인간은 죄인이며, 따라서 구원받아야 할 대상이다. 각 문화 간에 다른 점을 과소평가해서는 안 되지만, 동시에 인간의 기본적인 공통점도 인정해야 한다. 이와 같은 공통 요인을 통해 문화가 다른 사람들도 서로를 이해할 수 있을 뿐 아니라 문화 차이를 뛰어넘는 초문화적 기본 틀을 발전시킬 수 있다.

둘째, 내부인은 보지 못하는 것을 외부인이 보는 경우가 많다는 점이다. 예컨대, 외부인이 내부에 있는 우리보다 우리 죄를 더 분명하게 파악할 수 있다. 사람은 누구나 자신의 죄를 외면하려는 경향이 있기 때문이다. 마찬가지로 문화가 다른 사람들이 우리의 신학이 지닌 문화 편견을 우리보다 명확하게 지적해 줄 수도 있다. 우리는 문화 심층부에 은밀히 자리 잡고 있는 여러 전제와, 그것이 우리의 신학에 끼치는 영향을 대체로 인식하지 못한다. 그러나 외부인에게 도움을 받으면 우리의 지식 체계가 완전히 주관적인 성질을 띠는 것을 막을 수 있다.

따라서 우리는 문화가 다른 그리스도인들의 견해를 귀담아 들어야 한다. 그들이 우리 신학의 문화 편견을 지적해 줄 수 있기 때문이다. 반대로 우리도 그들의 문화 편견을 지적해야 한다. 그러면서 더 참된 성경적 신학을 수립할 수 있다.

역사와 기독론 초문화 신학은 하나님이 역사 속에서 행하신 일에 초점을 맞추어야 한다. 하나님이 행하신 모든 일의 중심은 그리스도이시다. 그리스도의 성육신이 복음의 핵심이며, 그분의 죽으심과 부활이 구속의 심장이다. 따라서 모든 신학은 그리스도를 중심으로 통일되어야 한다. 그분이 모든 문화와 전 인류의 주인이시기 때문이다.

우리는 그리스도인으로서 이 실제 역사가 모든 사람에게 동일하게 일어났다고 받아들인다. 다양한 역사적 사건을 아는 우리 지식은 완벽하지 않을 수 있고, 그에 대한 우리의 해석 또한 저마다 다를 수 있다. 그러나 역사적 사실은 보편적인 진실이다. 예컨대, 세계 대전의 원인이 무엇인지는 의견이 다를 수 있다. 그러나 유럽인들이 두 번에 걸친 큰 전쟁을 치렀다는 것은 역사적 사실이다. 이 사실은 전쟁에 참가한 사람이든 그러지 않은 사람이든 모든 사람, 모든 문화에 걸쳐 진실이다. 마찬가지로 성경은 모든 인간 문화를 초월하는 역사적 사실을 기록한 것을 제시한다. 초문화 신학은 이러한 사실들을 다루어야 한다.

성령의 인도하심 마지막으로 초문화 신학의 통일성은 성령의 역사하심에 의지해야 한다. 진리를 이해할 수 있도록 성령께서 우리를 인도해 주셔야 한다. 따라서 신학의 정신은 자기의가 아닌 겸손한 마음, 정죄가 아닌 구속의 사랑, 명령이 아닌 나눔이어야 한다. 다시 한 번 강조하지만 우리는 무릎 꿇는 태도로 신학을 해야 한다.

초문화 신학의 기능

우리는 왜 초문화 신학을 추구해야 하는가? 상황화된 신학으로도 충분하지 않은가? 초문화 신학을 추구해야 하는 것은 첫째, 이 신학을 통해 전 세계에 걸친 그리스도인들이 교제할 수 있게 만들기 때문이다. 우리는 모두 한 몸이다. 그리스도께서는 우리가 하나 되는 것이 사람들 사이의 장벽을 허무는 하나님 사랑을 세상에 알리는 증표라고 말씀하셨다.

둘째, 교회의 선교 과업을 함께 감당하기 위해서다. 세계 복음화 과업은 매우 엄청난 일이다. 따라서 이 과업을 완성하려면 세계 각지의 교회들이 힘을 합쳐야 한다. 문화나 민족이 다르다는 이유로 기독교적 고립주의에 빠져 세계가 요구하는 것을 못 본 체해서는 안 된다. 우리는 모든 민족에게 복음을 증거하라고 부름 받았다.

초문화 신학을 추구하는 마지막 이유는 초문화 신학이 형성되는 과정에서 우리 신학이 지닌 문화 편견을 더욱 분명하게 파악할 수 있고, 무비판적으로 우리 신학을 상황화할 때 빠질 수 있는 혼합주의를 피할 수 있어서다. 비록 지금은 희미한 유리를 통해 보는 듯하나 성경을 공동 연구하면서 우리는 하나님이 완벽하게 아시는 그 신학을 더 잘 알게 될 것이다. 문화권이 다른 신학자와 대화할 때 우리는 우리의 신학을 강요하지 않도록 조심해야 한다. 모든 신학을 평가하는 기준은 오직 성경이다.

기독교와 비기독교

다른 종교를 처음 접할 때, 우리는 제2의 신학적 충격을 경험한다. 선교 사역을 준비하는 과정에서 이슬람교, 힌두교, 불교 등을 연구하고, 이 종교들이 분명 잘못되었다고 결론 내렸을 것이다. 또한 사람들에게 그들의 신앙이 잘못되었다는 점을 납득시키고, 그들을 그리스도인으로 만드는 일이 어렵지 않으리라고 확신한다. 그러나 자신의 종교를 마음속 깊이 참된 종교로 믿는, 착하고 사려 깊은 이교도를 만날 때 우리는 충격을 받는다. 그리고 잘 준비해서 그들 종교의 잘못된 점을 지적하려 하지만 실패하고 만다.

우리는 속으로 '왜 저런 사람들이 이슬람교(또는 힌두교나 불교 등)를 믿는 것인가?' 하고 궁금해한다. 그러고 나면 이 질문이 이어진다. "우리는 왜 그리스도인인가? 기독교가 참 종교임을 어떻게 아는가?" 이전에도 그러한 의문이 있었을 것이다. 그러나 자신의 종교가 모든 필요를 충족시킨다고 주장하는 이교도를 개인적으로 만나고 나면, 이런 질문들이 우리를 더 강력하게 사로잡는다.

어느 젊은 선교사 지망자가 배를 타고 여행하던 도중 이러한 충격을 경험했다. 갑판 위에 서 있는 한 무슬림 노인을 바라보면서 이 젊은이는 그에게 복음을 전해야겠다고 마음먹었다. 갑판 의자를 하나 꺼내 들고 노인에게 다가가 그를 그리스도께 인도해야겠다는 생각으로 대화를 시작했다. 잠시 후 이 젊은이가 성경에 대해 이야기하자, 노인은 코란에 대해 말하기 시작했다. 다음으로 젊은이는 그리스도 이야기를 끄집어냈고, 노인은 무함마드 이야기를 시작했다. 그러다가 젊은이는 자신과 이 무슬림 노인이 서로 상대방을 자기 종교로 끌어들이기 위해 노력하고 있다는 사실을 퍼뜩 깨달았다. 그 순간 그는 '어림도 없지. 나는 절대 무슬림이 되지 않을 거야!'라고 생각했다. 그런데 진짜 문제는 그 다음에 떠오른 생각이었다. '내가 이렇게 생각한다면, 이 노인도 기독교를 받아들일 리가 없잖아!'

이러한 충격에 우리가 보이는 첫 반응은 종종 다른 종교나 그 종교 신봉자를 거부하는 것이다. 다시 말해 무슬림, 힌두교도, 불교도와 관계 맺기를 회피하는 것이다. 그렇게 하면 종교 다원주의가 제기하는 여러 의문을 피할 수는 있다. 그러나 이교도를 전도할 문도 닫혀 버린다. 이교도의 신앙은 배격하면서도 그들을 인격적으로 사랑할 수는 없을까? 이 질문을 어떻게 생각하느냐에 따라 주변에 있는 비그리스도인과 관계가 달라질 것이며, 선교 사역의 효율성에도 큰 영향을 끼칠 것이다.

기독교와 기타 고등 종교

타종교라고 말할 때, 우리는 보통 이슬람교, 불교, 힌두교, 신도(神道, 일본 고유의 민족 종교_ 편집자) 등을 뜻한다. 기독교와 마찬가지로 이러한 "고등 종교"(high religions)는 모든 사물의 기원, 목적, 운명과 관련된 궁극적 문제를 다룬다.

기독교는 이방 종교를 어떻게 대해야 하는가? 이 문제는 최근 들어 새로이 대두된 것이 아니다. 초대 교회도 헬라 종교에 대응해야 했다. 바울은 헬라인의 우상 숭배를 금했고(행 19:26), 베드로는 마술을 힐난했다(행 8:20-21). 한편 바울은 헬라인들에게 "알지 못하는 신"(행 17:23)에 대해 호소했다. 요한은 하나님의 말씀을 "로고스"(*logos*)라는 단어로 표현했는데, "로고스"는 당시 스토아 철학에서 본질을 설명하는 최상의 표현, 즉 이성(理性)을 가리키는 말이었다.

그후로도 교회는 이방 종교를 어떻게 대해야 하는지를 두고 고심해 왔다. 어떤 교회 지도자들은 이방 종교를 모조리 정죄해야 한다고 주장하는가 하면, 어떤 사람들은 다른 신앙 체계의 악한 면뿐 아니라 좋은 면도 인정하면서 기독교와 자신의 종교 중 하나를 선택하게 해야 한다고 주장했다. 다른 종교에도 기독교와 공통된 요소나 구속과 비슷한 개념이 있으며, 복음 전하는 데 그 점을 활용할 수 있다고 보는 지도자들도 있다. 또한 이방 종교를 복음을 전하는 준비 단계로 생각하고 그 안에 있는 진리의 흔적을 찾아 그 위에 무엇을 세워 나가려는 사람들도 있다. 심지어 어떤 이들은 모든 이방 종교가 진화한 종교가 기독교라고 생각한다.

이 책에서는 이 주장들이 선교 사역에 어떤 영향을 끼칠지를 다루지 않겠다. 그러나 이제 막 사역을 시작하는 선교사라면 이러한 문제에 직면할 준비가 되어 있어야 한다. 지금부터 선교사가 명심해야 할 한두 가지 주요 사안을 살펴보자.

복음의 유일성 한 가지 분명한 사실은 성경에서 말하는 구원에 이르는 길은 오직 하나, 예수 그리스도뿐이라는 것이다(요 14:6, 행 4:12). 복음의 유일성은 복음의 핵심에서 찾아볼 수 있으며, 기독교와 타종교의 관계에도 핵심이 된다. 복음의 유일성을 주장하는 것은 오만의 소치라고 말하는 사람들이 있다. 실제로 기독교가 인간이 만들어 낸 종교라면, 이 주장은 오만하기 짝이 없는 소리일 것이다. 그러나 기독교는 하나님의 계시에 근거한다. 하나님의 계시를 부인하고 그 계시의 중심에 우뚝 서 계신 그리스도의 유일성을 무시한다면, 기독교 신앙의 기초는 무너질 것이다. 기독교는 하나님께 이르는 여러 갈래 길 중 하나일 뿐이라는 주장은 모든 종교가 신에게 인도한다고 주장하는 힌두교 신앙의 기초와 같다.

   기독교의 유일성은 특정 예배 형식이나 표현에 있지 않다. 그것은 총체적인 복음 안에서 발견된다. 기도할 때 힌두교도는 무릎을 꿇고, 무슬림은 손을 든다. 추크치족의 무당과 힌두교의 신비주의자도 방언을 한다. 어느 종교의 신자든, 자신의 신이 병을 치료하고 죽음에서 그들을 다시 살려 낼 수 있다고 주장한다. 죄, 희생, 용서, 구원 등의 개념도 기독교에만 있는 것이 아니다. 기독교의 유일성은 예수 그리스도를 통해 하나님이 죄인을 구원하신다는 성경 메시지에 있다.

복음의 진실성 모든 고등 종교는 각각 자신이 참되다고 주장한다. 모든 종교는 그 실체를 검증받아야 한다. 기독교가 참되다는 주장은 우리가 우월하다고 내세우는 것이 아니다. 우월성을 지닌 것은 우리가 아니라 복음이다. 스티븐 닐은 이렇게 말했다.

> 비그리스도인들이 기독교의 이러한 주장을 과대망상증 환자가 지껄이는 소리이자, 최악의 종교 제국주의 행태로 생각하는 것은 당연하다. 우리는 그러한 위험성을 인정해야 한다. 기독교는 과대망상증과 종교 제국주의에 빠진 적이 여러 번 있다. 그러나 결국에는 진리 문제로 되돌아온다. 어느 화학자가 "물리적 우주는 다른 방법이 아니라 바로 이 방법으로 형성되었다"라고 주장하는 것은 과대망상증 환자의 정신 나간 소리가 아니다. 기독교의 주장도 이 화학자의 주장과 매우 비슷하다. 기독교는 "우주의 모든 것은 다른 방법으로 만들어진 것이 아니라 바로 이 방법으로 만들어졌다. 그리고 우주가 만들어진 방법은 예수 그리스도 안에서 단번에 명확하게 선언되어 있다"라고 아주 단순하게 주장한다. 예수께서 "내가 곧 진리다"(요 14:6)라고 말씀하

셨을 때, 그것은 선하고 참된 여러 생각을 말씀하신 것이 아니다. 그분 안에서 우주의 전체 구조가 최초로, 영원히 드러났음을 말씀하신 것이다.[127]

기독교 메시지가 참되다고 선언할 때 우리는 겸손과 사랑(엡 4:15)으로 해야 한다. 타종교가 지닌 높은 수준의 통찰을 인정해야 하며, 그 종교의 잘못된 면과 기독교의 좋은 면을 비교하는 비열한 행동은 하지 말아야 한다. 또한 그들이 지닌 아름다움과 고상함을 존중하며, 기독교 사상과 실제에 대해 그들이 비판하는 내용을 겸손한 마음으로 끈기 있게 경청해야 한다. 그들의 인간적인 통찰을 통해 우리가 새로운 안목을 갖게 될 수도 있다. 그러나 그럼에도 우리에게는 예수 그리스도만이 진리요, 생명임을 주장할 권리가 있다.

기독교와 민속 신앙

선교사인 우리는 불교, 힌두교, 이슬람교 등을 비롯하여 궁극적인 진리와 의미의 문제를 다루는 고등 종교 신자들에게 복음을 전하려고 준비한다. 그 과정에서 자신이 믿는 고등 종교를 제대로 알지 못하는 사람이 많고, 마법, 점성술, 주술, 정령 숭배 등과 같은 민속 신앙 관습에 더 깊이 빠져 드는 경우가 많다는 사실에 놀란다. 이와 함께 우리 자신이 그러한 민속 신앙 관습에 대처할 준비를 갖추지 못했음을 발견하게 된다.

민속 신앙은 궁극적 실체가 아닌 일상생활의 문제들을 다룬다. 점괘, 신탁, 무당, 예언자 등을 통해 불확실한 미래로 불안해하는 사람들에게 길잡이 역할을 한다. 또한 민속 신앙은 의식과 주술을 통해 결혼, 출산, 사업이 잘 되게 해주며, 가뭄, 지진, 홍수, 전염병 등과 같은 위기 상황을 극복하게 해준다(그림28).

[그림28] 고등 종교, 하등 종교, 과학

다른 세계의 존재나 세력에 대한 신앙으로, 우주, 사회, 개인의 궁극적 기원과 목적, 운명 등의 문제를 다루는 우주적 종교다.	고등 종교
현세의 존재나 세력에 대한 신앙으로, 집단이나 개인에게 직접 영향을 끼치는 의미, 안녕, 행동 방향 등의 문제를 다룬다.	민속 신앙
자연적 설명을 통해 이 세상을 이해하며, 인간과 자연의 관계 또는 인간과 인간의 관계로 현세의 문제를 다룬다.	민속 과학과 민속 사회학

    모든 민족은 저마다 일상생활에서 관찰한 바를 근거로 발전시킨 민속 과학(folk sciences)이 있다. 남양 군도 사람들은 현외(舷外) 장치가 달린 카누를 만드는 방법을 알고 있을 뿐 아니라 이 배로 넓디넓은 태평양을 가로질러 항해하는 법도 알고 있다. 아프리카의 부시맨은 독화살 사용법을 알고 있고, 상처 입은 기린을 죽을 때까지 추적하는 법도 알고 있다. 지구상의 모든 사회 집단에는 민속 사회학이 있어서 아이를 어떻게 길러야 하는지, 심술쟁이와 어떻게 지내야 하는지 등을 말해 준다.

    서구인은 서구 사고방식에 젖어 민속 신앙을 진지하게 보지 않으며, 사람들이 일상에서 겪는 문제에 일일이 성경적 해답을 주지도 못한다. 예를 들면, 아프리카의 어느 초신자가 사냥을 하러 북쪽으로 가야 할지 동쪽으로 가야 할지, 또 오늘 사냥해야 할지 내일 해야 할지를 묻는다면, 우리는 대답할 말이 없다. 따라서 많은 초신자가 이러한 질문에 답을 얻기 위해 무당이나 주술사를 찾아가는 것에 놀라서는 안 된다(그림29).

[그림29] 일상생활에서 일어나는 문제에 기독교적 해답을 주지 못한다면
초신자들은 전통 민속 신앙으로 되돌아갈 수도 있다

　기독교도 일상생활에서 일어나는 여러 문제에 많은 답을 해왔다. 가톨릭에서는 주로 성인(saint)이 하나님과 인간을 중재한다는 교리를 내세운다. 개신교에서는 삶 속에서 일어나는 모든 사건을 하나님이 통치하시며 우리는 하나님께 기도로 우리 소원을 아뢸 수 있다는 사실, 즉 하나님의 섭리와 기도를 강조해 왔다. 은사주의자는 하나님 백성의 일상생활에 나타나는 성령의 역사를 강조해 왔다. 역사상 성공했다고 여겨지는 여러 선교 사역을 보면 이러한 유형의 문제들에 어떠한 형태로든 기독교적 해답을 제시했는데, 이것은 결코 우연이 아니다.
　그러나 일상생활의 문제에 기독교적 해결책을 제시해 줄 때 우리는 혼합주의를 용납하지 말아야 한다. 자칫하면 도식화된 처방을 만들어 내어 우리 뜻을 이루기 위해 하나님을 교묘히 이용할 수도 있다. 그럴 경우, 우선 기독교는 새로운 형태의 주술로 전락할 위험이 있다. 성경은 늘 우리에게 하나님을 예배하라고 말한다. 우리는 예배를 통해 하나님의 뜻에 순종하며, 하나님이 우리에게 허락하시는 경험에서 교훈을 얻는다. 주술과 예배의 차이는 형식이 아니라 태도에 있다.
　둘째 위험은 식별 능력이 없다는 것이다. 그리스도인으로서 우리가 행

하는 모든 행위가 성령의 역사라고 할 수는 없다. 이스라엘에도 참 선지자와 거짓 선지자가 있었고, 선한 지도자와 악한 지도자가 있었다. 따라서 기독교의 여러 현상이 타종교에 그대로 나타난다 해도 놀랄 일이 아니다. 무당이나 신탁 예언자들도 방언을 한다. 힌두교 성자나 이슬람교의 고행 수도자들은 기적을 행한다고 하며, 다른 종교에서도 치유와 부활의 기적이 일어난다고 주장한다. 성경은 마지막 때에 사단이 하나님의 역사를 흉내 내리라고 경고한다.

셋째 위험은 무엇이 더 중요한지 모른다는 것이다. 복음은 사람들의 일상생활에 나타나는 하나님의 보호하심과 예비하심을 말하는데, 그것은 인간의 구원과 영생에 초점이 맞춰져 있다. 우리도 메시지의 초점을 하나님과 사람의 화해, 사람과 사람 간의 화해에 맞추도록 노력해야 한다.

오늘날 선교에서 가장 큰 문제는 신학적, 종교적 다원론과 관련되어 있다. 이 문제들에 우리가 대응하는 바는 교회에 그 어떤 것보다 크고 광범위한 영향을 끼칠 것이다. 가장 손쉬운 대응 방법은 우리의 신학 외에 다른 모든 신학을 배격하고 모든 타종교를 정죄하는 것이다. 그러나 이러한 접근 방식을 취하면 복음 전도와 교회 성장의 문은 닫히고 만다. 우리가 그리스도를 신뢰한다면 우리의 믿음이 약해질지도 모른다는 두려움 없이 남의 말에 귀를 기울일 수 있을 것이다. 그리고 그리스도 안에서 발견한 우리의 새로운 삶을 그들과 나눌 수 있을 것이다.

4

문화 차이와 이중 문화 공동체

9장

이중 문화의 가교

지금까지 전달자와 그 메시지가 한 문화에서 다른 문화로 건너가는 문제를 살펴보았다. 그러나 복음을 들은 사람에게 무슨 일이 일어나며, 전해진 복음이 다른 문화에서 어떻게 뿌리내리는지는 역시 질문으로 남는다.

대중 매체와 기계 문명 속에서 살아가는 우리는 의사소통을 공개 모임, 라디오와 텔레비전 방송 매체, 인쇄물 등과 동의어로 사용하는 경향이 있다. 사실, 문화의 벽을 넘어 복음이 전해지는 일은 사람과 사람이 개인적으로 소통하는 과정에 달려 있다. 특히 선교사가 복음을 전할 때는 더 그렇다. 타문화에 복음을 전하는 일은 주로 두 가지에 영향을 받는다. (1) 복음의 내용을 한 문화에서 다른 문화로 번역하는 선교사와 현지 지도자의 능력, (2) 복음 전하는 일을 담당한 사람들이 맺은 관계의 수준이다. 앞에서 우리는 바로 이 문제들을 살펴보았다. 이제는 관념 체계인 문화에서 방향을 돌려, 조직적인 인간관계 체계인 사회 구조를 살펴보고자 한다. 그리고 이런 것들이 복음을 전하는 데 어떠한 영향을 주는지 살펴볼 것이다.

타문화에서의 인간관계

문화가 다른 사람들과 소통하는 일은 진공 상태에서 일어나지 않으며, 반드시 사회관계 속에서 발생한다. 선교사가 어느 마을을 지나가거나 전도지를 돌리고 찻집에서 누구를 만나는 과정에서 우연히 의사소통이 일어날 수도 있지만, 가장 효과적인 문화 간 의사소통은 어떤 사회 공동체 상황에서 정기적으로 꾸준히 관계를 맺고 있는 사람들 사이에서 주로 일어난다. 선교사는 새로운 회심자를 만나고, 그들이 교회를 조직하도록 도와준다. 또한 정기적으로 그들을 방문하기도 한다. 특정 목적으로 학교나 병원을 세우기도 한다. 어떤 경우든 이렇게 "이중 문화 공동체"가 시작되는 것이다.

이중 문화 공동체

이중 문화(bicultural) 공동체는 타문화에서 온 사람들이 특정한 사회 역할을 하며 관계를 맺고 있는 지역 사회를 말한다. 이 공동체는 한 문화에 속한 사람이 다른 문화에 들어가 집을 짓고 현지인들과 관계를 맺으면서 시작된다. 시간이 지나면서 사회적 패턴이 만들어지고, 새로운 공동체가 생겨난다. 문화가 다른 사람들로 구성된 공동체가 나타나는 것이다. 이 공동체는 초기에 현지인과 외국인으로 구성되지만, 공동체가 발전하면서 현지인의 것도 아니고 외국인의 것도 아닌 새로운 문화를 만들어 낸다. 이러한 이중 문화는 두 문화의 관념과 감정과 가치로 구성된다.

해외에 나갈 때 선교사들은 자신이 속한 문화의 생활 방식을 함께 가지고 간다. 즉, 음식에 대한 개념, 요리법, 자녀 교육, 자녀 교육의 가치 기준, 적절한 예배 방식 등이다. 다른 문화로 들어가더라도 어린 시절의 문화를 완전히 지울 수는 없기 때문에 선교사가 아무리 노력해도 완전하게 현지인이 될 수는 없다. 그리고 자신의 모든 문화를 선교지로 그대로 옮겨 갈 수도 없다. 선교사는 자신이 들어가서 살게 된 두 번째 문화의 새로운 환경에 큰 영향을 받을 수밖에 없다.

마찬가지로 현지인도 선교사와 관계를 맺는 정도에 따라 이중 문화에 속하게 된다. 현지인 역시 음식에 대한 개념, 육아법, 가치관, 예배와 관련하여 나름의 생각이 있다. 모국을 떠나지 않아도, 이중 문화에 속한 현지인들은 새로운 사상이나 신앙 등을 접할 수 있다. 이렇게 해서 현지인들은 새로운 이중 문화의 구성원이 되고, 그들의 문화는 새로운 이중 문화의 구성 요소가 된다. 따라서 현지인과 그들의 문화는 이중 문화를 만드는 데 크게 기여하게 된다.

선교사와 현지인이 건강하게 관계를 맺으려면, 살아가고 일하고 놀고 예배하는 것에 대한 새로운 패턴, 즉 새로운 문화 틀을 만들어 나가야 한다. 이중 문화는 배경이 전혀 다른 사람들이 만드는 것이기 때문에 두 문화 요소 모두로 구성된다.

이중 문화는 서로 다른 문화에서 가져온 여러 요소로 형성되지만, 단순하게 합성된 것 이상의 차원을 지니게 된다. 종종 그 안에서 새로운 행동 양식이 생겨나기도 한다. 결국, 다른 문화 사람들에게 복음을 효과적으로 전하려면 이중 문화 공동체가 제대로 기능해야만 한다. 그래야 선교사와 현지인이 서로 이해하고 신뢰하며 만족할 수 있다. 이중 문화가 서로를 잇는 정도가 선교 사역의 성패를 크게 좌우한다.

문화 중개인

이중 문화의 다리 역할은 타문화에서 복음을 전하는 여러 단계 가운데 하나일 뿐이다. 선교사는 새로운 사회에 나가기 전에 부모, 목회자, 교사에게 훈련받는다. 또한 현지에서도 이중 문화에 속하여 현지 교회 지도자들과 함께 사역한다. 나중에는 이 현지 지도자들이 다른 사람에게 복음을 전하며, 더 나아가 마을 전도나 교회 개척에서 중요한 역할을 감당하게 된다. 문화를 이어 줄 다리를 세우는 일은 선교에서 중요한 과업이다. 이 주제는 나중에 자세히 살펴볼 것이다. 아직 교회가 세워지지 않은 지역에 처음으로 복음을 전할 때, 이 다리 역할이 매우 중요하다.

이중 문화 공동체는 두 세계가 만나는 곳이다. 자신의 본래 문화에 젖어 있는 사람들로 구성되지만, 이곳에서는 두 관념이 서로 만나고 교환된다. 이러한 문화 가교 역할을 담당하는 사람을 문화 중개인이라고 한다. 달러를 다른 통화로 바꾸는 환전상처럼, 문화 중개인은 두 문화가 소통하는 데 반드시 필요하다. 선교사도 그러한 문화 중개인이라고 할 수 있다. 선교사는 돈이나 정권을 바꾸는 것이 아니라 복음을 다른 문화로 가지고 간다. 더구나 그들은 파송 교회와 현지 교회 사이에서 협력을 도모한다.

문화 중개인은 두 세계 사이에 끼어 있어서 때로는 외롭다. 각 문화에 속한 사람들은 다른 문화의 사람들을 이상한 눈으로 본다. 게다가 파송 교회와 현지 교회는 모두 선교사가 자기편에 더 많은 관심을 가져 주기를 바란다. 그래서 선교사가 어느 한쪽으로 기울면 의심을 받는다. 일례로 많은 선교사가 "다른 문화에도 좋은 점이 많다"는 사실을 본국 사람들에게 확신시키기란 대단히 어렵다. 반대로 자신이 사역하는 현지인들에게 "서구인들 모두가 그렇게 놀랄 만한 부자는 아니다"라는 사실을 설득하기도 그리 쉽지 않다.

결과적으로 양쪽 모두 종종 문화 중개인을 불신한다. 어느 쪽도 다른 쪽 상황을 전혀 알지 못하기 때문에 양쪽 모두 문화 중개인인 선교사가 자기편을 대변하지 않는다고 의심하는 것이다. 파송 교회는 선교사가 보고하는 내용만 알 뿐이고, 자신이 파송했을 때와 다른 사람이 된 것만 같아 선교사를 염려한다. 반대로 현지 교회는 선교사가 안식년에 본국으로 돌아가려 하면, "가서 무슨 비밀을 꾸미는 게 아닐까?" 하고 의심한다.

선교사와 현지 지도자는 사회 주변인들이다. 그들은 두 문화 또는 그 이상 여러 문화에 동시에 속하지만, 그 문화들 가운데 어느 쪽에도 완전히 속하지 못한다. 그들은 사회 변두리 영역에 살고 있다. 그러나 "변두리"라는 말이 영향을 끼칠 수 없다거나 열등하다거나 중요하지 않다는 뜻은 아니다. 구약 성경의 선지자들은 사회 변두리에 속한 사람들이었다. 하나님이 주신 소명 때문에 그들은 사람들과 갈등하거나 긴장된 관계를 맺었다. 하나님의 눈으로 이스라엘 백성을 바라본 예레미야가 좋은 예다. 예언할 때 그는 반역자 또는 방해꾼 취급을 받았다.

예수 역시 유대 지도자들과 그들의 기대에 어긋나는 주변인이었다. 그분은 나병 환자, 세리, 사마리아인, 죄인처럼 사회에서 소외된 사람들과 관계를 맺었다.[128] 예수는 당시 사회 주변인처럼 두 강도와 함께 성 밖에서 십자가에 못 박히셨다. 바울 역시 유대교와 이방 교회 사이에서 주변부 삶을 살았다.

어떤 의미에서 그리스도인은 모두 주변인이 되어야 한다. 이 세상에 살고 있지만 동시에 하나님 나라 시민권을 가진 하늘나라 백성이기 때문이다. 우리는 이미 이 지상에 영원한 집이 없다는 사실을 알고 있다. 이 세상의 삶보다 나은 삶이 있음을 알기 때문에 주변부 삶을 살아갈 수 있는 것이다. 그러나 우리가 하나님 나라 문화에 완전하게 참여하고 있는 것은 아니다.

주변인은 어느 집단에서든 기여해야 할 부분이 있다. 어떤 의미에서는 외부자의 눈으로 외치는 선지자가 되어야 한다. 한 예로, 선교사는 전 세계의 교회와 교제하는 관계를 대표하는 사람이라고 할 수 있다. 그들은 한 지역 교회가 세계 다른 지역의 교회들과 일치한다는 사실을 눈으로 보게 만든다. 비기독교적인 상황에서 정체성을 정립하지 못하고 방황하는 신생 교회를 도울 수 있는 넓고 창조적인 시각을 제공하기도 한다.

선교사들 사이의 세대 중심주의

모든 사람은 한 문화 안에서 살아가는 법을 배워야 한다. 이중 문화 상황에서도 마찬가지다. 이중 문화에 속한 선교사와 현지 지도자 역시 그 문화에 참여하는 사람들이 기대하는 신념이나 가치관, 사회적 행동 유형을 배워야 한다. 그러지 않으면 배척당한다.

본국 문화를 배우는 것과 이중 문화를 배우는 것은 근본적으로 다르다. 우리는 본국 문화에서 자라고, 그러면서 그 문화 방식을 몸에 익히게 된다. 관찰하고 모방하면서 공식적, 비공식적 과정을 통해 생각하고 행동하는 법을 배운다. 반대로 이중 문화는 성년이 된 후에 습득하게 된다. 이미 우리가 익힌 본래 사회적, 문화적 방식 위에 새로운 문화의 옷을 덧입는 것이다. 앞서 살펴본 대로, 그 결과 이중 문화에 속한 사람은 내적으로 두 문화 사이의 긴장을 경험하게 된다.

몇 단계를 거쳐 본래 문화를 습득했듯이 이중 문화도 어떤 과정을 통과하며 익히게 된다. 존 우심(John Useem), 루스 우심(Ruth Useem) 부부와 존 도너휴(John Donoghue)는 이중 문화적 사람이 되는 과정을 추적하여 "세대"(generations)라는 말로 표현하였다.[129] 여기에는 이중 문화에 처음 들어온 선교사와 현지 지도자들이 있고, 그리고 이중 문화에서 오랫동안 살아온 사람들도 있다(그림30).

1세대 선교사 첫 번째 임기에 해당하는 선교사는 이중 문화 1세대에 속한다. 이 시기 선교사들은 대부분 이상이 높고 사역에 대한 꿈과 열정이 강하기 때문에, 쉽게 부담을 느끼며 목표 역시 높고 비현실적으로 정하기 쉽다. 한 도시나 나라를 복음화하고 병원이나 성경 학교를 세울 준비가 되어 있다고 생각한다. 이 시기 선교사들은 현지 사회의 기존 제도에 적응하기보다는 존립 기반을 무너뜨릴 위험도 있다. 이 현상은 식민주의 시대에 이중 문화 공동체에 들어간 초임 선교사들이 흔히 고민한 딜레마다.

[그림30] 이중 문화 공동체[130]

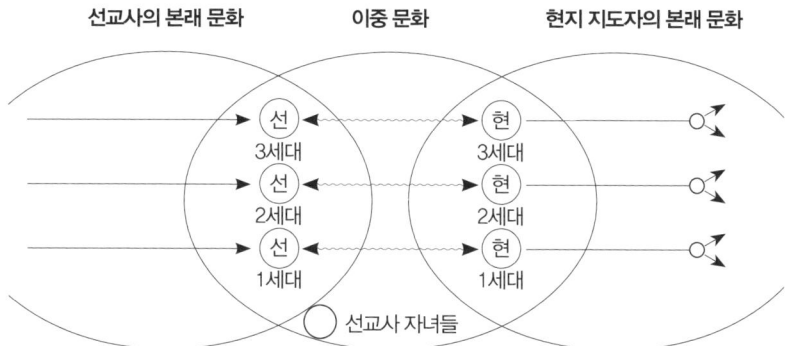

현지 사회에 기존하는 행동 양식을 바꾸려 한다면, 그 공동체 안에서 권력을 잡고 있는 기득권층은 상당한 위협을 느끼고 선교사에게 본국으로 돌아가라고 요구할지도 모른다. 비록 불안정하다 해도 기존 문화는 쉽게 바뀌지 않는다.

초임 선교사의 성공과 실패는 이중 문화 공동체의 사회 구조에서 선교사가 어떤 지위를 갖느냐에 크게 좌우된다. 선교사가 새로운 분야를 개척하고, 병원을 짓고, 성경 학교를 세울 때 지도적인 위치에 있다면 역량을 발휘하여 성공으로 이끌 수도 있다. 그때는 무(無)에서 시작하여 학교나 기관과 같은 유(有)를 남기게 되는 것이다. 다른 방해 요소가 적기 때문에 선교사가 생각대로 계획을 진행할 수 있다. 한 예로 초임 의료 선교사가 아무것도 없는 지역에 가서는 진료실, 사무실, 수위실 등이 딸린 병원을 남기도 떠나오는 것이다. 그러나 1세대 선교사에게는 잘못된 결정을 점검해 줄 동료나 제도적 제한이 없기 때문에 실패할 위험도 크다. 명백한 사례로, 특정 프로그램이나 제도를 고정시켜서 후임 선교사가 바꾸기 힘들게 만들어 놓는 경우가 있다.

만약 초임 선교사가 오래된 기존 프로그램에서 가장 높은 자리에 있다면, 성공할 가능성은 중간 정도다. 선교사에게 자신의 생각을 반영할 힘이 있으나, 과거 전통 요소도 함께 존재하기 때문이다. 기존 절차를 바꾸려 할 때면, "창립자는 그렇게 하지 않았어"라거나 "우리는 늘 이렇게 해 왔어"라고 생각하게 된다. 그러나 벽 중앙에 창립자 사진을 걸어 놓고 늘 그 기준에 매달려 있을 수만은 없다. 창립자가 과거에 세워 놓은 기준은 다음 지도자에게 법이 되기도 하고, 그 다음 지도자에게는 신성시되기까지 한다.

초임 선교사는 어느 정도 성공을 거둘 수 있지만 실패할 가능성도 크다. 그러므로 큰 실수를 하지 않도록 제도에 통제받아야 한다. 어떤 기관이든 일단 설립되면 생존 방식을 추구하고 지도자의 실수를 완화하는 제도를 마련한다. 그때까지는 그 제도 안에서 기득권을 가진 사람이 아주 많아서 쉽게 사라지지 않는다.

그러나 선교사가 기존 프로그램에서 하위 직위를 맡으면 실패나 성공 확률은 줄어든다. 적어도 그 프로그램의 성공과 실패는 공동체라는 면에서 평가되기 때문이다. 선교사가 하위 직위를 맡아서 들어가면, 새로운 프로그램을 시작하거나 기존 프로그램을 바꿀 만한 창조력은 발휘하기 힘들다. 기존 프로그램을 맡는 것은 선교사의 비전이나 열정에 비길 만한 큰 영향을 끼치지 못하기 때문에 흔히 좌절로 끝나 버린다. 따라서 하위 직위를 맡아도 성취감과 기쁨을 누리며 섬길 수 있는 사람이 그 사역을 맡아야 한다.

마지막으로, 이미 살펴본 대로 초임 선교사가 겪는 어려움들은 주로 "문화 충격"에서 비롯된다. 일반적으로 선교 초기에 문화에 적응하는 태도와 관계 설정이 남은 기간에 이중 문화에서 이루어질 선교 사역의 성격을 좌우한다.

2세대 선교사 두 번째, 세 번째, 네 번째 임기를 사역하는 선교사는 모두 2세대에 속한다. 지금까지 그들은 새로운 문화에 적응해 왔고 이제 편안하게 느낀다. 그리고 사역하는 동안 어느 정도 가치 있는 경험도 얻었다. 2세대 선교사에게는 공통된 특성이 있는데, 사역을 좀 더 현실적으로 평가할 수 있다는 점이다. 2세대 선교사는 몇 년 안에 한 나라는커녕 한 도시도 복음화할 수 없다는 사실을 분명하게 깨닫는다. 그러나 선교사로 살면서 성경 학교를 세우고, 좋은 지도자를 양성하며, 너덧 개의 건강한 교회를 세우는 일도 매우 가치 있다는 것을 깨닫는다. 현지 교회를 개척하고 그 교회가 독립하여 자라도록 돕는 동안 여러 문제를 직면하면, 그때부터는 장기 전략이라는 관점에서 선교를 다시 생각하게 된다.

중견 선교사는 삶의 방식도 더 현실적이게 된다. 그들은 주어진 삶이 한 번뿐이라는 사실을 깊이 의식한다. 아이들과 함께 시간을 보내려 한다면 아이들이 자랄 때까지 기다리지 말고 지금 시간을 내야 한다. 휴식을 취해야 한다면 다른 활동들을 잠시 접어 두더라도 휴식 기간을 가져야 한다. 사역에 헌신하려는 마음이 약해진 것이 아니다. 그보다 장기적인 헌신이 필요하다고 생각하는 것이다. 안식년이 끝날 무렵에는 다시 선교지로 돌아가야 한다는 중요한 결정을 내리고, 선교가 1-2년 단기로 할 일이 아니라 일평생이 걸린 삶의 소명이라고 생각하게 된다. 그리고 더는 회의나 수업에 참석하는 데 많은 대가를 지불하려 들지 않는다. 선교사 자신과 마찬가지로 자녀도 하나님의 위대한 사역에 속한다는 사실을 깨닫는다. 그래서 가족 소풍이나 휴가에 시간을 쏟고, 가정을 좀 더 보람 있고 살맛 나는 터전으로 만들려고 노력한다.

2세대 선교사와 경험이 풍부한 현지 동역자는 연대하여 선교 사역을 잘 분담한다. 그동안은 대부분 생존에 집중되어 있었다면, 이제는 이중 문화의 언어와 관습도 어느 정도 습득했다. 따라서 교회를 개척하고 성장시키는, 고되지만 장기적인 사역에 자신을 헌신한다.

숙련된 선교사가 해야 할 중요한 과업은 초임 선교사가 현지에 잘 적응하도록 돕는 일이다. 초임 선교사가 문화 충격으로 사임하려 할 때, 그들의 아픔과 고충에 귀를 기울이며 한 주만 더 참아 보고 결정하라고 격려하는 것도 그들 몫이다. 그리고 새로 부임하는 선교사가 새로운 문화와 사역에 잘 적응하도록 이끌어 주는 일에도 시간을 투자해야 한다.

3세대 선교사 3세대 선교사를 종종 "고참"(oldtimers)이라고 부른다.

이중 문화의 세대 중심주의(generationalism) 개념을 처음 도입한 우심과 도너휴의 연구에 따르면, 고참 선교사는 식민 시대에 해외에서 사역한 이들이다.[131] 예외도 있지만, 많은 고참 선교사가 서구 우월주의와 식민 통치 사상을 받아들였다. 그들은 선교사가 반드시 일을 주도해야 하며, "선교사 주거 지역"에서 외국인처럼 살아야 한다고 생각했다.

지난 세대 선교사들을 평가할 때, 우리는 신중해야 한다. 그들이 살던 세계를 잘 모르기 때문이다. 그 당시는 "제국주의"나 "식민주의"라는 용어를 자랑스럽게 사용했다. 더구나 당시 세계 대부분 지역은 오늘날과 비교해서 생활 조건이 현저히 나빴다. 1800년대 중반에는 인도까지 여행하는 데 서너 달이 걸렸고, 내륙으로 700-800킬로미터를 말이나 수레를 타고 대여섯 주씩 걸려 여행하였다. 사역 기간도 7년 넘게 안식년 없이 계속 사역하는 것이 보통이었다. 현대 의약도 없고, 질병과 죽음의 위험도 높았다. 1880년과 1891년 사이에 루터교 선교사 열 쌍이 인도로 갔는데, 1891년 말경에는 무려 남자 선교사 일곱 명과 여자 선교사 아홉 명, 그리고 아이 서른두 명이 목숨을 잃었다.

그 지역에서 사역한 어느 루터교 의료 선교사는 장례식에 지장이 없도록 관을 만들어 놓고 자기 집 옆에 무덤을 파 놓았다고 한다. 지붕에서 물이 심하게 샐 때는 관 속에 들어가 잤다. 그 선교사는 떠나면서 관을 불태워 무덤에 묻고 승리의 감격에 차서 외쳤다. "오 사망아, 너의 쏘는 것이 어디 있느냐? 오 무덤아, 너의 이기는 것이 어디 있느냐?"[132]

실제로 많은 고참 선교사가 오늘날의 선교사보다 많은 희생을 치렀다.

30년, 40년, 또는 50년씩 사역지에서 보낸 선교사가 허다했다. 그들은 대부분 자신이 사역한 땅에 아내와 자녀를 묻어야 했다. 자동차나 기차, 배로 여행하기에는 매우 멀고 힘들기 때문에 시원한 산장에서 여유롭게 휴가를 보내는 일은 꿈도 꿀 수 없었다.

그러나 시대가 바뀌면 선교사도 바뀌어야 한다. 우리가 사는 세계는 이미 식민 통치나 제국주의가 통하는 곳이 아니다. 오늘날의 선교사는 현지인과 그들의 필요에 민감해야 한다. 그들과 함께 낮아지고, 그들에게 공감해야 한다. 그러나 이러한 선교 의식 변화는 세대 차이를 낳았다. 즉, 선교사가 교회에서 핵심 역할을 하던 시절을 돌아보면서 식민지 선교의 향수에 젖어 있는 사람들과, 선교는 성육화되어야 하며 동반자 관계에서 교회를 개척하고 협력하여 사역을 감당해야 한다는 사람들 사이에 차이가 생겨난 것이다.

현지 지도자들 사이의 세대 중심주의

세대 중심주의는 이중 문화의 현지 지도자들 사이에도 존재한다. 1세대는 사역을 향한 비전이 크고 열정도 강하다. 오늘날 민족주의가 강해지면서 현지 교회는 자신의 문제와 일을 전적으로 직접 책임져야 한다고 굳게 확신하게 되었다.

1세대 선교사처럼, 1세대 현지 지도자도 대체로 사역에 기꺼이 많은 대가를 지불하고 헌신한다. 그들은 자신에게 더 전통적인 직업을 기대했을 가족이나 친척의 지원을 희생해야 했다. 1세대 선교사와 마찬가지로 1세대 현지 지도자도 중요한 과업을 책임져야 할 때는 크게 성공할 수도 있고 크게 실패할 수도 있다. 훌륭한 1세대 지도자들마저 대부분 자신에게 지도자의 지위와 권위가 주어지지 않으면 낙심하고, 동역하던 선교사를 떠나서 다른 교회나 현지 독립 교회로 옮기거나 혼자 어떤 운동을 펼쳐 나간다. 이것은 참 안타까운 일이다. 선교사는 대부분 사역 자원 측면에서 현지 지도자보다 여건이 좋지 못하기 때문이다.

2세대 현지 지도자는 교회나 선교에 장기적으로 헌신한 사람들이다. 그들은 이중 문화에서 활동할 줄 알고, 자신이나 가족을 위해 시간을 낼 줄도 안다. 2세대 현지 지도자는 숙련된 선교사와 협력하여 사역의 많은 부분을 함께 짊어진다. 현지 교회를 궁극적으로 책임져야 할 사람도 바로 그들이다.

3세대 현지 지도자는 식민 시대에 성장한 사람들이다. 많은 3세대 현지 지도자가 급진적 민족주의 운동에 충격을 받고 불편해한다. 그들은 선교가 많은 책임을 감당하고 안정적으로 이루어지던 지난날을 그리워한다. 그러므로 고참 선교사들이 그랬듯, 3세대 현지 지도자도 세계 여러 교회에서 떠오르고 있는 젊은 지도자와 종종 갈등을 겪는다.

관계 맺기

지금까지 선교사와 현지 지도자를 분리된 집단처럼 설명하였다. 그렇게 양쪽이 나뉘어 있는 한, 둘은 영원히 관계를 맺을 수 없다. 결국에는 선교사와 내국인이 밀접한 관계를 형성하고 팀으로 함께 일할 때, 가장 효과적으로 문화 간 의사소통이 이루어진다. 이처럼 함께 노력할 때 선교 과업이 좋은 열매를 맺을 수 있다.

이중 문화의 어려움

이중 문화는 서로 다른 문화에 속한 사람들이 만나 오랫동안 관계를 맺으며 꾸준히 그 관계를 발전시켜 나가는 곳이라면 어디서든 형성된다. 이중 문화는 만들어지고 있는 문화다. 이 이중 문화는 시간적 깊이가 얕으며, 서로 배경이 다른 사람들이 만들어 간다. 이들은 새로운 문화가 어떤 모습일지 거의 또는 전혀 생각하지 않는다. 따라서 문화 양식이 이미

완고하게 규정되어 있지 않다면, 이중 문화가 상당한 혁신을 일으킬 만한 창조적 장소가 되는 것도 놀라운 일은 아니다. 또한 변화에서 오는 스트레스 때문에 독특한 문제들이 생긴다는 사실도 마찬가지다.

세계의 몇몇 지역은 그 삶이 국제 관계만큼이나 빠르게 변하기 때문에, 이중 문화에도 한동안은 스트레스가 남아 있는 영역이 있을 것이다. 식민주의에서 민족주의로, 그리고 지금의 국제화로 옮겨 가는 양상과 세계 권력의 변화는 마치 한 나라의 흥망성쇠처럼 이중 문화에도 매우 큰 영향을 끼친다. 게다가 이중 문화의 특성과 그 안에 감도는 긴장도 나라마다 현저하게 다르다.

이중 문화 창조

어떤 스트레스는 이중 문화 형성 자체와 관련된다. 어떤 이중 문화를 가져야 하는가? 선교사와 현지인은 어떤 옷을 입어야 하는가? 저마다 고유 의상을 입어야 하는가? 양복을 입어야 하는가, 아니면 전통 의상을 입어야 하는가? 상황에 따라 양쪽 모두 입어도 괜찮은가? 어떤 음식을 먹어야 하는가? 집은 어떤 양식으로 지어야 하는가? 선교사가 자동차를 가져도 되는가? 그렇다면 현지 지도자도 자동차를 소유할 수 있는가? 이중 문화에 속하는 두 집단의 자녀들은 어느 학교에 다녀야 하는가? 무엇을 매개로 가르쳐야 하는가? 선교사와 현지인은 서로 어떻게 관계를 유지해야 하는가? 외국인과 내국인이 함께 일하고 소통하기에 안정적인 이중 문화를 만들려면 이처럼 풀어야 할 질문이 무수히 많다.

가장 어려운 질문은 선교사와 현지인 사이에 갖춰야 할 기본자세와 상호 관계와 연관된 것이다. 선교사는 현지 지도자를 어떻게 대해야 하는가? 부모처럼? 아니면 계약 당사자로? 또는 아무 차별 없이 동등하게 대해야 하는가? 개발도상국의 현지 지도자도 선교사와 같은 봉급을 받아야 하는가? 그렇다면 동료들에게 소외되지 않을까? 부요한 삶을 누릴 생각으로 선교 사역에 관심을 보이는 사람이 많아지지는 않을까? 차이가 지나치게 커서 사회적 거리와 분리가 생기는 문제에 선교사의 잘못은 없는가?

동일화 지금까지 연구로 볼 때 선교사가 타문화에서 관계를 맺는 이상적인 모델은 성육화(incarnation)라고 여겨졌다. 그렇다면, 이중 문화를 형성하는 기본 지침은 "동일화"라고 할 수 있다. 선교사는 자신이 섬기는 사람들과 자신을 될 수 있는 한 근접하게 동일화해야 한다. 그렇게 해야 이중 문화라는 다리를 넘어 효과적으로 복음을 전할 수 있기 때문이다. 때로는 문화 간 거리가 상당히 크다. 선교사가 복음을 더 멀리 가져갈수록 복음은 더 효과적으로 받아들여질 것이다. 또한 덜 떨어져 있을수록 현지 지도자들은 복음을 자신의 문화에 쉽게 토착화한다. 숙련된 선교사 스티븐 닐에 따르면 선교사는 자신이 섬기는 사회의 양자로 입양되어야 한다. 그래야 "선교사"가 아닌 현지 교회의 회원이자 현지 그리스도인들의 형제자매가 될 수 있다. 자신이 떠나온 본국으로 돌아갈 때만 그는 선교사가 된다. 본국에 돌아가서 선교사는 자신이 양자로 들어간 교회를 옹호하는 역할을 하는 것이다.

동일화가 여러 수준에서 가능하다는 사실은 이미 살펴보았다. 표면적으로 보면 동일화는 생활 방식 문제다. 현지 음식을 먹고, 현지인이 사용하는 교통수단으로 여행하고, 현지 의상을 입을 수도 있다. 그들에게 듣고 배우는 시간을 들이면서, 우리의 일정과 삶의 보폭을 그들에게 맞출 수 있다.

이 모든 것이 중요하지만, 결국 우리는 인간이 지닌 한계를 인식해야 한다. 기대한 것보다 우리가 좀 더 진보할 수는 있겠지만, 심리적으로나 육체적으로 완전히 현지 생활에 동화될 수는 없다. 게다가 동일화의 핵심은 현지인처럼 사는 것만이 아니다. 현지 방식을 수용할 수는 있으나, 우리는 여전히 권위와 우월 의식을 유지한다. 한 기관의 대표는 선교사가 맡아야 한다고 생각하는 선교사가 있다면, 그는 현지 행정 담당자나 의사, 교회 책임자를 섬기려 하지 않을 것이다.

한 단계 더 나아가 여러 역할을 맡아 현지인들과 동일시될 수도 있다. 선교사는 현지 교회에서 맡긴 교사, 의사, 간호사, 설교자의 직임을 맡아 조직 안에서 현지 지도자들과 함께, 또는 그들을 섬기며 봉사할 수도 있다. 이러한 동일화는 상당히 중요하다. 서구 선교를 특징지어 온 선교사와 현지 지도자 사이의 장벽을 깨뜨리는 데 도움을 주기 때문이다.

그러나 동일화가 완전한 해결책은 아니다. 오래되어 점차 제도화된 교회에서는 선교사에게 교회의 전도 활동과 별로 연관이 없는, 판에 박힌 일들을 맡길지도 모르며, 이것은 선교사의 사역을 망쳐 버리기도 한다. 선교사가 현지 기관 안에서 역할을 맡게 된다면, 그들 역시 사역을 결정할 때에 현지 지도자와 같은 권리가 있는 것이다. 한편, 선교사는 섬기는 교회 안에서 중요한 위치를 놓고 현지 지도자들의 경쟁 대상이 될 수도 있다.

선교사는 현지 사회에서 현지인이 하던 역할을 맡을 때에도 무의식적으로는 여전히 우월감을 느낄지 모른다. 더 깊은 수준에서 보면 동일화는 내적인 태도에서 시작되어야 한다. 현지 문화나 역사를 존중하며 그들과 하나 되고 사랑하는 마음을 가져야 하는 것이다. 그러한 마음이 있다면, 역할이나 삶의 방식에서 동일화되기가 훨씬 쉬울 것이다. 그렇지 않다면 다른 면에서 선교사가 아무리 현지인들과 동일화되려 노력해도 현지인들은 곧 진실을 알아차릴 것이다. 선교사가 전하는 메시지 외의 주변 요소에서 선교사가 마음속으로 현지인이나 현지 문화에 느끼는 경멸감이 밖으로 표출될 것이며, 내적 거리감이나 우월성이 드러나고 말 것이다.

변화 대부분의 사회에는 변화를 추구하며 그 변화를 환영하는 사람들이 있게 마련이다. 그리고 흔히 변화를 지향하는 사람들이 선교사와 연결되는 첫째 부류가 된다. 그들은 선교사의 신기술, 도끼, 톱, 총, 라디오, 자동차 등에 대단한 호기심을 보인다. 나중에 선교사에 대해 더 자세히 알게 되면, 현지인들은 선교사의 문화와 신앙에 대해 질문하기도 한다. 실제로 선교사는 다른 문화의 사람들에게 복음뿐 아니라 외국 물건이나 사상도 전하게 된다.

선교사는 현지인들과 현지 교회를 돕는 목적이 아니라면 문화 혁신을 전파하도록 부름 받지는 않았다. 그러나 또 한편으로 현지인들이 스스로 문화 변화를 택한다면, 그것을 중단시켜서도 안 된다. 선교사는 기존 문화와 더 나은 삶을 향한 열망에서도 그들과 동일화되어야 한다. 부분적으로 선교사는 새로운 사상을 공급하는 자원이자, 외부 세계와 이어 주는 창구로서 현지인에게 가치가 있는 셈이다.

세계 곳곳의 부족 문화나 소작농 사회도 국가적이고 국제적인 시장 경제와 정치 제도 안에 스며들고 있다. 종종 그들은 외부 세계의 공격을 막지 못해서 어려움을 당하기도 한다. 그러한 공격에서 자신의 토지나 문화를 보호하는 법을 모르기 때문이다. 그러나 선교사는 외부 세계에 대해 어느 정도 지식이 있기 때문에 외부 억압에서 현지인과 그들의 사회를 보호해 주어야 할 때가 많다.

자기 정체성 확립

이중 문화에서 살아가는 선교사는 여러 면에서 어느 쪽에도 완전히 속하지 않은, 일반적으로 소외된 사람이다. 사실 선교사들은 어느 곳에 있더라도 그리 편안하지 못하다. 다른 세계와 나뉘는 경계선 위에서 살기 때문이다. 제2 문화(선교지 문화)에도 충분히 동화되지 못한다. 그러나 어느 정도 시간이 지나면, 선교사 자신이 그동안 많이 변하고 외부 영향을 받아 왔기 때문에 자신의 제1 문화(본국 문화)도 편안하지 않다.

이중 문화에 속한 사람들이 직면하는 중요한 문제가 바로 자기 정체성이다. 모든 사람은 어느 사회에서든 자신의 위치가 있기 때문에 자신이 누구인지 명백히 알고 있다. 선교사나 현지 지도자가 이중 문화에 속할 때는 새로운 지위와 신분을 획득한다. 그 안에서 서로 연관을 맺으며 이중 문화적 세계관을 습득한다. 그리고 동료들에게 존경과 인정을 얻으려고 노력한다.

우리가 살펴본 대로, 제2 문화에 참여할 때 선교사는 대체로 그 안에서 일어나는 심각한 변화를 인지하지 못한다. 자신은 잠시 해외에 살고 있는 사람이라고 생각하며, 현지 문화에 최소한으로 적응하고서 다시 제1 문화로 돌아가 적응하리라고 기대한다. 선교사는 제1 문화에 살고 있는 친척이나 친구와 멀어지고 거리감이 생겼다는 사실을 발견하고는 놀란다. 자신이 경험한 내용을 듣고 그들이 놀랄 것이라고 기대하지만, 한 시간도 지나지 않아 선교사 자신이 거의 알지도 못하는 스포츠나 교회 문제, 가족 문제 등 지역적인 일들로 대화 내용이 옮겨 가버린다. 본국 사람들은 그들의 사회 질서를 가지고 있고, 선교사는 이제 그 사회 안에 있을 자리가 없다는 사실을 깨닫는다. 옛 동료들도 안식년을 맞아 본국 교회에 와서 한두 번 보고를 끝낸 선교사를 어떻게 대해야 할지 알지 못한다. 그들은 선교사와 관계를 지속하기가 어색하기 때문에, 만나면 언제 선교지로 돌아가는지 질문한다.

제1 문화에서 정체성을 상실하는 경험은 사회 측면에만 국한되지 않는다. 문화 측면에서도 겪을 수 있다. 본국으로 돌아온 선교사는 본국 문화나 국가, 심지어 교단마저도 무비판적으로 자신과 동일시하지 못한다. 선교사는 본국의 것들을 비판하는데, 이것은 역 문화 충격에서 일어나는 전형적인 현상이다. 그러면 친척이나 친구들은 그를 배신자, 심지어 이단이라고 의심한다. 이렇게 친척과 멀어진 선교사는 자신이 보기에 본국 사회에서 문화적으로 소외당한다고 생각되는 사람들, 즉 본국에 있는 다른 이중 문화에 있는 사람들과 절친한 관계를 맺게 된다.

선교사는 이중 문화에 있는 현지 지도자들도 비슷한 정체성의 위기를 겪는다는 사실을 종종 잊어버린다. 현지 지도자들은 선교사와 관계를 유지할 때는 선교사가 가지고 있는 외국 사상이나 관습을 택한다. 그럴 때 현지 지도자들은 외국의 대리인이라고 비난받을지도 모른다. 어떤 현지 지도자는 해외여행을 많이 하며 국제 지도자들과 어울린다. 자기 동네에서 장을 보고 물건을 사는 것보다 전통문화를 떠나 비행기로 여행을 다니며 현대식 호텔에서 머물고 양식을 먹는 것을 더 편안해한다. 이런 사람들이 본국에 돌아오면 의심받거나 외면당한다. 결국 선교사나 현지 지도자는 다른 이중 문화 사람들과 만날 때 더 편안함을 느끼게 된다.

선교사와 현지 교회 지도자 모두 종종 이중 문화 안에서 자신의 주요 정체성을 발견한다. 자신의 사회적 지위와 역할이 그 이중 문화 안에 있기 때문이다. 그곳에서 그들은 국제적 안목으로 세상을 이해하는 다른 사람들과 관계를 맺을 수 있다. 그러나 이중 문화는 드나듦이 잦은 선교사나 현지 지도자와, 변덕스러운 국제 정치에 의존하는 일시적 문화다. 선교사 자녀들이 이중 문화 안에서 자라 그들의 생애를 보낼 수는 없다. 따라서 선교사는 퇴임 후에 가야 할 다른 장소를 찾아야 한다. 이런 의미에서 이중 문화에 속한 사람들은 정체성을 뿌리내릴 주요 문화가 없는 셈이다.

심리적으로 선교사는 두 세계에 속하는 두 사람을 내면화하고 있기 때문에 정체성 위기에 직면하며, 진정 자신이 누구인지 찾아야 한다. 이미 살펴본 대로, 선교사는 두 자아 중 어느 하나는 거절해야 할지도 모르며, 그렇게 해서 자신의 진정한 일부를 죽이게 될 수도 있다. 두 세계에서 서로 다른 사람처럼 살게 되면서 자신의 존재를 편의에 따라 분리하게 된다. 그 결과, 문화적 분열증을 낳기도 한다. 그렇지 않으면 하나의 통합된 체계 안에 두 자아를 통합시키려고 할 수도 있다. 그러나 이 경우 선교사는 두 문화적 자아 사이에 존재하는 근본적인 차이를 해결해야 하기 때문에, 이 과정은 매우 어렵다.

우리는 모두 사회문화적 정체성이 나타내는 것에 참여하여 정기적으로 그 정체성을 재정립해야 한다. 일정 기간 사역하고 나면, 선교사는 본국으로 돌아가고 싶어 한다. 이중 문화에 속한 사람이 두 문화 중 어느 하나와 오랫동안 장기간 분리되면 그 문화를 그리워하는 심리적 필요가 생긴다. 그 필요를 충족시키지 못하면 (두 문화 중) 분리된 문화 안에서의 정체성이 약화된다. 따라서 해외에 있는 선교사들이 본래 문화에 동일시되기 위해 (본래 문화를 흉내 내는) 상징적인 방식을 취하는 현상은 흔한 일이다. 한 예로 인도에서 사역은 한 미국인 선교사는 미국산 껌을 씹는 동안에는 편안함을 느꼈다. 그에게는 껌이 자신의 제1 문화와 심리적 연대감을 느끼게 해주는 수단인 것이다. 반대로 인도에서 본국으로 돌아온 선교사들처럼 어느 미국인 선교사는 본국에 돌아와서도 인도 음식점을 찾아다니며 "인도인"의 정체성을 만족시킬 특별한 음식을 먹는다.

양쪽 문화와 동일시되려는 상징적 행동은 이중 문화에 속한 사람들에게 대부분 매우 중요하다. 아프리카에 사는 서구 선교사들은 서구 정치에 대해 이야기하길 즐기며, 지나가는 미국 사람이나 캐나다 사람에게 마치 오래된 친구처럼 인사하기를 좋아한다. 도시에 가면 양식집을 즐겨 찾는다. 초창기에는 현지에서 구입할 수 없는 치즈나 통조림 등이 담긴 소포를 받는다. 이것은 서구 문화와 동일시되기 위한 일종의 의례적인 음식으로, 특별한 일이 있을 때 서구 친구들과 함께 먹으려고 잘 보관해 둔다. 안식년이나 은퇴 후 본국으로 돌아가면, 이 선교사들은 미국의 길거리를 지나가는 아프리카 사람들에게 마치 오랜 친구처럼 인사를 나누고 반가워하며 아프리카 정치에 대해 논한다. 그리고 기회가 있을 때마다 아프리카 음식을 먹는다. 자신이 아프리카에서 살 때 먹던 치즈와 통조림이 본국에서는 이미 상징적인 가치를 잃어버린 것이다.

이중 문화에 속했던 아프리카, 인도, 남미 등 현지 지도자들도 자신의 본래 문화에 동일시되기 위해 주기적으로 필요를 채워야 한다. 해외에서 일하는 사람은 자신의 문화적 자아를 재창조하기 위해서 모국을 방문하고 싶어할지도 모른다. 선교사와 마찬가지로 해외의 이중 문화에서 일하는 많은 사람이 안타깝게도 결국 두 문화 사이에서 정체성이 분리된 채 지낸다. 어느 의미에서 이중 문화 사람들에게는 진정한 문화적 고향이 없는 것이다.

소외

소외 문제는 정체성과 밀접하게 관련되어 있다. 이중 문화에 들어간 사람들은 여러모로 제1 문화에서 소외된다. 선교사는 현지에서 사역하는 동안에는 소외 현상이 심하게 나타나지 않는다. 제1 문화와 멀어져 있더라도 제1 문화로 돌아가면 다시 자신의 자리를 찾을 수 있으리라고 강하게 믿는다. 더구나 한 문화에서 다른 문화로 옮겨 다니면서 겪는 지리적 격리도 선교사의 심리적 마찰을 극소화시킨다. 단지 안식년에 본국으로 돌아가서야 문화적 전이로 인한 큰 충격에 직면한다.

현지 지도자에게 일어나는 문제는 더 심각하다. 그들은 이중 문화에 관여하는 동안에도 육체적으로는 계속 제1 문화에 속해 있기 때문이다. 그들에게는 지리적으로 두 문화를 분리하는 것이 불가능하다. 매일 한 문화에서 다른 문화로 옮겨 갈 때마다 삶의 태도를 바꾸어야 한다. 그들은 이중 문화에서 생활할지라도, 자신이 속한 제1 문화 사람들에게 복음을 전해야 하기 때문에 그 문화에도 밀착되어 있어야 한다. 선교사와 동역하는 현지 지도자가 이중 문화에 지나치게 동일시되면 현지 사람들에게 소외당하고 외국인이라며 불신받는다.

국제 지도자들 국제 사역에 종사하는 현지 지도자와 현지인 사이에 일어나는 문화 간격이 세계 곳곳에서 심각한 문제로 나타나고 있다(그림31). 이것은 교계뿐 아니라 정치계와 경제계에서도 마찬가지다. 세계 곳곳에

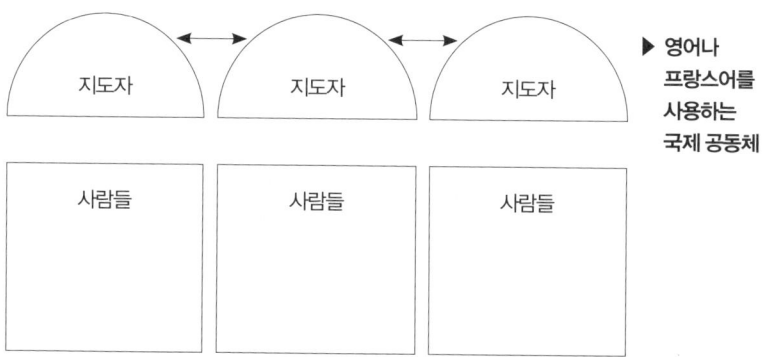

[그림31] 국제 지도자들의 관계망[133]

있는 지도자들은 새로운 언어를 배우고 온 세계를 여행하며 다른 나라 사람들과 우정을 형성하면서 국제 사회의 일원이 된다.

국제적 인물은 세계에 복음을 전할 광범위하고 훌륭한 전략을 세울 수 있으나, 종종 본국 사람들과 동역하는 데는 많은 어려움을 겪는다. 그들은 더 이상 한 지역 교회의 목회자나, 한 마을의 전도자나 교사 등으로는 사역하지 못하는 것이다.

선교에서 우리는 국제 지도자를 훈련시켜야 한다. 오늘날 세계 여러 나라의 많은 교회가 외국에 영향을 받지 않고 독립적으로 사역하고 있지만, 세계 선교는 여전히 서구 지도자들이 주도하고 있는 실정이다. 2/3세계 지도자들이 온전히 국제적 지도력을 발휘하기까지 교회는 완전히 국제적이 되었다고 할 수 없을 것이다.

지원 소외는 2/3세계 지도자들에게 또 다른 문제를 야기한다. 즉 외부 지원에 의존하는 것이다. 개발도상국의 많은 최고 지도자가 해외 자금에 의존하고 있다. 자금이 중단되어 버리면(오늘날처럼 정치적으로 혼란한 시대에는 이런 현상이 증가한다) 그들은 취약해지기 쉽다. 선교사는 본국으로 돌아가 다른 직업을 찾을 수 있다. 그러나 이중 문화에서 지위를 잃은 현지 지도자는 전통 사회에서 적절한 일을 찾기가 어렵다. 그동안 해온 일이 이중 문화 사회와 연관되어 있었기 때문이다. 더구나 그들은 정치적으로 외국인들과 보조를 맞추어 왔다. 따라서 베트남과 에티오피아처럼 반미 정부가 권력을 잡으면 감옥에 갇히거나 죽임 당할 수도 있다. 선교사와 달리 현지 지도자는 그 나라를 떠날 수가 없기 때문이다.

선교 정책을 입안할 때는 현지 지도자가 흔히 겪을 수 있는 희생을 고려하면서 그들이 처할지 모르는 어려운 처지에 민감해야 한다.

자녀

선교사나 현지 지도자가 직면하는 몇 가지 어려운 문제는 자녀와 관련된다. 자녀들은 어느 문화에 소속되는가? 교육은 어디에서 받아야 하며, 최종적으로 그들은 삶을 어디에서 보낼 것인가?

선교사 자녀 선교사 자녀는 특히 지리적으로 부모의 문화와 분리되어 많은 시간을 이중 문화에서 자라기 때문에 심각한 문화적 정체성 문제에 직면한다. 선교 운동 초기에는 선교사와 그 자녀들이 이민 가듯이 선교지로 간 것과 달리 오늘날은 선교사가 선교지로 옮겨 가더라도 자신이나 자녀는 대부분 본국 시민으로 남는다. 그래서 선교사는 자녀를 양육하면서 본국의 아름다운 이야기를 들려주고, 안식년에는 본국으로 가서 훌륭한 문화유산들을 직접 보여 준다. 그리고 선교 사역을 중단해야 하거나 은퇴하고 본국으로 돌아간다면 자녀들은 그곳에서 결혼하고 정착하리라고 예상한다.

그러나 여기에 본질적인 문제가 있다. 사람들은 선교사 자녀를 미국인이나 캐나다인 등 선교사의 국적과 같게 생각할지 모르지만 사실은 그렇지 않다. 문화적으로 볼 때 선교사 자녀는 미국인도, 캐나다인도, 아프리카인도, 아세아인도, 남미인도 아니다. 그들이 정말 편안하게 느끼는 제1 문화는 바로 그들이 자라온 이중 문화다. 그들은 "해외 거주 미국인"에 속한다. 마찬가지로 인도인 선교사나 아프리카인 선교사의 자녀도 "해외에 거주하는 인도인"이나 "해외에 거주하는 아프리카인" 문화에 속하는 것이다. 이것을 인식하지 못하면, 선교사 자녀는 부모의 잘못된 기대감에 사로잡혀 심각한 정체성 위기를 경험한다. 선교사는 자녀가 완전하게 본국 문화의 시민이 되지 못한다는 사실을 인정해야 한다.

그러므로 선교사 자녀는 부모의 제1 문화를 경험할 때 심각한 문화 충격을 경험한다. 한편으로 그들은 부모가 들려준 이야기와 잠시 방문하여 겪은 경험에 근거하여 부모의 제1 문화에 대해 매우 아름다운 이미지를 그려 왔다. 그러나 다른 한편으로 부모의 본국은 그들에게 외국이다. 본국에서는 할아버지, 친척, 동료, 심지어는 부모까지도 자신을 본국인으로 본다는 사실이 문제를 심각하게 만들며, 그들이 본국 문화에 빨리 적응하지 못하면 주변 사람들이 대단히 혼란스러워한다. 친척이나 부모는 자녀가 일부러 반항하거나 사회적으로 빗나가고 있다는 선입관을 갖게 된다. 심리적으로 본국 친척과 친구들도 자신의 가족이나 옛 친구가 다른 문화에 속해 있다는 사실을 받아들이지 못하는 것이다. 미국에서 일하는 젊은 인도 부부들도 비슷한 문제를 겪는다. 미국에 살고 있는 손자, 손녀가 인도를 방문하면, 인도에 사는 보수적이고 나이 많은 할아버지, 할머니는 손자들이 텔레비전을 보고 싶어 하고 햄버거를 먹고 싶어 하는 모습을 본다. 엄격한 채식주의자인 보수적인 할아버지나 할머니는 손자들이 인도 말도 모르고, 고기나 햄버거를 먹는 데 충격을 받는다. 선교사는 여러 면에서 자녀가 외국 사람이라는 사실을, 적어도 본국에서 자라난 아이는 아니라는 사실을 친척이나 파송 교회에 주지시켜야 한다.

선교사 자녀가 본국도 아니고 외국도 아닌 제3의 문화에 속한다는 사실을 인식하면, 자녀가 직면하는 여러 문제를 이해하고 해결하는 데 큰 도움을 준다. 본국으로 돌아가는 선교사의 꿈이 자녀에게 허상이 되지 않도록 주의해야 한다. 부모는 여러 면에서 자녀가 낯선 문화에 들어서는 것을 미리 준비시켜야 한다.

학교 선교사에게 중요한 문제는 자녀 교육이다. 교육은 자녀의 정체성을 형성하는 주요 요소다. 선교사 자녀들은 어떤 학교에 다녀야 할 것인가? 현대 선교 운동 초기에는 선교사들이 교육이나 건강 문제 때문에 종종 아이들을 본국의 친척에게 남겨 두고 선교지로 떠났다. 오늘날에는 자녀들이 대부분 부모와 가까운 곳에 있는 학교에 다닌다. 어떤 아이들은 현지 학교에 다니기도 한다. 그러나 일반적으로 현지 학교의 교육 과정이나 내용은 부모가 제1 문화에서 배운 교육 내용이나 방법과 일치하지 않는다. 따라서 언젠가는 자녀를 본국으로 돌려보내야겠다고 생각한다면, 자녀가 현지 학교에서 교육받는 것을 주저한다.

최근에는 선교사 자녀 대부분이 선교회에서 운영하는 이중 문화 학교에 다닌다. 어린 시절에 오랫동안 조국을 떠나 있기 때문이다. 이런 환경이 자녀에게 끼치는 영향은 학교 특성이나 각 아이들의 성격, 아이와 부모의 관계 정도에 따라 다양하다. 어떤 아이는 잘 적응하지만, 어떤 아이는 심리적으로 깊은 상처를 입고 떠난다.

선교사 자녀가 직면하는 한 가지 문제는 부모에게 받는 사랑에 비례하여 하나님을 이해한다는 것이다. 자녀는 아직 부모의 선교 사역을 이해할 만큼 성장하지 못했고, 자녀 교육에 관해서 부모가 지닌 고민을 알아줄 만큼 성숙하지도 못했다. 그저 자신이 하나님 때문에 부모와 떨어져 있어야 한다고 생각할 뿐이다. 그러므로 많은 선교사 자녀가 어느 정도 성장한 뒤에는 기독교를 거부하기도 한다.

요즈음에는 자녀와 긴밀한 관계를 유지하기 위해 적어도 가족과 친밀한 접촉이 요구되는 어린 시절에는 집에서 자녀를 직접 교육하는 홈스쿨링 제도가 선교사들 사이에 인기가 있다. 교사 훈련을 받지 않은 사람도 자녀를 교육할 수 있는 홈스쿨 자료도 개발되어 있다.

홈스쿨링은 학교 교육의 좋은 대안이 될 수 있으나, 자녀의 친구 관계를 어떻게 개발할지가 여전히 숙제로 남는다. 이 문제는 지역 사회에 있는 다른 아이들을 친구로 사귀도록 도와주어 해결할 수도 있다.

선교사 자녀가 직면하는 또 다른 문제는 뿌리 의식이 없다는 것이다. 폴 투르니에(Paul Tournier)가 지적했듯이, 모든 사람은 어느 지역, 어느 문화, 어느 사회든 그곳에 소속되어 있다는 소속감이 필요하다.[134] 그러나 선교사 자녀는 뿌리가 뽑혀 버렸고, 더러는 그 문제 때문에 무의식적으로 고통 당하기도 한다. 어떤 아이들은 그 사실을 잘 인식한다. 대부분의 아이들은 계속 마음을 둘 수 있는 어떤 고향을 찾는다. 어릴 때는 정체성이 완전히 형성되지 못했기 때문에 고향이란 주로 자신 외부에 있는 어떤 장소라고 생각한다.

뿌리 의식이 결핍된 문제는 다른 선교사 가족과 친밀하게 교제하면서 부분적으로 극복된다. 그러나 외부 관계에서 멀어지게 되면, 가족 안에서 관계를 유지할 수밖에 없다. 세계 곳곳의 낙후 지역에 사는 가족은 대도시에서 사는 가족보다 저녁 시간과 휴가 기간을 가족과 함께 더 많이 보낸다. 오늘날 대도시에 사는 가족은 함께 가정 예배를 드리기도 어려운 실정이다. 선교사 자녀는 장난감과 오락 기구가 부족하지만, 그래서 오히려 더 창의적이고 흥미로운 놀이를 할 수 있다. 종종 선교사들 가운데 자기 자녀가 모든 것을 다 빼앗겨 버렸다고, 장난감이나 놀이 도구도 부족하고, 해외에서 자라면서 많은 고통을 받는다고 공개적으로 이야기하며 애통해하는 사람이 있다. 그런 부모들은 자신의 자녀가 국제 경험을 통해 더 큰 유익을 얻는다는 사실을 거의 깨닫지 못한다. 대부분의 선교사 자녀에게 이런 귀한 경험은 본국의 물질적 삶이 주는 쾌락과는 바꿀 수 없는 소중한 자산이 될 것이다.

재입국 많은 선교사 자녀가 나중에 본국 생활에 적응하는 데 어려움을 겪는다. 그들은 본국으로 돌아가면 편안하리라고 생각한다. 그러나 자신이 이제는 본국 사회에 적합한 사람이 아니라는 사실을 발견하고 충격을 받는다. 그 결과, 바로 정체성 위기를 겪는 것이다. 그러면 선교사 자녀들은 누구이며, 그들의 고향은 어디인가?

선교사 자녀가 막 성년기에 접어들면 가끔 어린 시절에 살던 곳으로 돌아가고 싶은 강한 향수에 잠긴다. 그러나 막상 그러고 나면 그것이 잘못임을 깨닫는다. 첫째, 그곳은 이미 자신이 기억하는 그런 곳이 아니다. 성년이 되어 세상을 보는 눈이 어릴 때와는 다르기 때문이다. 둘째, 어릴 때는 이중 문화 안에서 서 있을 자리가 있었지만, 성년이 된 지금은 본국에서 일할 자리가 없다. 마지막으로, 현지인이든 선교사든 이중 문화에 있던 옛 친구들은 이미 떠나 버렸고, 세상이 변하면서 이중 문화 자체도 이미 해체되고 붕괴되었을 수 있다.

시간이 지나면 선교사 자녀는 대부분 부모의 본래 문화에 적응한다. 그러나 그들에게 부모의 문화는 항상 제2의 고향 문화로 남을 것이다. 그들이 어린 시절에 겪은 문화적 그림은 결코 머릿속에서 지울 수 없다. 이중 문화에서 자라난 많은 사람이 선교사로든, 관료로든, 비즈니스로든 해외에서 일자리를 얻는다.

선교사 자녀의 해외 경험은 장래에 상당한 이점이 되기도 한다. 어린 나이에 어른들이 경험하는 세계를 보면서 독립심과 사회 미덕을 배웠기 때문에 품위 있고 확신에 찬 성인의 인간관계를 다룰 줄 아는 것이다. 그들은 새로운 환경에서 협력하는 법을 안다. 대부분 삶의 동기가 높게 고양되어 있고, 대학이나 성인의 삶을 준비하는 교육을 잘 받아 왔다. 선교사 자녀를 연구한 조사에 따르면, 선교사 자녀는 대체로 성취도가 높다. 일반적인 고등학교 졸업생과 비교해서 학자나 의사, 전문 분야에서 지도적 위치를 차지하는 비율이 더 높은 것이다. 그러므로 부모로서 선교사들은 자신의 자녀가 친구들이 가진 좋은 장난감이나 놀이를 즐기지 못하고 자란다고 해서 무엇을 빼앗겼다는 생각을 버려야 하며, 무의식중에라도 자녀에게 그런 생각을 전달할 만한 태도를 피해야 한다.

그러나 선교사 자녀가 그들만의 특수한 압박을 직면하고 있다는 것도 사실이다. 일반 고등학교 졸업생과 비교해 볼 때 선교사 자녀는 심리 문제로 상담이 필요한 비율이 더 높다.

선교사 자녀는 부모의 고향 문화로 이주할 때 어려움을 겪지만, 현지인처럼 행동하려고 할 때도 문제가 발생한다. 해외에 있는 외국인 아이들은 그 사회에서 어느 정도 평범하지 않은 역할을 한다. 특수 학교에 다니고, 다른 언어를 말하며, 이중 문화적 가치관을 지니는데, 이런 요소들이 현지인들과 분리되게 만드는 것이다. 예외적으로 현지 시민권을 취득하고, 그 사회에서 결혼하고, 현지 사회의 직업 현장에서 경쟁하는 이들도 있다. 그런데 그들 가운데는 심각한 문화 충격을 경험하는 사람도 많다. 그들은 여전히 외국인이다. 소수이지만 선교사 자녀가 어린 시절을 보낸 현지의 이중 문화에서 결혼하고, 그곳에서 영주하는 수가 조금씩 늘고 있다. 자녀가 성년이 되어 그런 환경에 적응하느냐 못 하느냐는 대부분 자기 부모가 그 사회에 어떠한 태도를 가지고 있는지에 달려 있다.

최근 선교사들은 자신의 자녀도 선교 사역의 중요한 일부라는 사실을 점점 배워 가고 있다. 그리스도를 위해 자녀를 남겨 두는 것이 그들의 신체적 안녕이나 영적 성장을 무시한다는 의미는 결코 아니다. 그러나 선교사가 자녀 양육에 성공하지 못한다면 어떻게 다른 사람들에게 복음을 전하는 증거자가 될 수 있겠는가?

현지 지도자의 자녀 비록 정도는 조금 덜할지라도, 선교사와 협력하여 일하는 현지 지도자의 자녀도 이중 문화적인 아이들이다. 그 아이들도 다른 문화와 접촉하여 영향을 받으면서 지리적으로나 사회적으로는 부모의 제1 문화에 남아 있다. 따라서 자신의 본래 문화로 돌아가기가 어렵지는 않다. 그러나 어떤 경우에는 외국인들과 사귄다고 낙인찍히고, 국외자로 취급받을 수도 있다.

이 아이들이 상급 학교로 진학할 때는 갈등이 더 심각해진다. 많은 선교사가 현지 아이들이 고등학교를 마치도록 애쓰고 배려하지만, 더 이상의 교육을 받는 것에는 반감을 가지고 있다. 대니얼 왐부다(Daniel Wambutda)는 "선교사가 안식년에 공부를 더 하는 것은 좋게 여기지만, 아프리카 현지인이 공부를 많이 하려는 것은 상상할 수 없는 일이다"라고 지적한다.[135] 현지 지도자가 고등 교육을 받아 공부를 많이 하게 되면 자국민과 멀어지리라고 염려할 수도 있다. 그러나 우리는 몇 가지 중요한 점을 기억해야 한다. 첫째, 현지나 국제 사회에는 교회의 높은 직위를 맡을 현지 지도자가 필요하다. 안타깝게도 복음주의자들은 현지 그리스도인을 신학자나 국제 관계 행정가로 훈련하는 데 상당히 뒤처져 있다. 따라서 아시아, 아프리카, 남미의 여러 나라에서 그 사회를 지배하고 있는 지도자를 보면 복음주의 지도자보다 자유주의 교회의 지도자가 많다.

둘째, 선교사와 마찬가지로 현지 지도자도 성육신적 사역을 효과적으로 할 수 있고, 그렇게 동일시되고 있는 모습을 흔히 볼 수 있다. 문화 장벽을 넘어 사역하는 능력은 서구인에게만 국한된 것이 아니다. 그러므로 잠재력이 있는 현지 지도자를 발굴하여 교육하는 데 심혈을 기울여야 한다.

마지막으로, 우리가 좋아하든 싫어하든 세상의 많은 부분에서 변화가 일어나고 있다. 그러므로 세계의 교회 지도자들은 현대 사상에 노출된 사람들을 대해야만 하는 상황이다. 이러한 현상은 도시에서 더 두드러진다. 그런 환경에서 사역할 목회자를 훈련하지 못한다면, 변화무쌍한 세상에서 교회 성장은 침체될 것이다.

권한 위임

이중 문화에서 겪게 되는 또 다른 문제는 힘과 권위와 관련된다. 모든 문화가 그렇듯 이중 문화에도 사회적 지위 구조가 형성되어 있다. 따라서 어떤 사람에게는 다른 사람보다 많은 권한이 부과된다. 그 결과, 사회 위계가 생겨난다.

선교사 공동체 선교사들은 이중 문화 안에서 종종 하부 조직을 구성한다. 서로 방문하면서 나름의 관심사와 문제를 상의한다. 때로는 선교 사역을 실행할 힘이 있는 위원회를 공식적으로 조직하기도 한다. 그런 경우에는 이중 문화 안에서 선교사와 현지 지도자가 첨예하게 구분된다.

선교사 공동체는 가끔 대가족처럼 행동하기도 한다. 자녀들은 어른들을 삼촌이나 이모로 여기기도 하고, 어른들도 동료 선교사의 자녀에게 많은 관심을 기울인다. 서로 방문하는 일이 일상이고, 여러 날 또는 여러 주 동안 가족을 초청해서 함께 식사하고 다른 집에서 함께 자기도 한다. 사실, 선교사들 사이의 관계망은 머물 장소와 공동체를 제공해서 세계를 널리 여행할 수 있는 기회를 열어 준다. 이 말은 선교사들이 교대로 다른 가족을 대접해야 한다는 뜻이기도 하다. 따라서 선교사는 늘 초대하지 않은 손님을 맞이할 준비를 하고 있어야 한다. 이러한 상호 의무는 서로 아는 사이뿐 아니라 종종 전혀 모르는 선교사에게도 해당된다.

이런 방문이 문제를 낳기도 한다. 보통은 선교지 생활의 일부로 받아들여지지만, 때로는 선교 사역에 많은 방해가 되기도 하기 때문이다. 손님으로 방문할 때 주인에게 어떻게 사례하느냐는 문제는 조금 더 심각하다. 과거에는 서구에서 선교사나 손님이 방문하는 일이 드물었기 때문에 손님은 크게 환대받았다. 오늘날은 교통이 편리해지면서 손님이 많아졌고, 그중에는 조금 오래 머무는 방문객도 있다. 선교사는 대부분 적은 예산으로 살아가기 때문에 생활비 문제가 생기기도 한다. 예전에는 손님이 주인에게 선물을 줄 것인지, 무슨 명목으로 돈을 지불할 것인지 불확실했지만, 얼마의 돈으로 무슨 선물을 해야 할 것인지도 불확실했다. 지금 어떤 선교사 공동체에서는 방문자에게 일정 비율의 후원을 요청하기도 하고, 어떤 단체는 비용이 적게 드는 손님 숙소를 제공하기도 한다.

친구들 사이에서 개인적인 친교나 즐거움을 위해 방문하기도 하지만, 의무적으로 방문하는 일도 있다. 어느 공동체나 그렇듯, 종종 낯선 사람의 방문은 미리 확인해야 하는 경우도 있다. 따라서 어디서 왔는지, 무슨 일을 하는지, 어느 신학교를 나왔는지, 서로 아는 친구가 누구인지 등을 질문하기도 한다. 이런 질문을 기준으로 선교사가 방문자의 신빙성을 평가하고 그들의 정통성을 판단하기도 한다. 이 기준에 적절한 사람들은 선교사 공동체의 비공식적인 교제에 초대될 수도 있다.

모든 사회에는 위계 구조가 있다. 부모와 자녀, 선임과 후임, 사무 책임자와 간사 등이다. 선교사 공동체도 예외가 아니다. 선교사 공동체 안에서는 "세대"가 사회적 위계 구조로 변하는 일이 흔하다. 숙련된 선교사는 신임 선교사가 자신을 존경하고 자신에게 배우기를 원하며, 전통적인 방식에 도전하는 질문은 받고 싶어 하지 않는다.

선교사들은 현지 사역을 관리하는 권위가 누구에게 있는지와 같은 중대한 질문을 던진다. 고참 선교사에게 있는가? 아니면 본국에 있는 선교 본부에 있는가? 과거에는 통신 수단이 좋지 않았기 때문에, 대부분 선교사가 선교지의 의사를 결정했다. 그러나 비행기, 우편, 전화, 무전기 등의 도움으로 본부에서도 선교 지부를 돕는 의사 결정에 집중할 수 있게 되었다. 그러나 이것은 여러 선교 사역에 약점으로 남아 있기도 하다.

사역 기간, 언어 구사 능력, 형제 교회에 초청받은 횟수, 현지 문화에 대한 친숙도 등이 선교 공동체 안에서 지위를 결정하는 상징으로 간주된다. 살고 있는 집, 운전하는 자동차, 가지고 있는 가구가 포함되기도 한다. 예산이 제한되어 있고 이사를 자주 다니기 때문에, 그리고 어떤 나라에서는 집이나 자동차, 가구 등이 비싸기 때문에 선교사가 그것들을 소유해야 하는지가 토론 주제가 되기도 한다. 그러한 것들을 개인 재산으로 생각한다면, 발이 넓은 고참 선교사는 그런 물건을 구매할 기금을 쉽게 조성할 수 있지만, 신임 선교사는 그렇지 못할 것이다. 반면 그런 물건들을 선교 지부에서 소유하고 개인에게 할당한다면, 누가 무엇을 소유할지가 중요한 문제가 될 것이며 때로는 논란거리가 되기도 할 것이다.

현지 공동체 이중 문화에 속한 현지인들도 세대와 지위에 따라 각기 다른 하부 조직을 형성한다. 그 안에서 그들은 자신의 정체성과 자존감을 발견하고 권위나 명예를 위해 경쟁한다.

식민 시대의 선교 기간에는 선교사에게 접근하는 것에서 힘과 존경이 비롯되었다. 따라서 선교사의 집에서 일하는 사람들은 일반적인 신분이나 지위보다 능력이 많았다. 여러 지역에서 "선교사에게 영향력을 행사하려면 그 집에서 일하는 하인을 통하라"라는 현지 속담이 틀린 말은 아니었던 것이다.

선교사와 내국인의 관계 선교에서 지난 300년 넘게 토론된 가장 중요한 안건은 선교사가 현지인과 어떤 관계를 맺어야 하느냐다. 현대 선교 운동이 식민지 확장 시대에 시작되었기 때문에 선교사들은 가끔 서구 식민지 행정을 흉내 냈다. 그들은 서구식 집을 지었고 서구식 옷을 입었으며 현지인들을 개화되지 않은 사람들로 대했다.

당시 전형적으로 좋지 못한 태도는 차별주의였다. 16-17세기의 스페인과 포르투갈의 가톨릭 선교사들과 달리, 서구의 (특히 북유럽이나 북미에서 온) 개신교 선교사들은 사회 분리 현상으로 나타난 인종 차별 의식이 매우 강했다. 어느 지역의 선교사들은 현지인이 자기 집에 들어와 앉는 것을 거절하기도 했다. 또 어느 지역에서는 선교사들이 성찬식의 잔을 현지인과 따로 사용했고, 일반적으로 자녀가 현지인과 결혼해서 그곳에 정착하는 것은 상상할 수 없는 일로 여겼다.

오늘날은 민족주의 확산과 함께 다른 문화의 가치 인식이 높아지고 있고, 선교가 성육신적 사역이 되어야 한다고 인식하게 되었으며, 식민적 장벽과 차별 문제도 점점 깨져 가고 있다. 그러나 여전히 이러한 문제들은 계속 찾아내 뿌리 뽑아야 할 민감한 사안으로 남아 있다. 예를 들어 이제 권위적인 자리에는 있지 않지만 선교사가 해외에서 오는 선교 기금을 좌지우지하는 사례가 가끔 있다. 이것이 은밀하게 큰 힘을 제공한다. 공공연한 식민적 형태는 사라지고 있지만, 새로운 정보나 자원을 조종하여 보이지 않는 새로운 형태의 우월주의가 흔히 나타난다.

교회와 선교 기관의 관계

선교사와 현지인이 개인적으로 관계를 맺을지라도 이러한 관계는 그들이 소속된 구조의 특성에 큰 영향을 받는다. 선교 지부와 현지 교회의 관계 기반이 되는 조직 형태는 무엇이며, 이것은 선교 사역에 어떤 영향을 주는가? 선교사와 교회의 역할 구조 형태는 다양하다. 여기서는 구조 분석이 어떻게 우리를 도울 수 있는지 그 아이디어를 얻기 위해 몇 가지 형태를 살펴볼 것이다.

교회에 속한 선교 어떤 교회는 선교를 교회나 교단 전체에서 실행하는 사역으로 본다. 교회나 교단에서 선교회를 조직하며, 선교사를 파송하고 지원한다. 해외에 있는 선교사는 교회나 교단이 개척하는 교회의 회원이 되고, 목사나 재정 담당자 등과 같은 직임을 맡는다. 이 선교사들은 본국 교단과 분리된 선교 위원회를 조직하지 않는다. 이것은 현대 선교 운동 초기부터 성공회에서 활용한 선교 기관 모델이다(그림32 첫째 보기 참조).

[그림32] 선교 사역에 사용되는 전형적인 세 가지 사회 구조[136]

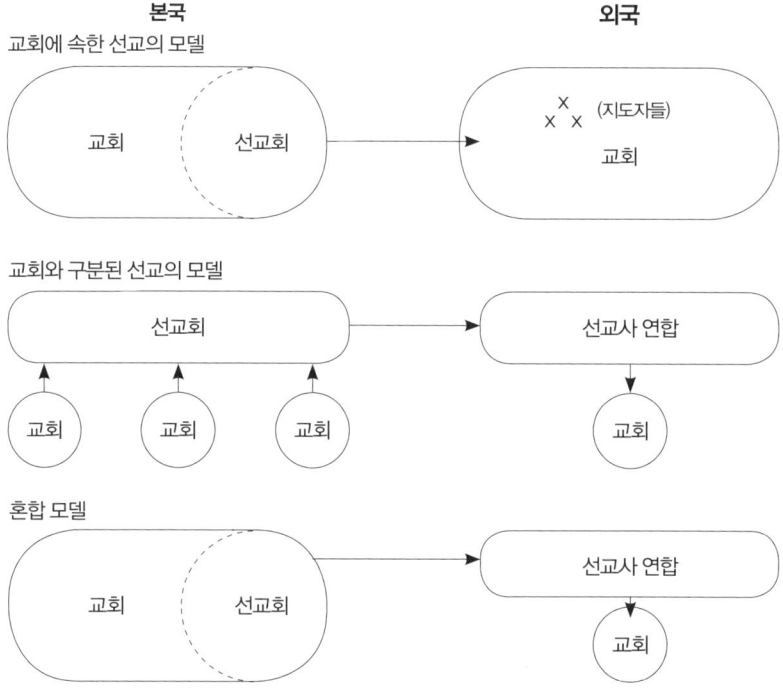

 이 선교 기관 모델은 장단점이 있다. 이 모델은 교회 단위의 선교 의식이 깊이 뿌리내려 있으며, 교회가 새로운 교회를 개척하는 데 깊이 헌신되어 있기 때문에 교회 개념이 강하다는 장점이 있다. 그리고 이 모델은 선교를 교회의 큰 책임으로 보기 때문에 모든 사람이 선교 사역을 하려는 경향을 갖게 된다. 이 모델은 선교에서 토착화 문제나 현지인에게 책임을 이양해 주는 데는 거의 문제가 없다. 선교사는 활동하고 있는 교회 구조에 속하게 된다. 현지 지도자가 직임을 맡고 있는 선교사를 바꿀 때 권한 위임 문제가 발생하지만, 선교 기구가 깨질 염려는 없다. 이 모델은 모교회에서 선교 비전을 상실할 때 위험해진다. 모교회에서 많은 활동과 필요 때문에 본질적으로 선교를 그만두려고 할 때가 있다.

교회와 구분된 선교 선교에 대한 비전이 없는 교회가 많기 때문에 다른 형태의 선교 모델이 개발되었다. 이 모델은 선교를 일상적인 교회 사역과 구분되는 활동으로 본다. 독립 선교 단체가 설립되어 여러 교회에서 선교사를 모집하지만, 이 단체들은 특정 교단이나 교회에 종속되지 않는다. 이 모델은 해외에서 선교사들이 교회와 구별된 선교 모임을 형성하게 하였다. 이 모델을 따르는 선교사들은 교회를 개척해서 성장하면, 준비된 현지 지도자에게 그 교회를 양도하는 것을 사명으로 알고 있다. 이 선교사들은 현지 교회의 일원이 되지 않으며 교회 안에 사무실도 두지 않는다. 그들의 주요 연대감과 소속은 자신의 파송 교회와 밀착되어 있다(그림32 둘째 보기를 보라).

이 모델은 선교를 향한 열정이 강하다는 장점이 있다. 단지 세계 복음화에 초점을 맞추기 때문에 그것이 깨지거나 흩어질 염려는 거의 없다. 더구나 이 모델은 성경 번역, 출판, 방송 선교, 문서 선교, 의료 선교 등에 아주 적절하다. 이러한 특수 사역들은 여러 교단이 힘을 모아야 하므로, 이 선교 사역에 다양한 교회를 동참시킬 수 있다. 그러나 특수 사역은 교회를 직접 개척하지 않기 때문에 새로운 교회를 세우면 어느 교단에 가입시켜야 하는지 첨예한 문제가 발생하며, 사역을 토착화하는 데도 여러 어려움이 있다. 이 모델은 교회 개념이 약하다. 구조적으로 지교회와 구분되어 선교 사역이 독립되어 있기 때문이다. 이 모델은 복음 전도와 특수 사역에 강하지만, 장기적인 교회 개척 사역은 약화된다는 문제가 있다.

이 모델은 사역을 토착화하기에도 어려움이 있다. 구분된 두 기관으로 선교회와 교회가 있는데, 이 두 기관이 서로 심각한 문제를 낳는다. 선교사는 현지 교회에 언제 어떻게 권한을 이양해야 하는가? 현지 교회가 선교회에서 기관을 이양받으면 지금까지 선교회에서 운영해 온 기관을 유지해 나갈 수 있을 것인가? 그리고 한 번 양도받은 현지 교회와 선교회는 어떠한 관계를 맺어 나갈 것인가? 아직도 선교의 여지가 남아 있는가?

그 양도된 사역이 현지 교회에 종속되는가? 현지 교회가 복음 전도 활동은 하지 않으면서 선교 기관을 떠나보내려 한다면 그 결과는 어떻게 책임질 것인가?

권한이 이양될 때는 여러 상처가 생긴다. 선교회는 현지 교회에 사역을 이양해야 한다. 그때는 학교나 병원, 전도 프로그램, 다른 부속 기관의 운영을 재조직하고 정비하는 일이 필요하다. 이것은 물론 건물과 토지의 소유권 양도도 포함된다. 가끔 재정 운영 정책을 바꿔야 할 수도 있다. 선교 기관이 현지 교회로 사역을 이양할 때는 대부분 기금 조성에 대한 책임도 함께 이양한다. 선교 기관이 계속 사역 보조금을 지원해 준다면, 돈으로 그 현지 교회를 조정하려는 유혹을 피해야 한다.

마지막으로, 선교와 교회의 이원화 현상은 한계에 빠질 우려가 있다(물질적인 것과 영적인 것). 즉 사역자가 사람의 전인적인 필요에 관심을 갖지 않고 영적 필요만 채워 주면 된다는 접근법이 그것이다.

혼합된 선교 모델 다른 조직들과 비슷하게, 선교 조직도 부분적으로는 역사의 한 산물이다. 많은 경우, 선교회는 교단에서 조직하였으며 교회 활동의 일부로 선교사를 파송하였다. 이 경우는 그림32의 첫째 파송 교회 모델에 해당한다. 그러나 한 번 파송되고 나면 선교사는 선교 사역을 어떻게 할지를 찾으면서 이미 설립된 단체에 가입하는데, 이것은 그림32의 둘째 모델을 모방한다. 다시 말해, 선교회는 구조적으로 본국 교회에 속하지만 해외에서는 그 둘이 구분된다는 것이다(그림32 셋째 보기 참조).

파송 교회에 뿌리를 두기 때문에, 본국 교회가 선교 비전을 상실하거나 현지 교회에 권한을 이양하는 데 문제가 있을지라도, 이 모델은 교회 개척과 전인적 선교 사역에 대한 비전을 지속적으로 지켜 왔다. 둘째 모델처럼 이 모델 역시 선교사와 현지 그리스도인 사이에 구조적 차별을 만들어서 현지 문화와 동일시되는 것을 어렵게 만든다.

식민지 이후 모델 오늘날 교회가 직면하는 가장 큰 문제는 식민적 과거의 흔적을 지니지 않은 국제적인 "교회-선교" 모델을 개발하는 것이다. 다른 나라 교회의 자율성과 동등권을 인식하면서, 하나님이 그들에게 주신 사역을 성취하도록 도와줄 조직적 제도를 어떻게 세워 나가는가? 그리스도 안에서 하나 되기 위해 문화 차이, 선교사의 우월감, 부의 불균형, 민족적 충성심 등을 어떻게 극복하는가? 하나 됨은 우리의 신학뿐 아니라 우리가 형성하는 사회 구조에서도 표현되어야 한다.

은퇴

선교사가 직면하는 마지막 문제는 나이가 들면서 맞닥뜨리는 은퇴다. 일반적으로 선교사는 현지 생활 방식, 적은 예산 등을 기꺼이 감내한다. 그러나 노년기에 이르러 일할 수 없고 후원금도 모금할 수 없을 때는 어떻게 해야 하는가? 선교사는 정부의 사회 보장 제도나 선교 단체의 부수적인 은퇴 보조금에 의존하지만, 대부분은 적은 수입원으로 노년을 보낸다. 본국에 남아 있는 동료들은 대부분 노년에 재정적으로 훨씬 여유롭게 생활하기 때문에 은퇴 후 생활 문제는 심적 부담을 가중시킨다.

오늘날 많은 선교 단체에서 선교사의 은퇴 문제를 심각하게 고려하고 있지만, 선교사에게는 여전히 어려운 숙제로 남아 있다.

이중 문화 가교의 극복

이중 문화 공동체는 복음을 한 문화에서 다른 문화로 건너가게 해주는 다리다. 성경 시대부터 우리를 거쳐 땅 끝까지 전해져야 할 복음의 긴 여정에서 단지 한 단면일 뿐이다. 그러나 복음이 전파되는 역사의 흐름에 반드시 필요한 부분이다.

선교의 효율성은 이중 문화 공동체의 질적 수준과 그 안의 관계에 크게 좌우된다. 현대의 대중매체나 다른 기술조차도 복음의 핵심 전달 매체인, 인간 대 인간이라는 관계를 통한 수단은 결코 대체하지 못할 것이다. 기술이 발달하면 선교사가 다른 문화에 가서 현지인들 가운데 그리스도를 닮은 인간관계를 세우는 데 소요되는 비용을 현저하게 절약할 수 있으므로 선교 사역을 수행하는 데 큰 도움이 될 것이다. 그러나 하나님께 비용은 아무 문제가 아니다. 하나님도 알고 계신다. 그분은 그리스도의 인격으로 자신을 계시하는 데 우리를 택하셨기 때문이다. 그러므로 우리를 부르셔서 삶을 기꺼이 드리도록 요구하시는 하나님의 선교 사역에 필요한 비용은 영원히 마르지 않을 것이다.

10장

선교사의 역할

　인간관계 문제는 선교 사역의 핵심에 자리 잡고 있는 중요한 문제지만, 선교사의 인간관계가 복음을 효과적으로 전하는 데 늘 성공적이지는 못하다. 선교사는 교사의 위치에서 자신이 바라는 바에 동의하도록 현지인들을 강압할 수도 있고, 선진국 국민이라는 오만한 마음으로 그들을 대할 수도 있다. 그러나 그러한 자세로는 사람들을 그리스도께 인도하지 못한다. 사람을 설득하려면 먼저 자기 자신을 극복해야 하며, 사랑과 신뢰를 바탕으로 관계를 세워 나가야 한다. 사람들이 전달자를 불신한다면, 전달자가 전하는 메시지도 불신할 것이다.

　선교 사역에서 복음을 전하는 데 어떤 인간관계가 효과적인가? 중요한 두 개념, 즉 지위와 역할의 관점에서 인간관계의 본질을 이해하면 인간관계가 선교 사역에 어떤 영향을 주는지 조사하는 데 유용할 것이다.

지위와 역할

　대인 관계에서 우리의 행동은 어느 정도 예측할 수 있다. 예를 들어 우리는 상점에 들어가서 물건을 고르고 돈을 지불하고 거스름돈을 돌려받으려고 기다리다가 물건을 들고 상점을 떠난다. 그러는 동안에도 자신이 전혀 낯선 사람과 거래했다는 생각을 멈추지 않는다. 각 행위 당사자는 무슨 일이 진행되는지 정확하게 알고 행동하는 것 같다. 만약 양쪽이 예상한 행동 양식이 깨진다면 이 관계에는 문제가 일어난다. 물건을 가지고 돈을 지불하지 않고 나가 버리거나, 거스름돈을 받지 않고 떠나거나, 돈을 잘못 지불한다면, 점원은 우리 잘못을 지적할 것이고 다시 정상적인 일련의 행동이 이어진다. 그러나 우리가 점원에게 무례하게 대하고 총을 빼 들어 위협하거나 가게 안에 집을 짓고 산다면, 이미 상호 관계에 문제가 생긴 것이다. 그때 우리 행위는 사회 규칙을 범한 것으로 용납되지 못할 것이다. 인간관계에서 우리는 이러한 예측 가능 정도를 어떻게 설명할 수 있는가?

지위

사회는 사람들로 구성된다. 그러나 단순히 사람 수에 따라 정의되지는 않는다. 한 사회의 구성원들은 사회 조직을 형성하고, 상호 간에 관계 유형을 형성한다. 사람들은 그 안에서 일련의 사회적 지위를 획득하고, 그 지위에 적절하게 서로 관계를 유지한다. 이와 달리 통제되지 않은 사람들이 모인 것은 군중이지 사회가 아니다.

사회 안에는 많은 경쟁이 있고, 그 경쟁들 안에는 서로를 보완하는 위치나 지위가 분담되어 있다. 예를 들어, 백화점에는 지배인이 있고, 돈 받는 사람, 재고 정리하는 사람, 고객이 있다. 병원에는 의사, 간호사, 사무 담당자, 위생 관리인, 환자 등이 있다. 이러한 환경에 참여하려면 그와 관련된 직임을 맡아야 한다. 병원에서 출납하는 직임을 맡았는데 병원 약품을 팔아먹기 시작한다면, 그 사람은 그 직임을 수행할 수 없다.

한 사회에 참여하려면 그 사회 안에 있는 지위를 하나 이상 맡아야 한다. 한 남성이 어느 사회 환경에서는 남편이지만, 다른 사회에서는 상점 주인일 수 있다. 또 교회에서는 평신도일 수도 있다. 딸, 아들, 왕위 계승

자, 특수한 종족의 일원과 같은 지위는 태어나면서 얻는 것(생득 지위)이고, 학생, 의사, 선교사 같은 지위는 노력해서 얻는 것(성취 지위)이다. 종합적으로 볼 때 개인이 차지한 지위들은 그 사람의 정체성과 자존감을 형성하는 데 중요한 역할을 한다.

역할

누군가 특정한 사회적 지위를 획득하면, 그 사람의 행동을 어느 정도 예측할 수 있게 된다. 예를 들어, 교사는 수업을 진행하며, 학생들에게 숙제를 내주고 평가한다. 어머니는 자녀를 완전히 책임지리라고 예상할 수 있다. 이처럼 지위와 연관된 특정 행동을 "역할"이라고 부른다. 한 지위에서 다른 지위로 지위를 바꾸면, 행동과 정체성도 달라진다. 한 예로, 교사가 학교를 떠나 한 가정의 어머니로 돌아가면 행동과 태도가 현저하게 달라지는 것이다.

사회에는 지위에 따라 정해진 행동이 있다. 그러나 공식적인 상황을 제외하고는 대부분 상당한 행동 변화도 용납된다. 그 예로, 시가행진을 하는 군인은 규칙을 따라야만 하고 행진 중에는 사소한 행동도 자유롭게 하지 못한다. 그러나 지형이 복잡한 들판에서는 군인의 행동을 그렇게까지 정해 놓지 않는다. 어떤 사람은 망아지처럼 뛰어다니고, 또 어떤 사람은 빈정거리며 웃고 다닌다. 어떤 사람은 지시를 따르지 않는 행동을 하며, 또 어떤 사람은 최소 지시만 따른다. 이러한 차이는 각 사람의 개성, 훈련 정도, 상황에 따른 다양성을 나타낸다.

그러나 행위에 제약이 많은 지위도 있다. 어떤 부분에서 그들의 행동이 지나치게 빗나가면 지위를 박탈당할 수도 있다. 빗나간 행동 때문에 경고받았는데도 지위에 적합하게 행동하지 않는 사람은 해고당할 수밖에 없다. 아들이나 딸의 자격을 박탈하는 사회도 있다. 어떤 사회에서는 지위에 맞는 기본 요구를 이행하지 못할 때, 때로 추방하거나(감옥이나 정신 병원에 갇히기도 한다) 목숨을 빼앗는다. 그 사회 일원으로서 그들이 사회가 요구하는 대로 기능하지 못하기 때문이다.

사회에서 우리 행동을 많이 제약한다면, 그래서 우리가 결정할 수 있는 행동이 매우 제한되어 있다면, 분노가 치밀어 오를 것이다. 한 사회의 일원이 된다는 것은 어떤 의미에서 그 사회가 정한 규칙을 따라야 한다는 것이다. 사실 인간관계는 그러한 규칙을 이해하지 않고는 불가능하다. 그렇다면 우리는 불확실성과 혼동 속에서 살게 될 것이다. 인간관계에는 질서가 있다. 그 질서를 이해하면 서로 더 깊이 이해할 수 있고, 다른 사람의 행동을 예측할 수 있다. 그렇게 해서 우리는 무슨 일이 일어나고 있는지 예견하고, 관계 당사자들이 서로 반응하며, 우리의 목표를 추구하게 해줄 행동을 선택할 수 있다. 의미 있는 행동 양식이 전혀 존재하지 않는다면, 관계를 맺어나가기 어렵고 계획도 깨져 버려 결국 사회는 붕괴되고 만다.

복합 지위

사람들은 인생의 어느 시기에든 다양한 지위를 갖는다. 어떤 사람은 교사인 동시에 장로교인이자 민주당원이며, 아내면서 어머니기도 하다. 이러한 각 지위는 특정한 사회 상황과 연관되어 있으며, 특정 행동 유형이 기대된다. 더구나 사회화를 거쳐 일련의 지위에 적응해 온 사람은, 다시 말해서 그 사회가 수용할 만한 방식으로 사는 법을 배워 온 사람은 상황이 달라지는 대로 행동 유형을 바꾸면서 한 지위에서 다른 지위로 서서히 전환한다. 직업 환경에서 의사나 우편집배원으로 행동하는 사람은 그 지위에 걸맞은 제복을 입는다. 그 사람이 교회 안에서는 교인이나 집사, 평신도 설교자로 활동할지도 모른다.

또한 사람들은 일생 동안 일련의 역할을 맡는다. 모든 사람은 자녀로 출발하지만 자라면서 학생이 되고, 보이 스카우트나 걸 스카우트가 되기도 하며, 학교 연극 팀에서 배우가 되기도 하고, 지역 교회 성도나 골프 클럽 회원이 되기도 하며, 수많은 다른 단체의 구성원이 되기도 한다. 나중에는 선교사가 되고, 치과의사나 사업가, 남편이나 아내, 부모가 되며, 여러 기관의 회원이나 공무원이 되기도 한다. 사실 개인 이력의 대부분은 우리가 획득했다가 떠나 버린 지위들로 구성된다. 더구나 한 지위에서 다른 지위로 중대한 전환을 할 때, 그 표식으로 의례를 행하기도 한다. 예를 들어, 미혼에서 기혼이 되는 것을 표시하기 위해 결혼식을 행하고, 학생 신분을 마친다는 표시로 졸업식을 행하며, 살아 있는 사람이 죽으면 조상으로 전환되는 것을 표시하기 위해 장례식을 행한다.

사회에서 이런 지위들이 합쳐지면 복잡한 사회 구조, 즉 사람들이 처한 지위가 서로 얽혀 있는 틀을 형성한다(그림33). 지위는 사람들에게 한 사회 안에서 자리를 제공할 뿐 아니라 위계 구조 안에서 어떤 사람이 다른 사회의 사람들과 어떻게 관계를 맺어야 할지를 상당 부분 결정하기도 한다.

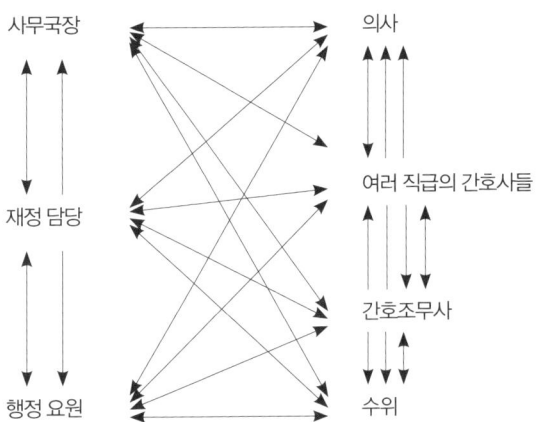

[그림33] 병원의 사회 구조

역할군과 역할 짝

앞서 말한 대로 사람들은 한 사회 안에서도 동시에 다양한 지위를 갖는다. 또한 한 지위 안에서도 여러 방법으로 다른 사람들과 관계 맺는다. 예를 들어, 교사는 학생과 학부모, 학교 행정 직원, 동료 교사, 그리고 일반 대중과도 관련을 맺는다. 이러한 관계들 사이에서 각 관계 당사자가 교사에게 기대하는 행위는 저마다 다르며, 그것이 서로 다른 역할을 구성한다(그림34).

[그림34] 여러 역할이 한 지위에 연결된 경우

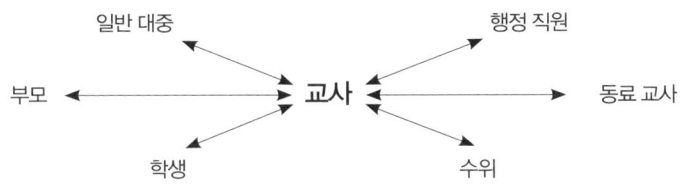

분석해 보면 모든 사회관계는 역할 짝으로 구분할 수 있다. 교사-학생, 교사-행정 직원, 의사-환자, 의사-간호사, 고용주-근로자 등처럼 말이다. 이러한 관계를 맺고 있는 당사자들은 서로 어떻게 행동하고 응답할지에 대한 기본 지식이 있으며, 그 지식이 사회관계를 형성하고 유지하는 일을 어느 정도 용이하게 해준다. 우리가 만나는 사람들과 전혀 새로운 유형의 관계를 형성할 수는 없다. 각 관계의 특성을 이해하고 정의하는 데도 시간과 노력이 필요할 뿐 아니라, 그러한 독특한 관계는 많은 사람의 상호 작용을 통합하는 더 큰 사회 조직에 속하지 않을 수도 있다.

역할 짝이라는 개념은 복합적인 사회관계를 분석하는 강력한 도구다. 예를 들어 전형적인 가족의 기본 관계를 분석해 보면, 여덟 가지 기본 역할 짝으로 분류할 수 있다.

남편–아내

아버지–아들

아버지–딸

어머니–아들

어머니–딸

형제–형제

형제–자매

자매–자매

이 짝들에는 저마다 이상적인 역할이 있다. 한 남자는 아들에게, 딸에게, 아내에게 각각 다른 행동을 요구한다. 가족 중 누군가가 가족의 기대와 동떨어진 행동을 하면 가족 조직은 위기를 맞는다.

가족의 역할 짝에서 각 사람의 일상 행위는 사회적 특성, 청중 유무, 그 순간 각 사람의 심리 태도와 같은 여러 요인에 따라 크게 달라진다. 남편이 아내를 대하는 태도는 교회에서, 상점에서, 가정에서, 해변에서 모두 다르다. 남편이 친구나 자녀, 부모나 낯선 사람 앞에서 아내를 대하는 행위도 각각 다르다. 남편의 행위는 그 순간 역할 짝 대상이나 세상을 어떻게 느끼는지에 기초한다. 그러나 날마다 다르더라도 그 관계 안에 이미 가정된 기본 행동 양식이 있으며, 그에 상응하는 사회 제약도 있다.

이 역할 기대는 시대에 따라서도 변한다. 한 세기 전, 이상적인 아버지 상은 상당히 권위적이고 힘이 있으며 가정의 생계를 유지하는 유일한 책임자였다. 그러나 오늘날 아버지는 아들에게는 친구가, 아내에게는 진정한 동반자이길 기대된다.

타문화에서 겪는 역할 혼동

지금까지 한 문화를 기반으로 역할들을 살펴보았다. 그러나 사회는 매우 다양하며, 그 다양한 사회에서 생성되는 역할도 저마다 다르다. 그렇기 때문에 한 사회에서 다른 사회로 옮겨 갈 때, 역할 혼동이 심하리라고 예상할 수 있다. 우리가 해야 할 역할을 올바로 인식하지 못하기 때문에 이러한 모호함은 더 상처가 된다. 사람의 역할은 무의식적인 일상생활의 한 부분이기 때문에 그것을 의식적으로 곰곰이 생각하지는 않는다.

역할 혼동의 첫 번째 유형은 두 문화에 비슷한 지위가 있을 때다. 두 지위가 서로 비슷할지라도 각 사회에서 기대되는 역할은 서로 다르기 때문이다. 예를 들어, "아버지"로서 또는 혈통적 조상으로서 아버지의 역할은 모든 문화에 공통으로 나타나는 현상이지만, 아버지에게 기대되는 행위는 사회마다 크게 다르다. 우리 사회에서 아버지는 보통 자녀를 부양하는 주체로 기대된다. 그러나 트로브리안드 군도에서 아버지란 자기 생질을 부양하기 위해 고구마를 재배하여 공급해 주도록 되어 있다. 반면에 아버지의 처남들이 아버지의 가족을 부양하기 위해 고구마를 재배하여 제공하도록 되어 있다. 미국 사회에서는 아내가 아이를 출산할 때 또는 출산한 후에 남편이 아내와 함께 있는 것이 통례다. 그러나 인도에서는 아내가 아기를 낳기 위해 친정으로 가고, 남편은 아내의 출산 후 셋째 달, 다섯째 달, 일곱째 달, 또는 다른 길조의 달까지 아내 앞에 나타나지 말아야 한다.

혼동의 두 번째 유형은 기존 사회에서 해온 역할이 새로운 사회에 존재하지 않을 때다. 새로운 사회에 있는 역할이 우리가 살아온 사회의 역할과 다른데도 그동안 익숙해진 편리한 방법대로 계속 행동하기 때문에 역할 혼동이 발생한다. 그러면 현지인들은 우리를 이방인으로 생각한다. 우리가 그들의 사회 범주에 따라 적합하게 행동하지 않기 때문이다. 예를 들어, 해외로 나가면 일반적으로 우리는 자신을 "선교사"로 생각한다. 그러나 선교사가 들어가는 대부분의 문화에는 선교사라는 신분이 존재하지 않는다. 그런 경우, 현지인들은 틀림없이 선교사의 행동을 관찰하면서 자신들의 어느 범주에 속하는지 살핀다. 그들은 우리를 정부 관리나 비밀 요원으로 보거나, 심지어는 선교사가 처음에 아프리카나 파푸아뉴기니에 갔을 때 흔히 그랬듯이 죽은 영이나 조상이 돌아온 것으로 볼지도 모른다. 또는 종종 알지도 못하고 기대하지도 않은 지위를 가진 사람들로 오해받기도 한다.

다른 사회에 완전히 참여하려면 그 사회에 기존하는 지위가 주어져야 한다. 그러지 않으면 "적"으로 간주되어 창에 찔릴지도 모르며, 신뢰받지 못하는 이방인으로 간주되기도 한다. 결국에는 현지인들이 선교사를 사랑하기 때문이 아니라 죽이고 싶지 않기 때문에 선교사를 자신의 종족이나 씨족으로 받아들일 수 있다.

앞서 살펴봤듯이 의사소통 문제에서 중요한 것은 선교사가 자신을 어떻게 보느냐가 아니라, 다른 사람이 선교사를 어떻게 보느냐. 사람들의 반응에 민감해야만 그들 눈에 선교사가 어떻게 비춰질지 어느 정도 알 수 있다 할지라도, 선교 사역의 유효성을 좌우하는 것은 다른 사람이 선교사를 어떻게 보느냐에 달렸다.

선교사의 역할을 정의하다

지금까지 개관한 대로 지위와 역할의 개념은 선교 사역을 분석하는 데 대단히 유용하다. 선교사가 되는 것은 사회 상황이 다른 사람들과 관계를 맺는 것이다. 이 개념은 선교사가 관련된 관계들의 성격을 좀 더 자세히 조사하는 데 유용할 수 있다. 우선 선교사의 지위와 연관된 역할들을 먼저 살펴보고, 이러한 역할들에 사람들이 지닌 기대감이나 기대하고 있는 이미지를 살펴보자.

[그림35] 선교사의 지위와 연관된 역할들

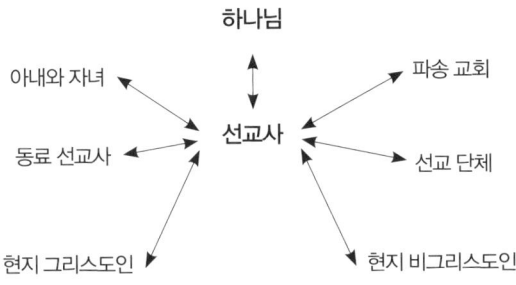

한 선교사는 여러 부류의 사람들과 연관되어 있다. 비그리스도인, 내국인, 동료 선교사, 선교 행정 당국, 파송 교회 교인, 선교사의 가족 등이다(그림35). 선교 사역의 유효성에 장애가 되던 과거 선교사의 역할을 먼저 살펴보고, 복음 전파를 증진할 수 있는 새로운 역할을 살펴보아 앞서 언급한 각 연관을 간략히 조사해 볼 것이다. 이전의 부정적 역할들을 조사하는 이유는 과거의 잘잘못을 판단하려는 것이 아니다. 우리도 그들과 상황이 비슷했더라면 비슷하게 행동했을 것이다. 과거 선교사들의 사역에는 매우 효과적이고 희생적인 실례도 많다. 그러나 우리는 과거의 실수에서 배워야 할 것이 있으며, 복음에 대한 반응은 복음이 지닌 내적 진실성뿐 아니라 복음을 듣는 사람들의 관계 유형과 특성에 따라서도 다르게 나타난다는 사실을 기억해야 한다.

선교사와 현지 비그리스도인

선교사와 현지 비그리스도인의 관계는 선교 사역에서 가장 중요한 핵심이다. 이 관계는 가장 오해되기도 하고 오용되기도 한다. 양자 관계의 특징은 교회의 사회 구조에서 생기는 문제라기보다는, 선교사와 현지 비그리스도인이 서로를 부정적으로 판단하고 부정적인 자세를 취했기 때문에 일어난 것이다. 선교사는 관계를 새롭게 만들어 내는 사람들이다.

그렇기 때문에 자신이 형성하는 새로운 관계의 새로운 역할이 복음 메시지를 왜곡하거나 손상시키지 않는다는 것을 확신해야 하며, 비그리스도인이 그 관계를 어떻게 인식하는지도 민감해야 한다.

식민적 지배자인가, 성육신적 선교사인가? 유감스럽게도 선교사는 그리스도인일 뿐 아니라 그들의 본국을 대표하는 사람으로도 여겨진다. 따라서 서구 식민 통치 기간에는 선교사 대부분이 유럽 국가에서 왔기 때문에, 그들을 식민적 지배자로 여겼다는 사실은 놀라운 일이 아니다. 사실이든 아니든, 한 아프리카 지도자의 발언이 세계에 널리 퍼져 있다. "선교사가 먼저 왔고, 그 다음에 사업가가 따라 왔다. 마지막으로 총을 가진 군인이 들어와서는 죽이고, 정복하고, 나누어 가지고 통치하였다. 선교사는 군인이 우리 땅을 취하고 자유를 빼앗아가는 동안 아프리카인들을 달래고 잠재우는 방편이었다."[137]

많은 선교사가 선교 사역과 식민 정부를 명백히 구분하여 차별화하려고 노력했다는 사실에 비추어 보면, 이러한 견해에는 상당한 오해가 있는 것 같다. 그러나 오해가 있을 만하다. 선교사는 대부분 백인이었고, 아프리카나 아시아 사람들이 본 백인은 대부분 식민지 통치자였기 때문이다. 더구나 선교사들은 식민주의자로 보이고 싶지 않았지만, 식민 정책이 자신의 목적에 들어맞으면 식민 정부의 관계와 힘을 상당히 이용했기 때문이다. 예를 들어, 식민지에서 선교사는 기차표를 사기 위해 길게 줄을 서서 기다리지 않았다. 역에 가서 역장을 만나 커피를 대접받으며 역장이 남몰래 빼놓은 표를 구입하면 되었다. 선교사들은 이러한 일이 불필요한 어려움을 피할 뿐 아니라 사역의 효율성을 높이기 위해서라고 합리화했다. 그러나 그런 모습을 본 현지인들은 선교사가 식민 통치의 일부 세력이라는 충분한 증거라고 인식했다. 비슷하게, 현지인은 거의 상상하지도 못하는 자동차를 타는 선교사들을 보면서 그들은 선교사를 서구인이 식민지를 통치하는 도구라고 보았다.

선교사를 서구의 통치 수단과 일치시킨 생각은 분명 부분적인 오해였다. 그러나 많은 경우, 선교사는 식인(食人) 관습, 살아 있는 아내를 죽은 남편과 함께 화장용 장작더미 위에 올려놓고 불을 지피는 악습을 쫓아내려면 실제로 식민 정부와 손을 잡고 일하는 것이 합당하다고 생각했다. 간단히 말해서, 선교사들은 그러한 일들이 미개한 사람들에게 문명을 가져온다고 생각한 것이다. 사실상 그런 지역에서는 "식민지화, 기독교화, 문명화"라는 표어가 흔했다.

식민 정책과 연관되는 것은 세계 많은 지역에 선교 사역의 문을 열어 주는 방편이었다. 그러나 현지인들이 선교사를 순수한 "선교사"로 인식하는 것을 어렵게 만들었으며, 현지 문화와 정치 제도와 밀착되지 못하고 거리감 있는 복음을 전하게 만들었다. 이러한 지역에서 시작된 교회들은 종종 현지인을 압박하기 위한 식민 정부의 도구로 낙인찍혔다. 그래서 현지인들은 선교사를 추종하는 현지 그리스도인에 대해 식민적 전초 기지를 제거하여 민족 자치 정신과 민족주의 정신을 고취하는 데 걸림돌이라고 여겼다.

식민 시대는 이제 지나간 과거가 되었다. 그러나 오늘날의 선교사들도 현지인들이 자신을 우선 모국을 대표하는 사람으로 보고, 그 다음에 선교사로 여긴다는 사실에 갈등하고 있다. 선교사는 충성의 우선순위를 어디에 두고 있는지 확인해야 한다. 국가인가, 선교 사역인가? 불행히도 선교사가 조국에 우선순위를 둔다면, 종종 복음의 문이 닫혀 버린다는 사실을 기억해야 한다. 또한 선교사가 지난날 식민주의에 지배당한 나라에 복음을 전하려고 현지인과 동일화되고 싶다면, 자기 본국의 사회나 경제, 정치 제도 등을 비판적으로 볼 줄 알아야 한다. 선교사는 자국의 필요보다 세상 전체의 필요를 먼저 살펴보아야 한다. 비록 이러한 사고방식을 서구의 파송 교회에서 심각하게 비판하더라도 그렇게 해야 한다. 결국, 선교사는 자신의 주요 정체성을 어디에 둘지 분명히 해야 한다. 조국이 우선인가, 섬기러 간 그들이 우선인가?

지주인가, 하인인가? 선교사가 알게 모르게 빠지는 두 번째 오류는 지주 역할이다. 남미에서는 종종 선교사를 후원자(patron)라고 부르는데, 이 말은 원래 땅을 경작하는 농노를 소유한 부유한 지주를 의미한다.[138] 하와이에서는 선교사를 부유한 농부로 이해했다.

몇몇 선교사는 혹독한 현지 지주에게 억압받는 사람들을 돕는 방법으로 직접 지주 역할을 감당하기도 했다. 그들은 농노가 경제적 해결책(일자리, 그들이 소유한 땅, 그들의 상품을 파는 시장)을 마련하기까지는 그들을 도와야 한다고 주장했다. 그러나 그러한 선교사들이 경제 부분을 도와주는 일을 넘어 그리스도의 복음을 전하는 데까지 나아가는 경우는 거의 없었다. 선교사의 지주 역할이 극심하게 억압받는 사람들에게 조금은 자유를 줄 수 있었지만, 종종 복음으로 인도하는 문은 닫아 버렸다.

지주라는 지위는 종종 선교사가 타문화의 역할 혼동을 겪게 만들기도 한다. 선교사는 종종 자신이 지주로 인식된다는 사실을 모르고 스스로 "선교사"라고 여긴다. 선교사가 다른 많은 사회에는 존재하지 않는 서구적 신분이라는 사실을 깨닫지 못한 채 말이다. 현지인에게 누구냐는 질문을 받으면, "선교사"라고 대답한다. 이 말은 현지인에게 아무런 의미가 없다. 따라서 현지인들은 선교사의 행동을 관찰하여 무엇을 하는 사람인지 추측하려고 노력한다. 이때 현지인들은 당연히 자신에게 익숙한 문화에 있는 지위와 선교사를 연관 지을 것이다.

예를 들어 인도 남부에서는 지주를 "도라"(*dora*)라고 부른다. 부유한 도라는 저택을 짓고 주위에 울타리를 친다. 그에게 둘째나 셋째 부인이 생기면 서로 싸우지 않도록 별도의 집을 지어 준다. 자기 땅에 하인의 집을 짓고 힌두교 사당도 짓는다. 그런데 한 선교사가 그 지역에 오더니 땅을

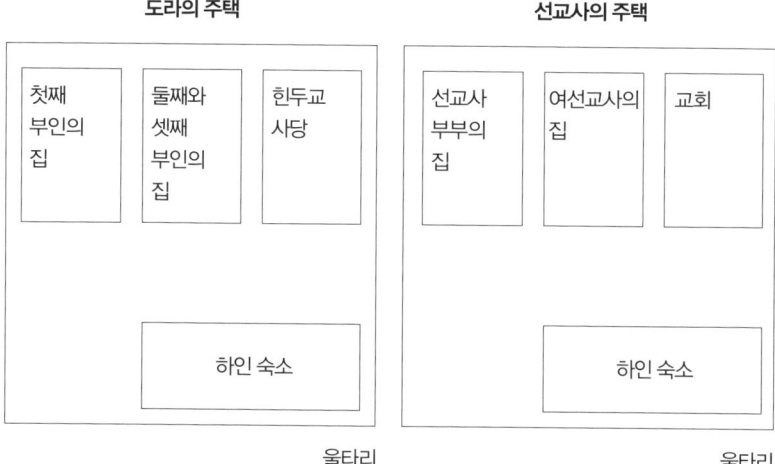

[그림36] 인도 남부의 전형적 주거 구조

사고, 저택을 세우고, 울타리도 친다. 독신 여선교사들을 위해 집 하나를 따로 짓는다. 마지막으로 선교사는 하인들의 집과 교회도 세운다(그림 36). 이때 현지인이 선교사를 도라와 일치시키는 것은 놀랄 일이 아니다. 게다가 그곳에 독신 여선교사들이 사는 것을 보고 선교사가 두세 명의 아내를 데리고 산다고 생각하는 것도 어쩌면 당연하다. 선교사가 독신 여선교사들을 위해 별도의 집을 따로 세워 준다면, 결국 선교사를 부유한 도라로 여길 것이다.

학습자 복음을 전하는 데 어떤 역할이 선교 사역을 방해하지 않고 도울 수 있겠는가? 이 질문에 간단한 대답은 없다. 문화마다 나름의 지위와 역할이 있기 때문이다. 선교사는 자신이 사역하는 사회에 맞는 지위나 역할을 선택해야 한다. 좋아하든 싫어하든 그렇게 해야 그에 따라 자신이 처할 역할을 미리 아는 데 도움이 된다. 한 문화의 지위와 역할을 미리 알면 과거에 자주 발생한 타문화적 오해들을 방지할 수 있다. 더구나 전도 사역을 더 효과적으로 수행하도록 도와주는 역할을 의식적으로 찾을 수 있다.

현지 사회를 연구하고 그 안에 있는 역할들을 배우는 동안, 선교사는 어떤 역할을 해야 하는가? 로웬이 지적한 대로 다행히 많은 사회가 그 사회에 들어가 배우는 낯선 사람들에게 학생 역할을 제공한다.[139] 한 예로 초코족의 와우나나(Waunana) 사람들에게는 "세상을 알아가는 젊은 사람"이라는 역할이 있다.

학습자 역할에 참여하는 것은 선교사에게 새로운 사회로 들어가 그들의 관습이나 방식을 공부할 좋은 기회를 제공한다. 대부분은 낯선 사람에게 자신의 관습을 기꺼이 가르쳐 주기 때문에, 배우는 동안 밀접한 인간관계를 형성하는 문을 열어 주기도 한다. 그런 인간관계는 종종 선교사가 자신을 가르치는 교사에게 개인적으로 복음을 전할 기회를 제공해 주기도 한다. 사실 선교사의 선교 사역이라는 관점에서 본다면, 배우는 기간은 비그리스도인에게 복음을 전할 수 있는 가장 유용한 기회이기도 하다.

그러나 이 역할에는 한계가 많다. 우선 학습자는 그 문화를 배우려는 열정이 진지해야 한다. 현지인들은 선교사가 관계를 맺는 것이 자신을 그리스도에게 인도하는 방편으로 사용하려는 것인지 아닌지를 금방 알아차린다. 현지인이 이용당하고 있다고 느낀다면, 그들은 선교사뿐 아니라 선교사가 전하는 메시지까지 거부할 것이다. 그리스도인이 사람을 사랑하는 것은 당연하다. 진정으로 사랑하길 원한다면 그들의 삶과 문화에도 관심을 보일 것이다. 사실, 사람들을 더 알기 위해 배우는 과정 자체가 그들을 사랑하는 한 방법이다.

학습자의 두 번째 한계는 시간이다. 선교사는 학습자 자리에 오랫동안 머물 수도 있다. 그리고 사람들은 선교사가 배움을 통해 성장하고 나면 사회에서 공헌할 수 있는 특정 역할을 감당하길 기대한다. 이 말은 선교사가 현지 문화에 대해 더는 배우지 않는다는 뜻이 아니다. 그러나 어느 시점에서, 대부분 1년이나 2년 안에 선교사는 그 사회에서 일시적 역할이 아닌 영구적 역할을 찾아야 한다.

마지막으로, 배우는 과정은 신뢰를 쌓으며 현지 사회에서 개인에게 복음을 전하는 문을 여는 통로가 될 수 있지만, 장기적으로 보면 전도에 효과적이지 않을 수도 있다. 신뢰가 쌓인 후에는 그 사회의 기준에 따라 "종교 교사", "선지자", "의사"의 역할을 감당하는 것이 훨씬 효과적일 수 있다. 또는 특정 종족의 일원으로 받아들여질 수 있고, "어머니", "아버지", "형님", "누님"의 역할이 주어질 수도 있다.

어떤 경우든 선교사는 그 지역 사회에서 한 가지 역할을 선택해야 하고, 그 역할이 복음을 전하는 데 방해가 될지, 도움이 될지 살피면서 자신이 생각하는 대상을 자세히 관찰해야 한다. 또한 그 역할에 합당한 사람에게 기대되는 것들을 성취할 수 있는지 없는지도 고려해야 한다. 예를 들어, 형이나 누나로서 선교사는 동생이 도움을 청하면 물질을 나눠 써야 할 수도 있다. 사람들이 일반적으로 기대하는 역할에 본을 보이지 못한다면, 선교사를 정직하지 못하거나 무책임한 사람으로 볼 것이다.

선교사와 현지 그리스도인

선교사와 현지 지도자의 관계는 선교사가 비그리스도인과 맺는 관계와는 다르다. 그리스도인으로서 선교사는 한 가정의 일원이기도 하다. 교회에서도 상호 행동의 특성을 규정하는 지위와 역할이 있다. 이때도 그리스도인들은 자신이 취할 역할을 살펴야 한다. 선교사가 자신도 모르는 사이에 사역을 방해하는 역할에 연루되는 것을 매우 자주 발견하기 때문이다. 그렇다면 역효과를 낳는 역할은 무엇이며, 그런 역할을 어떻게 피할 수 있는가?

경찰관인가, 옹호자인가? 선교사는 흔히 "경찰관" 역할을 행한다. 교회의 순수성을 지키는 일에 늘 관심을 가지며, 따라서 새신자가 도둑질이나 부도덕한 일, 부정, 유흥, 마술 등에 빠지지 않도록 주의한다. 그래서 신자들의 행동을 감찰하고, 규칙을 위반하는 사람을 치리하는 경찰관 역할을 하게 된다.

흔히 발생하는 문제는 하인들이 저지르는 도둑질이다. 어떤 문화에서는 하인들이 자신을 가족의 일부로 생각한다. 그래서 적은 양이지만 자신에게 주인의 음식을 함께 먹을 권리가 있다고 여겨서 음식을 가져다가 자기 식구에게 먹인다. 그런데 선교사가 이 광경을 보고 도둑질로 오해하여 모든 창고를 큰 자물쇠로 꼭꼭 걸어 잠그는 경우도 있다.

또 다른 문제는 혼전 성관계나 혼외 성관계와 관련된다. 그리스도인들은 이것을 심각한 죄악으로 본다. 그래서 현지 그리스도인들이 이러한 죄악을 저지를까 봐 그들의 도덕적 탈선을 감독하려고 노력한다. 한 선교사는 누가 누구와 동침하는지 살펴보려고 예고도 없이 현지 사역자들 집을 방문하기도 한다. 어떤 선교사는 선교사 학교에 다니는 여학생들을 보호하기 위해 4미터나 되는 보호벽을 세웠다. 로웬은 선교사가 현지 문화를 오해해서 생긴 한 에피소드를 이야기한다.

> 기이한 풍경이 벌어졌다. 선교사들은 그 문화에서 남자를 고르는 선택권이 여자에게 있다는 사실을 알지 못했다. 따라서 선교사들이 세운 보호벽 안쪽을 가로지른 버팀대는 여자들이 기어올라 밖으로 나가 총각들을 만나기에 좋은 사다리 역할을 했다. 담장을 기어올라 밖으로 나가는 여자들은 저녁마다 그곳에 모인 아이들과 어른들의 구경거리였다. 그들은 과거에 가장 흥미롭던 탈출 장면을 이야기하면서, 선교사들을 비웃으며 남은 저녁 시간을 보냈다.[140]

교회 규율을 훈련해야 하지만 선교사가 그 규율을 강요하는 순간, 선교사는 곧 경찰관이 되어 버린다. 로웬은 구체적인 예를 소개한다.

개신교의 율법주의는 어느 아프리카 교회에서 사용한 파문법처럼 가끔 선교사들을 흉물스러운 정의의 괴물로 만들어 버렸다. 그 파문법 내용 중 일부는 다음과 같다. 첫 사생아―3개월간 성찬 금지. 둘째 사생아―6개월간 성찬 금지. 셋째 사생아―9개월간 성찬 금지.[141]

레이번이 소개한 사례도 있다.[142] 프랑스 사람들은 카메룬 동부 주 사람들을 위해 한 가지 법을 제정하였다. 간음죄를 시민법적 죄로 규정한 것이다. 즉, 간음죄를 범한 사람은 피해자 여성의 남편에게 상당한 벌금을 지불하게 하였다. 그런데 카메룬에 살고 있는 카카스(Kakas)족에게 이것이 돈을 버는 수단이 되었다. 카카스족 남편들은 아내에게 카메룬의 남자와 정사를 갖게 해서 그 벌금을 벌어들이게 유도한 것이다.

선교사는 교회 성장과 순수성에 관심을 가져야 하지만, 교회 규율은 현지 교회 지도자가 스스로 시행하도록 도와주어야 한다. 경찰관 같은 자세로 의를 강압하면 복음은 율법주의로 흐르고, 사람들을 향한 선교 사역마저 무너진다. 그들은 기독교 규율을 자신의 것으로 받아들이는 것이 아니다. 개인적인 확신에서가 아니라 단지 처벌이 두려워 선교사의 법에 복종할 뿐이다.

경찰관이 되는 잘못을 어떻게 피할 수 있는가? 선교사가 죄의 무서움을 가르치는 일은 필요하다. 그러나 삶을 통해 구속과 용서의 복음을 가르치는 일이 더 필요하다. 선교사는 죄와 싸우고 있는 그들을 이해해야 한다. 선교사와 마찬가지로 그들은 죄의 속성과 싸워야 하며, 그들의 문화에 밴 악습들과도 싸워야 하기 때문이다.

성인인가, 구원받은 죄인인가? 선교사가 빠지기 쉬운 두 번째 역할은 성인(聖人)이다. 말씀을 맡은 선교사는 그리스도인이 되는 것이 무엇인지 보여 주려고 해야 한다. 그러나 선교사는 죄를 범하면 현지 그리스도인들

앞에서 자신의 실수를 고백하길 두려워한다. 자신의 실수 때문에 현지인들이 선교사를 신뢰하지 않고 복음을 거절할까 봐 두려운 것이다.

성인으로 접근하면 여러 문제가 있다. 첫째, 현지인들이 선교사 자신보다 확실하게 선교사의 죄를 알고 있다는 점이다. 그들은 선교사가 쓴 경건의 가면 뒤에 있는 모습을 보며 선교사의 위선을 정죄할 것이다. 선교사들 사이에 "숨겨진 비밀"이나 선교사들의 기질, 연약함이 현지 그리스도인 사이에 널리 퍼져 나갈 수 있다. 로웬은 선교사들 사이에서 쉬쉬한 한 선교사 부부의 가정 문제가 선교사들이 모르는 사이에 현지 교회에서 널리 퍼진 적이 있다고 말했다.[143]

선교사의 삶에서 죄 문제는 더욱 심각해질 수 있다. 선교사 자신은 대수롭지 않게 무시한 죄가 그들이 사역하는 문화에서는 크게 여겨질 수 있기 때문이다. 예를 들어, 서구 교회는 성 범죄를 매우 심각하게 여긴다. 도둑질을 하거나 화를 내는 죄는 잘못을 인정한다면 목회자들 사이에서 대부분 비교적 관대하게 용서받지만, 간음죄를 범한 목회자는 그렇지 않다. 인도에서는 화를 내는 것을 대단히 심각한 죄로 여기지만, 선교사들 사이에서는 대수롭지 않게 여긴다. 로웬은 자신이 실수하면 안주인이 늘 크게 화를 냈다고 말하는 어느 소년의 이야기를 소개한다.[144] 그 소년의 이야기를 들은 사람들은 "늘 악마처럼 화를 내는 사람은 아마 그리스도인이 아닐 것"이라고 결론지었다.

선교사가 자신을 죄 없는 성인으로 나타낼 때 생기는 두 번째 문제는 선교사가 고백하고 용서하는 일에서 현지 지도자에게 본이 될 수 없다는 것이다. 페스토 키벤기어(Festo Kivengere)는 우간다에서 선교사와 현지 지도자 사이에 직면한 사건을 예로 들어 설명한다.[145] 선교사는 마음을 열어 현지 지도자의 문제를 위해 함께 기도하자고 간청했다. 그러자 현지 지도자는 "형제여, 내 마음의 상자는 항상 열려 있지만, 당신 마음의 상자는 문이 닫혀 있을 뿐만 아니라 잠겨 있소"라고 대답했다.

선교사는 신생 교회의 첫 지도자가 되는 경우가 많다. 그러므로 선교사는 종종 지도력을 위한 본보기가 되어야 한다. 죄를 고백하는 데 본이 되지 못한다면, 현지 지도자들 역시 그러지 않아도 된다고 생각할 것이다. 어떤 지역에서는 지도자들이 안수받고 나서 저지른 죄는 용서받을 수 없다고 결론지었다. 따라서 지도자들도 일생 동안 죄를 짓지 않고 살 수 없다는 사실을 알기 때문에 죽을 때까지 안수를 받으려 하지 않았다.

선교사가 자신을 성인으로 나타낼 때 일어나는 세 번째 문제는 선교사와 현지인 사이에 장벽이 생긴다는 것이다. 성인과 함께 사는 일은 무척 어렵다! 많은 사람이 자신의 죄를 잘 알고 있으며, 서로가 받는 유혹도 이해한다. 그러나 성인은 유혹도 받지 않고, 보통 사람들의 도덕적 갈등도 이해하지 못한다. 선교사가 성인인 척하며 다른 사람과 관계 맺는 것은 "거룩"이라는 공허한 가면을 쓸 때만 가능하다.

그러나 성인이 아니라면, 선교사는 어떤 존재인가? 바울은 그리스도인을 성인(또는 성도)라고 부르지 않았는가? 선교사는 그리스도인들 가운데 선택받은 엘리트이지 않은가? 우리는 성인을 전혀 죄 짓지 않는 사람으로 생각하고, 그 정의에 자신을 맞추려고 매우 애쓴다. 그러나 우리는 모두 선교사가 되기 전과 마찬가지로 지금도 죄인이며, 얼마든지 유혹받을 수 있는 존재임을 깨달아야 한다. 선교사는 육신의 유혹을 덜 받을지 모르지만, 영적인 유혹은 더 많이 받는다. 그런데도 죄를 감추고 경건의 가면을 쓰려고 노력한다. 이 가면은 아무도 속이지 못한다. 선교사가 가면을 쓰면 다른 사람에게도 같은 가면을 쓰도록 유혹하는 결과만 낳을 뿐이다.

그렇다면 대안은 무엇인가? 성인이란, 구원받은 죄인이라고 생각해야 한다. 즉 우리에게 죄가 없기 때문에 의인이 아니라 하나님이 그리스도를 통해 베푸신 은혜 때문에 의로운 자가 될 수 있다. 위대한 선교사 바울도 "그리스도 예수께서 죄인을 구원하시려고 세상에 임하셨다 하였도다 죄인 중에 내가 괴수니라"(딤전 1:15)라고 말했다. 선교사의 과업은 젊은 그리스도인들을 정죄하는 것이 아니다. 우리 모두를 둘러싼 죄들을 극복하도록 도와주는 것이다.

자신을 구원받은 죄인으로 보는 것은 선교 사역에 두 가지 중요한 의미를 부여한다. 첫째, 선교사는 정직해야 한다는 사실이다. 즉 사람들에게 자신이 어떤 사람인지 투명하게 보여 주는 것이다. 폴 투르니에는 사회적 자아와 진정한 자아를 구별한다.[146] 그는 전자를 "인물"(personage[페르소나])이라고 부른다. 이것은 사회관계에서 획득한 신분을 말한다. 그와 달리 "인격"(person)은 진정한 내면적 자아를 뜻한다. 다른 사람에게 깊은 인상을 남기기 위해 사회적 가면 안에 진정한 자아를 감출 때 문제가 발생한다. 그때 사람들은 우리의 진정한 인간 됨을 보지 못하기 때문이다. 더 큰 위험은 우리가 결코 죄를 범하지 않는 듯이 보이려고 노력하는 것이다. 유일한 해결책은 다른 사람에게 우리의 장점뿐 아니라 연약함과 죄도 보이는 것이다.

이것이 우리에 대한 신뢰를 깨뜨릴 위험은 없는가? 물론 우리가 지방 신문 사회면에 죄를 공개해야 하는 것은 아니다. 그보다는 책임 있는 교회 지도자들 사이에서 문제를 다루는 것이 좋다. 우리의 연약함을 다른 사람에게 기꺼이 인정하는 행위는 대부분 우리를 더 신뢰할 수 있게 해준다. 그들은 이미 우리가 연약한 사람이라는 것을 알기 때문에 우리의 정직과 겸손을 오히려 존경할 것이며, 우리가 술수를 쓰려 하지 않는다고 인지할 것이다.

다른 사람에게 우리가 진정 누구인지 보여 주는 것은 다른 사람과 대화의 문을 여는 수단이 될 수도 있다. 로웬은 "선교사가 자신을 드러내는 것이 현지 지도자들과 분리시키는 깊은 도랑을 연결하는 다리 역할을 한" 사건을 하나 소개한다.[147] 선교사들은 한 파나마 지도자가 간음죄를 범하고 그 사실을 부인해 왔다는 소식을 들었다. 그 이야기를 들은 다른 지도자들은 사실을 정확히 알아보아야 한다고 반응했다.

　불확실한 상황 가운데 몇 주간 기도하고 스스로 반성하며 보내고 나서 선교사들은 어느 작은 기도 모임에서 현지 지도자들에게 자신의 삶을 솔직히 고백했다. 가족과 멀리 떨어져 있을 때 성적 갈등이 있었다고 시인했고, 때로는 배우자와 성 문제로 겪은 어려움도 고백했다. 베드로가 경고했듯이, 선교사들은 배우자와 지혜롭게 생활하지 못할 때 기도에 힘쓸 수 없었다는 사실도 인정했다. 그리고 현지인들에게도 삶에서 이와 비슷한 문제를 겪었는지 물어보았다. 많은 이야기가 나오기 전에, 의심을 받고 있던 지도자가 고백했다. "저는 전 부인과 성관계를 맺었습니다."

　선교사들은 그에게 "간음하다 잡혀 온 여인에게 바리새인들이 했던 것처럼 우리가 당신에게 돌을 던질 수 있겠습니까?"라고 질문했다.

　그러자 그는 이렇게 대답했다. "아니오, 여러분도 성적인 문제를 겪었다는 사실을 알고 있습니다." 자신의 죄를 회개하는 현지 지도자와 선교사들이 함께 무릎 꿇고 기도하기 시작하자 다른 두 지도자가 말했다. "용서받아야 할 사람들은 여러분만이 아닙니다. 저희도 용서받을 수 있을까요?" 선교사들이 자신의 가정에서 일어난 문제들을 고백한 후, 현지 지도자들과 선교사들은 함께 무릎을 꿇고 성적인 문제에서 자신들이 지닌 약점을 내어 놓고 개인적으로, 그리고 공동체적으로 용서해 달라고 하나님께 간구하였다.

한 남미 개척 선교사가 번역한 고린도전서 13장

내가 완벽하게 언어를 구사하고
현지인처럼 말한다 해도
내게 그분의 사랑이 없다면,

나는 아무것도 아니리.

내게 화려한 졸업장이나 학위가 있고
현대의 모든 선교 방법을 알고 있어도,
그분의 사랑으로 감동되지 않는다면,
나는 아무것도 아니리.

내가 사람들의 모든 종교를 탁월하게 논박할 수 있고
그 사람들을 바보로 만들 수 있다 해도
그분의 연애편지가 없다면,
나는 아무것도 아니리.

내게 온전한 믿음과 큰 이상, 장엄한 계획이 있어도
그분의 사랑에 젖은 땀과 피와 눈물, 기도와 간구가 없다면,
나는 아무것도 아니리.

내가 그들에게 옷을 벗어 주고 돈을 나누어 준다 해도
그들을 향한 그분의 사랑을 소유하지 않았다면,
나는 아무것도 아니리.

내가 모든 야망을 내려놓고 집과 친구를 떠나고
내 선교 경력을 하나님께 제물로 바친다 해도
날마다 일어나는 크고 작은 귀찮은 일들 때문에
싫증을 내고 이기적이 되어 버린다면,
나는 아무것도 아니리.

> 내가 모든 질병을 고칠 수 있다 해도
> 그분의 사랑이 부족하여
> 다른 사람의 마음에 아픔을 주고 감정을 상하게 한다면,
> 나는 아무것도 아니리.
>
> 내가 갈채를 받을 만한 글을 쓰고 책을 낸다 해도
> 십자가의 말씀을 사랑의 언어로 옮기지 못한다면,
> 나는 아무것도 아니리.[148]

영적 부모인가, 형제자매인가? 특히 다루기 어려운 문제는 선교사의 "영적 부모" 역할이다. 선교사는 사람들을 구원으로 인도하며 새로운 교회를 세우는 "아버지"나 "어머니" 역할을 하게 된다. 그러나 누구든 계속 어린아이처럼 대우받기를 원하지는 않는다.

E. 스탠리 존스(Stanley Jones)는 개척 선교사들이 복음 전도로 회심한 사람들과 맺는 관계는 여러 단계를 거쳐 발전한다고 지적하였다.[149] 첫 단계는 의존이다. 사실, 선교사는 교회의 어머니 역할을 해왔으며 성장의 책임을 상당 부분 감당하였다. 그러나 새신자도 언젠가는 자신의 발로 일어서서 독립하는 법을 배워야 한다. 자신의 정체성을 확립한 후에야 선교사와 올바른 관계를 확립할 수 있고, 그럴 때에야 동등한 관계에서 사역할 수 있다.

의존 관계에서 독립 관계로 전환하는 과정은 어렵고 많은 인내가 필요하며, 선교사와 새신자 모두 서로를 이해해야 한다. 특히 주도하는 위치인 선교사가 많은 부분을 이해해야 한다. 위험한 점은 선교사가 자신이 손을 떼면 잘못될 수도 있다는 괜한 염려 때문에 지나치게 오랫동안 부모 역할을 붙잡고 있는 것이다. 그리스도인은 늘 성장해야 한다는 것을 배워

야 하며, 자신의 실수가 용납될 때 비소로 성장할 수 있다.

독립 관계에서 상호 의존 관계로 전환하는 과정 역시 중요하다. 우리의 궁극적인 목적은 기독교적 개인주의가 아니라, 상호 의존적인 성도의 몸을 이루어 가는 것이다. 상호 관계가 복잡해질 때는 다시 부모와 자녀의 관계로 돌아갈 것이 아니라, 한때 우리에게 의존한 사람들과 대등한 관계로 일하는 법을 배워야 한다.

존스가 설명한 세 단계(의존 관계, 독립 관계, 상호 의존 관계)는 그리스도인의 개인적 관계뿐 아니라 선교사와 현지 교회의 관계를 이해하는 데도 도움을 준다. 이 경우에도 의존 관계에서 시작하지만, 곧바로 독립 관계로 발전하고, 궁극적으로는 상호 의존 관계로 발전해야 한다.

그러면 현지 그리스도인과 교회가 선교사에게서 독립할 때, 선교사가 할 일은 무엇인가? 명백히 선교사에게는 가야 할 다른 선교지가 있다. 그러나 선교사가 그 교회에서 성도를 돕고 세우도록 도와줄 자리는 없어지는 것인가? 로웬이 제시하는 중요한 역할은 "촉매"다. 선교사는 외부 세계에 대한 정보를 제공하는 중요한 자원이다. 그리고 현지 교회 지도자의 생각이나 사상을 검증하는 상담자가 될 수도 있다. 이때 주의할 점은 선교사가 특정 문제에 확고한 의견이 있더라도 해결책을 강요해서는 안 된다는 것이다. 선교사의 역할은 선택 가능한 행동들을 제시하는 것이며, 현지 지도자들이 택한 행동의 결과가 어떠할지를 조명해 볼 수 있도록 돕는 것이어야 한다. 최종 결정은 결국 현지 지도자들이 내려야 한다.

유급 설교자인가, 자비량 전도자인가? 선교사가 직면하는 어려운 문제는 재정 지원과 관계된 부분이다. 선교사가 현지 교회에서 재정을 지원받지 않아도 파송 교회에서는 지원받는다는 사실을 현지인들은 알고 있다. 따라서 현지인들은 선교사를 유급 설교자로 여긴다. 이에 대해 로웬이 한 사례를 소개한다.

1962년에 한 거주 선교사가 두 미국인 방문객과 함께 파나마 초코 교회의 특별 예배에 참석했다. 그날 파나마 강사는 초코 교회 회중에게 두 미국인을 본받으라고 언급하면서, 주님의 증인이 되라는 말씀으로 도전하였다. "이분들은 집과 고향을 떠났습니다. 돈을 벌 수 있는 기회도 포기했습니다. 왜 그랬을까요? 바로 이곳에 와서 우리 초코 사람들에게 예수 그리스도의 복음을 전하기 위해서였습니다. 우리는 이분들에게 배워야 합니다. 우리도 직장과 가정을 떠나 저 강변에 있는 사람들에게 복음을 전해야 하기 때문입니다."
예배가 끝난 후, 미국인들은 강사에게 물었다. "오늘 오후 설교에서 우리 두 사람을 언급하셨던데, 왜 이곳에 살고 계신 선교사님은 언급하지 않았습니까? 그분이 상처를 받으실 거라고 생각하지 않으시나요? 선교사님은 자신의 전 생애를 주님께 드렸지만, 우리는 단지 휴가 며칠을 포기했을 뿐입니다."
그 말을 듣고 현지 지도자는 이렇게 대답했다. "그러나 그분을 본보기로 들 수는 없습니다. 그분은 아무 희생도 하지 않고 있습니다. 여러분이나 저처럼 생계를 위해 수고하시지 않으니까요. 사실, 미국에는 선교사님이 이곳에서 살 수 있도록 돈을 대주는 사람들이 있지 않습니까!"[150]

전도 팀을 인도하면서 선교사들은 종종 이런 질문을 받는다. "우리가 보수를 얼마나 받을까요?" 이것은 관점의 문제다. 선교사는 자신이 큰 희생을 한다고 여긴다. 실제로 그들은 낯선 땅에서 사역하기 위해 고향을 떠나고, 돈을 벌 수 있는 직업도 포기했다. 그러나 세계 곳곳에 있는 현지인들은 대부분 선교사를 자신들의 사회에 와서 보조를 받으며 편안하게 사는 부자로 여긴다.

간단한 해결책은 없다. 유급 성직자뿐 아니라 평신도도 복음 전도에 참여한다는 것을 보여 주기 위해 자비량 선교사를 모집하는 일이 도움이 된다. 그러나 재정적으로 독립되어 있거나 단기로 오는 선교사들은 새로운 문화에 교회를 세우기가 매우 어렵다. 평신도 선교사는 꾸준히 선교 사역을 할 만한 시간을 충분히 낼 수 없다. 특히 다른 직장에서 일하고 있다면 더욱 그렇다. 평신도 선교사는 교회가 장성할 때까지 오랫동안 머물지 못한다. 현지인과 오랫동안 고된 사역에 참여하고 교회를 세우며 성장하도록 이끄는 일은 한 지역에서 장기로 사역하는 선교사만이 할 수 있다. 그리고 그 사역들을 하려면 외부 지원이 필요하다.

전임 선교사는 현지인들과 되도록 깊숙이 동일화되어야 한다. 그래야만 복음을 전할 때 경제적 차이로 인한 장벽이 생기지 않는다. 선교사는 현지인들이 어떤 면에서 더 큰 그림을 보지 못한다는 사실을 알아야 한다. 오해를 받을 때 방어적이지 말고, 어느 정도 재정적 오해를 감수하며 살아야 한다. 다행히도 현지 지도자들이 세계 여러 곳을 여행하는 기회가 많아지면서 이런 현상도 점차 달라지고 있다.

선교사와 선교사

가장 보람 있으면서도 가장 어려운 선교사의 역할은 동료와의 관계다. 동역자들은 같은 비전과 사역, 비슷한 문화유산을 공유하면서 하나의 공동체를 이룬다. 다른 선교사들의 방문은 중요한 행사다. 특히 선교사가 오랫동안 고립된 채 살고 있을 때는 더욱 그렇다.

선교사들은 그리 크지 않지만 긴밀하게 연결된 공동체에 속하기 때문에, 동료 선교사와의 관계도 아주 밀접하다. 때로는 지나치게 친밀한 나머지 성격 차이에서 비롯된 적대감이나 반감, 냉소적 감정을 제대로 다루지 못하기도 한다. 많은 선교사가 보고한 내용에 따르면, 선교사의 가장 큰 문제는 그들이 사역하는 현지인과의 관계가 아니라 동료 선교사와의 관계에서 생긴다. 선교사들은 대부분 개성이 강하고 확신이 깊기 때문에 관계에서 갈등이 일어나는 일이 흔할 수 있다. 그렇게 강하지 않으면 아마 선교사가 되지 못했을지 모른다. 더구나 선교사는 동료를 선택할 수 있는 처지가 아니다. 그저 주어질 뿐이다. 본국에서는 자신을 적대하는 사람을 피하거나 다른 친구를 찾을 수 있다. 그러나 해외에서는 선교사가 선택하는 것이 아니라, 사람들과 긴밀하게 연결된 공동체에 피동적으로 속하게 된다.

"**선교사**"**인가, 동료인가?** 선교사가 주어진 역할을 감당하는 것은 현지에 있는 다른 동료와의 관계를 통해서다. 선교사는 한 선교 단체 안에서 특정 지위와 역할을 부여받는다. 선교 단체가 선교사에게 사역을 감당할 힘을 제공해 주기 때문이다. 예를 들어, 선교 위원회에서 투표할 수 있고, 사역하는 학교나 병원, 교회에서 권위를 행사하기도 한다. 선교 사역을 위한 기금을 모금하기도 한다. 선교사라는 신분은 거할 집과 봉급, 자동차, 사역비 같은 자원을 공급받는 근원이 된다. 제도적 구조가 없다면, 선교사가 어떤 일을 수행하기란 거의 불가능할 것이다.

그러나 사회 조직에는 내적인 문제들도 있다. 한 가지 문제는 일상적인 삶에 변수가 많다는 것이다. 선교사는 사회 조직 안에서 다른 사람들과 밀접한 관계를 맺으며 일해야 한다. 승인받고 신분을 얻고 자원을 소유하기 위해 경쟁하며, 자신에게 동의하지 않는 사람을 반대하기도 하고, 자신의 뜻을 다른 사람이 받아들이도록 애쓰기도 한다. 한 선교사가 학교의 교장이 되는가 하면, 다른 선교사는 전도 위원회의 위원장이 되기도 한다. 개인 능력, 나이, 정치 등 다양한 요소가 선교 사역에 포함된다.

처음에는 이런 것들이 충격일 수 있다. 선교사는 다른 사람들과 관계를 맺는 데 흔히 이상적인 생각을 가지고 있기 때문이다. 선교사는 작은 갈등도 없이 강력하게 지지받는 공동체를 찾고 싶어 한다. 그러나 일단 선교사도 사람이라는 사실을 알아야 한다. 다른 문화로 간다고 해서 사람이 변하지는 않는다. 선교사도 세상의 다른 단체에 속한 사람들이 쉽게 빠지는 유혹을 직면한다. 선교사 공동체는 비교적 작고 고립된 집단이다. 뿐만 아니라 자신의 일을 굳게 확신한다. 그렇기 때문에 이 작은 집단

안에 있는 동료 간의 역학 관계도 매우 치열하다.

때때로 선교사들은 동료 선교사와 경쟁 관계에 놓이기도 한다. 동료 선교사가 자신이 사역하는 지역에 있는 교회들을 위해 초등학교를 세우려 하면, 내가 사역하는 지역의 그리스도인들 역시 학교를 원한다는 경쟁적 마음이 생긴다. 그들에게 인정받기 위해 초등학교뿐 아니라 고등학교를 세울 자금도 함께 모금해야 할 책임을 느낄지도 모른다.

선교 사역을 효과적으로 지원할 기관은 필요하다. 그러나 그 기관 안에서 개인과 집단 사이에 일어나는 갈등을 완전히 피할 방법은 없다. 선교사는 교제하라는 그리스도인의 소명을 늘 기억해야 하고, 영적 교제와 친교를 통해 의식적으로 공동체 정신을 세워 나가야 한다. 인격적 공방이 오가기 전에 긴장과 갈등을 다룰 수 있는 창조적 방법을 고안해야 한다. 모든 선교사에게도 목회적 관심과 치료가 필요하다. 무엇보다 선교사는 공동체의 유익을 위해 자신의 개성에 지나치게 집착하지 말고, 문제를 해결할 수 있는 사랑과 융통성을 개발해야 한다.

또 다른 문제는 선교사의 역할이 직업화되어 왔다는 것이다. 사람들이 대체로 선교사를 심화된 훈련으로 능력이 굉장한 전문가로 생각하기 때문에, "선교사는 영적 거인"이라고 여길 수 있다. 따라서 보통 사람들은 자신을 선교사와 동등하게 여기지 않으며, 선교사도 다른 사람을 대할 때 공식적인 가면을 쓴다. 다른 사람이 업신여기지 못하도록 자신의 과오나 연약함을 인정하지 않는 것이다.

한 초임 선교사가 동료 선교사에게 실수를 저지르고 나서 처음으로 심각한 영적 위기를 겪었다. 하루는 자기 가족과 함께 사역하는 학교의 물품을 구입하기 위해 도시에 나갈 일이 있었다. 그 사실을 안 선임 선교사가 철도역에 들러 자신에게 온 상자가 있는지 알아보고 찾아 달라고 부탁했다. 초임 선교사는 역에 가서 상자가 도착했는지 알아보는 것을 잊어버린 채 지친 하루를 보내고 밤늦게 집으로 돌아왔다. 돌아와 보니 선임 선교사가 문 앞에서 기다리다가 상자가 어떻게 되었는지 물어보는 것이었다. 그 초임 선교사는 어떻게 대답해야 할지 생각하지도 않고 "아니요. 아직 도착하지 않았던데요"라고 대답해 버렸다. 그는 자신이 거짓말했다는 사실을 즉시 깨달았다. 그러나 어떻게 해야 할지 몰랐다. 사흘 동안 고민한 끝에, 사실대로 고백하기로 마음먹고는 선임 선교사의 집을 찾아 갔다. 바로 옆집인데도 마치 수천 리를 걸어가는 것만 같았다. 집 앞에 이르러 그는 문을 두드렸다. 선임 선교사가 나타났을 때 젊은 선교사의 머릿속에는 무수히 많은 생각이 스쳐갔다. 그러나 결국 그는 잘못을 고백하고 용서를 구했다. 두 사람의 관계는 회복되었고, 그들은 정말 따뜻하고 친밀한 친구가 되었다. 그러나 초임 선교사는 선교사로서 자신의 이미지가 완전히 박살나 마치 발밑에 떨어져 산산조각 난 유리조각이 된 것만 같았다.

다른 사람과 일할 수 있으려면 누구나 지위가 필요하다. 그러나 이 지위가 목적이 되어 버리고, 선교 사역을 수행하는 도구 이상이 되어 버릴 때 선교사는 위험해진다. 지위가 협력과 교제를 위한 다리가 되기보다는 선교사들을 나누는 장벽이 될 수 있는 것이다.

행정가, 실천가, 촉매자 선교 사역을 수행하는 것과 행정적 일을 하는 것의 갈등이 선교사에게 긴장을 일으키기도 한다. 전도와 교회 개척에 성공한 사람들이 종종 행정 직책을 맡는데, 그러면 잘 해오던 사역을 내려놓기도 한다.

모든 선교 사역에는 행정이 필요하며, 모든 선교사가 상당 부분 그 업무에 얽매인다. 잘못된 행정이 모든 사역을 심각하게 방해할 수 있듯이, 좋은 행정은 프로그램을 효과적으로 동원하여 많은 유익을 낳는다. 그러나 모든 사람이 행정의 은사를 지닌 것은 아니다. 예를 들어, 효과적으로 시골 교회를 개척한 선교사가 전체 선교 프로그램을 관리해야 하는 것은 아니다. 행정은 그 자체가 목적이 되어 버릴 수 있으며, 꼭 해야 할 사역을 못 하게 만들기도 한다. 권한이 있는 사람들에게는 행정을 선교 사역의 시녀로 보며 주인이 되지 못하게 막기가 대단히 어렵다.

선교사와 선교 행정가

모든 선교사에게 가장 민감한 문제는 선교 행정가와의 관계다. 선교사와 행정 책임자가 같은 조직에서 일하는 경우, 서로의 역할은 그들이 속한 기구의 성격에 따라 달라진다.

많은 선교 단체의 다양한 조직 형태와, 그 안에서 선교사와 행정가가 서로 어떤 영향을 주고받는지를 모두 조사할 수는 없다. 그러나 신임 선교사들은 자신의 상황을 주의 깊게 관찰해야 한다. 동료와의 관계가 그러하듯이, 선교사와 행정가의 관계도 선교 사역에 큰 영향을 주기 때문이다.

이러한 역할 관계의 다양한 측면들은 몇 가지로 설명할 수 있다. 첫째, 역할 혼동의 문제다. 우리는 선교 본부나 행정 요원과 친밀한 친구가 될 수 있으며, 개인적으로 용기를 주고받는 따뜻한 관계를 유지할 수도 있다. 그러나 그들은 조직 구조 안에서 공식 직위가 있다. 그러므로 그들이 공식 회의에서 말한 내용과 개인 관계에서 오간 이야기는 다를 수도 있다.

둘째, 권한 문제다. 많은 선교 단체가 직면하는 주요 문제는 현지의 정책과 실무를 관장하는 결정을 누가 내리느냐다. 선교사 자신이 결정할 것인가? 아니면 본부에서 결정할 것인가? 불행히도, 이 문제에 대한 의견 차이가 현지에 있는 사람들과 본부 행정 당국을 분열하기도 한다.

셋째, 충성심의 분열 문제다. 선교사는 문화 중개인이라고 불리는 사람들의 집단이다. 그들은 두 문화 사이에 있다. 한 문화에서 다른 문화로 의사를 전달하는 통로이자 다리 역할을 하기 때문에 선교사는 중요하다. 그러나 양쪽 문화 사람들에게 의심을 받기도 한다. 문화 중개인인 선교사가 하는 일을 양쪽 문화의 사람들은 전혀 이해하지 못하기 때문이다. 어떤 면에서 선교사는 공항에서 환전해 주는 은행원과 비슷하다. 고객은 돈을 교환할 때 은행원이 자신을 속이지 않으리라고 신뢰해야 한다.

선교사는 두 문화 세계에 속하기 때문에 양쪽과 연관되어 있다. 한편으로는 자신이 설립한 교회와의 관계며, 다른 한편으로는 파송 교회와 선교 행정 당국의 관계다. 양쪽 의견이 일치하지 않을 때, 선교사는 어느 쪽에 우선순위를 둘지 선택해야 한다. 그들은 현지 교회의 일원인가?(이 경우, 선교사는 선교회와 갈등을 빚게 된다), 아니면 선교회의 일원인가?(이 경우, 선교사는 현지 교회와 갈등 관계에 놓이게 된다). 일반적으로 선교사는 공정한 화해자로서 사역해야 한다(이 경우에도 양쪽은 모두 자신의 관심이 간과되었다고 생각한다). 그러나 어느 한쪽과 관계가 깨질 수밖에 없는 경우도 있다.

선교사와 파송 교회

선교사가 파송 교회로 돌아갈 때에는 "안식년 선교사"라는 애매한 역할을 맡게 된다. 안식년 첫째 주에 본국 교회는 선교사에게 주일 아침에 강단을 맡아 달라고 부탁한다. 둘째 주에는 주일 저녁 예배에 선교 사역 영상을 비추어 달라고 요청한다. 셋째 주에는 수요일 밤에 성경 공부를 인도해 달라고 부탁한다. 그후에는 언제 사역지로 돌아가는지 질문하기 시작한다. 종종 선교사들은 본국에 돌아가면 좋은 일이 있으리라고 꿈꾸지만, 막상 본국으로 가면 한동안 견딜 수 없는 불편한 처지에 있는 자신을 발견한다.

선교사가 불편하게 느끼는 첫째 이유는 "안식년 선교사"라는 지위가 일시적이며, 그 지위가 본국 사회에서는 상당히 변두리적이라는 데 있다. 안식년 선교사는 외국인과 처지가 같다. 선교사가 실제 거하는 곳은 이제 외국인 것이다.

선교사가 본국 사회와 유리되는 둘째 이유가 있다. 어떤 선교사는 선교사가 되기 전에도 문화적 뿌리에서 상당히 유리되어 있다. 바로 그 이유로 선교사를 택했을 수도 있다. 선교사는 사람들이 자신을 특별하게 보는 경향이 있다는 사실에 영향을 받는다. 많은 사람이 일반적으로 선교사를 최고의 영적 수준을 갖춘 헌신한 엘리트, 즉 "최고로 헌신된 사람"으로 생각한다. 로웬은 이렇게 말한다.

> 종종 선교사로 자원하는 행위는 일종의 저 세상적인 것에 동기를 부여받는다. 이것은 진정한 복음 선교사, 참 선교사의 역할과 사명을 감당케 하는 참된 동기 부여로 여겨졌다. 그런 사람들은 자신이 속한 사회, 그 시대의 주요 관심사에는 등을 돌리고, 천국을 위한 영혼 구원에 참여하기 위해 자신의 사회적 환경과 일상생활에서도 걸음을 돌린다. 물질적 관점으로 사람의 가치를 측정하는 사회의 사람들은 선교사의 사역을 측정할 수 없는 일종의 영적인 일로 생각하며, 선교사를 단지 선행하는 사람들 정도로 본다. 그러므로 돌아오는 선교사가 자신의 본국 사회에서 유리되었다고 생각하거나 적어도 사회를 도피했다고 느끼는 것은 하나도 이상하지 않다.[151]

안식년 선교사의 삶은 쉽지 않다. 교회 지도자와 솔직히 대화하고, 선교사에 대한 그들의 기대를 분명히 파악하고, 되도록 빨리 본국 교회의 정회원으로 교회에 적응하고 싶다는 것을 알려야 한다. 이것은 자녀에게도 특히 중요하다. 아이들은 또래 집단에 빨리 들어가길 간절하게 원하기 때문이다. 그러나 가끔 자신이 전시장에 있는 물건처럼 느껴지기도 한다. 가족에게 안식년은 매우 중요하다. 이렇게 돌아오는 사람들은 방향 감각을 잃고 도움이 필요한 상태이므로, 안식년은 부부 사이, 부모와 자식 사이에 긴장을 더하기 때문이다.

선교사는 특히 자녀의 필요에 민감해야 한다. 아이들은 문화 충격을 받고, 또래 집단에 받아들여지려고 노력하기 때문이다. 다른 아이들 눈에는 이방인처럼 보이기 때문에, 어떤 아이들은 소외당하기도 한다. 부모가 자녀의 친구를 집으로 초청하고 사귀게 하여 자녀의 적응을 도와줄 수도 있다. 어떤 아이들은 또래에게 받아들여지기 위해 본국 문화에 지나치게 동일화하는 현상을 보이기도 한다. 그럴 때 부모는 세심하게 아이를 이해하고 사랑해야 한다.

선교사 자신도 현실에 맞춰 기대해야 한다. 안식년은 어려운 시기다. 임시 거처에서 살고 친척을 만나며 여러 나라를 여행하기 때문에 늘 긴장되어 있다. 안식년을 보내는 동안 어느 정도 한계를 정해 놓고, 자신과 가족에 맞추어 일정을 정해서 그에 따라 스스로 통제해야 한다.

선교사와 배우자

선교사 부부 사이에도 갈등이 흔하다는 사실이 우리를 놀라게 할지도 모른다. 일반적으로 그리스도께 헌신하고 다른 그리스도인 가정을 지도해야 한다는 생각과, 자신의 사역에 대한 헌신과 책임 때문에 선교사 부부는 사이가 견고해지기도 한다. 그러나 그들도 연약한 인간이며, 제한된 외부 지원을 받아 어려운 환경에서 함께 일하기 때문에 다양한 긴장과 갈등을 겪는다. 그러므로 선교사 부부가 결혼생활을 견고하게 세우는 데 우선순위를 두는 것은 대단히 중요하다. 건강한 결혼생활을 위해 열심히 노력해야 하며, 그것이 당연하게 주어진다고 생각해서는 안 된다.

선교사의 환경은 결혼생활에 몇 가지 심각한 스트레스를 더한다. 선교사는 친척, 친구, 익숙한 환경을 떠나 다른 사람을 지원하고 위로하는 처지에 놓여 있다. 선교사에게는 주거 환경의 어려움, 식생활의 어려움, 다른 사람들이 자신에게 거는 기대에 대한 부담 등 새로운 문화에서 살기 때문에 생기는 특별한 문제들이 있다.

가장 큰 어려움은 선교사의 배우자로서, 아이들의 부모로서 겪는 문제다. 대부분 선교 지부에는 선교사 당사자에 대한 역할이 분명하게 명시되어 있다. 전도자로, 학교 교장으로, 의사로 정체성을 발견하며 자신이 하는 일에 만족도도 높다. 선교사는 지위가 확실하며 많은 청중에게 설교하고 사람들을 전도하며 병자를 치료하고 청년들을 교육하기도 한다.

그러나 선교사의 배우자는 그렇지 않다. 목사 안수를 받지 않았기 때문에 대부분 사역에서 특별한 역할을 갖지 못한다. 주로 집을 지키고 아이를 키우는 일을 맡는다. 그러나 고국보다 훨씬 열악한 환경에서 그런 일들을 감당해야 한다. 한 연구에 따르면 고국에서는 음식을 준비하는 데 한 시간 반이면 충분한데, 어떤 선교지에서는 다섯 시간 반이 걸린다. 때로는 살아서 돌아다니는 닭을 잡아서 요리해야 하는 문제도 있다.

고국의 포장 식품이나 전기 제품을 보상할 만한 하인들을 고용하기도 하지만, 그럴 경우에는 또 다른 문제가 있다. 간단히 말해서 본국에서보다 훨씬 많은 일을 감당하지만 아무런 보상이나 성취감 없이 그 모든 일을 해야 하는 것이다. 배우자는 선교사의 흥미로운 이야기를 듣는 데 만족하며, 선교사가 이룬 성취에서 대리 만족만 느낄 수밖에 없다.

때로 배우자는 선교 병원에서 약을 나눠 주고 현지의 여성이나 아이를 돌보는 일에 참여하기도 하지만, 사역에서 충분한 성취감을 느끼지는 못한다. 새로운 환경에서 부모라는 역할은 본국보다 훨씬 많은 책임이 필요하지만 그것에 대해 그렇게 인정받지 못한다. 선교사의 배우자는 자녀의 부모일 뿐 아니라 현지인에게는 비공식적인 의사이자 교사, 친구다. 선교사의 배우자는 선교사 이상으로 자녀의 부모 역할과 현지인의 선교사 역할이라는 이중 역할 사이에서 일어나는 갈등과 싸워야 한다.

선교사가 배우자의 힘든 처지를 인식하는 일은 대단히 중요하다. 선교사와 배우자 모두 주어진 역할을 함께 감당할 때, 그 안에서 의미를 발견하고 성취감도 얻을 수 있다.

선교사와 자녀

지금까지 살펴본 대로, 자녀 문제와 은퇴 문제는 많은 선교사에게 계속되는 문제다. 선교사는 소명 때문에 자신이 속한 공동체를 떠나 해외에서 사역을 감당할 수 있었다. 그러나 자녀는 어떤가? 부모의 결정이 자녀에게 끼치는 영향은 어떠한가?

우리는 이미 이중 문화 안에서 선교사 자녀의 신분을 살펴보았다. 여기서는 선교사 가정의 자녀가 차지하는 위치에 대해 한두 가지를 덧붙이고자 한다. 다행히도 선교 사역은 건강한 가정을 세우는 데 긍정적인 기회를 많이 제공하기도 한다. 텔레비전이나 체육 활동, 다양한 파티는 없어도 저녁에 가족이 함께 모여 가정 예배를 드릴 수는 있다. 자녀에게 신뢰를 얻어 부모의 비전 안에서 자녀의 위치를 함께 이야기하고 문제를 나누어, 부모의 넓은 사역 안에서 자녀가 자신의 역할을 이해하도록 도와줄 수 있다. 함께 놀이를 하며 교제하는 것 역시 중요하다. 선교사 자녀도 즐거운 시간을 가져야 한다. 조금만 도와주면 아이들은 대단히 창조적일 수 있다. 이러한 이점 때문에 많은 선교사 가정이 일생 동안 견고하게 밀착된다는 사실은 일리가 있다.

선교사가 자녀와 시간을 보내야 하는 둘째 이유는 선교지의 새신자에게 기독교 가정의 본보기를 보여 주기 위해서다. 어떻게 사는지 보여 주는 것이 무슨 말을 하느냐보다 훨씬 중요하다는 사실을 잊어버릴 때가 많다. 새신자들은 아직까지 그리스도인의 삶에 일어나는 일을 세세히 알지 못한다. 그러므로 선교사가 그들 삶의 유일한 본보기일 때가 많다. 따라서 그들은 선교사를 모방한다. 현지인들은 선교사의 행동을 보고 자신이 소홀히 하는 자녀에게 관심과 주의를 기울여야 한다는 것을 배우는 것이다.

독신 선교사

독신 선교사로서 선교지로 나가는 사람들에 대해서는 특별한 말이 필요하다. 현대 선교 운동에서 독신 선교사가 거의 절반이라는 사실은 놀라운 일이다. 독신 선교사는 종종 독특하면서도 중요하지만 잘 알려지지 않고 보상받지도 못하는 사역들을 감당한다. 그러나 그들은 결혼을 하지 않았기 때문에 일어나는 특별한 문제를 겪고 있다.

보편적인 문제는 고독이다. 낯선 사회에서 혼자 살아가는 것은 특별한 은사다. 많은 사회에 성인 독신자를 위한 자리가 없는 만큼, 미혼 선교사가 사람들과 친밀한 우정을 맺기란 대체로 어렵다. 때때로 이러한 어려움은 두 독신 선교사가 함께 거주하는 것으로 해결되기도 한다. 그러나 동거가 서로의 삶에서 협력하고 조율하는 데 어려움을 낳기도 한다. 어떻게 자신의 역할을 관리하고 집안일을 분배할 것인가? 독신 선교사들이 함께 살려면 같은 지역 안에서 적절한 사역을 찾아야 하는 어려움도 있다.

기혼 선교사는 독신 선교사가 경험하는 고독에 민감해야 한다. 교제할 때 그들을 특별히 포함시키고, 기혼 선교사의 자녀가 독신 선교사를 친척처럼 친근하게 받아들이게 해야 한다. 이것은 독신 선교사가 선교사 자녀와 관계 맺는 데 일조한다.

독신 선교사가 겪는 또 다른 문제는 현지 문화에서 그들의 지위와 관련된다. 어떤 지위를 유지해야 하는가? 독신자 문화라는 것이 전혀 없는 사회에서 독신자는 창녀로 오인받기 때문에 변장(남자가 여자 옷을, 여자가 남자 옷을 입는) 말고는 방법이 없다. 어떤 사회에는 젊은 독신 남자에게 총각이라는 지위가, 나이 많은 독신 여자에게 존경하는 "어머니"라는 지위가 있다. 또 어떤 문화는 종교 선지자가 되면 독신으로 살아야 한다고 인식하기도 한다. 그렇기 때문에 독신 선교사가 현지 사회에서 사역하려면, 그곳 문화를 분석해야 한다. 그 문화 안에서 독신의 역할이 지닌 특별한 이미지나 기대가 있기 때문이다.

비슷한 문제로 과부나 홀아비 선교사와 관련된 것이 있다. 어떤 사회에서는 재혼을 용납한다. 또 어떤 사회에서는 재혼을 경멸한다. 특히 나이 많은 사람에게 그렇다. 예를 들어 인도에서는 나이 많은 홀아비가 신을 섬기려면 가족을 떠나야 한다고 생각한다. 그들이 재혼하면, 사람들은 그를 영적이지 않은 육신적인 사람으로 간주한다.

오늘날 세계 곳곳에서는 독신들이 의사나 간호사, 교사와 같은 현대적 역할을 맡기도 한다. 불행히도 이러한 사람들은 때로 "느슨한 삶"으로 빠지기도 하지만, 전체적인 관점에서 보면 그 지역 사회 안에서 합법적 지위를 가지고 독신으로서 선교 사역을 감당하는 데 기여하고 있다.

외국에서 독신으로 살 때 이점도 있다. 즉, 현지인들이 선교사를 자신과 다른 국외자로 보기 때문에, 선교사의 성별을 중요하게 여기지 않는 경우다. 독신 선교사는 거의 성별이 없는 사람으로 간주되기도 한다. 선교사는 그 사회의 현지인보다 자유롭게 남성과 여성의 세계를 오가며 사역할 수 있다. 따라서 그 사회에서는 이성(異性)이 접근할 수 없는 사람들에게 독신 선교사가 접근하여 사역하는 것을 흔히 본다. 그 때문에 교회에서 현지 여성에게는 남성들과 함께 일하는 것이 허용되지 않지만 독신 여선교사에게는 허용되는 것이다.

독신 선교사가 겪는 셋째 문제는 기혼자와의 관계다. 불행히도 독신자는 선교 사역에서 종종 주변인으로 여겨진다. 그들의 필요는 무시되고, 목소리도 거부된다. 지도력을 발휘하는 사람들이 독신자를 온전한 동반자로 받아들여 선교사들 사이에서 서로 협조하는 정신을 세워 나가야 한다.

기능적 역할과 지역적 역할

선교사의 역할에는 많은 의견이 있을 수 있다. 선교사의 역할과 자아상의 관계,[152] 선교사의 역할과 장기 사역 기간에 일어나는 변화의 관계,[153] 선교사의 역할과 복음을 전한 결과의 관계[154] 등이 있다. 여기서는 선교사의 역할이 선교사의 사역지와 어떤 연관이 있는지를 살펴보려고 한다.

서구 식민지 확장 시대 이전에는 선교사라는 단어가 많이 사용되지 않았다. 선교는 언급되었지만, "선교사"를 전문적인 역할을 하는 사람으로 분류하지는 않았다. 예를 들어, 윌리엄 캐리, 아도니람 저드슨 같은 사람들은 무역상, 교사, 의사라는 자격으로 선교지로 나갔다. 그들은 자신을 초청한 나라에 손님으로 갔고, 그들의 역할은 주로 기능적인 직업과 밀착되어 있었다.

해외에서 사역하는 사람인 "선교사"라는 특수 개념은 식민 정부와 같은 역할 등과 함께 식민 시대에 일어난 개념이다. 이러한 분류는 기능적인 면에서 특수한 의미를 포함하고 있지만, 그 중심 개념은 주로 지역과 연관되어 있다. 예를 들어, "영국의 식민 관료"는 식민지 지역에서 봉사하였다. 그들은 영국에서 일할 수 없었다. 마찬가지로 "의료 선교사"는 본국이 아닌 다른 지역에서 봉사하는 의사를 말했다.

때로는 선교사의 과업을 기능적인 면보다 지역적인 것과 일치시켜서 대중이 선교사의 사역을 보는 관점을 바꾸었다. "선교사"는 자신의 특수 사역이 무엇인지 명백하게 정의하지도 않은 채 단지 봉사하기 위해 해외로 나간 후보자였다. 어떤 사람들은 교사가 되었고, 어떤 사람들은 의사가 되었다. 많은 사람이 "일반 선교사"였고, 필요할 때마다 다양한 기능을 습득한 만물박사였다. 그들은 건물을 지었고, 약을 조제했으며, 공부를 가르쳤고, 자동차를 수리했으며, 설교를 담당했다.

일반 선교사는 개척 선교 사역에서 대단히 중요한 역할을 감당했고, 여전히 중요한 사람들이다. 개척 사역이 없었다면 많은 교회가 세워지지 못했을 것이다. 그러나 일반 선교사라는 역할에는 약점도 있다. 첫째, 특수성이 없기 때문에 중심 사역이 없는 경우가 많다. 많은 일을 감당하느라 몹시 바쁜 나머지 한 가지도 능숙하게 잘하지 못하는 것이다. 효과적으로 사역하려면 선교사는 사역에 대한 분명한 비전이 있어야 하고, 그 비전 안에 자신의 현재 위치를 확실하게 파악하고 있어야 한다. 선교사라는 지위는 자신이 가장 잘 수행할 수 있는 은사나 기능과 부분적으로 연관되어야 한다. 개척 선교를 할 때도 선교사는 독불장군이어서는 안 된다. 선교사는 교회의 한 지체이며, 그 몸인 교회에 하나님은 선교 사역을 위임하셨다. 그래서 하나님의 원대한 선교 비전 안에서 선교 사역을 바라보아야 한다.

둘째, 일반 선교사의 역할은 주로 선교사가 특별한 이유로 본국으로 돌아가기를 강요받을 때 문제가 발생한다. 기능적 역할을 담당한 선교사는 본국 사회에서도 비슷한 역할을 감당할 수 있다. 의료 선교사는 본국으로 돌아가서도 환자를 돌볼 수 있고, 교사 선교사는 본국 학교에서도 가르칠 수 있다. 그러나 일반 선교사는 본국 사회에서 감당할 역할을 찾지 못할 수도 있다. 해외에서는 설교하고 교회를 목양했지만, 본국에서는 목회 사역을 하지 못할 수도 있다. 결국 많은 선교사가 적절하지 못한 하찮은 일을 찾고 삶의 의미를 잃어버려 고심한다.

그러므로 현대 선교사들은 본국 문화로 돌아갈 가능성을 염두에 두어야 한다. 과거에는 선교사가 한 지역에서 일평생 사역할 수 있었지만, 오늘날은 빠른 세계정세 변화와 함께 일평생 선교하는 것을 기대할 수 없다. 반드시 그래야 한다고 권할 만한 일도 아니다. 교회 개척 사역에서 성공하는 열쇠는 신생 교회가 성숙하면서 선교사의 역할이 어떻게 변화되어야 하는지, 선교사가 떠난 뒤에는 신생 교회가 어떻게 자립해야 하는지를 배우는 것이다. 신생 교회와 관계를 끊어야 한다는 뜻이 아니다. 신생 교회와 선교사의 관계는 교회에 유익이 되는 섬김이어야지, 선교사에게 유익한 섬김이어서는 안 된다는 뜻이다.

그렇다고 앞으로는 선교가 본질적으로 단기 선교 사역으로만 이루어지리라는 뜻도 아니다. 단기 선교 사역이 분명 특수한 과업을 수행할 수 있을지라도, 선교의 핵심은 다른 사람의 언어를 배우고 그들과 동일시하며 신생 교회가 성숙하도록 도와주는 데 시간을 투자하는 장기 선교사가 계속 수행할 수 있다.

그러면 선교사가 사역하는 곳에 사역의 문이 닫히고, 더는 선교사가 필요 없을 때 장기 선교사는 어떻게 해야 하는가? 선교사의 역할이 특정 나라나 지역에만 연루되어 있다면, 그 지역에서 사역할 기회가 끝났을 때 더 이상 갈 곳이 없게 된다. 반면, 기능적 역할이나 타문화에 이미 숙련된 선교사는 그들을 찾는 곳이라면 어디든 한 나라에서 다른 나라로 옮겨 갈 수 있는 국제적 전문가가 되어야 한다. 선교사는 새로운 언어를 배우고, 또다시 새로운 사람들과 동일시되어야 할 것이다. 그러나 그들은 과거 경험에서 효과적으로 적응하는 방법을 이미 잘 알고 있다.

오늘날 선교사가 어떤 특별한 역할을 해야 하는지는 한창 토론되는 주제다. 식민 시대는 끝났으나, 아직도 지속되고 있는 첨예한 식민주의에서 선교사 자신을 분리하는 것이 중요하다. 세계 많은 나라에 교회가 세워졌다. 선교사는 이제 아버지로서가 아니라, 어떻게 하면 이 신생 교회와 새로운 관계를 맺어 나갈 수 있을지를 자문해야 한다. 더구나, 세계 곳곳의 교회들 사이에 발전된 새로운 관계망은 과거에 불가능하던 창조적이고 새로운 형태의 선교 사역을 할 수 있는 가능성을 열어 주고 있다.

지금까지 이루어진 논의로 볼 때, 선교사에게 있는 다면적 역할을 어떻게 행하느냐에 따라 현지인과의 관계를 새롭고 창조적으로 형성해 나갈 수 있음을 기억하는 것은 대단히 중요하다. 그리고 한 문화에서 다른 문화로 복음이 전해지는 과정에서 얼굴을 맞대고 맺는 현지인과의 관계는 여전히 복음에 가장 중요한 다리 역할을 한다.

11장
미완성 과업

어떤 의미에서 사도행전은 미완성 책이다. 그 책은 "예수께서 행하시며 가르치시기를 시작하신 모든 것"을 언급하며 시작해서 바울이 로마 감옥에 투옥되는 사건으로 끝난다. 데이비드 하워드(David Howard)는 이렇게 지적한다. "분명한 것은 이 책이 결론에 도달할 시도를 전혀 하지 않는다는 사실이다. 복음을 전파하는 성령의 역사는 교회와 온 세상으로 계속 퍼져 나가고 있는 것이다."[155]

복음이 시작된 초기부터 지금까지 역사 속에서 어떤 일들이 일어났는가? 여기서 우리는 오늘날 선교의 방향을 이해하려면 과거의 역사를 더듬어 봐야 한다는 것을 깨닫는다.

기독교 초기 복음의 진행

기독교는 매우 미미하게 시작했고 전망도 없어 보였다. 공생애 3년간, 예수는 어떤 책도 기록하지 않으셨으며, 자신의 메시지와 사역을 실현할 세련된 기구나 조직도 형성하지 않으셨다. 십자가에 못 박히심은 지고한 계획을 실현한 것이지만, 마치 비현실적 몽상가의 종말을 고하는 사건처럼 보였다. 부활 이후에도 예수를 따르는 자들은 여러 유대인 분파 가운데 하나로 보일 만큼 적은 신자가 모였다. 당시 그리스–로마 세계에는 대립되는 종교가 여럿이었는데, 그중에서도 기독교는 규모가 가장 미약했다. 전체적으로 볼 때 로마 제국은 세계에서 작은 부분을 점유하고 있었으며, 곧이어 이방인들에 의해 온 세상으로 뻗어 나갔다. 그렇기는 하지만 500년 만에 기독교는 로마 제국 대부분이 기독교 신앙을 고백하게 만들었다. 그리하여 유럽으로, 북미로, 아시아 내륙 지방과 인도로 선교사를 보냈다.

로마 제국이 붕괴하면서 기독교는 어려움에 직면했다. 무엇보다 큰 어려움은 무슬림이 침략한 사건이었다. 이슬람교는 북아프리카와 서아시아에서 기독교를 몰아내고 유럽 변경까지 위협하였다. 안으로 교회 수가 줄고, 무엇보다 사기가 꺾이는 고통을 겪었다. 주후 500년부터 950년까지 기독교의 운명은 풍전등화와 같았고, 그 미래는 매우 불투명해 보였다.

그러나 같은 기간(500-859)에 유럽의 이방 침입자들이 그리스도께 돌아오는 일이 일어났다. 주후 1000년까지 그들은 앞서 이방 침입자들이 흐름을 막았던 유럽 문명화를 이루었다. 새로운 수도원 운동과 대학이 활발하게 일어나고 기독교의 핵심 신학도 형성하였다. 이 기간에 선교사들은 발칸 반도, 러시아, 아시아를 건너 중국 연안까지 복음을 전파하였다.

1350년과 1500년 사이에 기독교는 상당히 침체되었다. 중국과 아시아 내륙에서는 기독교가 거의 죽어 버렸고, 동유럽과 소아시아를 잃어버렸으며, 터키는 완전히 이슬람 영향권에 들어가고 말았다. 서구 교회는 내적인 적들에 힘을 잃었고, 선교 비전마저도 모두 상실해 버렸다.

1500년 이후에야 교회는 개신교와 가톨릭의 개혁으로 새 생명이 부활했고, 그후 러시아에서도 기독교 갱신 운동이 일어났다. 뒤이어 유럽 열강들은 새로운 땅을 발견하고 상업적으로 탐험했으며, 세계 곳곳으로 자신의 영향권을 펼쳐 나가는 정복 활동을 시작하였다. 복음은 열강들의 이러한 확장 운동과 함께 널리 전파되었다. 16세기에서 18세기까지 기독교는 아메리카 대륙과 사하라 사막 이남의 아프리카 변방에 전해졌고, 아시아 북방 지역으로도 건너갔으며, 동남아시아의 여러 지역과 부속 군도에도 퍼져 나갔다. 이러한 선교는 대부분 스페인과 포르투갈에서 진행되었다. 이 기간까지 대부분의 개신 교회는 선교에 그다지 관심이 없었다.

개신교 선교 시기

개신교 선교 운동은 주로 18세기 초기에 경건주의자와 모라비아교도 사이에서 시작되었다. 친첸도르프 백작이 주도한 모라비아교회 자비량 선교사들은 그린란드, 미국, 아프리카로 나아갔다. 그들은 문화가 다른 사람들에게 자신의 독일 기준을 적용하려 들지 않았고, 오히려 자신이 섬기는 현지인들 사이에 하나님이 주신 문화적 독특성을 인식하려고 노력했다. 1792년에 윌리엄 캐리가 침례교 선교회(Baptist Missionary Society)를 설립하면서 개신교 선교는 새로운 국면을 맞이했고, 선교에 대한 관심이 다른 교회에도 점차 확산되어 나갔다. 윌리엄 캐리가 인도로 간 첫 25년 동안, 열 개가 넘는 선교 기관이 대서양 연안 국가들 안에 세워졌으며, 세계 많은 지역으로 선교사가 파송되었다.

윌리엄 캐리의 영향으로 보스턴에 있는 성도들이 여성 선교 단체들을 형성했고, 결국 여성들이 선교 관련 지식을 쌓고 선교에 동기를 부여하는 주요 후원자가 되었다. 독신 여선교사들이 외국으로 많이 나갔고, 1865년에는 전적으로 독신 여성들이 운영하는 선교 단체가 조직되었다.

개신교의 초창기 선교는 많은 사람의 희생과 사랑으로 이루어졌다. 사람들은 선교 사역에 전 생애를 바쳤고, 수많은 선교사와 배우자, 그들의 자녀가 젊은 나이에 희생당했다. 그러나 그들의 죽음은 더 많은 사람이 선교지의 전진 기지로 나가게 만든 자극제가 되었다. 그 시기에 선교지로 나간 사람들은 교육 수준이 높았으며, 그들이 사역한 문화에도 대단히 민감했다. 많은 선교사가 신학교나 의과 대학을 졸업했고, 대부분 현지 언어와 문화적 문제를 거의 극복했다. 어떤 사람들은 저명 시인과 작가가 될 만큼 현지 언어 실력이 탁월했다.

개신교의 두 번째 선교 운동은 19세기 말경에 일어났다. 1865년, 허드슨 테일러는 중국 내지 선교 운동을 일으켰다. 1880년대와 1890년대에 학생 자원 선교 운동으로 선교 바람이 일어났는데, 거의 10만 명의 자원자가 선교 사역에 자신의 삶을 헌신하였다. 이들 가운데 2만 명이 해외 선교사로 나갔으며, 나가지 않은 사람들은 그들을 지원하는 데 동원되었다. 그러나 이때까지 선교 운동에는 유럽과 북미를 우월하게 생각하는 서구 식민주의가 영향을 끼쳤다. 많은 선교사가 "문명화와 기독교"(Civilization and Christianity)를 선교 모토로 채택하였다. 현지 문화를 유럽 문화로 분장하려 했는데, 그것은 서구 문화가 기독교 문화와 같다고 여겼기 때문에 일어난 문제였다. 때때로 다른 주장이 있었지만, 대부분은 서구 문명이 우월하다는 것을 의심하지 않았다.

세 번째 "C"인 상업주의(Commerce) 사상이 19세기 개신교 선교 전략 안에 깊숙이 침투되었다. 선교사들은 노예 제도 같은 악을 해결할 최종 방안은 경제적으로 합법적인 무역 제도를 도입하는 것이라고 결론지었다.

이러한 식민적 태도가 낳은 부정적인 결과들은 오늘날까지도 선교에 남아 있다. 윌버트 쉥크(Wilbert Shenk)는 이렇게 지적한다.

> 어떤 비서구인들은 서구적이거나 기독교적 요소를 거절하는 것을 자랑스럽게 여겼다. 또 어떤 비서구인들은 자존감을 파괴당했다. 남미와 북미의 많은 원주민이 자신을 열등하다고 여기고 자신의 문화를 무가치하다고 지속적으로 세뇌시켜 온 서구 식민 운동의 결과가 지금 그들에게서 구체적으로 드러나고 있다. 이른바 기독교 문화를 맹목적으로 수용하고 타문화를 무조건 거부한 것은 모든 문화에 비평적 태도를 지녀야 할 선교사의 눈을 멀게 만들

었다. 동시에 기독교 신앙이 접촉할 수 있는 기존 문화와, 그 기존 문화 위에 교회가 설 수 있게 하는 긍정적인 가치와 기준이 있는데도, 그것들을 찾아내려는 노력을 지연시키는 결과를 가져왔다.[156]

그들이 식민적으로 접근하는 태도를 보였는데도, 18세기와 19세기 초기에 세계 대부분 지역에 교회를 개척하는 공헌을 하였다. 한편, 선교사들의 사랑과 희생은 종종 그들이 섬긴 사람들의 마음을 사로잡기도 하였다. 많은 선교사가 평생을 해외 사역에 바쳤다. 한편, 그들이 연약함에도 하나님이 자신의 사역을 감당하도록 그처럼 평범한 사람들을 선택하셨다. 우리가 우리 시대에 보편적인 사람이듯이 선교사들도 그 시대에 보편적인 사람이었다. 우리가 그들보다 명백하게 그들의 과오를 볼 수 있듯이, 우리 뒤에 오는 사람들도 우리의 결점을 인식하리라는 사실을 기억해야 한다.

현대 선교 기간에 교회가 급속하게 성장한 이유는 인간의 노력이 이룬 성공이라기보다는 하나님이 세상 사람들의 삶에서 일하시는 강력한 증거로 보아야 한다. 하나님은 깨지고 헌신된 사람들을 취하셔서 자신의 사역을 성취하신다.

현대 선교의 여러 측면

지각 변동을 가져오고 미래 선교에 심층적 전략과 노력을 요구할 대규모 변화가 20세기를 휩쓸었다.

인구 성장

첫 번째 중요한 변화는 인구 증가다. 세계 인구 증가율은 상상을 초월한다. 오늘날 지구상의 인구는 1년에 약 9천만 명 넘게 늘어난다. 하루에

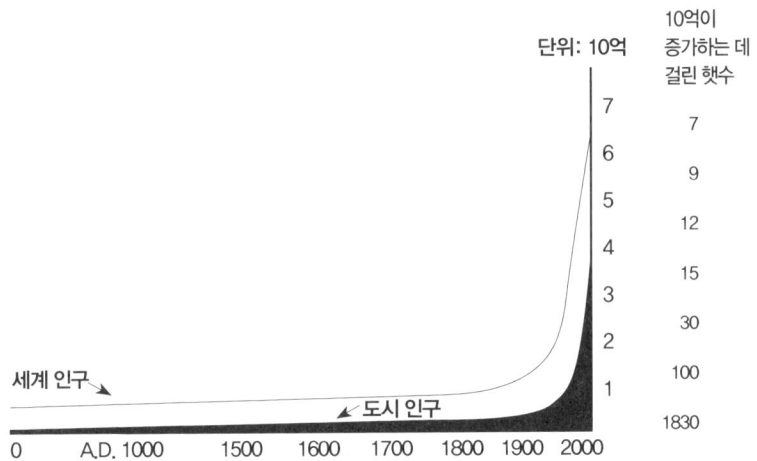

[그림37] 세계와 도시 인구 증가

약 249,000명, 한 시간에 약 10,400명이 늘어난다. 세계 인구가 10억이 되는 데는 아담 때부터 1830년까지의 시간이 걸렸다. 그런데 세계 인구가 그 두 배인 20억이 되는 데는 100년밖에 걸리지 않았다. 그 다음으로 30년 만에 30억이 되었고, 거기에서 15년 만에 40억이 되었고, 50억이 되는 데는 12년이 걸렸다. 세계 인구가 60억이 되려면 거기서 9년만 더 있으면 될 것이다(그림37).

이러한 인구 증가 결과는 사람이 사는 세계의 모든 지역에서 피부로 느껴진다. 특히 어떤 지역에서는 인구 과잉, 기근, 연료 부족, 질병, 전쟁 등의 문제가 일어나고 있다. 이러한 문제가 선교 사역의 부담도 가중시켰다. 1793년에 윌리엄 캐리가 인도에 갔을 때보다 오늘날 세계 인구는 6배 넘게 증가했다. 이전 어느 때보다 비그리스도인 수가 기하급수적으로 늘고 있다.

도시화

문화 변동의 두 번째 파도는 도시화다. 인류 역사상 사람들의 삶에 이

[표6] 세계의 도시화

연도	인구 5천 명이 넘는 마을 비율(%)	인구 10만 명이 넘는 도시 비율(%)
1800	3.0	1.7
1900	13.6	5.5
1975	39.0	24.0
2000	55.0	35.0

처럼 획기적인 변화가 일어난 적은 없었다. 1800년에는 세계 인구의 약 97퍼센트가 5,000명이 넘지 않는 농촌이나 시골에 살았다. 20세기 말까지 세계 인구의 55퍼센트 이상이 대도시에 살게 된다(표6). 1800년에는 인구가 100만 명이 넘는 도시가 런던뿐이었다. 그런데 1972년에는 100만 명이 넘는 도시가 무려 100개 이상 되었고, 500만 명이 넘는 도시가 13개나 되었으며, 1,000만 명이 넘는 도시가 4개나 되었다.

도시화 현상이 처음에는 서구적 현상이었으나, 오늘날에는 다른 어느 곳보다 2/3세계에서 도시화 현상이 빠르게 진행되고 있다. 20세기 말까지 미국 도시 한 곳과 유럽 도시 한 곳만이 세계 10대 도시에 들어간다(표7). 그때까지 100만 명이 넘는 도시가 400개가 넘으며, 500만 명이 넘는 도시만 해도 65개가 넘을 것으로 보인다.

이러한 도시 이동 현상은 선교에 어떤 의미가 있는가? 과거의 교회는 대부분 도시 생활에 부정적이었다. 그들은 도시를 악하고 세속적이며 경건하지 못한 곳의 대명사로 여겼다. 따라서 도시 선교를 위한 기금을 모금하기가 어려웠고, 도시 지역에 사역의 초점을 맞추는 선교 단체도 거의 없었다. 도시를 최대 선교지로 생각하지 않은 것이다. 그리스도인들은 보통 외국인을 전혀 보지 못한 곳, 복음을 한 번도 들어보지 못한 멀리 떨어져 있는 부족에게 복음을 전하는 것을 선교라고 보았다. 그러나 사실상 복음을 듣지 못한 사람은 정글보다 도시에 더 많다.

[표7] 2000년까지의 대형 도시[157]

도시	2000년의 인구 (단위: 100만)	1980년 이후 성장률(%)
멕시코시티	31.0	+107
상파울루	25.8	+91
상하이	23.7	+66
도쿄	23.7	+19
뉴욕	22.4	+11
베이징	20.9	+83
리우데자네이루	19.0	+78
뭄바이	16.8	+102
콜카타	16.4	+86
자카르타	15.7	+115

현대 선교에 가장 심각한 도전은 현대 도시의 문제에서 비롯된다. 도시에는 세계 모든 지역에서 오가는 사람이 많이 몰려든다. 바울의 본보기를 따라 도시에 있는 사람들을 주께 인도한다면, 복음은 다른 도시 지역으로 번져 갈 것이다. 또한 도시에 의존하고 있는 많은 시골 지역에 전파될 것이며, 도시에 몰려드는 사람들에 의해 세계 다른 지역들에 번져 나갈 것이다. 하나님이 역사를 주관하신다면, 도시 중심 지역으로 많은 인구가 대량으로 이동하는 데는 분명 목적이 있다. 복음 전파는 명백한 하나님의 목적에 속한다.

그러나 도시에 교회를 개척하는 데는 새로운 전략이 필요하다. 선교사가 부족이나 시골 지역을 복음화할 때 사용하는 방법은 도시 지역에서는 효과적이지 못한 경우가 많다. 물론 원리는 같다. 즉, 사람들과 그들의 문제를 이해하는 것, 사역을 하면서 사랑으로 그들과 동일화되는 것, 무엇보다 하나님의 능력과 인도에 의존하는 것은 중요한 원리다. 그러나 도시의 특수한 사회 구조와 문화와 연관된 문제들은 새롭게 적용해야 한다.

문화 위기

우리는 갑작스런 문화 위기와 날로 증가하는 사회의 소용돌이 속에 살고 있다. 세계적으로 볼 때, 이러한 경향은 구제를 통한 복음 전도의 문을 열어 주고 있다. 그러나 그러한 위기와 소용돌이가 세계 많은 사람을 섬겨야 하는 선교사들에게는 복음 전도를 더 어렵게 하고 있다.

폭력 현대 선교는 세계를 휩쓸고 있는 폭력 문제 증가를 다루어야 한다. 1900년부터 1941년에는 국제 전쟁과 시민전쟁이 24차례 있었다고 보고되었다. 그리고 1945년부터 1969년에는, 훨씬 짧은 기간이지만 전쟁이 97차례 넘게 있었다. 1984년에는 각종 규모의 전쟁이 세계 곳곳에서 40여 차례 일어났다.[158] 여기에 테러, 거리 폭력, 문명 세계에 만연한 유괴도 추가해야 한다.

이 모든 문제에는 선교가 필요하다. 교회는 폭력 희생자들에게 복음을 전하고, 그들을 돕는 사역을 감당해야 한다. 세계 곳곳에 1,700만 명이 넘는 난민이 있다. 그들은 대부분 복음이 필요하고, 복음의 문도 비교적 활짝 열려 있다. 교회는 화해자 역할을 감당해야만 한다. 교회가 화해의 역할을 잘 감당한 인도네시아 같은 곳에서는 전도의 문도 쉽게 열렸다. 불행히도 선교사도 유괴당하고 고통을 겪으며 죽음에 직면하는 어려움에 대처해야 한다. 폭력배는 희생자를 무차별적으로 선택하며, 문화적으로나 도덕적으로 아무런 기준 없이 무분별하게 폭력을 행사하기 때문이다.

가난과 기근 데이비드 바렛(David Barrett)은 7억 8천만 명의 세계 인구가 절대 빈곤 속에 살고 있다고 지적한다. 이 절대 빈곤 기준은 인간의 기본적 필요 이하의 문맹, 영양실조, 질병 등을 고려한 세계은행 기준에 따른 것이다.¹⁵⁹ 이러한 필요에 처한 사람들 가운데 약 5억 명은 굶어 죽을 지경에 있으며, 15억 명은 영양실조 상태다. 서구의 부요층을 향한 적대감 때문에 그들은 마르크스주의로 돌아가고 그들의 혁명적인 목적을 달성하려 하였다.

빈곤 결과는 특히 유아와 어린이에게 치명적이다. 1981년에 태어난 신생아 1억 2,500만 명 가운데 1,200만 명이 첫돌이 되기 전에 죽었으며, 500만 명이 만 5세 이전에 죽었다. 어린이 4명 중 1명꼴로 영양실조로 고통 받고 있으며, 5명 중 4명은 적절한 의료 혜택을 받지 못하고 있다. 가장 불쌍한 아이들은 나이 어린 미혼모들이다. 2/3세계에서는 첫 임신을 하는 산모 가운데 40퍼센트가 15살 전후 소녀들이다.

이와 대조적으로 기독교 신자 15억 명이 세계 자원의 3분의 2를 소유하고 있고, 비그리스도인보다 연평균 3배의 수입을 올리고 있다. 그러나 모든 그리스도인이 물질적으로 부자는 아니다. 거의 2억 명의 기독교 인구가 절대 빈곤 속에 살고 있으며, 반면에 약 7억 5,000만 명의 기독교인은 부유하게 살고 있다. 부유한 그리스도인 대부분이 구호금을 지원하고 있지만, 평균적으로 보면 자기 수입의 3퍼센트 이하만 기독교 사역에 사용하는 셈이다. "그들이 십일조를 제대로 낸다면, 그들이 드린 십일조로 지구상의 수많은 사람에게 분배한다면, 기근, 가난, 질병, 실업, 식수 공급 등의 문제를 상당 부분 해결할 수 있을 것"이라고 바렛은 결론짓는다.¹⁶⁰

선교사들은 세계 곳곳에 빈곤으로 상당히 고통 당하는 사람들이 존재한다는 사실을 깨달아야 한다. 그리고 선교사 자신은 세계 여러 지역에서 부요한 사람과 동일시되고 있다는 사실도 인식해야 한다.

억압과 정의 세계적으로 억압과 정의 문제에 대한 인식이 점차 높아지고 있다. 원래 기독교에 뿌리를 두고 있는 인권 개념은 실행에 옮겨지지 않는 수식어에 지나지 않을지 몰라도 많은 현대 국가 사이에서 인식이 확산되고 있다. 그 결과, 기독교나 다른 종교, 또는 세속적 마르크스주의 등에 기초를 두고 있든 아니든 대부분의 정부는 불의를 비난하고 있다. 특히 남미 교회 안에서 인간의 억압 문제를 건설적으로 해결하려는 신학 운동이 일어났다.

오늘날 선교사들은 불의나 고통의 문제에 성경적으로 응답해야 하고, 그에 합당하게 행동해야 한다. 우리는 해방 신학에 동의하지 않지만, 우리 시대가 고민하는 문제인 인권 문제에 대한 질문은 회피할 수 없다.

민족주의

지구를 휩쓸고 있는 또 하나의 문화 현상은 민족주의다. 지난 두 세기 동안 선교 흐름을 지배해 온 식민 제도가 붕괴되는 것을 우리는 지켜보았다. 인간의 정치 제도는 미래가 늘 불확실하다. 어떤 의미에서 한 시대는 지나가고, 또 다른 시대가 태동하려고 씨름하고 있는 것이다. 허버트 케인(Herbert Kane)과 랄프 코벨(Ralph Covell)은 선교 운동을 위한 민족주의의 중요성을 다음과 같이 기록하였다.

> 그것에 대한 의심은 없다. 기독교 선교에 관한 한 우리는 새로운 시대에 살고 있다. 지난 30년 동안은 이전 어느 시대보다 세계 정치 제도의 변화를 많이 겪었다. 19세기 세계의 강력한 힘이던 식민주의가 20세기에 들어와서는 훨씬 큰 세력인 민족주의에 자리를 내주었다. …… 지금은 선교 운동이 상황에 따라 호의적이기도 하고 비호의적이기도 하며, 때로는 적대적이기도 한 정치 상황 가운데 있다는 것을 발견할 수 있다.
>
> 19세기에는 몹시 호의적인 정치 분위기에서 선교가 진행되었다는 점이 문제였다. 그 당시 기독교 선교사들은 마음대로 오갈 수 있었다. 여권이 거의 필요하지 않았고 비자라는 것도 알려져 있지 않았다. 유럽 열강은 모든 대륙에 평화를 억지로 떠맡겼고, 선교사는 그러한 식민 세력의 보호를 누렸다.[161]

오늘날 상황은 현저하게 바뀌었다. 유엔은 1945년에 51개 회원국으로 출발했지만, 지금은 회원국이 거의 3배가 되었다. 신입 회원국 대부분이 1960년 이후 독립한 이전의 피식민 국가들이다.

당연히 이 나라들은 새로 찾은 주권을 행사했으며, 합당하지 않다고 생각하는 사람은 누구든 추방하거나 받아들이지 않을 수 있었다. 공산주의 국가와 많은 이슬람 국가는 기독교 선교사들에게 문을 닫아 버리기도 했다. 국익이라는 이름으로 선교 활동을 제한하거나 금지하기도 했다. 오늘날은 비자가 필요하고 거주하거나 노동하려면 허가를 받아야 하며, 이런 일을 위해 수많은 서류를 준비하고 수속이 지연되면서 선교사들은 지쳐 버린다. 이러한 현상은 선교사의 입국을 법적으로 허용하는 나라에서도 마찬가지다.

혁명이 상황을 복잡하게 만들기도 한다. 에티오피아 같은 나라는 한때 선교 사역에 개방적이었으나, 정치 변혁 이후로는 선교 사역을 금지하였다. 우간다 같은 나라는 정권이 바뀐 후 오히려 선교 활동이 개방되었다. 선교사는 혁명이 진행되는 상황에서도 사역을 감당하는 법을 배워야 하며, 사역의 문이 열린 곳은 어디나 기꺼이 가겠다는 준비를 해야만 한다.

타종교의 부흥

오늘날, 아마도 역사상 처음으로 전 세계에서 종교가 다원화되고 있다. 한때는 여러 종교가 특정 지역에 제한되어 있었다. 힌두교는 인도에서 발원되었고, 불교는 동남아시아에서, 이슬람교는 중동, 북아프리카, 인도네시아 등지에서 출발했다. 그러나 지금은 유럽에 무슬림이 있고, 영국과 독일에 불교도가 있으며, 미국에도 힌두교도가 있다. 이제 전 세계가 선교지인 것이다(표8).

[표8] 세계 종교 인구[162]

연도(A. D.)	30	1000	1800	1900	1985	2000
세계 인구(단위: 100만)	170	207	903	1,620	4,781	6,260
그리스도인	0	50	208	558	1,549	2,020
%	0	18.7	23.1	34.4	32.4	32.3
무슬림				200	817	1,200
%				12.4	17.1	19.2
힌두교도				203	648	859
%				12.5	13.5	13.7
불교도				127	296	359
%				7.8	6.2	5.7
중국 민속 종교				380	188	158
%				23.5	3.9	2.5
부족 종교				118	103	101
%				7.3	2.3	1.9
비종교인, 무신론자				3	1,016	1,334
%				.2	21.3	21.3

더구나 다른 종교에서도 기독교의 선교 활동에 자극받아 부분적이지만 선교 정신이 증가하고 있다. 예를 들어, 이슬람교는 석유를 팔아 벌어들인 돈을 기금으로 선교 운동을 조직하였으며, 오늘날에는 기독교보다 급속하게 성장하고 있다. 성장률이 지속된다면, 21세기 말에는 기독교를 따라올 것이다. 개혁 힌두교는 유럽에 급속하게 번져 가고 있으며, 불교는 독일과 네덜란드에 선교 센터를 두고 있다. 시내나 농촌의 거리에서 복음을 전하는 사람들은 기독교 선교사들만이 아니다.

더 이상한 점은 타종교의 부흥과 함께 세계의 교육받은 많은 사람들 사이에 세속주의가 확산되어 가고 있다는 것이다. 이 세속주의는 궁극적인 실재에 대한 관심에서 방향을 돌려 현세의 삶에만 초점을 두는 현세적 세속주의다.

미래를 향한 도전

오늘날 세계를 휩쓸고 있는 변화들은 기독교 선교에 새로운 문제를 많이 야기하고 있다. 그러나 한편으로는 신선한 기회를 제공하기도 한다. 식민주의 분위기에서는 세계 선교를 위한 개방적인 접근법이 생겨나기 어렵다. 그러나 서구 식민주의와 기독교 선교를 동일시하는 태도도 사라지고 있다. 그리고 민족적이며 문화 다원주의에 대한 현대 선교의 민감성도 증가하고 있다. 그리고 후기 식민주의적 선교 사역의 모델을 찾고 있다.

전통 종교의 부흥은 세계 여러 곳의 신생 교회에 심각한 도전 세력이 된다. 오늘날 교회는 진실로 국제적이 되고 있다는 사실을 직시해야 한다. 가장 급속한 성장은 2/3세계에서 일어나고 있다. 특히 중앙아프리카, 인도 북부, 한국, 남미 국가에서 교회가 급속하게 성장하고 있다. 선교 초창기의 가부장적 관계의 선교에서 벗어나 2/3세계의 많은 교회가 생명력을 가지고 있고, 새로운 선교 비전도 보여 주고 있다. 한국인 선교사들이 로스엔젤레스에서 사역하고 있고, 인도인 선교사들이 유럽으로 들어가고 있다. 전 세계가 선교지로 변해 가면서 세계의 교회들도 선교사의 특성을 갖게 되었다. 교회의 노력에도 한 나라에서는 닫혔던 문이 다른 나라에서는 열릴 수도 있다.

교회, 특히 서구에 있는 교회가 새로운 도전과 기회에 어떻게 응답할지는 여전히 숙제로 남아 있다. 역사적으로 볼 때 한 가지 분명한 사실은 하나님의 사역이 무엇보다 선교사에게 중요한 일이라는 것이다. 한 교회가 이 과업에 흥미를 잃어버린다면 하나님은 그 사역을 감당할 다른 손을 찾으실 것이다. 예루살렘, 안디옥, 에베소, 알렉산드리아는 한때 초대 교회의 선교 중심지였다. 그러나 한 교회가 하나님의 과업에서 빗나가면, 하나님은 자신의 사역을 감당할 새로운 선교 기지를 찾으신다. 중세에는 콘스탄티노플, 로마, 프랑스 같은 나라가 선교 사역을 감당하게 하셨는데, 그 나라들이 선교 비전을 잃어버리면 하나님은 다른 나라를 일으키셔서 교회의 선교 사역을 이어 가신다. 그후에는 스페인, 포르투갈, 독일, 영국이 그 사명을 감당했다. 그리고 현 세기에는 미국이 선교 중심지가 되었다. 교훈은 명백하다. 우리가 복음 전도와 삶에서 세상에 본을 보이고 하나님 나라를 전하는 소명에 충실하지 못한다면, 하나님은 다른 대안을 찾으신다는 것이다.

우리는 그리스도의 위임 명령에 새로이 귀 기울여야 한다. "아버지께서 나를 보내신 것같이 나도 너희를 보내노라"(요 20:21). 그리고 우리는 주님의 부르심에 순종하기 위해 필요한 비용을 지불하고 기꺼이 고통을 감내하리라는 제자의 자세로 응답해야 한다. 우리는 그 책임에서 빗나가서는 안 된다.

캐논 티오도르 베델(Canon Theodore Wedel)은 많은 배가 항해하다가 파선되어 많은 생명을 잃은, 위험한 해변을 비유로 들었다.[163] 근교 어촌에서 온 자원자들이 반복해서 폭풍우 속으로 뛰어들어 물에 빠져 가는 많은 사람을 구출하였다. 구원받은 사람들도 그후에 종종 구조반에 가담하였다.

어느 날, 한 자원자가 연습만 한다면 훨씬 나은 일도 감당할 수 있으리라고 제안하였다. 그래서 구조대원들은 여름에 노를 젓고 구명대를 물에 던져 구출해 내는 훈련을 하였다. 그후 훈련받은 사람들은 더 많은 목숨을 구할 수 있었다. 또 다른 자원자는 해변에 구명선을 보관할 선착고를 지어야겠다고 생각했다. 그러면 마을에서 배를 가져오는 데 소요되는 시간을 절약할 수 있으리라고 생각한 것이다. 잠시 후 세 번째 자원자가 구출받은 사람들을 위한 거처를 짓자고 제안하였다. 그들이 종종 추위로 얼어 죽는 일이 있었기 때문이다. 그리고 또 다른 자원자가 폭풍의 희생자들이 몸을 녹이도록 국을 끓일 부엌을 만들자고 주장하였다. 이 모든 새로운 생각이 그들의 사역에 유효성을 더해 주었다.

나중에 한 구조대원이 배가 파선될 때 빨리 구조할 수 있도록 아예 폭풍우가 오는 동안 선착고 안에서 대기하는 것이 좋겠다고 제안하였다. 그러자 또 다른 사람이 대기하는 동안 지겹지 않도록 오락실을 만들자고 제안하였고, 세 번째 사람은 선착고에서 기다리는 동안 뜨거운 음료와 음식을 준비할 수 있도록 부엌을 확장하자고 하였다. 구조대원들은 큰 기쁨으로 계획을 세우고 집을 지었으며, 좋은 식당과 휴게실을 만들었다. 구조본부는 놀랍게 성장하였고, 더 많은 사람이 그 일에 가담하였다.

시간이 지나면서, 구조가 고도로 전문화된 과업이며 전문적으로 훈련받은 사람들이 감당해야 한다는 것을 깨달았다. 그래서 그들은 젊은 사람들을 고용해서 폭풍우가 오면 나가게 하고, 나머지 사람들은 구조 본부에서 그들을 지원하며 격려하는 일을 감당하였다. 최종적으로, 구조대원들은 회의를 소집해서 생명을 구조한다는 "구조대"의 성격을 포기하자고 결정하였다. 비용이 너무 많이 들고, 저마다 관련된 위원회나 활동 때문에 분주해서 감당하기가 어렵다는 것이다.

몇몇 대원은 주요 목적을 포기한 것에 항의하였다. 그래서 그들은 사임해 버리고 아래 해안에서 새로운 구조대를 시작하였다. 그들은 다시 폭풍우와 파도 속으로 뛰어들어 익사해 가는 사람들을 구조하였다.

어느 날, 한 자원자가 좀 더 연습하면 일을 더 잘할 수 있을 것이라고 제안하였다. 그래서 여름에 구조대원들은 노 젓기와 구명대 투척을 연습하였고, 더 많은 사람을 구조할 수 있었다. 곧 그 구조대의 대원들은 시합을 하자고 제안했다. 그 구조대가 실제로 생명을 구하는 일을 포기할지라도, "구조"하는 일을 여름 운동으로 유지할 수 있었기 때문이다. 승리한 구조대원들에게는 집으로 가져갈 트로피가 주어졌다.

나중에 새로운 집단에서 어떤 사람이 자기들을 보호할 선착고를 해변에 지어야 한다고 제안하였고, 다른 회원은 부엌도 필요하고 구출받은 사람들을 위한 거처도 필요하다고 말하였다. 얼마 지난 후, 그들은 폭풍우가 오는 동안 해변에서 기다리는 사람들을 위하여 오락실과 식당도 지었다.

결국, 구조는 고도로 훈련된 기술이 필요하였고, 그 일을 위해 전문가를 고용하였다. 그리고 어느 날, 대원들은 비용이 너무 많이 들고, 자신들이 너무 바쁘다는 이유로 생명 구조 사업을 중단하기로 결정했다. 몇몇 대원이 이에 저항하고, 진정한 구조대를 시작하겠다며 아래 해안으로 옮겨 갔다.

우리는 남은 이야기를 알고 있다.

그 해안을 방문한다면, 우리는 해안 여러 군데서 구조대를 발견할 수 있을 것이다. 그 해안에는 아직까지 난파선이 많고 사람들이 익사하고 있지만, 그들 중 누구도 생명 구조에는 관심이 없다.

어느 선교사의 명상

내가 비록 내가 섬기는 사람들이 말하는 현지어로 말하고, 열정적인 전도자의 웅변력으로 설교할 수 있을지라도, 외과 의사로서 능숙하게 수술하고, 농업 전문가로서 좋은 품질의 벼를 재배할 수 있을지라도, 교사로서 학식 있는 강의를 할지라도, 내게 사랑이 없다면, 내 메시지는 빈껍데기일 뿐이다.

내게 타고난 외교술과, 회의나 행정에 탁월한 은사가 있을지라도, 많은 선교 기금을 모금하는 데 확신이 있을지라도 내게 사랑이 없다면, 나는 아무 쓸모가 없다.

내가 내 재산을 나누어 주고 가난한 사람들에게 돈을 거저 줄지라도, 그리스도의 강력한 추종자가 되도록 형제자매를 돕지 못한다면, 나는 아무것도 성취한 것이 아니다.

선교사의 삶과 사역에 진실한 사랑이 있다면, 그 사랑은 인내하는 건설적인 사랑이다. 사랑은 지위나 특권을 추구하지 않는다. 사랑은 사역을 담당한 경쟁적인 현지인들을 보며 기뻐하고 부러워하지 않는다. 사랑은 현지 지도자를 기꺼이 훈련하길 원한다. 사랑은 중요성을 부풀리지 않는다. 사랑은 결코 영향을 끼치려고 염려하지 않는다. 사랑은 사람들과 동일시하여 낮아지며, 결코 교만하거나 자문화 중심적이지 않다.

진정한 사랑은 멸시하지 않는다. 다른 사람의 잘못을 세지 않으며, 기쁨과 슬픔, 실패와 성공을 유익한 방향으로 짊어지려 한다. 사랑은 문화가 다르고 의견이 다르다고 해서 쉽게 성내지 않는다. 갖가지 소문이 무성할 때도 가장 좋은 소문만 믿는다.

진정한 사랑은 함께하는 것이다. 사랑은 현지인 없이 성공하는 것보다 현지인과 함께 실패하는 것을 더 낫게 여긴다. 사랑은 조급해하지 않는다. 사랑은 상처 받은 감정을 숨기지 않는다. 사랑은 이해하는 데 결코 장애가 되지 않는다. 사랑은 진리를 나누길 기뻐한다.

사랑은 늘 열린 마음을 유지하며, 어떤 일을 할 때 새로운 방법이나 노력을 기꺼이 받아들인다. 사랑은 새로운 비전을 제한하는 과거에 결코 집착하지 않는다. 사랑은 필요하다면 용기 있게 옛것을 바꾸며, 현지 사회의 문화 상황에 적응하기 위해 선교사의 문화에서 신뢰할 만한 양식들을 받아들이는 데 유연하다. 우리가 적응하고 변화하는 데 준비되어 있지 않다면, 우리는 새로운 목소리가 없는 옛 체제의 옹호자를 갖게 될 것이며, 진리를 추구하지 않는 제도에만 관심 있는 사람이 될 것이다. 그렇게 된다면, 우리에게는 설교자는 있지만 선지자는 없을 것이다. 고용된 정원사가 비싼 장비를 사용하여 잘 다듬은 떨기나무를 가꿀 수 있지만, 그 떨기나무에 타오르는 불꽃을 소유할 수는 없을 것이다.

어린아이처럼 신뢰하는 단순한 사랑은 결코 쇠하지 않는다. 큰 제도도 무너진다. 지식을 나누어 주는, 든든한 보조금으로 운영되는 학교나 대학도 문을 닫을 수 있다. 학교에서 얻은 지혜로 학생들을 그리스도께 이끌지 못한다면 교육을 정부에 위탁하는 편이 낫다. 길이요 진리요 생명이신 그분이 없다면 우리의 지식은 언제나 불완전한 것이기 때문이다. 아무런 욕망이 없고 신뢰가 있는 사랑은 결코 쇠하지 않는다.

우리는 변화와 전환의 시기에 있다. 우리는 후기 식민 시대에 살고 있다. 우리가 어디로 가고 있으며 선교와 전도의 미래에 무슨 일이 일어날지를 진정으로 알고 있는 사람이 어디 있는가? 이 땅에서는 단지 희미하게 알 수 있을 뿐이다.

기독교 선교가 아직 유아기일 때, 그리스도의 복음을 전하는 방법은 단순하고 심지어 순수했다. 권세는 몇몇 사람에게만 있었다. 그러나 지금 선교는 한 세기 넘게 성장해 왔다. 어린아이와 같이 의존적인 것은 버려야만 한다. 새롭고 힘 있으며 토착적인 주님의 교회가 모든 민족의 토양 속에 깊숙이 심겨져야 한다. 자립하며, 자전하고, 자치하는 교회가 되어야 할 뿐 아니라, 자기 문제에 스스로 해답을 찾고 신학화할 수 있는 성숙한 교회가 되어야 한다.

그러나 무슨 일이 일어나든, 어떤 방향으로 변화의 바람이 불든, 우리가 확신하는 것이 있다. 우리 주님은 증인을 남기지 않고 떠나지 않으셨으며, 앞으로도 그러시리라는 것이다. 지금 모든 것이 뒤틀어지고, 혼동되고, 때로 소망 없어 보이지만, 하나님은 자신의 창조와 이루신 구속의 은혜를 인하여 역사 속에서 자신의 계획을 완성해 가고 계신다.

이것을 확실히 알아야 한다. 제도는 사라질 것이다. 그러나 생명의 주로 오셔서 죽으시고 부활하셔서 지금도 살아 계시는 그리스도의 구속의 사랑이라는 메시지를 선포하고, 굶주리는 사람들과 필요를 함께 나누던 사람들의 수고는 결코 사라지지 않을 것이다. 이 생명 안에는 변치 않는 세 가지 법칙이 있는데, 바로 믿음과 소망과 사랑이다. 이 세 가지 중에서도 가장 중요한 것은 사랑이다.

주

1. Peter Berger, Brigitte Berger, and Hansfried Kellner, *A Rumor of Angels: Modern Society and the Rediscovery of the Supernatural* (Garden City, N.Y.:Anchor Boods, Doubleday, 1970), p. 42.
2. Paul G. Hiebert, "Anthropological Tools for Missionaries" (Singapore: Haggai Institute, 1983), p. 1.
3. P. Y. Luke and J. B. Carman, *Village Christians and Hindu Culture* (London: Lutterworth, 1968).
4. Raymond Firth, *Symbols: Public and Private* (Ithaca, N.Y.: Cornell University Press, 1973), p. 313.
5. Paul G. Hiebert, "Anthropological Tools for Missionaries" (Singapore: Haggai Institute, 1983), p. 4.
6. A. F. C. Wallace, "Revitalization Movements." *American Anthropologist* 58:264-2, 1956.
7. Clifford Geertz, "Religion as a Cultural System." In *Reader in Comparative Religion*, edited by W. A. Lessa and E. Z. Vogt. 3rd ed. (New York: Harper and Row, 1972), p. 169.
8. Charles H. Kraft, *Christianity in Culture* (Maryknoll, N.Y.: Orbis, 1979), p. 56.
9. Nirmal Minz, "The Freedom of the Indigenous Church Under the Holy Spirit and Communication of the Common Christian Heritage in the Context of this Freedom." In *The Gospel and Frontier Peoples*, edited by Pierce Beaver (South Pasadena: William Carey Library, 1973), p. 101.
10. C. R. Taber, "The Limits of Indigenization in Theology." *Missiology* 6 (January, 1973): p. 73

11. Nirmal Minz, "The Freedom of the Indigenous Church Under the Holy Spirit and Communication of the Common Christian Heritage in the Context of this Freedom." In *The Gospel and Frontier Peoples*, edited by Pierce Beaver (South Pasadena: William Carey Library, 1973), p. 110.
12. "The Temporary Gospel," *The Other Side* magazine, Nov.-Dec. 1975. Reprinted with permission from *The Other Side* magazine, 300 W. Apsley St., Philadelphia, Pa. 19144. Copyright(c).
13. Eugene A. Nida, *Customs and Cultures: Anthropology for Christian Missions* (Pasadena: William Carey Library, 1975), pp. 77-78.
14. Paul G. Hiebert, "Anthropological Tools for Missionaries" (Singapore: Haggai Institute, 1983), p. 9.
15. Edward T. Hall, *Silent Language* (Greenwich, Conn.: Fawcett, 1959).
16. Paul G. Hiebert, *Cultural Anthropology*, 2nd ed. (Grand Rapids: Baker, 1983), p. 34.
17. Eugene A. Nida, *Customs and Cultures: Anthropology for Christian Missions*, pp. 5-6.
18. 앞의 책, p. 8.
19. Paul G. Hiebert, *Cultural Anthropology*, 2nd ed. (Grand Rapids: Baker, 1983), p. 40.
20. Myron Loss, *Culture Shock*. Middleburg (Pa.: Encouragement Ministries, 1983).
21. William A. Smalley, "Culture Shock, Language Shock and Shock of Self-Discovery." In *Readings in Missionary Anthroplolgy II*, edited by William A. Smalley (South Pasadena: William Carey Library, 1978), p. 698.
22. Elisabeth Elliot, *These Strange Ashes* (New York: Harper and Row, 1975), p. 41.
23. Richard McElroy, "The New Missionary and Culture Shock." *Latin American Evangelist 52* (May-June, 1972), 표지 안쪽.
24. William A. Smalley, "Culture Shock, Language Shock and Shock of Self-Discovery." In *Readings in Missionary Anthroplolgy II*, edited by William A. Smalley (South Pasadena: William Carey Library, 1978), p. 693.
25. Thomas H. Holmes and M. Masusu, "Life Change and Illness Susceptibility." In *Stressful Life Events: Their Nature and Effects*, edited by Barbara S. Dohrenwend and Bruce P. Dohrenwend (New York: Wiley, 1974).
26. 앞의 책, pp. 42-72.

27. James Spradley and Mark Phillips, "Culture and Stress—A Quantitative Analysis." *American Anthropologist* 74, 1972: pp. 518—529.
28. Cecil Osborne, *The Art of Understanding Yourself* (Grand Rapids: Zondervan, 1967), p. 198.
29. Levi Keidel, *Stop Treating Me like God* (Carol Stream, Ill.: Creation House, 1971), p. 67.
30. Dwight L. Carlson, *Run and Not Be Weary* (Old Tappan, N.J.: Revell, 1974), p. 65.
31. Kalervo Oberg, "Culture Shock: Adjustment to New Cultural Environments." *Practical Anthropology* 7, 1960: pp. 177—182.
32. E. Thomas Brewster and Elizabeth S. Brewster, *Bonding and the Missionary Task* (Pasadena: Lingua House, 1982).
33. Originally appreared in *HIS*. student magazine of Inter-Varsity Christian Fellowship, © 1948, 1960, 1967, 1982 and used by permission.
34. Richard W. Brislin and H. Van Buren, "Can They To Home Again?" *Exchange* 9, 1974: pp. 19—24.
35. Joseph C. Shenk, "Joys and Frustrations of Going Home." (Akron, Pa.: Mennonite Central Committee, n. d.), p. 5.
36. E. Thomas Brewster and Elizabeth S. Brewster, *Bonding and the Missionary Task* (Pasadena: Lingua House, 1982), pp. 8—9.
37. Marvin K. Mayers, *Christianity Confronts Culture: A Strategy for Cross-Cultural Evangelism* (Grand Rapids: Zondervan, 1974).
38. 앞의 책, p. 34.
39. Myron Loss, *Culture Shock* (Middleburg, Pa.: Encouragement Ministries, 1983), p. 67.
40. 앞의 책, p. 66.
41. From Myron Loss, *Culture Shock* (Middleburg, Pa.: Encouragement Ministries, 1983), p. 66.
42. Alicja Iwanska, "Some American Values." Cited by William A. Smalley in "the World Is Too Much With Us," in *Readings in Missionary Anthropology*, edited by William A. Smalley (South Pasadena: William Carey Library, 1978), pp. 701—702.
43. Jacob A. Loewen, *Culture and Human Values: Christian Intervention in Anthropological Perspective* (South Pasadena: William Carey Library, 1975),

pp. 428-443.
44. Edward T. Hall, *Silent Language* (Greenwich, Conn.: Fawcett, 1959).
45. Paul G. Hiebert, "Anthropological Tools for Missionaries" (Singapore: Haggai Institute, 1983), p. 13.
46. 앞의 책, p. 13.
47. Donald N. Larson, *Missiology* 6 (April 1978): pp. 158-161.
48. William D. Reyburn, "Identification in the Missionary Task." In *Readings in Missionary Anthropololgy*, edited by William A. Smalley. 2nd ed. (South Pasadena: William Carey Library, 1978), pp. 746-760.
49. Colin M. Turnbull, *The Lonely African* (New York: Simon and Schuster, 1968).
50. Edward C. Stewart, *American Cultural Patterns: A Cross-Cultural Perspective* (Chicago: Intercultural Press. 1972), p. 62.
51. Gerardo Reichel-Dolmatoff and Alicia Reichel-Dolmatoff, *The People of Aritama: The Cultural Personality of a Colombian Mestizo Village* (Chicago: University of Chicago Press, 1961), p. 440.
52. J. C. Condon and Fathi S. Yousef, *An Introduction to Intercultural Communication* (Indianapolis: Bobbs-Merrill, 1975), p. 114.
53. Edward C. Stewart, *American Cultural Patterns: A Cross-Cultural Perspective* (Chicago: Intercultural Press, 1972), p. 61.
54. 앞의 책, p. 64.
55. George Foster, "Peasant Society and the Image of the Limited Good." *American Anthropologist* 67:2 (April, 1965): pp. 293-315.
56. Conrad M. Arensberg and Arthur H. Niehoff, *Introducing Social Change: A Manual for Community Development* (Chicago: Aldine, 1964), p. 214.
57. 앞의 책, pp. 161f.
58. G. F. Vicedom, *Church and People in New Guinea* (London: World Christian Books, 1961), pp. 16f.
59. Edward C. Stewart, *American Cultural Patterns: A Cross-Cultural Perspective*, p. 36.
60. E. A. Burtt, *The Metaphysical Foundations of Modern Science* (Garden City, N.Y.: Doubleday, 1954).
61. Peter Berger, Brigitte Berger, and Hansfried Kellner, *The Homeless Mind: Modernization and Consciousness* (New York: Vintage Books, 1974).
62. W. Lloyd Warner, M. Meeker and K. Eells, *Social Class in America: A Manual of Procedure for the Measurement of Social Status* (New York: Harper and

Brothers, 1960).
63. Florence R. Kluckhohn and Fred L. Strodtbeck, *Variations in Value Orientations* (New York: Row and Peterson, 1961), pp. 15-17.
64. Edward C. Stewart, *American Cultural Patterns: A Cross-Cultural Perspective*, p. 68.
65. Peter Berger, Brigitte Berger and Hansfried Kellner, *The Homeless Mind: Modernization and Consciousness*.
66. Edward C. Stewart, *American Cultural Patterns: A Cross-Cultural Perspective*, p. 32.
67. Hajime Nakamura, *Ways of Thinking of Eastern Peoples: India, China, Tibet, Japan*, edited by Philip Wiener (Honolulu: East-West Center Press, 1964).
68. Francis L. K. Hsu, "American Core Value and National Character." In *Psychological Anthropology: Approaches to Culture and Personality* (Homewood, Ill.: Doresy, 1961), p. 248.
69. Edward C. Stewart, *American Cultural Patterns: A Cross-Cultural Perspective*, p. 56.
70. Francis L. K. Hsu, *Clan, Caste and Club* (Princeton, N.J.: Van Nostrand, 1963).
71. Edward C. Stewart, *American Cultural Patterns: A Cross-Cultural Perspective*, p. 58.
72. Mortimer Arias, "Centripetal Mission or Evangelism by Hospitality." *Missiology* 10, 1982: pp. 69-81.
73. Conrad M. Arensberg and Arthur H. Niehoff, *Introducing Social Change: A Manual for Community Development*, p. 183.
74. 앞의 책, p. 180.
75. Parker Palmer, *A Place Called Community* (Wallingford, Pa.: Pendle Hill, 1977), p. 9.
76. Edward C. Stewart, *American Cultural Patterns: A Cross-Cultural Perspective*, p. 52.
77. 앞의 책, p. 56.
78. J. C. Condon, "Cross-cultural Interferences Affecting Teacher-Pupil Communication in American Schools." *In Intercultural Communication: A Reader*, edited by Larry A. Samover and Richard E. Porter, (Belmont, Calif.: Wadsworth, 1976), p. 345.
79. John S. Mbiti, *African Religions and Philosophy* (New York: Praeger, 1969), pp. 15-28.
80. Edward C. Stewart, *American Cultural Patterns: A Cross-Cultural Perspective*, p. 67.
81. Raja Rao, *Kanthapura* (New York: New Directions, 1967), p. vii.
82. Daniel P. Kelly, *Receptor Oriented Communication: An Approach to Evangelism and Church Planting Among the North American Indians*. D. Miss. dissertation,

School of Word Mission, Fuller Theological Seminary, 1982.
83. Walter J. Ong, "World as View and World as Event." *American Anthropologist* 71, 1969: p. 642.
84. Albert Mehrabian, "Communication Without Words." In *Basic Readings in Communication Theory*, edited by C. David Mortensen, (New York: Harper and Row, 1979), p. 173.
85. Adapted in part from a list suggested by Donald Smith, Daystar Communications, Nairobi.
86. Paul G. Hiebert, "Missions and the Understanding of Culture," in *The Church in Mission*, ed. A. J. Klassen (Fresno: Board of Christian Literature, Mennonite Brethren Church, 1967), p. 254.
87. 앞의 책, p. 255.
88. 앞의 책, p. 255.
89. William A. Smalley, "Culture Shock, Language Shock and Shock of Self-Discovery." In *Readings in Missionary Anthropology II*, edited by William A. Smalley (South Pasadena: William Carey Library, 1978), pp. 673-677.
90. Eugene A. Nida, "Mariology in Latin America." In *Readings in Missionary Anthropology II*, edited by William A. Smalley (South Pasadena: William Carey Library, 1978), pp. 46-54.
91. Eugene A. Nida and William D. Reyburn, *Meaning Across Cultures: A Study on Bible Translating* (Maryknoll, N. Y.: Orbis, 1981), p. 2.
92. 앞의 책.
93. 앞의 책, p. 54.
94. 앞의 책, p. 26-30.
95. Paul G. Hiebert, "Anthropological Tools for Missionaries" (Singapore: Haggai Institute, 1983), p. 22.
96. Jack Dabner, "Notes on Communication" (Singapore: Haggai Institute, 1983), p. 4.
97. P. Y. Luke and J. B. Carman, *Village Christians and Hindu Culture* (London: Lutterworth, 1968).
98. Charles H. Kraft and T. N. Wisley, *Readings in Dynamic Indigeneity* (Pasadena: William Carey Library, 1979).
99. James Engel, "Communicating the Gospel with Understanding" (Atlanta, Ga.: Haggai Institute, 1984).

100. Stephen Neill, *Christian Faith and Other Faiths* (London: Oxford University Press, 1961).

101. *Konduru* by Paul G. Hiebert. Reprinted by permission of the Publisher, University of Minnesota Press. Copyright ⓒ University of Minnesota.

102. Paul Radin, *Primitive Man as Philosopher* (New York: Dover, 1957), p. 140 에서 번안함.

103. John V. Taylor, *The Primal Vision: Christian Presence amid African Religions* (London: SCM, 1977), p. 153.

104. Paul Radin, *Primitive Man as Philosopher*, p. 361.

105. Arthur W. Ryder, *The Panchatantra* (New Delhi: Jaico, 1956), p. 374.

106. Adapted from Gananath Obeyesekere, *The Cult of the Goddess pattini* (Chicago: University of Chicago Press, 1984), pp. 113-114. ⓒ 1984 by the University of Chicago Press.

107. John V. Taylor, *The Primal Vision: Christian Presence amid African Religions* (London: SCM, 1977), pp. 94-95.

108. Trobisch, Wlater A., "Congregational Responsibility for the Christian Individual," in *Readings in Missionary Anthropology II*, ed. William A. Smalley(South Pasadena: William Carey Library, 1978), pp. 233-235. Used by permassion.

109. Arnold Van Gennep, *The Rites of Passage*. Translated by M. B. Vizedom and G. L. Caffee (Chicago: University of Chicago Press, 1960), p. 151.

110. Benjamin C. Ray, *African Religions: Symbol, Ritual, and Community* (Englewood Cliffs, N. J.: Prentice-Hall, 1976), p. 93.

111. Richard C. Thurnwald, *Banaro Society: Social Organization and Kinship System in a Tribe in Interior New Guinea* (Lancaster, Pa.: American Anthropological Association, 1916).

112. C. Norman Kraus, *The Authentic Witness* (Grand Rapids: Eerdmans, 1979).

113. 앞의 책, p. 71.

114. T. Wayne Dye, *The Bible Translation Strategy: An Analysis of Its Spiritual Impact*. Ph.D. dissertation. Fuller Theological Seminary, 1982.

115. Clifford Geertz, "Religion as a Cultural System." In *Reader in Comparative Religion*, edited by W.A. Lessa and E.Z. Vogt. 3rd ed (New York: Harper and Row, 1972), p. 169.

116. Robin H. Boyd, *India in the Latin Catpivity of the Church: The Cultural Context*

of the Gospel (London: Cambridge University Press, 1974), pp. 47-52.
117. Charles Nyamiti, *The Scope of African Theology* (Kampala: GABA, 1973).
118. C. R. Taber, "The Limits of Indigenization in Theology," *Missiology* 6 (January, 1978): p. 63.
119. Jacob A. Loewen, *Culture and Human Values: Christian Intervention in Anthropological Perspective* (South Pasadena: William Carey Library, 1975), pp. 3-7. Used by permission.
120. C. R. Taber, "The Limits of Indigenization in Theology," *Missiology* 6 (January, 1978): p. 69.
121. 앞의 책, p. 60.
122. Don Richardson, *Eternity in Their Hearts* (Ventura, Calif.: Regal, 1981).
123. Alan R. Tippett, "Christopaganism or Indigenous Christianity?" In *Readings in Dynamic Indigeneity*, edited by Charles H. Kraft and T. N. Wisley (Pasadena: William Carey Library, 1979).
124. Sverre Holth, "Towards and Indigenous Theology," *Ching Feng* 11, 1968: p. 18.
125. Albert Widjaja, "Beggarly Theology: A Search for a Perspective Toward Indigenous Theology," *South East Asia Journal of Theology* 14, 1973: p. 42.
126. W. A. Visser't Hooft, "Accommodation-True and False," *South East Asia Journal of Theology* 8, 1967: p. 6.
127. Stephen Neill, *Christian Faith and Other Faiths* (London: Oxford University Press, 1961), pp. 17-18.
128. Roelf Kuitse, "The Missionary: A Marginal Person," *AIMM Messenger* (Spring, 1983): p. 4.
129. John Useem, Ruth Useem, and John Donoghue, "Men in the Middle of the Third Culture: The Rites of American and Non-Western People in Cross-Cultural Administration," *Human Organization* 22 (Fall, 1963): pp. 169-179.
130. From Paul G. Hiebert, "The Bicultural Bridge," *Mission Focus* 6 (1982): 5.
131. 앞의 책.
132. George Drach and Calvin F. Kuder, *The Telugu Mission of the General Council of the Evangelical Lutheran Church in North America* (Philadelphia: General Council, 1914), p. 81.
133. Paul G. Hiebert, "The Bicultural Bridge," *Mission Focus* 10 (1982): 6.
134. Paul Tournier, *A Place for You* (New York: Harper and Row, 1968).
135. Daniel N. Wambutda, "An African Christian Looks at Christian Missions

in Africa." In *Readings in Missionary Anthroplolgy II*, edited by William A. Smalley (South Pasadena: William Carey Library, 1978), p. 725.
136. Paul G. Hiebert, "Social Structure and Church Growth," in *Crucial Dimensions in World Evangelization*, ed. Arthur F. Glasser et al. (Pasadena: William Carey Library, 1976), p. 68.
137. Jacob A. Loewen, *Culture and Human Values: Christian Intervention in Anthropological Perspective* (South Pasadena: William Carey Library, 1975), p. 434.
138. 앞의 책, pp. 436-439.
139. 앞의 책, p. 439.
140. 앞의 책, p. 437.
141. 앞의 책, p. 437.
142. William D. Reyburn, "Polygamy, Economy and Christianity in Eastern Cameroon." *Practical Anthropology* 6 (January-February, 1959): p. 11.
143. Jacob A. Loewen, *Culture and Human Values: Christian Intervention in Anthropological Perspective* (South Pasadena: William Carey Library, 1975), p. 59.
144. 앞의 책, p. 59.
145. 앞의 책, p. 60.
146. Paul Tournier, *The Meaning of Persons* (London: SCM, 1957).
147. Jacob A. Loewen, *Culture and Human Values: Christian Intervention in Anthropological Perspective* (South Pasadena: William Carey Library, 1975), pp. 54-55.
148. From a sermon by Stephen Brown, Key Biscayne Presbyterian Church (Fla.).
149. E. Stanley Jones, *Christian Maturity* (Nashville: Abingdon, 1957), p. 211.
150. Jacob A. Loewen, *Culture and Human Values: Christian Intervention in Anthropological Perspective* (South Pasadena: William Carey Library, 1975), p. 432.
151. 앞의 책, p. 403.
152. 앞의 책, pp. 412-427.
153. 앞의 책, pp. 349-369.
154. William A. Smalley, "Culture Shock, Language Shock and Shock of Self-Discovery." In *Readings in Missionary Anthroplolgy II*, edited by William A. Smalley (South Pasadena: William Carey Library, 1978), pp. 701-836.
155. David M. Howard, *Student Power in World Missions* (Downers Grove, Ill.: Inter-Varsity, 1979), p. 61.

156. Wilbert Shenk, "The Changing Role of the Missionary: From 'Civilization' to Contextualization." In *Missions, Evangelism and Church Growth*, edited by C. Normal Krauss (Scottdale, Pa.: Herald, 1980), p. 37.
157. Reprinted from *U. S. News & World Report* issue of August 2, 1982. Copyright, 1982, U. S. News & World Report, Inc.
158. Wally Kroeker, "The Deadly Race." *Direction* 1 (January/April, 1984): p. 5.
159. David B. Barrett, ed. *World Christian Encyclopedia: A Comparative Survey of Churches and Religions in the Modern World* (Nairobi: Oxford University Press, 1982), p. 5.
160. Harold Jantz, "The Church of the Rich." *Mennonite Brethren Herald* 23, no. 20 (October 5, 1984): pp. 4–5.
161. J. Herbert Kane and Ralph R. Covell, "Missions in the Modern Milieu." In *Perspectives on the World Christian Movement*, edited by R. D. Winter and S. C. Hawthorne (Pasadena: William Carey Library, 1981), p. 347.
162. *World Christian Encyclopedia*, ed. David B. Barrett (Nairobi: Oxford University Press, 1982), pp. 3, 6.
163. George E. Sweazy, "Hiding from God Behind Religion." *Presbyterian Life*, September 1, 1968: pp. 12–13.

참고 도서

Arensberg, Conrad M., and Arthur H. Niehoff, *Introducing Social Change: A Manual for Community Development*. Chicago: Aldine, 1964.

Arias, Mortimer, "Centripetal Mission or Evangelism by Hospitality." *Missiology* 10, 1982.

Barrett, David B., ed., *World Christian Encyclopedia: A Comparative Survey of Churches and Religions in the Modern World*. Nairobi: Oxford University Press, 1982.

Beeby, H. D., "Thoughts on Indigenizing Theology." *South East Asia Journal of Theology* 14, 1973.

Berger, Peter, Brigitte Berger, and Hansfried Kellner, *A Rumor of Angels: Modern Society and the Rediscovery of the Supernatural*. Garden City, N.Y.: Anchor Boods, Doubleday, 1970.

_____, *The Homeless Mind: Modernization and Consciousness*. New York: Vintage Books, 1974.

Boyd, Robin H., *India in the Latin Captivity of the Church: The Cultural Context of the Gospel*. London: Cambridge University Press, 1974.

Brewster, E. Thomas, and Elizabeth S. Brewster, *Bonding and the Missionary Task*. Pasadena: Lingua House, 1982.

Brislin, Richard W., and H. Van Buren, "Can They To Home Again?" *Exchange* 9, 1974.

Burtt, E. A., *The Metaphysical Foundations of Modern Science*. Garden City, N.Y.: Doubleday, 1954.

Carlson, Dwight L., *Run and Not Be Weary*. Old Tappan, N.J.: Revell, 1974.

Condon, J. C., "Cross-cultural Interferences Affecting Teacher-Pupil

Communication in American Schools." *In Intercultural Communication: A Reader*, edited by Larry A. Samover and Richard E. Porter, Belmont. Calif.: Wadsworth, 1976.

Condon, J. C., and Fathi S. Yousef, *An Introduction to Intercultural Communication*. Indianapolis: Bobbs-Merrill, 1975.

Dabner, Jack, "Notes on Communication." Singapore: Haggai Institute, 1983.

Drach, George, and Calvin F. Kuder, *The Telugu Mission of the General Council of the Evangelical Lutheran Church in North America*. Philadelphia: General Council, 1914.

Dye, T. Wayne, *The Bible Translation Strategy: An Analysis of Its Spiritual Impact*. Ph.D. dissertation. Fuller Theological Seminary, 1982.

Elliot, Elisabeth, *These Strange Ashes*. New York: Harper and Row, 1975.

Engel, James, "Communicating the Gospel with Understanding." Atlanta, Ga.: Haggai Institute, 1984.

Firth, Raymond, *Symbols: Public and Private*. Ithaca, N.Y.: Cornell University Press, 1973.

Foster, George, "Peasant Society and the Image of the Limited Good." *American Anthropologist* 67:2 April, 1965.

Geertz, Clifford, "Religion as a Cultural System." In *Reader in Comparative Religion*, edited by W.A. Lessa and E.Z. Vogt. 3rd ed. New York: Harper and Row, 1972.

Glasser, A.F., et al., *Crucial Dimensions in World Evangelization*. South Pasadena: William Carey Nibrary, 1976.

Hall, Edward T., *Silent Language*. Greenwich, Conn.: Fawcett, 1959.

Hiebert, Paul G., "Missions and the Understanding of Culture." In *The Church in Mission*, edited by A. J. Klassen. Fresno: Board of Christian Literature, Mennonite Brethren Church, 1967.

_____, "Social Structure and Church Growth." In *Crucial Dimensions in World Evangelization*, edited by Arthur F. Glasser et al. South Pasadena: William Carey Library, 1976.

_____, "The Flaw of the Excluded Middle." *Missiology An International Review* 10, 1982a.

_____, "The Bicultural Bridge." *Mission Focus* 10, 1982b.

_____, "Anthropological Tools for Missionaries." Singapore: Haggai

Institute, 1983a.

_____, *Cultural Anthropology*. 2nd ed. Grand Rapids: Baker, 1983b.

Holmes, Thomas H., and M. Masusu, "Life Change and Illness Susceptibility." In *Stressful Life Events: Their Nature and Effects*, edited by Barbara S. Dohrenwend and Bruce P. Dohrenwend. New York: Wiley, 1974.

Holth, Sverre, "Towards and Indigenous Theology." *Ching Feng* 11, 1968.

Howard, David M., *Student Power in World Missions*. Downers Grove, Ill.: Inter-Varsity, 1979.

Hsu, Francis L. K., "American Core Value and National Character." In *Psychological Anthropology: Approaches to Culture and Personality*. Homewood, Ill.: Doresy, 1961.

_____, *Clan, Caste and Club*. Princeton, N.J.: Van Nostrand, 1963.

Iwanska, Alicja, "Some American Values." Cited by William A. Smalley in "the World Is Too Much With Us," in *Readings in Missionary Anthropology*, edited by William A. Smalley. South Pasadena: William Carey Library, 1978.

Jantz, Harold, "The Church of the Rich." *Mennonite Brethren Herald* 23, no. 20, October 5, 1984.

Jones, E. Stanley, *Christian Maturity*. Nashville: Abingdon, 1957.

Kane, J. Herbert, and Ralph R. Covell, "Missions in the Modern Milieu." In *Perspectives on the World Christian Movement*, edited by R. D. Winter and S. C. Hawthorne. Pasadena: William Carey Library, 1981.

Keidel, Levi, *Stop Treating Me like God*. Carol Stream, Ill.: Creation House, 1971.

Kelly, Daniel P., *Receptor Oriented Communication: An Approach to Evangelism and Church Planting Among the North American Indians*. D. Miss. dissertation. School of Word Mission, Fuller Theological Seminary, 1982.

Kivengere, Festo, "Personal Revival." In *Commission, Conflict, Commitment*. Chicago: Inter-Varsity, 1962.

Kluckhohn, Florence R., and Fred L. Strodtbeck, *Variations in Value Orientations*. New York: Row and Peterson, 1961.

Kraft, Charles H., *Christianity in Culture*. Maryknoll, N.Y.: Orbis, 1979.

Kraft, Charles H., and T.N. Wisley, *Readings in Dynamic Indigeneity*. Pasadena: William Carey Library, 1979.

Kraus, C. Horman, *The Authentic Witness*. Grand Rapids: Eerdmans, 1979.

Kroeker, Wally, "The Deadly Race." *Direction* 1, January/April, 1984.

Kuitse, Roelf, "The Missionary: A Marginal Person." *AIMM Messenger*. Spring, 1983.

Loewen, Jacob A., *Culture and Human Values: Christian Intervention in Anthropological Perspective*. South Pasadena: William Carey Library, 1975.

Loss, Myron, *Culture Shock*. Middleburg, Pa.: Encouragement Ministries, 1983.

Luke, P. Y. and J. B. Carman, *Village Christians and Hindu Culture*. London: Lutterworth, 1968.

Mayers, Marvin K., *Christianity Confronts Culture: A Strategy for Cross-Cultural Evangelism*. Grand Rapids: Zondervan, 1974.

Mbiti, John S., *African Religions and Philosophy*. New York: Praeger, 1969.

McElroy, Richard, "The New Missionary and Culture Shock." *Latin American Evangelist* 52. May-June, 1972.

Mehrabian, Albert, "Communication Without Words." In *Basic Readings in Communication Theory*, edited by C. David Mortensen. New York: Harper and Row, 1979.

Minz, Nirmal, "The Freedom of the Indigenous Church Under the Holy Spirit and Communication of the Common Christian Heritage in the Context of this Freedom." In *The Gospel and Frontier Peoples*, edited by Pierce Beaver. South Pasadena: William Carey Library, 1973.

Nakamura, Hajime, *Ways of Thinking of Eastern Peoples: India, China, Tibet, Japan*, edited by Philip Wiener. Honolulu: East-West Center Press, 1964.

Neill, Stephen, *Christian Faith and Other Faiths*. London: Oxford University Press, 1961.

Nida, Eugene A., *Customs and Cultures: Anthropology for Christian Missions*. Pasadena: William Carey Library, 1975.

_____, "Mariology in Latin America." In *Readings in Missionary Anthropology II*, edited by William A. Smalley. South Pasadena: William Carey Library, 1978.

Nida, Eugene A., and William D. Reyburn, *Meaning Across Cultures: A Study on Bible Translating*. Maryknoll, N. Y.: Orbis, 1981.

Nyamiti, Charles, *The Scope of African Theology*. Kampala: GABA, 1973.

Oberg, Kalervo, "Culture Shock: Adjustment to New Cultural Environments."

        Practical Anthropology 7, 1960.

Ong, Walter J., "World as View and World as Event." *American Anthropologist* 71, 1969.

_____, *Orality and Literacy: The Technologizing of the Word*. London: Methuen, 1982.

Osborne, Cecil, *The Art of Understanding Yourself*. Grand Rapids: Zondervan, 1967.

Palmer, Parker, *A Place Called Community*. Wallingford, Pa.: Pendle Hill, 1977.

Raab, Laura, "Practical Tips for Coping with Culture Shock/Stress." Pasadena: Fuller Theological Seminary, 1984.

Radin, Paul, *Primitive Man as Philosopher*. New York: Dover, 1957.

Rao, Raja, *Kanthapura*. New York: New Directions, 1967.

Ray, Benjamin C., *African Religions: Symbol, Ritual, and Community*. Englewood Cliffs, N. J.: Prentice-Hall, 1976.

Reichel-Dolmatoff, Gerardo, and Alicia Reichel-Dolmatoff, *The People of Aritama: The Cultural Personality of a Colombian Mestizo Village*. Chicago: University of Chicago Press, 1961.

Reyburn, William D., "Polygamy, Economy and Christianity in Eastern Cameroon." *Practical Anthropology* 6, January-February, 1959.

_____, "Identification in the Missionary Task." In *Readings in Missionary Anthropology*, edited by William A. Smalley. 2nd ed. South Pasadena: William Carey Library, 1978.

Richardson, Don, *Eternity in Their Hearts*. Ventura, Calif.: Regal, 1981.

Ryder, Arthur W., *The Panchatantra*. New Delhi: Jaico, 1956.

Shenk, Joseph C., "Joys and Frustrations of Going Home." Akron, Pa.: Mennonite Central Committee, n.d.

Shenk, Wilbert, "The Changing Role of the Missionary: From 'Civilization' to Contextualization." In *Missions, Evangelism and Church Growth*, edited by C. Normal Krauss. Scottdale, Pa.: Herald, 1980.

Smalley, William A., "Culture Shock, Language Shock and Shock of Self-Discovery." In *Readings in Missionary Anthropology II*, edited by William A. Smalley. South Pasadena: William Carey Library, 1978.

Spradley, James, and Mark Phillips, "Culture and Stress-A Quantitative Analysis." *American Anthropologist* 74, 1972.

Stewart, Edward C., *American Cultural Patterns: A Cross-Cultural Perspective*. Chicago: Intercultural Press, 1972.

Sweazy, George E., "Hiding from God Behind Religion." *Presbyterian Life*, September 1, 1968.

Taber, C. R., "The Limits of Indigenization in Theology." *Missiology* 6, January, 1978.

Taylor, John V., *The Primal Vision: Christian Presence amid African Religions*. London: SCM, 1977.

Thurnwald, Richard C., *Banaro Society: Social Organization and Kinship System in a Tribe in Interior New Guinea*. Lancaster, Pa.: American Anthropological Association, 1916.

Tippett, Alan R., "Christopaganism or Indigenous Christianity?" In *Readings in Dynamic Indigeneity*, edited by Charles H. Kraft and T. N. Wisley. Pasadena: William Carey Library, 1979.

Tournier, Paul, *The Meaning of Persons*. London: SCM, 1957.

_____, *A Place for You*. New York: Harper and Row, 1968.

Turnbull, Colin M., *The Lonely African*. New York: Simon and Schuster, 1968.

Useem, John, Ruth Useem, and John Donoghue, "Men in the Middle of the Third Culture: The Rites of American and Non-Western People in Cross-Cultural Administration." *Human Organization* 22, Fall, 1963.

Van Gennep, Arnold, *The Rites of Passage*. Translated by M. B. Vizedom and G. L. Caffee. Chicago: University of Chicago Press, 1960.

Vicedom, G. F., *Church and People in New Guinea*. London: World Christian Books, 1961.

Visser't Hooft, W. A., "Accommodation-True and False." *South East Asia Journal of Theology* 8, 1967.

Wallace, A. F. C., "Revitalization Movements." *American Anthropologist* 58, 1956.

Wambutda, Daniel N., "An African Christian Looks at Christian Missions in Africa." In *Readings in Missionary Anthropology II*, edited by William A. Smalley. South Pasadena: William Carey Library, 1978.

Warner, W. Lloyd, M. Meeker and K. Eells, *Social Class in America: A Manual of Procedure for the Measurement of Social Status*. New York: Harper and Brothers, 1960.

Widjaja, Albert, "Beggarly Theology: A Search for a Perspective Toward Indigenous Theology." *South East Asia Journal of Theology* 14, 1973.

선교와 문화 인류학

초판 발행	1996년 7월 30일
2판 3쇄	2024년 3월 30일
지은이	폴 히버트
옮긴이	김동화 이종도 이현모 정흥호
발행인	손창남
발행처	(주)죠이북스(등록 2022. 12. 27. 제2022-000070호)
주소	02576 서울시 동대문구 왕산로19바길 33, 1층
전화	(02) 925-0451 (대표 전화)
	(02) 929-3655 (영업팀)
팩스	(02) 923-3016
인쇄소	송현문화
판권소유	ⓒ(주)죠이북스
ISBN	979-11-93507-18-6 03230

책값은 뒤표지에 있습니다.
잘못된 도서는 교환하여 드립니다.
이 책 내용의 일부 또는 전부를 재사용하려면 반드시 (주)죠이북스의 허락을 얻어야 합니다.